Mitbestimmung bei personellen Auswahlrichtlinien

Europäische Hochschulschriften
Publications Universitaires Européennes
European University Studies

Reihe II
Rechtswissenschaft

Série II Series II
Droit
Law

Bd./Vol. 3359

PETER LANG
Frankfurt am Main · Berlin · Bern · Bruxelles · New York · Oxford · Wien

Klemens Martin

Mitbestimmung bei personellen Auswahlrichtlinien

PETER LANG
Europäischer Verlag der Wissenschaften

Die Deutsche Bibliothek - CIP-Einheitsaufnahme

Martin, Klemens :

Mitbestimmung bei personellen Auswahlrichtlinien / Klemens Martin. - Frankfurt am Main ; Berlin ; Bern ; Bruxelles ; New York ; Oxford ; Wien : Lang, 2001
(Europäische Hochschulschriften : Reihe 2, Rechtswissenschaft ; Bd. 3359)
Zugl.: Regensburg, Univ., Diss., 2001
ISBN 3-631-38564-1

D 355
ISSN 0531-7312
ISBN 3-631-38564-1

www.peterlang.de

Für Stefanie und Christoph

Vorwort

Die vorliegende Arbeit ist im Sommersemester 2001 von der juristischen Fakultät der Universität Regensburg als Dissertation angenommen worden.

Für die Veröffentlichung wurde der betriebsverfassungsrechtliche Teil im Hinblick auf die Rechtslage nach Inkrafttreten des Gesetzes zur Reform des Betriebsverfassungsgesetzes (BetrVerf-Reformgesetz) am 28. Juli 2001 überarbeitet, so dass die Arbeit in allen Teilen die aktuelle Rechtslage im Zeitpunkt des Erscheinens wiedergibt.

Die Arbeit geht auf eine Anregung von Prof. Dr. Reinhard Richardi zurück, dem ich auch für die Erstellung des Erstgutachtens herzlich Dank sage. Die Zeit als wissenschaftlicher Mitarbeiter an seinem Lehrstuhl habe ich in dankbarer Erinnerung.

Bedanken möchte ich mich auch bei Herrn Prof. Dr. Ingo Koller für die Übernahme und zügige Erstellung des Zweitgutachtens.

Ich möchte mich auch bei denen bedanken, die mich bei meiner Arbeit mit freundschaftlicher Verbundenheit begleitet und ermutigt haben. Dieser Dank gilt in besonderer Weise meinen Kollegen und Mitarbeitern sowie meiner Familie.

Regensburg, im November 2001 Klemens Martin

Inhaltsverzeichnis

Literaturverzeichnis

Adomeit, Klaus, Die Regelungsabrede als die neben der Betriebsvereinbarung zulässige Ausübungsform der Mitbestimmung in sozialen Angelegenheiten (§ 56 BetrVG, § 67 PersVG), Düsseldorf 1961.

– Zur Rechtsnatur der Betriebsvereinbarung, BB 1962, 1246 – 1251.

– Betriebliche Einigungen, BB 1967, 1003 – 1008.

– Rechtsquellenfragen im Arbeitsrecht, München 1969.

– Einstellungen und Entlassungen nach dem neuen Betriebsverfassungsgesetz, DB 1971, 2360 – 2364.

Altvater, Lothar / Bacher, Eberhard / Hörter, Georg / Peiseler, Manfred / Sabotting, Giovanni / Schneider, Wolfgang / Vohs, Gerhard, Bundespersonalvertretungsgesetz mit Wahlordnung und ergänzenden Vorschriften, Kommentar für die Praxis mit vergleichenden Anmerkungen zu den Landespersonalvertretungsgesetzen, 4. Aufl. Köln 1996.

Andreas, Gerhard, Die Rechtsnatur des obligatorischen Teils der Betriebsvereinbarung, Jur. Diss. Jena 1929.

Ascheid, Reiner / Preis, Ulrich / Schmidt Ingrid (Hrsg.), Großkommentar zum Kündigungsschutzrecht, München 2000.

Aubele, R., Urteil und Zwangsvollstreckug auf Grund der §§ 82,90 BRG, NZfA 1924, Sp. 541 – 548.

Auffarth, Fritz, Mitbestimmung und Kündigung, in: Das Arbeitsrecht der Gegenwart Bd. 10, Berlin 1973, S. 71 – 81.

Aufhauser, Rudolf / Brunhöber, Ralf / Warga, Norbert, Saarländisches Personalvertretungsgesetz, Kommentar für die Praxis, Saarbrücken 1991.

Bache, Herbert, Die Betriebsvereinbarung, Jur. Diss. Breslau 1928.

Bader, Peter, Das Kündigungsschutzgesetz in neuer (alter) Fassung, NZA 1999, 64 – 70.

Ballerstedt, Gustav (Mitbegründer) / *Schleicher, Hans Werner / Faber, Bernhard / Eckinger, Longinus,* Bayerisches Personalvertretungsgesetz mit Wahlordnung, Kommentar, Losebl.–Slg., 79. EL, München, Stand 15.10.2000.

Baum, S., Anhörung des Betriebsrates vor Kündigungen, BB 1972, 174 f.

Baumbach, Adolf, Arbeitsgerichtsgesetz vom 23. Dezember 1926, 2. Aufl. Berlin 1930.

Bergmann, Alfred, Die Betriebsvereinbarung als schuldrechtlicher Normenvertrag, Jur. Diss. Leipzig 1929.

Berkowsky, Wilfried, Aktuelle Probleme im Recht der betriebsbedingten Kündigung, NJW 1983, 1292 – 1297.

Birk, Rolf, Direktionsrecht, AR–Blattei Direktionsrecht I Übersicht, 7. – 12. FortsBl. (15.7.74)

Birkwald, Reimar, Mitbestimmen im Betrieb, Köln 1973.

Blank, Manfred, Widerspruch des Betriebsrats bei der Verhaltenskündigung? BB 1972, 536.

Bleistein, Franzjosef, Mitbestimmung im Betrieb, Bonn 1972.

– Die Mitbestimmung des Betriebsrats bei personellen Einzelmaßnahmen und Kündigungen, in: Die Information über Steuer und Wirtschaft 1973, 473 – 476.

– Betriebsverfassung in der Praxis, Bonn 1974.

Blomeyer, Wolfgang, Der Interessenkonflikt zwischen Arbeitnehmer und Betriebsrat bei Individualmaßnahmen, in: Gedächtnisschrift für Rolf Dietz, hrsg. von *Goetz Hueck* und *Reinhard Richardi,* München 1973, S.147 – 174.

– Nachwirkung und Weitergeltung abgelaufener Betriebsvereinbarungen über „freiwillige" Sozialleistungen, DB 1990, 173 – 177.

Böhm, Walter, Massenentlassung und Kurzarbeit, BB 1974, 281 – 284; 372 – 376.

Börker, Rudolf, Die Betriebsvereinbarung, Jur. Diss. Marburg 1929.

Bötticher, Eduard, Anm. zu BAG v. 8.8.1963, AP Nr. 2 zu § 626 BGB Kündigungserschwerung.

– Grundsätzliches zur Mitbestimmung des Betriebs– und Personalrats bei Umgruppierungen von Arbeitnehmern, RdA 1969, S. 194 – 198.

Boewer, Dietrich, Die Auswirkungen der §§ 99, 100 BetrVG auf die individualrechtliche Stellung des Arbeitnehmers, RdA 1974, 72 – 80.

Boewer, Petra, Nochmals: Zum Weiterbeschäftigungsanspruch aus § 102 Abs. 5 BetrVG bei verhaltensbedingten Kündigungen, DB 1978, 251 – 255.

Bohn, Hans, Betriebsverfassungsgesetz vom 15. Januar 1972 in der Fassung vom 18. Januar 1974 und Wahlordnung vom 16. Januar 1972 nebst Erläuterungen für die betriebliche Praxis, 2. neubearbeitete Aufl. unter Mitarbeit von Klaus *Dutti,* Düsseldorf 1974.

Brandus, Rudolf, Das Recht der Betriebsvereinbarung, Jur. Diss. Jena 1926.

Brecht, Hans Theo, Kommentar zum Betriebsverfassungsgesetz, Berlin 1972.

Brede, Günter, Die Beendigung des Arbeitsverhältnisses im Lichte des neuen Betriebsverfassungsgesetzes, BlStSozArbR 1973, 17 – 21.

Brockhaus / Wahrig, Deutsches Wörterbuch Band 5, Wiesbaden 1983.

Buchner, Herbert, Die Rechtslage zur betriebsbedingten Kündigung, DB 1984, 504 – 510.

Bührig, Erich, Erläuterungen zum Betriebsrätegesetz vom 10. April 1946, Gesetz Nr. 22 des Kontrollrats, Hamburg o.J. (zitiert: *Bührig,* BRG 1946).

– Betriebsverfassungsgesetz mit Erläuterungen, in: Handbuch der Betriebsverfassung, hrsg. von *Erich Bührig,* Köln 1953.

Canaris, Claus-Wilhelm, Funktionelle und inhaltliche Grenzen kollektiver Gestaltungsmacht bei der Betriebsvereinbarung, AuR 1966, S. 129 – 140.

– Die Vertrauenshaftung im deutschen Privatrecht, München 1971.

– Schutzgesetze – Verkehrspflichten – Schutzpflichten, in: Festschrift für Karl Larenz zum 80. Geburtstag am 23. April 1983, hrsg. von *Claus–Wilhelm Canaris* und *Uwe Diedrichsen*, München 1983, S. 27 – 110.

Canaris, Claus–Wilhelm / Larenz, Karl, Lehrbuch des Schuldrechts, begr. von *Karl Larenz*, Bd. II, 2. Halbbd. von *Claus–Wilhelm Canaris*, 13. Aufl., München 1994.

Däubler, Wolfgang / Kittner, Michael / Klebe, Thomas (Hrsg.), Betriebsverfassungsgesetz mit Wahlordnung, §§ 321 – 325 UmwG, §§ 121 – 128 InsO und EBR–Gesetz, Kommentar für die Praxis, 7. Aufl., Frankfurt a. M. 2000.

Dannecker, Gerhard, Der strafrechtliche Schutz der betriebsverfassungsrechtlichen Organe und ihrer Mitglieder. Festschrift für Wolfgang Gitter, hrsg. von *Meinhard Heinze* und *Jochen Schmitt*, Wiesbaden 1995, S. 167 – 193.

Dersch, Hermann, Betriebsrätegesetz nebst Wahlordnung, Kommentar, 6. Aufl. Mannheim 1923.

Dieterich, Thomas / Hanau, Peter / Schaub, Günter (Hrsg.), Erfurter Kommentar zum Arbeitsrecht, 2. Aufl. München 2001.

Dietz, Rolf, Betriebsverfassungsgesetz mit Wahlordnungen, Kommentar, 4. Aufl. München 1967.

Dietz, Rolf / Richardi, Reinhard, Bundespersonalvertretungsgesetz, Kommentar, 2. Auflage von *Reinhard Richardi*, 1. Bd., München 1978, 2. Bd., München 1978.

Dirx Axel / Klebe, Thomas, Die Mitbestimmung des Betriebsrats nach § 95 BetrVG, AiB 1984, 8 – 10.

Dirx Axel / Klebe, Thomas, Kommentierte Regelungsvorschläge für eine Betriebsvereinbarung nach § 95 BetrVG, AiB 1984, 10 – 12.

Dommaschk, Heinz, Betriebsvereinbarung, Jur. Diss. Bonn 1929.

Dorndorf, Eberhard / Weller, Bernhard / Hanck, Friedrich / Höland, Armin / Kriebe, Volkhart / Neef, Klaus, Heidelberger Kommentar zum Kündigungsschutzgesetz, 3. Aufl. Heidelberg 1999.

Duden, Deutsches Universalwörterbuch, 2. Aufl., Mannheim 1989.

Duden, Das große Wörterbuch der deutschen Sprache Band 6, 2. Aufl., Mannheim 1994.

Engler, Herbert, Das hessische BRG in der vom Landtag am 26. Mai 1948 angenommenen Fassung, mit einem Vorwort von *Josef Arndgen*, eingeleitet von *Herbert Engler*, Offenbach a. M. 1948 (zitiert: *Engler*, Einleitung).

– Kommentar zum Betriebsrätegesetz für das Land Hessen, hrsg. von *Herbert Engler* unter Mitarbeit von *Kurt Thon* und *Berthold Brüning*, Offenbach 1949 (zitiert: *Engler*, Kommentar).

Erdmann, Ernst–Gerhard / Jürging, Claus / Kammann, Karl–Udo, Betriebsverfassungsgesetz, Kommentar für die Praxis, Neuwied 1972.

Erdmann, Gerhard, Das Betriebsverfassungsgesetz vom 11. Oktober 1952, erläutert für die Betriebspraxis unter Mitarbeit von *Karlheinz Bürger, Ernst Gerhard Erdmann, Richard Osswald*, 2. Aufl. Neuwied 1954.

Erichsen, Hans Uwe (Hrsg.), Allgemeines Verwaltungsrecht, 11. Aufl., Berlin 1998.

Etzel, Gerhard, Die außerordentliche Kündigung nach dem neuen Betriebsverfassungsgesetz, DB 1973, 1017 – 1023.

– Betriebsverfassungsrecht, 2. Aufl. Neuwied 1982.

– Betriebsverfassungsrecht, 5. Aufl. Neuwied 1995.

Etzel, Gerhard / Fischermeier, Ernst / Friedrich, Hans–Wolf / Lipke, Gert–Albert / Pfeiffer, Thomas / Rost, Friedhelm / Spilger, Andreas Michael / Weigand,Horst / Wolff, Ingeborg, Gemeinschaftskommentar zum Kündigungsschutzgesetz und sonstigen kündigungsschutzrechtlichen Vorschriften, mitbegr. von *Friedrich Becker*, 5. Aufl. Neuwied 1998.

Fabricius, Fritz / Kraft, Alfons / Wiese, Günther / Kreutz, Peter / Oetker, Hartmut, Betriebsverfassungsgesetz, Gemeinschaftskommentar, Bd. II: §§ 74 – 132 mit Kommentierung des BetrVG 1952, 6. Aufl. Neuwied 1998.

Falkenberg, Rolf-Dieter, Ausgewählte Probleme aus dem Betriebsverfassungsgesetz 1972, DB 1972, S. 774 – 777.

Feig, Johann / Sitzler, Friedrich, Betriebsrätegesetz, unter Mitwirkung von *Dr. Kalckbrenner* und *Dr. Steinmann*, 11./12. Aufl. Berlin 1928

Feig, Johann / Sitzler, Friedrich, Betriebsrätegesetz, unter Mitwirkung von *Dr. Kalckbrenner* und *Dr. Steinmann*, 13./14. Aufl. Berlin 1931.

Fiebig, Stefan / Gallner, Inken / Pfeiffer, Gerhard, Kündigungsschutzgesetz, Handkommentar, Baden–Baden 2000.

Fischer, Alfred / Goeres, Hans–Joachim, Personalvertretungsrecht des Bundes und der Länder, erläutert auf der Grundlage des Bundespersonalvertretungsgesetzes unter Einbeziehung des Personalvertretungsrechts der Länder, Losebl.–Slg., Berlin, Stand September 2000.

Fischermeier, Ernst, Die betriebsbedingte Kündigung nach den Änderungen durch das Arbeitsrechtliche Beschäftigungsförderungsgesetz, NZA 1997, 1089 – 1110.

Fitting, Karl, (Begründer), Betriebsverfassungsgesetz, Kommentar, 20. Aufl. bearbeitet von *Heinrich Kaiser, Friedrich Heither, Gerd Engels* und *Ingrid Schmitt*, München 2000.

Fitting, Karl / Kraegeloh, Walter / Auffarth, Fritz, Betriebsverfassungsgesetz, Kommentar, 9. Aufl. Berlin 1970.

Fitting, Karl / Auffarth, Fritz / Kaiser, Heinrich, Betriebsverfassungsgesetz, Kommentar, 10. Aufl. München 1972.

Fitting, Karl / Auffarth, Fritz / Kaiser, Heinrich, Betriebsverfassungsgesetz, Kommentar, 14. Aufl. München 1984.

Fitting, Karl / Auffarth, Fritz / Kaiser, Heinz / Heither, Friedrich, Betriebsverfassungsgesetz, Handkommentar, 15. Aufl. München 1987.

Flatow, Georg, Betriebsvereinbarung und Arbeitsordnung, 2. Aufl. Mannheim 1923.

Flatow, Georg / Joachim, Richard, Die Schlichtungsverordnung vom 30. Oktober 1923. Nebst den Ausführungsverordnungen vom 10. und 29. Dezember 1923 und einer Übersicht über die Schlichter– und Schlichtungsausschußbezirke, Berlin 1924.

Flatow, Georg / Kahn-Freund, Otto, Betriebsrätegesetz vom 4. Februar 1920, 13. Aufl. Berlin 1931.

Frauenkron, Karl Peter, Betriebsverfassungsgesetz mit Wahlordnungen, Stuttgart 1972.

Freese, Jan Willem, Muss eine ohne Anhörung des Betriebsrats ausgesprochene Kündigung in der Frist nach § 4 KSchG angefochten werden?, BB 1973, 665 – 667.

Frey, Helmut, Die Zustimmung des Betriebsrats zu personellen Maßnahmen, BB 1972, 923 – 926.

Fritz, Hans Rolf, Die Auswahlrichtlinien bei der Kündigung gemäß § 95 BetrVG, Jur. Diss. Gießen 1978.

Fuchs, Dieter, Zur vorläufigen Weiterbeschäftigung des Arbeitnehmers nach § 102 Abs. 5 BetrVG, AuR 1973, 174 f.

Gaede, Verena, Freiheit und Bindungen des Arbeitgebers bei der Neueinstellung von Arbeitnehmern, Jur. Diss. Erlangen 1975.

Galperin, Hans, Betriebsverfassungsrecht im Umbruch, DB 1971, 1305 – 1308.

– Das Betriebsverfassungsgesetz 1972, Leitfaden für die Praxis, Heidelberg 1972.

Galperin, Hans / Löwisch, Manfred, Kommentar zum Betriebsverfassungsgesetz, Bd. I: Organisation der Betriebsverfassung, 6. Aufl. Heidelberg 1982; Bd. II: Regelung der Mitbestimmung (§§ 74 – 132), 6. Aufl. Heidelberg 1982.

Galperin, Hans / Siebert, Wolfgang, Kommentar zum Betriebsverfassungsgesetz, 4. Aufl. Heidelberg 1963.

Gamillscheg, Franz, Anm. zum BAG v. 11.3.1976, EzA BetrVG 1972 § 95 Nr. 1.

– Anm. zu BAG v. 11.3.1976, EzA § 95 BetrVG Nr. 1.

Gebhardt, Bruno, Handbuch der deutschen Geschichte, Bd. 4, 2. Tlbd., 9. Aufl. Stuttgart 1976.

Gemählich, Rainer, Auswahlrichtlinien nach § 95 Betriebsverfassungsgesetz, Jur. Diss. Erlangen 1983.

Gennen, Klaus, Das Assessment–Center–Verfahren (Grundsatzfragen zu den Beteiligungsrechten der Betriebsverfassungsorgane in personellen Angelegenheiten anhand eines neuen Personalauswahlverfahrens), ZfA 1990, 495 – 532.

Germelmann, Claas-Hinrich / Binkert, Gerhard, Personalvertretungsgesetz Berlin, Kommentar für die Praxis, Köln 1995.

Germelmann, Claas-Hinrich / Matthes, Hans–Christoph / Prütting, Hanns, Arbeitsgerichtsgesetz, Kommentar, §. Aufl., München 1999.

Gester, Heinz, Zachert, Ulrich, Betriebsverfassungsrechtliche Elemente des allgemeinen Kündigungsschutzes, Arbeitsrecht der Gegenwart, Bd. 12 – Dokumentation für das Jahr 1974 –, Berlin 1975, S. 87 – 106.

Gift, Emil, Vertragliche Kündigungsbeschränkungen, RdA 1969, 72 – 77.

– Mitbestimmung und soziale Auswahl zu Entlassender, ZfA 1974, 123 – 145.

Gnade, Albert / Kehrmann, Karl / Schneider, Wolfgang, Betriebsverfassungsgesetz. Kommentar für die Praxis, Köln 1972.

Gnade, Albert / Kehrmann, Karl / Schneider, Wolfgang / Blanke, Hermann, Betriebsverfassungsgesetz, Kommentar, 2. Aufl. Köln 1983.

Gnade, Albert / Kehrmann, Karl / Schneider, Wolfgang / Blanke, Hermann / Klebe, Thomas, Betriebsverfassungsgesetz, Basiskommentar mit Wahlordnung, 8. Aufl., Frankfurt a. M. 1999

Gnädinger, Karl, Die Betriebsvereinbarung, Jur. Diss. Freiburg i. Br. 1926.

Goerrig, Emmy, Arbeitsordnung, Betriebsvereinbarung und Tarifvertrag, Jur. Diss. Köln 1925.

Göttling, W. / Hoentges, K. / Zepp, H., Fragen zur Kündigung nach dem BetrVG 1972, RdA 1972, 282 – 286.

Grabendorff, Walter (Begründer) / *Ilbertz, Wilhelm / Widmaier, Ulrich*, Bundespersonalvertretungsgesetz mit Wahlordnung unter Einbeziehung der Landespersonalvertretungsgesetze, Kommentar, 9. Aufl. Stuttgart 1999.

Gramm, Hans / Gäde, Walter, Hand-Kommentar zum Schleswig-Holsteinischen Betriebsrätegesetz, Rendsburg 1950.

Gribbohm, Günter in: *Jähnke, Burkhard / Laufhütte, Heinrich Wilhelm / Odersky, Walter* (Hrsg.), StGB, Leipziger Kommentar, 1. Lieferung der 11. Aufl., Berlin 1992. (zit.: *Gribbohm* in: LK–StGB)

Grunsky, Wolfgang, Arbeitsgerichtsgesetz, Kommentar, 4. Aufl. München 1981.

Güntner, Hans, Der Bestandsschutz des Arbeitsverhältnisses und seine Rechtsverwirklichung, AuR 1974, 97 – 117; 135 – 144; 171 – 179.

Gürteler, Alfred, Betriebsrätegesetz vom 4. Februar 1920, Kommentar, 2. Aufl. Hamburg 1929.

Gumpert, Jobst, Kündigung und Mitbestimmung, BB 1972, 47 – 52.

Hahn, R.E., Personalplanung nach dem Betriebsverfassungsgesetz, Die Quelle 1972, 266 f.

– System der personellen Mitbestimmung, Die Quelle 1972, 472 – 474.

– Was sind personelle Auswahlrichtlinien? Die Quelle 1972, 516 – 518.

Halberstadt, Gerhard, Mitbestimmung und Kündigung (Probleme einer Betriebsvereinbarung nach § 102 Abs. 6), BB 1973, 1442 – 1447.

Halberstadt, Gerhard / Zander, Ernst, Handbuch des Betriebsverfassungsrechts, 2. Aufl. Köln 1972.

Halblitzel, Hans, Die Zulässigkeit von Betriebsvereinbarungen bei bestehender Tarifüblichkeit, DB 1971, 2163.

Hanau, Peter, Unklarheiten in dem Regierungsentwurf des Betriebsverfassungsgesetzes, BB 1971, 485 – 491.

– Praktische Fragen zur Neuregelung der Mitbestimmung in personellen Angelegenheiten, BB 1972, 451 – 455.

– Allgemeine Grundsätze der betrieblichen Mitbestimmung, RdA 1973, 281 – 294

– Arbeitsrecht, 2. Aufl. Frankfurt 1973.

– Ein Fall von Versetzungsrichtlinien, in: Festschrift für Karl Beusch zum 68. Geburtstag am 31. Oktober 1993, hrsg. von *Heinrich Beisse, Marcus Lutter* und *Heribald Närger*, Berlin 1993, S. 361 – 376.

Hauck, Friedrich, Arbeitsgerichtsgesetz, Kommentar, München 1996.

Hautmann, Wilhelm / Schmitt, Günter, Kommentar zum Betriebsverfassungsgesetz, Lochham b. München 1972.

Heeser, Günter, Die Mitbestimmung des Betriebsrats. Vergleich zwischen der früheren Rechtslage und der nach dem neuen Betriebsverfassungsgesetz 1972, Jur. Diss. Köln 1973.

Heinze, Meinhard, Personalplanung, Einstellung und Kündigung. Die Mitbestimmung des Betriebsrates bei personellen Maßnahmen, Stuttgart 1982.

Herschel, Wilhelm, Arbeitsrecht, Düsseldorf 1970.

– Schutz der Betriebszugehörigkeit im Wandel der Zeiten, DB 1973, 80 – 83.

– Der nachwirkende Tarifvertrag, insbesondere seine Änderung, ZfA 1976, 89 – 106.

Herschel, Wilhelm / Löwisch, Manfred, Kommentar zum Kündigungsschutzgesetz, 6. Aufl. Heidelberg 1984.

Hess, Harald / Schlochauer, Ursula / Glaubitz, Werner, Kommentar zum Betriebsverfassungsgesetz, 3. Aufl. Neuwied 1986.

Hess, Harald / Schlochauer, Ursula / Glaubitz, Werner, Kommentar zum Betriebsverfassungsgesetz, 5. Aufl. Neuwied 1997.

Hesse, Wolfgang, Der Einfluss des Bundesdatenschutzgesetz auf die Betriebsratstätigkeit, Jur. Diss. Regensburg 1984.

Hilger, Maria Luise, Das Mitbestimmungsrecht bei Umgruppierungen, BB 1956, 999 – 1002.

Hiller, Hans Heinrich, BV und Arbeitsvertrag, Jur. Diss. Frankfurt 1924, Leipzig 1925.

Hoechst, Otto, Das Widerspruchsrecht des Betriebsrats bei der Kündigung, AuR 1973, 328 – 336.

Holschemacher, Werner, Das Recht der Betriebsvereinbarung unter besonderer Berücksichtigung der reichsarbeitsgerichtlichen Rechtsprechung, Jur. Diss. Heidelberg 1933.

Hoyningen-Huene, Gerrick von, Betriebsverfassungsrecht, 4. Aufl. München 1998.

Hoyningen-Huene, Gerrick von / Boemke, Burkhard, Die Versetzung, Heidelberg 1991.

Hromadka, Wolfgang, Der Begriff der Versetzung, DB 1972, 1532– 1535.

– Betriebsverfassungsgesetz 1972, München 1972.

Huber, Ernst Rudolf, Wirtschaftsverwaltungsrecht Bd. II, 2. Aufl. Tübingen 1954.

Hueck, Alfred, Normenverträge, in: JherJb Bd. 73 (1923), 33 – 118.

– Schaffung von Arbeitsnormen durch Betriebsvereinbarung, NZfA 1923, 87 – 98.

– Kündigungsschutzgesetz, 9. Aufl., München 1974.

Hueck, Alfred / Hueck, Götz, Kündigungsschutzgesetz, 10. Aufl. München 1980.

Hueck, Alfred (Begründer) / *Hoyningen-Huene, Gerrick von / Linck, Rüdiger*, Kündigungsschutzgesetz, Kommentar, 12. Aufl. München 1997.

Hueck, Alfred / Nipperdey, Hans Carl, Lehrbuch des Arbeitsrechts

– Bd. I von *Alfred Hueck*, 3./5. Aufl. Mannheim 1931, 7. Aufl. Berlin 1963,

– Bd. II von *Alfred Hueck* und *Hans Carl Nipperdey*, 3./5. Aufl. Mannheim 1932,

– Bd. II von *Hans Carl Nipperdey*, 6. Aufl. Berlin 1957; 1. Halbband (II/1), 7. Aufl. Berlin 1967; 2. Halbband (II/2) unter Mitarbeit von *F.J. Säcker*, 7. Aufl. Berlin 1970.

Hueck, Alfred / Nipperdey, Hans Carl / Stahlhacke, Eugen, Tarifvertragsgesetz mit Durchführungs– und Nebenvorschriften, Kommentar, 4. Aufl. von *Eugen Stahlhacke*, München 1964.

Hueck, Götz, Die Betriebsvereinbarung, Münster 1952.

– Die Betriebsvereinbarung nach dem Betriebsverfassungsgesetz des Bundes, RdA 1952, 366 – 372.

– Anm. zu BAG v. 11.3.1976, AP Nr. 1 zu § 95 BetrVG 1972.

von Hülsen, Georg, Das Verhältnis von Betriebsvereinbarung und Tarifvertrag, Jur. Diss. Berlin 1931.

Hunold, Wolf, Die Mitbestimmung des Betriebsrats in allgemeinen personellen Angelegenheiten, DB 1976, 98 – 103.

– Die Reaktion des Betriebsrats auf die Mitteilung des Arbeitgebers über Einstellungen bzw. Kündigungen, DB 1976, 1865 – 1868.

Jacobi, Erwin, Grundlehren des Arbeitsrechts, Leipzig 1927.

Jäcker, Hans Michael, Die Einigungsstelle nach § 76 BetrVG, Jur. Diss. Bonn 1974.

Jeschek, Hans-Heinrich / Ruß, Wolfgang / Wilms, Günther (Hrsg.), StGB, Leipziger Kommentar, Bd. 1, Einleitung, §§ 1 bis 31, 10. Aufl. Berlin 1985.

Joost, Detlev, Anmerkung zu BAG v. 20.11.1987, AP Nr. 2 zu § 620 BGB Altersgrenze.

Kallmeyer, Harald, Änderungskündigung und Mitbestimmung des Betriebsrats (Stellungnahme zum Aufsatz von Rewolle, DB 1973, 185), DB 1973, 970 f.

Kammann, Karl-Udo / Hess, Harald / Schlochauer, Ursula, Kommentar zum Betriebsverfassungsgesetz, Neuwied 1979.

Kaskel, Walter, Arbeitsrecht, 3. Aufl. Berlin 1928.

Kaskel, Walter, Dersch, Hermann, Arbeitsrecht begründet von *Walter Kaskel*, neubearbeitet seit der 4. Aufl. von *Hermann Dersch*, 5. Aufl. Berlin 1957.

Kaute, Franz-Josef, Die Betriebsvereinbarung, Jur. Diss. Jena 1925.

Kehrmann, Karl / Schneider, Wolfgang, Die personelle Mitbestimmung nach dem Betriebsverfassungsgesetz (Grundsätze – System – Schwerpunkte), MitbGespr 1973, 23 – 29.

Kieschke, Werner / Syrup, Friedrich / Billerbeck, Gerhard, Kommentar zum Betriebsrätegesetz, 5. Aufl. Berlin 1923.

Kieschke, Werner / Syrup, Friedrich / Krause, Friedrich, Kommentar zum Betriebsrätegesetz, 6. Auf. Berlin 1928.

Kittner, Michael, Anm. zu BAG v. 26.4.1990 EzA § 4 TVG Druckindustrie Nr. 20.

– Das neue Recht der Sozialauswahl bei betriebsbedingten Kündigungen und die Ausdehnung der Kleinbetriebsklausel, AuR 1997, 182 – 192.

Kitzelmann, Reinhard, Die Mitwirkung des Betriebsrates bei Kündigungen nach dem neuen Betriebsverfassungsgesetz, BUV 1972, 209 – 225.

– Schränkt das neue Betriebsverfassungsgesetz den individuellen Kündigungsschutz ein?, AuR 1973, 302 – 306.

Klebe, Thomas, Das Widerstandsrecht des Betriebsrats bei personen– und verhaltensbedürftigen Kündigungen, BB 1980, 838 – 843.

Klebe, Thomas / Schumann, Manfred, Das Recht auf Beschäftigung im Kündigungsschutzprozess, Köln 1981.

Kleinknecht, Wilhelm / Rueß, Hans, Betriebsrätehandbuch zum württemberg–badischen Gesetz Nr. 726 über die Beteiligung der Arbeitnehmer an der Verwaltung und Gestaltung der Betriebe der Privatwirtschaft und weiteren zugehörigen Gesetzen und Verordnungen, 2. Aufl. Stuttgart 1949.

Klinkhammer, Dieter / Klinkhammer, Heinz, Anm. zu BAG v. 24.3.1983, ArbuR 1984, 62 –64.

Klöpfer, Michael, Umweltrecht, 2. Aufl. München 1998.

Konzen, Horst, Tarifvertragliche und innerbetriebliche Normsetzung, BB 1977, 1307 – 1312.

Kraft, Alfons / Kreutz, Peter, Die Vorlage von Lohn– und Gehaltslisten an den Betriebsrat – zugleich ein Beitrag zum Begriff "Umgruppierung" im Sinne des § 60 Abs. 2 BetrVG, ZfA 1971, S. 47 – 72.

Kreutz, Peter, Grenzen der Betriebsautonomie, München 1979.

Krüger, Herbert, Der Regierungsentwurf eines Betriebsverfassungsgesetzes vom 29. Januar 1971 und das Grundgesetz, Hamburg 1971.

Küchenhoff, Günther, Urteilsanmerkung zu AP Nr. 3 zu § 57 BetrVG 1952.

– Betriebsverfassungsgesetz, Kommentar, 3. Aufl. Münster 1979.

Künzel, Reinhard, Probleme der Sozialauswahl bei betriebsbedingter Kündigung, ZTR 1996, 385 – 397.

Larenz, Karl (Begründer) / Wolf, Manfred, Allgemeiner Teil des Bürgerlichen Rechts, 8. Aufl., München 1997.

Larenz, Karl / Canaris Claus–Wilhelm, Methodenlehre der Rechtswissenschaft, 3. Aufl. Berlin 1995.

Lepke, Achim, Zum Problem einer allgemeinen Beschäftigungspflicht, DB 1971, 478.

– Zustimmung des Betriebsrates zu außerordentlichen Kündigungen des Arbeitgebers in besonderen Fällen, BB 1973, 894 – 900.

Lichtwer, Bernhard, Graphologie und Tests nach § 95 Betriebsverfassungsgesetz, Personal, Mensch und Arbeit im Betrieb 1974, 210 – 213.

Löwisch, Manfred, Anm. zu BAG vom 31.5.1983, AP Nr. 2 zu § 95 BetrVG 1972.

– Die Mitbestimmung des Betriebsrats bei der Gehaltsfestsetzung für Angestellte nach Arbeitsplatzrangfolge und Leistungsbeurteilung, DB 1973, 1746 – 1752.

– Die Verknüpfung von Kündigungsschutz und Betriebsverfassung nach dem BetrVG 1972, DB 1975, 349 – 355.

– Taschenkommentar zum Betriebsverfassungsgesetz, Heidelberg 1985.

– Kommentar zum Kündigungsschutzgesetz, 7. Aufl. Heidelberg 1997.

– Der arbeitsrechtliche Teil des sogenannten Korrekturgesetzes, BB 1999, 102 – 107.

Löwisch, Manfred / Schüren, Peter, Anm. zu BAG v. 24.3.1983, SAE 1984, 50 – 52.

Lorenzen, Uwe / Schmitt, Lothar / Etzel, Gerhard / Gerhold, Diethelm / Albers, Hartmut / Schlatmann, Arne, Bundespersonalvertretungsgesetz, Kommentar, Loseblattsammlung, Heidelberg 1975 ff.

Loritz, Karl-Georg, Die Kündigung von Betriebsvereinbarungen und die Diskussion um eine Nachwirkung freiwilliger Betriebsvereinbarungen, RdA 1991, 65 – 79.

Mager, Ernst-Günther / Wisskirchen, Alfred, Betriebsverfassungsgesetz, Bergisch-Gladbach 1979.

Mansfeld, Werner, Betriebsrätegesetz vom 4. Februar 1920 mit den einschlägigen Nebengesetzen, Kommentar, 3. Aufl. Mannheim 1930.

– Zum Recht der Betriebsvereinbarung, NZfA 1931, 209 – 222.

Martin, Werner, Das Verhältnis zwischen Tarifvertrag und Betriebsvereinbarung, Jur. Diss. Erlangen 1933.

Matthes, Hans Christoph, Die Rechtsstellung des ohne Zustimmung des Betriebsrats eingestellten Arbeitnehmers, DB 1974, 2007 – 2011.

– Die Rechtsstellung des ohne Zustimmung des Betriebsrats versetzten, eingruppierten und umgruppierten Arbeitnehmers, DB 1975, 1651 – 1654.

– Rechtsfragen zum Interessenausgleich in: *Anzinger, Rudolf* und *Wank, Rolf* (Hrsg.), Entwicklungen im Arbeitsrecht und Arbeitsschutzrecht, Festschrift für Otfried Wlotzke zum 70. Geburtstag, München 1996, S. 393 – 406.

Matthaei, Walter, Grundriss des Arbeitsrechts, Mannheim 1923.

Maunz, Theodor und *Dürig, Günter* (Begründer) / *Badura, Peter / Herdegen, Matthias / Herzog, Roman / Klein, Hans H. / Lerche, Peter / Papier, Hans-Jürgen / Randelzhofer, Albrecht / Schmidt-Aßmann, Eberhard / Scholz, Rupert*, Grundgesetz: Kommentar, Bd. V, 37. Lieferung München August 2000.

Maurach, Reinhart (Begründer) / *Zipf, Heinz*, Strafrecht Allgemeiner Teil, Teilband 1, Grundlehren des Strafrechts und Aufbau der Straftat, Lehrbuch, 8. Aufl. Heidelberg 1992.

Maus, Wilhelm, Betriebsverfassungsgesetz, Baden-Baden 1972.

– Kündigungsschutzgesetz, Kommentar, Baden-Baden 1973.

Meisel, Peter G., Die Anhörung des Betriebsrats vor einer ordentlichen Kündigung nach dem neuen Betriebsverfassungsgesetz, DB 1972, 1627 – 1631 (1. Teil); 1675 – 1680 (2. Teil).

– Die Mitwirkung und Mitbestimmung des Betriebsrats bei Änderungskündigungen, BB 1973, 944 – 947.

– Die Anhörung des Betriebsrats vor einer außerordentlichen Kündigung nach dem neuen BetrVG, DB 1974, 138 – 143.

– Arbeitsrechtliche Probleme bei Versetzungen und Umsetzungen, BB 1974, 559 – 563.

– Die Mitwirkung und Mitbestimmung des Betriebsrats in personellen Angelegenheiten, 5. Aufl. Heidelberg 1984.

Meissinger, Hermann / Raumer, Konrad, Das Bayerische Betriebsrätegesetz vom 25. Oktober 1950, 2. Aufl. München 1951.

Melsbach, Erich, Deutsches Arbeitsrecht, Berlin 1923.

Milert, Werner, Tschirbs, Rudolf, Von den Arbeiterausschüssen zum Betriebsverfassungsgesetz, Geschichte der betrieblichen Interessenvertretung in Deutschland, Köln 1991.

Moll, Wilhelm, Der Tarifvorrang im Betriebsverfassungsgesetz; zur Abstimmung betrieblicher und tarifvertraglicher Regelungsmechanismen, Berlin 1980.

Molodovsky, Emil, Formlose Absprache als Rechtsform des Mitbestimmungsrechts in sozialen Angelegenheiten nach § 56 BetrVG, Jur. Diss. München 1959.

Müller, Gerhard, Das Mitbestimmungsrecht der Betriebsräte nach den Betriebsrätegesetzen von Hessen, Württemberg-Baden, Südbaden und Bremen, Heidelberg 1949.

– Gedanken zur Mitwirkung des Betriebsrats in personellen Angelegenheiten, DB 1962, 770 – 773 und 802 – 805.

Müller, Hans-Peter, Kündigung und Betriebsverfassung, Jur. Diss. Göttingen 1975.

Müller, Wigo, Die betriebsbedingte Kündigung im Kündigungsschutzprozess, DB 1975, 2130 – 2136.

Müller, Wolf, Die Grenzen der normativen Gestaltungswirkung der Betriebsvereinbarung, Jur. Diss. München 1966.

Neumann, Dirk, Versetzung des Arbeitnehmers, in: AR–Blattei.

Neumann-Duesberg, Horst, Betriebsverfassungsrecht, Lehrbuch, Berlin 1960.

– Rechtsfragen zur Mitwirkung des Betriebsrats bei Einstellungen und Ersteingruppierungen, DB 1963, 1219 – 1221.

Neyses, Wilhelm, Auswahlkriterien, Auswahlschema und Auswahlrichtlinien bei betriebsbedingter Kündigung, DB 1983, 2414 –2418.

Niederalt, Werner, Die Individualrechte des Arbeitnehmers nach dem Betriebsverfassungsgesetz 1972, Jur. Diss. München 1975.

Nikisch, Arthur, Anm. zu BAG v. 18.12.1961, AP Nr. 1 zu § 626 BGB Kündigungserschwerung.

– Arbeitsrecht Bd. II Koalitionsrecht, Arbeitskampfrecht und Tarifvertragsrecht, 2. Aufl. Tübingen 1959, Bd. III Betriebsverfassungsrecht, 2. Aufl. Tübingen 1966.

Obermayer, Klaus, Verfassungsrechtliche Bedenken gegen den Regierungsentwurf eines Betriebsverfassungsgesetzes, DB 1971, 1715 – 1724.

Oetker, Hartmut, Vorruhestand durch Betriebsvereinbarungen, NZA 1986, 148 – 152.

Ohl, Heinrich, Der Sozialplan, Beiträge zum Privat– und Wirtschaftsrecht Heft 33, Karlsruhe 1977.

Orth, Klaus / Welkoborsky, Horst, Landespersonalvertretungsgesetz Nordrhein–Westfalen, Kommentar für die Praxis, 5. Aufl. mit kommentierter Wahlordnung, Köln 1993.

Otto, Hansjörg, Nochmals: Kündigungen nach dem neuen BetrVG, DB 1972, 731.

– Einschränkung des individuellen Kündigungsschutzes zugunsten der Mitwirkung des Betriebsrats?, DB 1973, 671 f.

– Anm. zu BAG vom 13.9.1973, 2 AZR 601/72 (SAE 1975, 1 – 5), SAE 1975, 5 – 7.

Palandt, Otto (Begr.), Bürgerliches Gesetzbuch, bearb. von *Peter Bassenge / Gerd Brudermüller / Uwe Diederichsen / Wolfgang Edenhofer / Helmut Heinrichs / Andreas Heldrich / Hans Putzo / Hartwig Sprau / Heinz Thomas* und *Walter Weidenhoff,* 60. Aufl. München 2001.

Peltzer, Martin, Personalplanung, innerbetriebliche Stellenausschreibung, Personalfragebogen und Auswahlrichtlinien (§§ 92 ff. BetrVG 1972), DB 1972, 1164 – 1167.

Peterek, Rainer, Richtlinien über personelle Auswahl bei Kündigungen, Anmerkung zu BAG - Urteil v. 11.3.1976, SAE 1977, 147 – 149.

Philipp, Gerhard, Ordentliche Kündigung und Auswahlrichtlinien, BB 1972, 219.

Pötter, Hubert, Die Betriebsvereinbarung in der Rechtsprechung des Reichsarbeitsgerichts und der Landesarbeitsgerichte, Jur. Diss. Köln 1930, Köln 1931.

Raab, Thomas, Individualrechtliche Auswirkungen der Mitbestimmung des Betriebsrats gem. §§ 99, 102 BetrVG, ZfA 1995, 479 – 536.

Rech, Heribert, Die Nachwirkung freiwilliger Betriebsvereinbarungen, Frankfurt am Main, 1997.

Rech, Heribert, Anm. zu BAG v. 28.4.1998 AP Nr. 11 zu § 77 BetrVG Nachwirkung

Rehahn, Hans, Auswahlrichtlinien nach dem Betriebsverfassungsgesetz, BetrR 1972, 491 – 560.

– Zur praktischen Durchführung der Personalplanung nach dem neuen Betriebsverfassungsgesetz, MitbGespr 1972, 167 – 183.

– Die Aufstellung von Auswahlrichtlinien nach dem Betriebsverfassungsgesetz, MitbGespr 1973, 30 – 36.

– Psychologische Testverfahren im Personalbereich, MitbGespr 1973, 64 – 67.

Reichold, Hermann, Betriebsverfassung als Sozialprivatrecht: historisch – dogmatische Grundlagen von 1848 bis zur Gegenwart, München 1995.

Rewolle, Hans-Dietrich Änderungskündigung und Mitbestimmung des Betriebsrates, DB 1973, 185 – 187.

Richardi, Reinhard, Kollektivgewalt und Individualwille bei der Gestaltung des Arbeitsverhältnisses, München 1968.

– Zweifelhafte Lösungen der Mitbestimmung in personellen Angelegenheiten, DB 1970, 880 – 884.

– Kritische Anmerkungen zur Reform der Mitbestimmung des Betriebsrats in sozialen und personellen Angelegenheiten nach dem Regierungsentwurf, DB 1971, 621 – 633.

– Die Mitbestimmung des Betriebsrats in personellen Angelegenheiten, ZfA 1972, Sonderheft, S. 1 – 40.

– Anm. zu BAG v. 25.3.1971, SAE 1972, 139 – 141.

– Betriebsverfassungsgesetz, Kommentar begründet von Rolf Dietz, 5. Aufl. neubearbeitet von Reinhard Richardi, München 1973.

– Betriebsverfassung und Privatautonomie, Schriftenreihe der Juristischen Gesellschaft e.V. Berlin, Heft 45, Berlin 1973.

– Das Widerspruchsrecht des Betriebsrats bei personellen Maßnahmen nach §§ 99, 102 BetrVG, DB 1973, 378 – 384; 428 – 431.

– Änderungskündigung und Versetzung nach neuem Betriebsverfassungsrecht, DB 1974, 1285 – 1290; 1335 – 1345.

– Betriebsverfassungsgesetz, Kommentar, Bd. 1: §§ 1 – 73 mit Wahlordnung, 6. Aufl. München 1981, Bd. 2: §§ 74 – Schluß mit Betriebsverfassungsgesetz 1952, 6. Aufl. München 1982.

– Eingriff in eine Arbeitsvertragsregelung durch Betriebsvereinbarung, RdA 1983, 201 – 217 und 278 – 288.

– Kollektivvertragliche Arbeitszeitregelung – Fremdbestimmung durch Kollektivnorm oder Regelung der Arbeitsbedingung für ein rechtsgeschäftliches Dienstleistungsversprechen, ZfA 1990, 211 – 243.

– in: Arbeitsgesetzgebung und Arbeitsrechtsprechung, Festschrift zum 70. Geburtstag von Eugen Stahlhacke, hrsg. von *Friedhelm Farthmann, Peter Hanau, Udo Isenhardt* und *Ulrich Preis*, Neuwied 1995, S. 447 – 458.

– Die Betriebsvereinbarung als Rechtsquelle des Arbeitsverhältnisses. Zur Reichweite eines betriebsverfassungsrechtlichen Gestaltungsrechts in einer rechtsgeschäftlichen Ordnung des Arbeitsleben, ZfA 1992, 307 – 330.

– Betriebsverfassungsgesetz mit Wahlordnung, Kommentar, 7. Aufl. München 1998, unter Berücksichtigung der 1. Ergänzungslieferung von *Reinhard Richardi* unter Mitarbeit von *Georg Annuß*, München April 2000.

Richardi, Reinhard / Wlotzke, Otfried (Hrsg.), Münchener Handbuch zum Arbeitsrecht, Bd. 3, Kollektives Arbeitsrecht, 2. Aufl. München 2000.

Rixecker, Roland, Der Schutz des Einzelnen im Rahmen der Mitbestimmung in personellen Angelegenheiten, Jur. Diss., Saarbrücken 1983.

Roemheld, Bernard, Zur Zustimmung des Betriebsrats nach § 99 BetrVG bei personellen Einzelmaßnahmen, BB 1972,1330 f.

Rohde, Helmut, Die gesellschaftspolitischen Erwartungen an das neue BetrVG, MitbGespr. 1972, 155 – 159.

Roxin, Claus, Strafrecht Allgemeiner Teil, Bd. I, 3. Aufl. München 1997.

Rube, Wolrad, Paritätische Mitbestimmung und Betriebsverfassung. Das Verhältnis von betrieblicher und unternehmerischer Arbeitnehmermitbestimmung in gleichgewichtig mitbestimmten Unternehmen, Berlin 1982.

Rumpff, Klaus, Betriebsverfassungsrecht und Personalplanung, MitbGespr 1972, 160 – 166.

– Die mitbestimmungsrechtliche Lage bei Verlegung von Arbeitnehmern von einem Betrieb zu einem anderen Betrieb desselben Unternehmens, BB 1973, 707 – 711.

Säcker, Franz–Jürgen, Die Regelung sozialer Angelegenheiten im Spannungsfeld zwischen tariflicher und betriebsvereinbarungsrechtlicher Normsetzungsbefugnis, ZfA 1972, Sonderheft, S. 41 – 70.

Sahmer, Heinz, Betriebsverfassungsgesetz, Kommentar, Frankfurt/Main 1972 (Loseblattausgabe).

Schaub, Günter, Arbeitsrechts-Handbuch, 5. Aufl. München 1983.

– Arbeitsrechtliche Formularsammlung, 7. Aufl. München 1999.

– Arbeitsrechts-Handbuch, 9. Aufl. München 2000.

Schelter, Kurt, Bayerisches Personalvertretungsgesetz, Kommentar, 2. Aufl., München 1987.

Schiefer, Bernd, Anmerkung zu ArbG Bonn v. 5.2.1997, DB 1997, 1518 – 1520.

Schimana, Rudolf, Festsetzung der Altersgrenze für Arbeitnehmer durch Betriebsvereinbarung, BB 1970, 1138 – 1141.

Schinke, Jürgen, Die personellen Angelegenheiten im neuen Betriebsverfassungsgesetz aus rechtlicher und organisatorischer Sicht, Düsseldorf 1972.

Schlochauer, Ursula, Zum Mitbestimmungsrecht des Betriebsrats bei der ordentlichen Kündigung nach § 102 BetrVG 1972, RdA 1973, 157 – 165.

Schlotfeld, Walter, Die personelle Beteiligung des Betriebsrats an der "Umgruppierung" nach dem Betriebsverfassungsgesetz vom 11.10.1952 – BGBl. I S. 681, Jur. Diss. Münster 1960.

Schmidt-Aßmann, Eberhard, Öffentliches Recht und Privatrecht: Ihre Funktionen als wechselseitige Auffanganordnungen, in: *Hoffmann-Riem, Wolfgang*, Öffentliches Recht und Privatrecht als wechselseitige Auffangordnungen, Baden-Baden 1996.

Schmidt, Arnold, Die Praxis des Mitbestimmungsrechts: Eine Studie auf Grund von Betriebsvereinbarungen nach dem Betriebsrätegesetz des Kontrollrats.

Schmidt, Detlef, Die Unterscheidung von privatem und öffentlichem Recht, Baden-Baden 1985.

Schmidt, Herbert, Mitbestimmung im Planungsstadium, Der Saarl. ArbN 1973, 15 – 17.

Schmitt, Arnold, Die Praxis des Mitbestimmungsrechts: eine Studie auf Grund von Betriebsvereinbarungen nach dem Betriebsrätegesetz des Kontrollrats, Göttingen, 1949.

Schneider, Wolfgang, Die Personalplanung im System der Beteiligungsrechte des Betriebsrats, BlStSozArbR 1973, 60 – 63.

Schöne, Ludwig, Privatrecht und öffentliches Recht, Jur. Diss, Freiburg i.Br. 1955.

Schelter, Kurt, Bayerisches Personalvertretungsgesetz, Kommentar, 2. Aufl., München 1987

Schönke, Adolf (Begründer) / *Schröder,Horst* (fortgeführt) / *Lencker, Theodor / Cramer, Peter / Eser, Albin / Stree, Walter*, Strafgesetzbuch, Kommentar, 25. Aufl. München 1997.

Schreuer, Hans, Die Rechtsnatur der Betriebsvereinbarung, Jur. Diss. Köln 1930.

Schuldt, Hermann, Die Betriebsvereinbarung im Verhältnis zum Einzelarbeitsvertrag und zum Tarifvertrag, Berlin 1925.

Schumacher, Wilhelm–Josef, Die konstitutive arbeitgeberische Eingruppierung und ihre gerichtliche Nachprüfung. Jur. Diss. Köln 1960.

Schwarz, Walter, Buchbesprechung: Dietz, Rolf / Richardi, Reinhard Betriebsverfassungsgesetz mit Wahlordnung, Kommentar, 5. Aufl. München 1973, öRdA 1976, 191 f.

Schwenkow, Herbert, Die Betriebsvereinbarung, Jur. Diss. Hamburg 1924.

Schwerdtner, Peter, Die Änderung kollektivrechtlich begründeter Ruhegeldberechtigungen – eine Auseinandersetzung mit dem Urteil des Bundesarbeitsgerichts vom 30.11.73 – 3 AZR 96/73, ZfA 1975, 171 – 206.

Siebert, Gerd, Betriebsverfassungsgesetz 72, Vollständiger Wortlaut – kommentiert für die Praxis, 2. Aufl. Frankfurt/Main 1972.

Sinzheimer, Hugo, Die soziologische Methode in der Privatrechtswissenschaft, Schriften des sozialwissenschaftlichen Vereins der Universität München Heft 3, München 1909.

– Grundzüge des Arbeitsrechts, 2. Aufl. Jena 1927.

Söllner, Alfred / Reinert, Hans Jochen, Personalvertretungsrecht, 2. Aufl. Baden–Baden 1993.

Soergel, Hans T., Bürgerliches Gesetzbuch, 11. Aufl. Stuttgart 1978.

Stahlhacke, Eugen, Das personelle Mitbestimmungsrecht des Betriebsrats nach dem Betriebsverfassungsgesetz 1972, BlStSozArbR 1972, 51 – 60.

– Kündigung und Kündigungsschutz im Arbeitsverhältnis, 3. Aufl. München 1977.

Stahlhacke, Eugen / Preis, Ulrich / Vossen, Reinhard, Kündigung und Kündigungsschutz im Arbeitsverhältnis, 7. Aufl. München 1999.

Staudinger, Julius von (Begründer), J. von Staudingers Kommentar zum Bürgerlichen Gesetzbuch mit Einführungsgesetz und Nebengesetzen, 13. Bearbeitung, 2. Buch, Recht der Schuldverhältnisse, §§ 255 – 292, von *Manfred Löwisch* und *Walter Selb*, Berlin 1995.

Stege, Dieter / Weinspach, Friedrich K., Betriebsverfassungsgesetz, Handkommentar für die betriebliche Praxis, 3. Aufl. Köln 1978.

Stege, Dieter / Weinspach, Friedrich K., Betriebsverfassungsgesetz, Handkommentar für die betriebliche Praxis, 5. Aufl. Köln 1987.

Stege, Dieter / Weinspach, Friedrich K., Betriebsverfassungsgesetz, Handkommentar für die betriebliche Praxis, 8. Aufl. Köln 1999.

Steigerwald, Fritz, Die personelle Beteiligung des Betriebsrats an der Versetzung von Arbeitnehmern, Jur. Diss. Würzburg 1975.

Stelkens, Paul / Bonk, Heinz Joachim / Sachs, Michael / Kallerhoff, Dieter / Schmitz, Heribert / Stelkens, Ulrich, Verwaltungsverfahrensgesetz, Kommentar, 5. Aufl. München 1998.

Stier-Somlo, Fritz, Kommentar zum Betriebsrätegesetz vom 4.2.1920, Berlin 1921.

Stoltenberg, Hansi, Fragebögen, Beurteilungsgrundsätze und Auswahlrichtlinien – Die Mitbestimmungsrechte aus §§ 94, 95 BetrVG unter besonderer Beachtung elektronischer Personaldatenverarbeitung – Jur. Diss. Trier 1984.

Veit, Barbara, Die funktionelle Zuständigkeit des Betriebsrats, München 1998.

Vischer, Gustav Adolf, Die Betriebsvereinbarung der gewerblichen Betriebe, Jur. Diss. Erlangen 1923.

Vogt, Aloys, Personal–Auswahlrichtlinien (§ 95 BetrVG) Systematische Analyse der Auswahlgrundsätze und –kriterien bei Einstellungen, Versetzungen, Umgruppierungen und Kündigungen von Arbeitnehmern, Berlin 1987.

Wagener Wolfgang; Schränkt das neue Betriebsverfassungsgesetz den individuellen Kündigungsschutz ein?, BB 1972; 1373 – 1375.

Waltermann, Raimund, Rechtsetzung durch Betriebsvereinbarung zwischen Privatautonomie und Tarifautonomie, Tübingen 1996

Weber, Hansjörg, Die Verpflichtung zur Weiterbeschäftigung eines gekündigten Arbeitnehmers gemäß § 102 Abs. 5 BetrVG, BB 1974, 698 – 703.

Weiler, Edgar, Zum Problem des Kündigungsschutzes älterer Arbeitnehmer in den Betrieben und Unternehmen der privaten Wirtschaft, Jur. Diss. Mainz 1976.

Weiss, Manfred / Weyand, Joachim, Betriebsverfassungsgesetz, Kommentar, 3. Aufl. Baden–Baden 1994.

Weller, Bernhard, Betriebliche und tarifvertragliche Regelungen, die sich auf die soziale Auswahl nach § 1 Abs. 3 KSchG auswirken, RdA 1986, 222 – 231.

Weng, Die soziale Auswahl bei der betriebsbedingten Kündigung, DB 1978, 884 – 889.

Wiedemann, Herbert, (Hrsg.), Tarifvertragsgesetz, Kommentar, 6. Aufl. bearbeitet von *Hartmut Oetker, Rolf Wank* und *Herbert Wiedemann*, München 1999.

Wiedemann, Herbert / Stumpff, Hermann, Tarifvertragsgesetz, Kommentar, 5. Aufl. München 1977.

Willemsen Heinz Josef / Hohenstatt, Klaus-Stefan, Zur umstrittenen Bindungs- und Normwirkung des Interessenausgleichs, NZA 1997, 345 – 352.

Wlotzke, Otfried, Betriebsverfassungsgesetz, 2. Aufl. München 1992.

Wölbing, Paul / Schultz, Ludwig / Sell, Karl, Betriebsrätegesetz, 2. Aufl. Berlin 1929.

Zachert, Ulrich, Anm. zu BAG vom 31.5.1983, AuR 1985, 103 f.

Zöllner, Wolfgang, Auswahlrichtlinien für Personalmaßnahmen in: Arbeitsleben und Rechtspflege – Festschrift für Gerhard Müller, hrsg. von *Theo Mayer-Maly, Reinhard Richardi, Herbert Schambeck* und *Wolfgang Zöllner*, Berlin 1981, S. 665 – 688.

Zöllner, Wolfgang / Loritz, Karl-Georg, Arbeitsrecht, 5. Aufl. München 1998.

Abkürzungsverzeichnis

Die im Text verwendeten Abkürzungen erschließen sich entweder von selbst oder entsprechen dem Abkürzungsverzeichnis von Hildebert Kirchner, Abkürzungsverzeichnis der Rechtssprache, 4. Aufl. Berlin 1993.

Darüber hinaus werden folgende Abkürzungen verwendet:

ErfK..Dieterich u. a., Erfurter Kommentar zum Arbeitsrecht, 2. Aufl. München 2001.

GK-BetrVG..Fabricius u. a., Betriebsverfassungsgesetz, Gemeinschaftskommentar, Bd. II, 6. Aufl. Neuwied 1998.

GK-KSchG ....Etzel u. a., Gemeinschaftskommentar zum Kündigungsschutzgesetz, 5. Aufl. Neuwied 1998.

GroßK-KR ....Ascheid u. a., Großkommentar zum Kündigungsrecht, München 2000.

HandK-KSchG ....Fiebig u. a., Kündigungsschutzgesetz, Handkommentar, Baden-Baden 2000.

HK-KSchG ....Dorndorf u. a., Heidelberger Kommentar zum Kündigungsschutzgesetz, 3. Aufl. Heidelberg 1999.

LK-StGB..Jeschek u. a., StGB, Leipziger Kommentar, 10. Aufl. Berlin 1985.

MünchArbR...Richardi u. a., Münchener Handbuch für Arbeitsrecht, 2. Aufl. München 2000.

TK-BetrVG ....Löwisch, Taschenkommentar zum Betriebsverfassungsgesetz, Heidelberg 1985.

Soweit nicht anders vermerkt, wird immer die neueste im Literaturverzeichnis aufgeführte Auflage zitiert.

Einleitung

Die Mitbestimmung des Betriebsrats in personellen Angelegenheiten ist durch das Betriebsverfassungsgesetz 1972[1] erheblich erweitert und verstärkt worden. Beschränkte sich das Mitbestimmungsrecht des Betriebsrats nach dem Betriebsverfassungsgesetz 1952 auf personelle Einzelmaßnahmen, so sieht das BetrVG 1972 bereits im Vorfeld dieser Maßnahmen Beteiligungsrechte vor.

In diesem Rahmen gibt § 95 BetrVG gibt dem Betriebsrat ein Mitbestimmungsrecht bei der Aufstellung von Richtlinien über die personelle Auswahl bei Einstellungen, Versetzungen, Umgruppierungen und Kündigungen.

Die Begleitung, die diese Regelung in der Literatur gefunden hat, war eher skeptisch[2]. Die hohen Erwartungen, die der Gesetzgeber in § 95 BetrVG gesetzt hatte[3] wurden nicht erfüllt. Bis heute kann man immer wieder lesen, dass sich die Vorschrift nicht durchgesetzt habe, dass Auswahlrichtlinien in der Praxis nicht sehr häufig seien[4].

Diese Einschätzung wurde durch zwei Umfragen bestätigt. Bei einer ersten Befragung in 40 Unternehmen in der Bundesrepublik Deutschland, die die höchsten Arbeitnehmerzahlen hatten, konnten nur 6 Unternehmen bejahen, dass es in ihren Betrieben Auswahlrichtlinien gebe[5]. Aber auch mehr als 25 Jahre nach Inkrafttreten des Gesetzes haben die Möglichkeiten des § 95 BetrVG nur in beschränktem Umfang Eingang in die Wirklichkeit der Betriebe gefunden. Bei einer zweiten Umfrage bei 35 Großunternehmen in der Bundesrepublik Deutschland im Dezember 2000 war festzustellen, dass selbst in den Betrieben von Großunternehmen nur zu einem geringen Prozentsatz Auswahlrichtlinien nach §95 BetrVG anzutreffen sind. Nur 6 Unternehmen konnten dem Verfasser Auswahlrichtlinien aus dem Bereich ihres Unternehmens vorlegen, während 20 Unternehmen bestätigten, dass in ihren Betrieben keine Auswahlrichtlinien vereinbart worden seien.

Zu dieser Situation haben verschiedene Faktoren beigetragen. Wenn man z.B. die Tarifabschlüsse im Metall- und Druckbereich im Frühjahr 1978 anschaut, so fällt auf, dass in ihnen die Begriffe Umgruppierung, Versetzung, Arbeitsplatzschutz wesentlich

---

1 Betriebsverfassungsgesetz vom 15.1.1972 (BGBl. I S. 13) in der Fassung der Bekanntmachung vom 25.9.2001 (BGBl. I S. 2518).

2 Vgl. *Schwarz*, Buchbesprechung, öRdA 1976, 191 f.; *Gemählich*, Auswahlrichtlinien, S. 5 f.; *Peltzer*, DB 1971, 1164/1165; vgl. auch *Brede*, BlStSozArbR 1973, 17/18.

3 Vgl. BT-Drucksache IV/1786 S. 32; Bericht des Ausschusses für Arbeit und Sozialordnung (10.Ausschuss) BT-Drucksache IV/2729 und z u Drucksache IV/2729 S. 5.

4 Vgl. *Fritz*, Auswahlrichtlinien, S. 13; *Dirx/Klebe*, AiB 1984, 8; *Zöllner*, FS G. Müller, S. 665/666; auch noch im Jahr 1998: *v. Hoyningen-Huene*, Betriebsverfassungsrecht, S. 307.

5 Der Verfasser hatte diese Unternehmen im Jahr 1974 angeschrieben. Davon haben 35 geantwortet, 4 Unternehmen nicht reagiert und 1 Unternehmen die Antwort aus prinzipiellen Gründen verweigert.

häufiger gebraucht werden als das Wort Lohnerhöhung. Wenn man dazu aber feststellt, dass gerade um diese Begriffe die härtesten Arbeitskämpfe geführt wurden, dass die Arbeitgeber hier wie dort zum Mittel der Aussperrungen gegriffen haben und nicht zuletzt hierdurch eigene Verluste in Millionenhöhe erzeugt haben, während auf der anderen Seite eine Gewerkschaft sich bis an den Rand ihres finanziellen Ruins begeben hat, dann muss dies nachdenklich stimmen, wenn in § 95 BetrVG die Kompetenz zur Regelung eines Teils dieser Fragen auf die Betriebspartner übertragen wird. Wenn man sich vergegenwärtigt, mit welchem Kampfpotential die Tarifvertragsparteien um die Lösung dieser Probleme gerungen haben, so mutet es reichlich optimistisch an, dass Betriebsrat und Arbeitgeber mit den ihnen im Betriebsverfassungsgesetz zur Verfügung gestellten Mitteln zu Auswahlrichtlinienvereinbarungen kommen sollen. Klammert man aber bewusst die Fragen, die sich insbesondere aus den Innovations- und Veränderungsprozessen ergeben, aus und wendet § 95 BetrVG sozusagen nur auf Routinemaßnahmen an, so bleibt die Frage, ob Inhalt, Geltungsumfang und Wirkung der so verbliebenen Auswahlrichtlinien ein Engagement von Arbeitgeber und Betriebsrat rechtfertigen[6]. Hinzu kommt, dass auf Grund der raschen Veränderungen der Technologie, der Produktionsmethoden und Arbeitsabläufe sowie der internationalen Vernetzung und dem damit verbundenen ständigen Wechsel der Anforderungen an die Arbeitnehmerschaft, selbst auf den einzelnen Betrieb bezogene Richtlinien, soweit sie ausreichend detailliert sind, einem ständigen Wandel unterworfen sein müssen, um den wechselnden Anforderungen gerecht zu werden. Für den Bereich der Sozialauswahl bei Kündigungen hat das Bundesarbeitsgericht ausdrücklich auf diese Problematik aufmerksam gemacht[7].

Entscheidend für die mangelnde Umsetzung in der Praxis ist aber auch die große Unsicherheit bezüglich Inhalt, Rechtscharakter und Rechtsfolgen der Auswahlrichtlinien nach § 95 BetrVG[8]. So führt Gamillscheg im Hinblick auf die Problematik der Auslegung des § 95 BetrVG aus: „Ob dies der Sinn dieser Vorschrift ist, ist freilich schwer zu durchschauen" und „die Materialien des Gesetzes schweigen, wie häufig, das Problem wurde wohl nicht gesehen"[9]. Zwar hat die Einfügung des Absatzes 4 in § 1 KSchG nicht nur die Problematik in Bezug auf Kündigungsrichtlinien erheblich

---

6 Soweit bei den beiden Umfragen des Verfassers eine Begründung gegeben wurde, warum in den Betrieben des Unternehmens keine Auswahlrichtlinien bestehen, wurde diese Sicht bestätigt, allerdings mit der Auflage von einer Quellenangabe abzusehen.

7 BAG vom 24.3.1983 AP Nr. 12 zu § 1 KSchG 1969 Betriebsbedingte Kündigung; zwar gelten die dort erhobenen Bedenken vor allem für die von Arbeitsgerichten aufgestellten Punkteschemata, die Problematik gilt aber auch für Auswahlrichtlinienvereinbarungen nach § 95 BetrVG; vgl. unten Teil III, § 5 Nr. 2 d.

8 Zur inhaltlichen Gestaltung vgl. *Zöllner*, FS G. Müller, S. 600, S. 665/670, der wie sich gezeigt hat, zu Unrecht im Hinblick auf die Unsicherheiten des zulässigen Inhalts von Auswahlrichtlinien davon ausgeht, dass die betriebliche Praxis damit zurechtkommen werde. Auch die Aussage, in Zweifelsfällen könne ein Blick auf Erfahrungen in Großunternehmen hilfreich sein, könnte nur zutreffen, wenn dort eine breite betriebliche Praxis bestünde; vgl. aber *Dirx/Klebe*, AiB 1984, 8.

9 Anm. zu BAG vom 11.3.1976 EzA, § 95 BetrVG 1972 Nr. 1.

verringert, sondern auch die Bedeutung der Vereinbarung von Richtlinien gestärkt[10]. Damit sind aber viele Fragen im Hinblick auf die Auslegung des § 95 BetrVG noch nicht beantwortet. So ist z.B. nach wie vor unklar, ob Kündigungsrichtlinien nur für betriebsbedingte Kündigungen vereinbart werden können[11], welchen Charakter in einem Interessenausgleich nach § 112 BetrVG vereinbarte Auswahlrichtlinien haben[12] und auch die grundlegende Frage, ob Auswahlrichtlinienvereinbarungen der Schriftform bedürfen oder formlos gültig sind[13].

Die vorliegende Arbeit möchte diesen Fragen nachgehen und soweit möglich Lösungsvorschläge anbieten. Das soll auf dem Hintergrund der Entwicklung der gesetzlichen Möglichkeit, Auswahlrichtlinien zu vereinbaren, von der Regelung in § 78 Nr. 8 BRG 1920 angefangen, bis hin zu § 95 BetrVG 1972, geschehen. So wird zunächst aufgezeigt, dass die Mitbestimmung bei der Aufstellung von Auswahlrichtlinien den bisherigen gesetzlichen Mitbestimmungsordnungen nicht fremd war (Teil I).

Die neue Systematik der Mitbestimmungsrechte des BetrVG 1972 mit der starken Abgrenzung von sozialen und personellen Angelegenheiten ist auch von Bedeutung für das Mitbestimmungsrecht nach § 95 BetrVG. Unter diesem Ausgangspunkt muss die Bestimmung der Rechtsnatur von Auswahlrichtlinien vorgenommen werden (Teil II).

Von daher und unter Beachtung der zugrunde gelegten Begriffe der Einstellung, Versetzung, Umgruppierung und Kündigung muss auch die Begrenzung des zulässigen Inhalts der Auswahlrichtlinien gefunden werden (Teil III).

Dabei darf nicht übersehen werden, dass sich die Bedeutung von Auswahlrichtlinien insbesondere aus den mit ihnen verknüpften Rechtsfolgen ergibt (Teil IV).

Auch nach den Personalvertretungsgesetzen des Bundes und einiger Länder sind personelle Auswahlrichtlinien in unterschiedlicher Weise zulässig (Teil V).

In einem VI. Teil werden die Ergebnisse der Arbeit zusammengefasst.

---

10 Vgl. unten Teil III, § 5 Nr. 2 b.
11 Vgl. unten Teil III, § 5 Nr. 3.
12 Vgl. unten Teil IV, § 4 Nr. 3
13 Vgl. unten Teil II § 3 Nr. 1.

I. Teil

Rechtsentwicklung bis zum Inkrafttreten des Betriebsverfassungsgesetzes 1972

In der Literatur wird häufig übersehen oder zu wenig beachtet, dass die Auswahlrichtlinien in § 95 Betriebsverfassungsgesetz (BetrVG)[1] keineswegs eine Neuschöpfung des Betriebsverfassungsgesetzes von 1972 sind. Wenn auch Auswahlrichtlinien als Planungsleitsätze eigentlich erst in unseren heutigen Unternehmensstrukturen so recht vorstellbar sind, muss man doch sehen, dass bereits im Betriebsrätegesetz von 1920[2] in § 78 Nr. 8 Vereinbarungen von Einstellungsrichtlinien ausdrücklich vorgesehen waren. Zwar enthielt die erste Regelung betriebsverfassungsrechtlicher Grundzüge der Nachkriegszeit im Kontrollratsgesetz Nr. 22[3] keine vergleichbare Vorschrift, aber die Frage der Vereinbarkeit von Personalrichtlinien wurde weiter - wenn auch nicht sehr intensiv - diskutiert. Eine Belebung erfuhr die Diskussion durch die einzelnen landesrechtlichen Ausgestaltungen der Betriebsverfassung in der Folgezeit. Das Betriebsverfassungsgesetz von 1952[4], das in vielen Punkten keine rechte Anknüpfung an das Betriebsrätegesetz von 1920 fand, erwähnt Richtlinienvereinbarungen nicht ausdrücklich. Dennoch wird ihre Vereinbarung auch unter diesem Gesetz für möglich gehalten,[5] wobei sich gerade hier zeigt, dass ohne Berücksichtigung der Entwicklungslinien ein Zugang zu dieser Frage unter der Geltung des Betriebsverfassungsgesetzes von 1952 kaum möglich ist.

§ 1 Einstellungsrichtlinien nach dem BRG von 1920

Obwohl die Einstellungsrichtlinien nach § 78 Nr. 8 Betriebsrätegesetz von 1920 (BRG)[6] nicht mit den heutigen Auswahlrichtlinien identisch sind, wirft doch ihre Betrachtung Schlaglichter auf Bedeutung und Möglichkeiten der Auswahlrichtlinien nach dem BetrVG 1972.

---

[1] Betriebsverfassungsgesetz vom 15.1.1972 (BGBl. I S. 13) in der Fassung der Bekanntmachung vom 25.9.2001 (BGBl. I S. 2518).

[2] Betriebsrätegesetz vom 4.2.1920, RGBl. S. 147.

[3] Amtsblatt des Kontrollrats in Deutschland Nr. 6 vom 30.4.1946 S. 133.

[4] BGBl. I S. 681.

[5] Vgl. u.a. *Nipperdey* in *Hueck/Nipperdey*, Lehrbuch, Bd. II (6. Aufl.), S. 780; *Nipperdey/Säcker* in *Hueck/Nipperdey*, Lehrbuch, Bd. II/2 (7. Aufl.), S. 1268; *Dietz*, BetrVG, § 61 Rd.Nr. 33; *Neumann-Duesberg*, Betriebsverfassungsrecht, S. 568 f., S. 363 und an vielen anderen Stellen; *Nikisch*, Arbeitsrecht, Bd. III, S. 281; *Fitting/Kraegeloh/Auffarth*, BetrVG (9. Aufl.), § 61 Rd.Nr. 34; *Galperin/Siebert*, BetrVG, § 52 Rd.Nr. 53, vor § 60 Rd.Nrn. 23 und 25, § 57 Rd.Nr. 8; *Müller W.*, Grenzen, S. 96, S. 102; *G. Hueck*, RdA 1962, 366/368; *Huber*, Wirtschaftsverwaltungsrecht, Bd. II, S. 532.

[6] Betriebsrätegesetz vom 4.2.1920, RGBl. S. 147.

1. Motive des Gesetzgebers

Festgehalten werden muss zunächst einmal die verschiedenartige Motivation des Gesetzgebers, die zur Aufnahme von Richtlinienvereinbarungen in das Betriebsverfassungsrecht führte.
War es im BetrVG 1972 eine Ausweitung der ohnehin bei personellen Einzelmaßnahmen bestehenden Mitbestimmungsrechte des Betriebsrats, so sollte mit der Aufnahme der Einstellungsrichtlinien in das BRG eher das Gegenteil bewirkt werden[7]. Durch Nachgeben bei einer generellen Mitsprache sollte eine Mitsprache bei den individuellen Maßnahmen abgeblockt werden[8].

Der Regierungsentwurf[9] zum BRG enthielt in seinen §§ 40 ff. nämlich die Möglichkeit des Einspruchs gegen jede Einstellung und Kündigung, sofern die dort angeführten Voraussetzungen, z.B. Verstoß gegen wichtige Interessen des Betriebs oder unbillige Härte gegenüber dem Entlassenen, vorlagen. Dieses Recht sollte dem Betriebsrat ermöglichen, seine im Regierungsentwurf angesprochenen Aufgaben zu erfüllen: "Wahrnehmung der sozialen und wirtschaftlichen Interessen der Arbeitnehmer (Arbeiter und Angestellten) des Betriebs" und "die Einflussnahme auf Betriebsleitung und Betriebsleistung"[10]. Damit "die Arbeitnehmer aus willenlosen, des Arbeitszweckes nicht bewussten Gliedern der Produktionsprozesse zu verantwortungs- und arbeitsfreudigen Mithelfern der Produktion werden"[11]. Bei aller Anerkennung der Schwere des Eingriffs in die Verfügungsfreiheit des Unternehmers ging es der Regierung darum, zum einen die sozialen Belange der Arbeitnehmer zu schützen, zum anderen die persönliche Bindung des Arbeitnehmers an den Betrieb zu stärken und sein Verantwortungsgefühl zu wecken[12].

Obwohl es sich bei diesem Regelungsvorschlag im Grunde nur um eine Festschreibung der den Angestellten des Bankgewerbes und der Metallindustrie Groß-Berlins bereits durch Tarifvertrag gewährten Rechte handelte[13], war bereits in der 1. Lesung des Gesetzentwurfs festzustellen, dass der Regierungsentwurf unter den gegebenen Mehrheitsverhältnissen in der Nationalversammlung in diesem Punkt nicht die notwendige Mehrheit finden würde[14]. Während man einem direkten Schutz bei jeder

---

7 Vgl. *Flatow/Kahn-Freund*, BRG, § 81 Anm. 1.
8 Vgl. *Reichold*, Betriebsverfassung, S. 271.
9 Verfassungsgebende Deutsche Nationalversammlung, Aktenstück Nr. 928.
10 Verfassungsgebende Deutsche Nationalversammlung, Aktenstück Nr. 928, S. 19.
11 Verfassungsgebende Deutsche Nationalversammlung, Aktenstück Nr. 928, S. 19.
12 Verfassungsgebende Deutsche Nationalversammlung, Aktenstück Nr. 928, S. 21.
13 Vgl. *Flatow/Kahn-Freund*, BRG, vor § 81 Anm. 1.
14 Vgl. Rede des Abgeordneten Schneider von den Deutschen Demokraten bei der 1. Lesung des Gesetzentwurfs: Stenographische Berichte der Nationalversammlung 85. Sitzung S. 2727; Rede des Abgeordneten Winnerfeld (Deutsche Volkspartei) a.a.O. S. 2736, Rede des Abgeordneten Ehrhardt (Zentrum) a.a.O. S. 2746.

einzelnen Entlassung zustimmend gegenüberstand[15], war man in Bezug auf Einstellungen nur bereit, die Arbeitnehmer bei der Aufstellung von Richtlinien mitwirken zu lassen und ihnen dann gewisse Rechte[16] einzuräumen, wenn bei vorgenommenen Einstellungen gegen diese Richtlinien verstoßen würde. Dass man diese Rechte auf die Gruppenräte übertrug, bedeutet eine weitere Schwächung der Durchsetzbarkeit und eine weitere Entfernung vom Entwurf der Regierung. Man wollte Mitbestimmung bei Einstellungen auf dem Papier, aber nicht im Betrieb. Durch Inhalt und Form war im Gesetz statt Teilhabe an der Betriebsleitung die bloße Wahrnehmung von Gruppeninteressen übriggeblieben[17]. Vor diesem Hintergrund sind die im BRG vorgesehenen Richtlinienvereinbarungen zu sehen.

2. Fragestellung

Im Hinblick auf § 95 BetrVG sollen bei der Betrachtung der Auswahlrichtlinien nach dem BRG folgende Schwerpunkte behandelt werden:

a) Rechtsqualität der Einstellungsrichtlinien nach dem BRG
Da die Qualität der Auswahlrichtlinien nach § 95 BetrVG durchaus umstritten ist, bedarf sie einer eingehenden Untersuchung, die durch einen Vergleich mit der Einordnung der Einstellungsrichtlinien nach dem BRG zusätzliche Kriterien gewinnen kann.

b) Inhalt und Zustandekommen der Auswahlrichtlinien
Der inhaltliche Umfang der Auswahlrichtlinien ist nicht scharf umgrenzt. Auch hier lassen sich aus der Behandlung der Personalrichtlinien nach dem BRG Anhaltspunkte gewinnen für eine Festlegung des möglichen Inhalts der Auswahlrichtlinien nach § 95 BetrVG.

c) Rechtsfolgen der Einstellungsrichtlinien und ihre Durchsetzbarkeit
Man könnte diesen Abschnitt auch den vorprogrammierten Leerlauf der §§ 81 ff. BRG nennen[18]. Es soll hier aufgezeigt werden, dass eine Vorschrift von ihrer Einbettung in das Gesetz lebt. Es soll dargelegt werden, wie wichtig die Beachtung der Verknüpfung zwischen den gesetzlichen Möglichkeiten und ihrer Durchsetzbarkeit ist.

---

15 Vgl. z.B. Stenographischer Bericht der 85. Sitzung S. 2746; zu beachten ist aber auch hier die starke Veränderung des Gesetzes gegenüber dem Regierungsentwurf: so kann z.B. der Betriebsrat nicht von sich aus tätig werden (vgl. §§ 84, 85 BRG).

16 Vgl. unten Nr. 5.

17 Vgl. *Mansfeld*, BRG, vor §§ 81-90 u. § 6 Anm. 2.

18 *Reichold*, Betriebsverfassung, S. 272 kommt bei der abschließenden Bewertung der Einstellungsrichtlinien zu dem Ergebnis, dass von einem „Mitbestimmungsrecht" bezüglich der Einstellungspolitik praktisch nichts übrig geblieben war.

3. Rechtsqualität der Einstellungsrichtlinien nach dem Betriebsrätegesetz

In den Richtlinienvereinbarungen nach § 78 Nr. 8 BRG wurden durchwegs Betriebsvereinbarungen gesehen[19]. Das ist nicht weiter verwunderlich, wenn man berücksichtigt, dass die zum BRG entwickelte Dogmatik die Betriebsvereinbarung als einzige Form der rechtsgeschäftlichen Vereinbarung zwischen Betriebsvertretung und Arbeitgeber kannte[20].

Flatow hatte zwar in der Zusammenfassung von "Betriebsvereinbarung und Arbeitsordnung" festgestellt, die Richtlinienvereinbarung sei keine Betriebsvereinbarung in dem in seiner Schrift behandelten Sinn[21]. Es ist aber nicht richtig, daraus zu schließen, Flatow habe Richtlinienvereinbarungen überhaupt nicht als Betriebsvereinbarungen betrachtet[22], während er sie später zu den „Betriebsvereinbarungen im weiteren Sinn" rechnete[23]. Hierbei wird nämlich übersehen, dass Flatow in seiner zitierten Schrift als Betriebsvereinbarung im engeren Sinne nur die Betriebsvereinbarungen mit normativem Inhalt verstanden wissen wollte, während er Betriebsvereinbarungen mit obligatorischem Inhalt, als die er später die Richtlinienvereinbarungen bezeichnete[24], von der Behandlung ausschloss[25]. Dies bedeutete aber nicht, dass er sie gar nicht als Betriebsvereinbarung ansah[26]. Flatow wollte sich in dieser Schrift nur jeglicher Stellungnahme zu Inhalt, Rechtswirkung usw. der Betriebsvereinbarungen mit obligatorischem Inhalt zugunsten einer umfassenden Behandlung der in der Konstruktion völlig neuartigen Betriebsvereinbarung mit normativem Inhalt enthalten.

Eine beispiellose Serie von Dissertationen hat sich dann in der Folgezeit bis 1933 mit dem Rechtsinstitut der Betriebsvereinbarung auseinandergesetzt und dabei auch Stellung zum Charakter der Auswahlrichtlinien genommen[27]. Nahezu keine Arbeit die

---

19 Einzelne Nachweise vgl. im folgenden Text.

20 So *Hueck/Nipperdey*, Lehrbuch, Bd. II/2 (7. Aufl.), S. 1254.

21 *Flatow*, Betriebsvereinbarung, S. 73; S. 17 Fußn. 17.

22 Vgl. *Brandus*, Recht, S. 56, der sich allerdings in Fußn. 68 nur auf *Vischer*, Betriebsvereinbarungen, beruft; missverständlich *Bergmann*, Betriebsvereinbarung, S. 16.

23 *Flatow/Kahn-Freund*, BRG, vor § 66 Anm. II.

24 *Flatow/Kahn-Freund*, BRG, § 81 Anm. 3.

25 *Flatow*, Betriebsvereinbarung, S. 3 Fußn. 3; S. 17 Fußn. 30.

26 Vgl. *Flatow*, Betriebsvereinbarung, S. 3 Fußn. 3: "Die Arbeit behandelt, wie die folgenden Ausführungen zeigen, nur die Betriebsvereinbarungen mit normativem Inhalt, nicht die mit obligatorischem Inhalt (die Begriffe "norminativ" und "obligatorisch" i.S. des Tarifrechts verstanden)." *Flatow* bejaht hiermit die Existenz von Betriebsvereinbarungen mit obligatorischem Inhalt, sonst wäre diese Anmerkung sinnlos; vgl. auch *Reichold*, Betriebsverfassung, S. 293 f..

27 *Andreas, Gerhard*, Die Rechtsnatur des obligatorischen Teils der Betriebsvereinbarung, Diss. Jena 1929; *Bache, Herbert*, Die Betriebsvereinbarung, Diss. Breslau 1928; *Bergmann, Alfred*, Die Betriebsvereinbarung als schuldrechtlicher Normenvertrag, Diss. Leipzig 1929; *Börker, Rudolf*, Die Betriebsvereinbarung, Diss. Marburg 1929; *Brandus, Rudolf*, Das Recht der Betriebsvereinbarung, Diss. Jena 1926; *Dommaschk, Heinz*, Betriebsvereinbarung, Diss. Bonn 1929; *Gnädinger, Karl*, Die Betriebsvereinbarung, Diss. Freiburg i. Br. 1926; *Goerrig, Emmy*, Arbeitsordnung, Betriebs-

sich zentral mit dem Thema der Betriebsvereinbarung befasst, lässt das Problem der Einstellungsrichtlinien außer Acht[28]. Diese Dissertationen spiegeln den Stand der Lehre wieder.

Die überwiegende Mehrzahl versteht die Einstellungsrichtlinien als Betriebsvereinbarungen mit obligatorischem Inhalt. In Bezug auf die Abgrenzung zwischen normativem und schuldrechtlichem Teil folgt man mit geringen Abweichungen einer Einteilung, wie sie Nipperdey in seiner Definition der Betriebsvereinbarung vorgenommen hat: "Die Betriebsvereinbarung ist der zwischen dem Arbeitgeber und der Arbeitnehmerschaft (Arbeiterschaft, Angestelltenschaft) eines Betriebes für den Bereich dieses Betriebes abgeschlossene Vertrag zur Regelung des Inhalts von Arbeitsverträgen zwischen Arbeitgeber und Arbeitnehmer (normativer Teil) und zur Festsetzung von Verpflichtungen zwischen den Parteien der Betriebsvereinbarung, die in den Bestimmungen des Betriebsrätegesetzes ihre Grundlage hat (verpflichtender Teil)"[29]. Bache bezeichnet die Richtlinienvereinbarung als einzigen gesetzlich erwähnten Fall einer Betriebsvereinbarung mit obligatorischem Inhalt[30]. Brandus sieht in der Richtlinienvereinbarung eine Betriebsvereinbarung mit obligatorischem Inhalt, kennt daneben aber noch weitere im Gesetz geregelte Betriebsvereinbarungen derselben Art[31].

Zum selben Ergebnis, wenn auch nicht mit überzeugender Begründung, kommt Börker[32]. Weiter wären hier noch anzuführen die Arbeiten von Gnädinger[33], Goerrig[34],

---

vereinbarung und Tarifvertrag, Diss. Köln 1925; *Hiller, Hans Heinrich*, BV und Arbeitsvertrag, Diss. Frankfurt 1924, Leipzig 1925; *Holschemacher, Werner*, Das Recht der Betriebsvereinbarung unter besonderer Berücksichtigung der reichsarbeitsgerichtlichen Rechtsprechung, Diss. Heidelberg 1933; *Hülsen, Georg von*, Das Verhältnis von Betriebsvereinbarung und Tarifvertrag, Diss. Berlin 1931; *Kaute, Franz-Josef*, Die Betriebsvereinbarung, Diss. Jena 1925; *Martin, Werner*, Das Verhältnis zwischen Tarifvertrag und Betriebsvereinbarung, Diss. Erlangen 1933; *Schreuer, Hans*, Die Rechtsnatur der Betriebsvereinbarung, Diss. Köln 1930; *Schwenkow, Herbert*, Die Betriebsvereinbarung, Diss. Hamburg 1924; *Vischer, Gustav Adolf*, Die Betriebsvereinbarungen der gewerblichen Betriebe, Diss. Erlangen 1923.

28 *Schuldt, Hermann*, Die Betriebsvereinbarung im Verhältnis zum Einzelarbeitsvertrag und zum Tarifvertrag, Berlin 1925, behandelt die Auswahlrichtlinien nicht, ebenso *Pötter, Hubert*, Die Betriebsvereinbarung in der Rechtsprechung des Reichsarbeitsgerichts und der Landesarbeitsgerichte, Diss. Köln 1930, Köln 1931.

29 *Nipperdey* in *Hueck/Nipperdey*, Lehrbuch, Bd. II (3./5. Aufl.), S. 355.

30 *Bache*, Betriebsvereinbarung, S. 43; da hier nur der Charakter der Richtlinienvereinbarung behandelt wird, verzichtet der Verfasser auf ein Eingehen auf diese Äußerung in bezug auf andere Betriebsvereinbarungen nach dem BRG, vgl. auch *Bache*, Betriebsvereinbarung, S. 43.

31 *Brandus*, Recht, S. 54 ff. Er möchte an der Zweiteilung hinsichtlich der Betriebsvereinbarung grundsätzlich festhalten, schlägt aber vor, den Betriebsvereinbarungen mit normativem Inhalt solche mit nicht-normativem Inhalt, den er nicht auf einen obligatorischen Inhalt beschränkt wissen will, gegenüberzustellen. Nach seiner weiteren Auseinandersetzung mit den Auswahlrichtlinien beschreibt er aber diese, auch wenn er den nicht-normativen Inhalt nicht mehr weiter untergliedert, de facto als solche mit obligatorischem Inhalt.

32 *Börker* , Betriebsvereinbarung, S. 126 f.; unklar bleibt, wie er auf S. 127 von einer unmittelbaren Wirkung der Richtlinienvereinbarung auf das Vertragsverhältnis zwischen dem Arbeitgeber und dem Arbeitnehmer sprechen kann.

33 Betriebsvereinbarung, S. 30 f.

34 Arbeitsordnung, S. 78 f.

Holschemacher[35], Hülsen[36], Kaute[37], Martin[38], und Schreuer[39], die sich bei sonst unterschiedlichen Auffassungen darin einig sind, dass Richtlinienvereinbarungen Betriebsvereinbarungen mit obligatorischem Inhalt sind, da sie nicht zur Regelung des Inhalts von Arbeitsverträgen bestimmt sind, die allein Betriebsvereinbarungen mit normativem Inhalt darstellten.

Eingehender mit der rechtlichen Natur der betrieblichen Richtlinienvereinbarung setzt sich Vischer[40] auseinander. Aber auch er sieht in ihnen Betriebsvereinbarungen mit obligatorischem Charakter[41].

Gleichfalls als Betriebsvereinbarung, aber als solche mit normativem Inhalt, betrachten Jacobi[42], Hiller[43] und Dommaschk[44] die Einstellungsrichtlinien. Dabei kann man die Ausführungen Hillers außer acht lassen, denn seine Begründung wird selbst von Jacobi als ungenügend angesehen[45]. Dommaschk schließt sich im Zentralpunkt Jacobi an. Da "das den Einstellungsrichtlinien zuwider abgeschlossene Arbeitsverhältnis einer staatlichen Auflösung unterliegt, bedeuten die Einstellungsrichtlinien Bestimmungen über die Auflösung von Arbeitsverhältnissen, die für Arbeitnehmer des Betriebs von unmittelbarer Wirkung werden"[46].

Mit der herrschenden Lehre bleibt man also dabei, nur dann von normativem Inhalt einer Betriebsvereinbarung zu sprechen, wenn ein unmittelbarer Einfluss auf das Arbeitsverhältnis gegeben ist[47].

In Frage steht jedoch, ob die Einstellungsrichtlinien von einer solchen unmittelbaren Wirkung für die Arbeitsverhältnisse sind. Dies kann man bereits, ohne näher, wie es in den folgenden Abschnitten getan werden soll, auf die Rechtsfolgen der Einstellungsrichtlinien einzugehen, verneinen. Der Text von § 83 BRG genügt, um dies zu widerlegen. Danach hat der Verstoß gegen die Richtlinien allein keinerlei Rechtsfolgen. Eine Wirkung tritt erst mit dem Ausspruch des Arbeitsgerichts, dass das Dienstverhältnis gekündigt sei, ein. Da dieser Spruch nicht zwingend auf die Feststellung des Verstoßes folgen muss, hat selbst diese Feststellung u.U. keinerlei unmittelbare Folgen für das Arbeitsverhältnis[48]. Es handelt sich also bei der Wirkung der Richtli-

---

35 Recht, S. 50 f.

36 *Hülsen*, Verhältnis, S. 24 f., wenn er auch immer nur von einem obligatorischen Teil spricht, und er offensichtlich nicht bedacht hat, dass es auch Betriebsvereinbarungen mit rein schuldrechtlichem Charakter gibt.

37 Betriebsvereinbarung, S. 12, 81-84.

38 Verhältnis, S. 8.

39 Rechtsnatur, S. 86.

40 *Vischer*, Betriebsvereinbarungen, S. 125 ff.

41 *Vischer*, Betriebsvereinbarungen, S. 123, vgl. die Überschrift zum Hauptteil sowie insbesondere S. 129.

42 *Jakobi*, Grundlehren, S. 304 ff.

43 *Hiller*, BV, S. 33 ff.

44 *Dommaschk*, Betriebsvereinbarung, S. 37 ff.

45 *Jacobi*, Grundlehren, S. 317 Fußn. 35.

46 *Jacobi*, Grundlehren, S. 317; fast wörtlich zitiert auch *Dommaschk*, Betriebsvereinbarung, S. 38, diesen Gedanken.

47 Vom Streitfall des Verhältnisses Betriebsvereinbarung - Einzelarbeitsvertrag soll hier abgesehen werden, vgl. *G. Hueck*, Betriebsvereinbarung, S. 112.

48 Vgl. *Mansfeld*, BRG, § 83.

nienvereinbarung nicht um eine unmittelbare Wirkung für den einzelnen Arbeitnehmer[49]. Da Jacobi aber hinsichtlich des normativen Charakters der Richtlinien sich ausschließlich auf die Unmittelbarkeit stützt, ist seine Behauptung insoweit ohne tragende Begründung[50].

Eine dritte Gruppe von Autoren lässt sich nicht so ohne weiteres in den Gegensatz 'normative - obligatorische Geltung der Richtlinien' einordnen.

Sinzheimer bezeichnet die Richtlinienvereinbarungen nach dem Betriebsrätegesetz schlicht als Normen[51]. Er bezeichnet sie als Unterfall der fakultativen Betriebsordnung, wie er die gesetzlich als Arbeitsordnungen bezeichneten Betriebsvereinbarungen nennt[52]. Wenn er sie als objektives Recht bezeichnet und das mit der Tatsache belegt, dass sie bei Veräußerung und Vererbung weitergelten, also in den Fällen einer Rechtsnachfolge, so ist das keineswegs ein zwingendes Argument, alle Betriebsvereinbarungen als Normen anzusehen[53]. Auch die Tatsache, dass eine Betriebsvereinbarung ohne Rücksicht auf die Kenntnis oder Zustimmung der Betriebsangehörigen gilt[54], ist kein zwingendes Argument für den normativen Charakter der Betriebsvereinbarung, denn fraglich bleibt, für wen bzw. zwischen wem sie gilt. Sehr schwer tut sich Sinzheimer deshalb auch bei der Behandlung der Einstellungsrichtlinien, von denen er richtig bemerkt, dass sie keinesfalls in das Arbeitsverhältnis eingehen könnten[55].

Ähnliche Probleme hat er bei Betriebsvereinbarungen, die die Beteiligung der Betriebsvertretung an Betriebswohlfahrtseinrichtungen (§ 66 Nr. 6 BRG) regeln, obwohl man diese nach heute h. M. als betriebsverfassungsrechtliche Bestimmungen den Betriebsvereinbarungen mit normativem Inhalt zurechnen würde[56].

Gerade der Hinweis, dass die Verwirklichung der Einstellungsrichtlinien auf den §§ 82, 83 BRG beruht, zeigt, dass auch hier durch die Einstellungsrichtlinien keine neuen Rechtspositionen des Betriebsrats geschaffen werden, die einen normativen Charakter der Richtlinienvereinbarung vertretbar machen würden. Dieser offene Begriff von der Erzeugung "objektiven Rechts" durch Sinzheimer führt wohl dazu, dass G. Hueck Sinzheimer als Vertreter der Möglichkeit obligatorischer Betriebsvereinbarungen anführt[57]. Wenn auch Sinzheimer keine stichhaltige Begründung gegen Betriebsvereinbarungen mit obligatorischem Inhalt gibt, so muss man doch feststellen, dass er solche ablehnt, auch wenn der damit verbundene Zwang, die Vereinbarung

---

49 Diese wird erst durch den Spruch des Arbeitsgerichts herbeigeführt, der in seiner Wirkung auf das Arbeitsverhältnis keineswegs zwingend festgelegt ist; vgl. unten Nr. 5.

50 Gegen *Jacobi*: *Mansfeld*, NZfA 1931, 209/213; *ders.*, BRG, § 81 Anm. 3, sowie *Hueck/Nipperdey*, Lehrbuch, Bd. II (3./5. Aufl.), S. 371 Anm. 38, S. 372 mit Anm. 43, S. 403 Anm. 7; *Flatow/Kahn-Freund*, BRG, § 81 Anm. 3.

51 *Sinzheimer*, Grundzüge, S. 236.

52 *Sinzheimer*, Grundzüge, S. 234.

53 *Sinzheimer*, Grundzüge, S. 51.

54 *Sinzheimer*, Grundzüge, S. 238, S. 51.

55 *Sinzheimer*, Grundzüge, S. 239.

56 Vgl. *Richardi*, BetrVG, § 77 Rd.Nr. 52.

57 *G. Hueck*, Betriebsvereinbarung, S. 73 Fußn. 1.

von Einstellungsrichtlinien als normative Betriebsvereinbarung anzusehen - wie oben aufgezeigt -, von ihm nur schwer bewältigt werden kann.
Ein Versuch, die Lehre vom Normenvertrag, wie sie A. Hueck 1923 in seinem bekannten Aufsatz[58] präzisierte, in Einklang mit der Lehre Sinzheimers vom Arbeitsnormenvertrag zur Erklärung der Betriebsvereinbarung zu bringen, wie ihn Bergmann in seiner Dissertation unternahm[59], verdeckt mehr die Struktur der Betriebsvereinbarung, als sie aufzuhellen. Sprach Sinzheimer generell von objektivem Recht, das die Betriebsvereinbarung erzeuge[60], so differenziert Bergmann in der Folge von A. Hueck sehr genau zwischen schuldrechtlichen Normenverträgen und, wie er sie nennt, rechtsverbindlichen Normenverträgen[61]. Problematisch erscheint jedoch, wenn er zu dem Schluss kommt, dass aufgrund des ähnlichen Ergebnisses - unmittelbare Einwirkung auf das Arbeitsverhältnis bei rechtsverbindlichen Normenverträgen, mittelbare Einwirkungen bei schuldrechtlichen Normenverträgen, da sich die Parteien an das Vereinbarte halten - auch die schuldrechtlichen Normenverträge mittelbar in den Arbeitsvertrag eingehen, und damit die Grenze zum objektiven Recht völlig verwischt wird[62]. A. Hueck hatte dagegen immer wieder betont, dass beim schuldrechtlichen Normenvertrag ein weiterer Wille der Vertragsparteien notwendig sei - ob geäußert oder nicht, spiele keine Rolle -, damit der Inhalt des Normenvertrages den Inhalt des Einzelvertrages bestimme[63], während beim rechtsverbindlichen Normenvertrag die Geltung der Normen unabhängig vom Willen der Einzelparteien eintrete, sofern diese nur nichts Gegenteiliges vereinbaren[64]. A. Hueck bemerkt zu Beginn seiner Abhandlung, dass man statt von Normen auch von Vertragsbedingungen sprechen könne[65]. Er weist auf den Unterschied zu Rechtsnormen hin[66] und betont, dass es sich nur bei einigen Unterfällen der Normenverträge um unmittelbar wirkende Normen handle[67], in vielen Fällen aber gerade keine Rechtsnormen vorlägen[68]. Bergmann scheitert schließlich dann bei der Richtlinienvereinbarung gem. § 78 Ziff. 8, die er zwar als Normen, nicht aber als Normenverträge, wie er sie zur Erklärung der Betriebsvereinbarung verwendete, bezeichnet[69]; die Schiedsstellen-

---

58 *A. Hueck*, Normenverträge, in Jherings Jahrbücher für die Dogmatik des bürgerlichen Rechts, Bd. 73 (1923), 33-118.

59 *Bergmann*, Betriebsvereinbarung, Diss. Leipzig 1929.

60 *Sinzheimer*, Grundzüge, S. 51.

61 *Bergmann*, Betriebsvereinbarung, S. 72 ff., die dritte Kategorie der Richtlinienvereinbarung kann hier außer Betracht gelassen werden, sie hat mit unseren Richtlinien nichts zu tun.

62 *Bergmann*, Betriebsvereinbarung, S. 83.

63 *A. Hueck*, JherJb. 73 (1923), 81.

64 *A. Hueck*, JherJb. 73 (1923), 82 f.

65 Offensichtlich hat er aus der Befürchtung der Verwechslung mit dem in §§ 158 ff. BGB gebrauchten Bedingungsbegriff diesen vermieden, wenn auch der Begriff der Norm sicher nicht weniger missverständlich ist und sich wohl deshalb auch nicht über das Arbeitsrecht hinaus ausgebreitet hat, obwohl *A. Hueck* die Normenverträge umfassender verstanden wissen wollte.

66 *A. Hueck*, JherJb. 73 (1923), 51.

67 So z.B. bei der Arbeitsordnung, *A. Hueck*, JherJb. 73 (1923), 90 ff., vgl. auch *A. Hueck*, NZfA 1923, 87/90.

68 *A. Hueck*, JherJb. 73 (1923), 51.

69 *Bergmann*, Betriebsvereinbarung, S. 92.

vereinbarung lässt er dann völlig außer Acht[70], da sie sein System endgültig sprengen würde. Man kann hier die Problematik der Lehre von den Normenverträgen sehen. Auch wenn die Betriebsvereinbarungen immer wieder als Normenverträge bezeichnet werden[71], ist der Begriff zu unscharf[72]. Zur Charakterisierung der Richtlinienvereinbarung nach § 78 Ziff. 8 BRG war er letztlich ohne Erkenntniswert.

Abschließend kann also festgestellt werden, dass die Einstellungsrichtlinien nach § 78 Ziff. 8 BRG als obligatorische Betriebsvereinbarungen anzusehen waren und dass dies von der überwiegenden Mehrheit in der Literatur auch vertreten wurde. Soweit man sich dieser Meinung jedoch nicht anschloss, wurden keine stichhaltigen Gründe für die Annahme von normativen Betriebsvereinbarungen vorgebracht.

4. Inhalt und Zustandekommen der Richtlinien

Das Betriebsrätegesetz sieht dem Wortlaut nach einen zwingenden Inhalt von Auswahlrichtlinien vor. Nach § 81 Abs. 1 BRG müssen die Richtlinien nämlich die Bestimmung enthalten, dass die Einstellung eines Arbeitnehmers nicht von seiner politischen, militärischen, konfessionellen oder gewerkschaftlichen Betätigung, von der Zugehörigkeit oder Nichtzugehörigkeit zu einem politischen, konfessionellen oder beruflichen Verein oder einem militärischen Verband abhängig gemacht werden darf. Die Literatur ist sich jedoch nahezu einig, dass es sich hierbei um eine verunglückte Gesetzesformulierung handelt. Ziel von § 81 Abs. 1 BRG ist nicht, dass alle Richtlinien die genannten Verbote enthalten müssen, sondern dass die angeführten Kriterien nicht zur Grundlage von Einstellungsentscheidungen gemacht werden dürfen. Sie dürfen deshalb nicht als Entscheidungskriterien in Richtlinien vereinbart werden[73], ebenso wenig wie Richtlinien bestimmen dürfen, dass die Einstellung von der Geschlechtszugehörigkeit abhängig sein sollte.

Positiv sollten die Richtlinien "hauptsächlich die allgemeinen Anforderungen regeln, denen neu Einzustellende entsprechen müssen, also in erster Linie die Vorbildung und fachliche Befähigung"[74]. Daneben sollten aber noch umfassender Inhalt der Richtlinien die Grundsätze sein, nach denen der Arbeitgeber zu verfahren verpflichtet ist[75].

---

[70] *Bergmann*, Betriebsvereinbarung, S. 92 f.
[71] *Richardi*, BetrVG, § 77 Rd.Nr. 26; *Waltermann*, Rechtsetzung, S. 96.
[72] Vgl. die Unklarheit über den Begriff, wie er sich bei *Hueck/Nipperdey*, Lehrbuch, Bd.II (6. Aufl.), S. 778 f., insbesondere S. 779 Fußn. 21 darstellt.
[73] *Flatow/Kahn-Freund*, BRG, § 81 Anm. 6; *Jacobi*, Grundlehren, S. 343; *Hueck/Nipperdey* Lehrbuch Bd. II (3./5. Aufl.), S. 404 insb. Anm. 10; *Mansfeld* § 81 Anm. 4; a.A. *Feig/Sitzler*, BRG (13./14. Aufl.), § 81 Anm. 2; widersprüchlich *Gürteler*, BRG, § 81 Anm. 3 und 4.
[74] *Feig/Sitzler*, BRG (13./14. Aufl.), § 81 Anm. 2.
[75] *Mansfeld*, BRG, § 81 Anm. 4.

Bereits zum Betriebsrätegesetz wurde deshalb die Vereinbarung von Verfahrensvorschriften bei der Einstellung für zulässig gehalten. Möglicher Inhalt einer Richtlinienvereinbarung könne z.B. die Vereinbarung sein, dass der Betriebsrat von jeder Einstellung Kenntnis erhält oder dass er bei Einstellungen alle auf die Ausschreibung und Besetzung der Stelle sich beziehenden Unterlagen in Abschrift zur Kenntnis erhält[76]. Auch die Vereinbarung einer Ausschreibungspflicht für offene Stellen wurde für zulässig erachtet[77].

Wichtigster Inhalt waren aber auch bei den Auswahlrichtlinien nach einhelliger Meinung in der Literatur die bei einer Einstellung zu beachtenden fachlichen und persönlichen Voraussetzungen des Bewerbers. Hierbei standen im Vordergrund die Vereinbarung sogenannter Skalen, nämlich des zahlenmäßigen Verhältnisses von nach fachlichen und persönlichen Kriterien zu differenzierenden Arbeitnehmergruppen zueinander. Als Beispiele werden hier das zahlenmäßige Verhältnis von Verheirateten zu Ledigen, das Verhältnis der gelernten zu den ungelernten Arbeitern, das Verhältnis der Vorarbeiter zu den Arbeitern, das Verhältnis verschiedener Arbeitsgruppen zueinander, das Verhältnis der Lehrlinge zu den übrigen Arbeitnehmern aufgeführt[78]. Die Richtlinien sollten aber auch ganz allgemein Bestimmungen enthalten über die Zulässigkeit der Einstellung von Ausländern und Auswärtigen, von Ledigen, von verheirateten nicht auf den Erwerb angewiesenen Personen, von Gelernten und Ungelernten sowie von älteren bzw. jüngeren Arbeitnehmern[79].

Darüber hinaus konnte vereinbart werden, dass vor Neueinstellungen "die Möglichkeit des Aufrückens geeigneter Personen im Betrieb zu prüfen ist"[80]. Für zulässig wird auch die Vereinbarung gehalten, dass die ehemaligen Arbeitnehmer eines Betriebes, der geschlossen wurde, bei dessen Wiedereröffnung Vorrang vor den dort bisher nicht beschäftigten Bewerbern genießen sollten[81].

Nach der damaligen Überzeugung konnten also sehr umfassende Richtlinien über die bei Einstellungen zu beachtenden persönlichen und fachlichen Voraussetzungen und sozialen Gesichtspunkte sowie über das Einstellungsverfahren abgeschlossen werden.

---

76 Vgl. *Gürteler*, BRG, § 81 Anm. 4.

77 *Gürteler*, BRG, § 81 Anm. 4, der in seinem Richtlinienvorschlag noch weiter geht und der Interessenlage seines Angestelltenberufsverbandes Rechnung tragend eine Arbeitsvermittlung über die Berufsorganisationen für zulässig hält.

78 *Flatow/Kahn-Freund*, BRG, § 81 Anm. 4; *Mansfeld*, BRG, § 81 Anm. 4; *Feig/Sitzler*, BRG (13./14. Aufl.), § 81 Anm. 2, die aber die Festlegung des Verhältnisses der Zahl der Angestellten zu der Zahl der Arbeiter als über die Gruppenvertretung hinausgehend ablehnen.

79 *Flatow/Kahn-Freund*, BRG, § 81 Anm. 4; *Mansfeld*, BRG, § 81 Anm. 4; *Feig/Sitzler*, BRG (13./14. Aufl.), § 81 Anm. 2.

80 *Flatow/Kahn-Freund*, BRG, § 81 Anm. 4; so auch *Mansfeld*, BRG, § 81 Anm. 4.

81 *Flatow/Kahn-Freund*, BRG, § 81 Anm. 4.

5. Rechtsfolgen der Einstellungsrichtlinien und ihre Durchsetzbarkeit

a) Allgemeine Rechtsfolge

Es lassen sich generell zwei Möglichkeiten des Verstoßes gegen die Einstellungsrichtlinien denken, einmal kann die Vornahme einer Einstellung gegen die Richtlinien verstoßen, zum anderen kann die Ablehnung einer Einstellung einen Verstoß gegen die Einstellungsrichtlinien darstellen. Eine unter Verstoß gegen die Einstellungsrichtlinien nicht erfolgte Einstellung führt zu keinerlei rechtlichen Konsequenzen[82], diese sind nämlich in den §§ 82, 83 BRG abschließend geregelt[83] und gehen nur von einer unter Verstoß gegen die Richtlinien erfolgten Einstellung aus[84]. Eine Schadensersatzforderung eines wegen der in § 81 aufgeführten Kriterien nicht eingestellten Arbeitnehmers aus § 826 BGB ist weder an das Vorhandensein von Einstellungsrichtlinien noch an den Einspruch des Betriebsrats gebunden.

Eine direkte Rechtsfolge für das Arbeitsverhältnis hat auch eine unter Verstoß gegen die Einstellungsrichtlinien vorgenommene Einstellung nicht[85]. Wenn der Gruppenrat in der Frist des § 82 Abs. 1 BRG keinen Einspruch erhoben hat, ist die Angelegenheit damit abgeschlossen. Die Gruppenräte haben jedes Recht verloren, noch etwas gegen die Einstellung zu unternehmen[86]. Ist kein Gruppenrat vorhanden, sondern z.B. nur ein Betriebsrat, der durchaus Richtlinienvereinbarungen mit dem Arbeitgeber treffen kann[87], so ist ein Einspruch nicht möglich, da dieser nur dem Gruppenrat zusteht[88]. Auch in diesem Fall ergeben sich aus einer unter Verstoß gegen Einstellungsrichtlinien erfolgten Personalmaßnahme keinerlei Rechtsfolgen.

---

[82] *Nipperdey* in *Hueck/Nipperdey*, Lehrbuch, Bd. II (3./5. Aufl.), S. 404; *Flatow/Kahn-Freund*, BRG, § 81 Anm. 6 a.E., der hier darauf hinweist, dass dafür nur die tarifvertraglich vereinbarten Richtlinien vorgesehen sind; *Mansfeld*, BRG, § 82 Anm. 2 a, der in der entgegen den Richtlinien unterlassenen Einstellung nicht einmal einen Verstoß gegen diese sieht, da nur eine vorgenommene Einstellung einen Verstoß darstellen könnte; a. A. *Feig/Sitzler*, BRG (13./14 Aufl.), § 82 Anm. 1 c, die auch bei einer unter Verstoß gegen die in § 81 aufgeführten und in den Richtlinien vereinbarten Kriterien unterbliebenen Einstellung ein Einspruchsrecht des Betriebsrats geben; ebenso *Dersch*, BRG, § 82 Anm. 3 a.

[83] Vgl. *Jacobi*, Grundlehren, S. 343. Die von *Jacobi*, Grundlehren, S. 344 angeführte Möglichkeit braucht hier nicht beachtet zu werden, da auch sie von einer Einstellung ausgeht.

[84] Beachte die Rechtsfolgen, die § 83 vorsieht, sowie die nicht amtliche Überschrift des § 82 "Einspruch gegen die Einstellung". Dass das BRG nur für unter Verstoß gegen die Richtlinien erfolgte Einstellungen Maßnahmen des Gerichts vorsieht, weisen *Feig/Sitzler*, BRG (13./14. Aufl.), § 82 Anm. 1 c mit dem Hinweis, dass das BRG auch sonst Entscheidungen kenne, denen lediglich eine moralische Bedeutung zukomme, zurück.

[85] *A. Hueck* in *Hueck/Nipperdey*, Lehrbuch, Bd. I (3./5. Aufl.), S. 143; *Stier-Somlo*, BRG, § 82 Anm. 3.

[86] Die Möglichkeit des § 90 BRG besteht hinsichtlich der 5-Tage-Frist, nicht aber hinsichtlich der absoluten Ausschlussfrist von 14 Tagen; *Mansfeld*, BRG, § 90 und § 82 Anm. 2 b; *Kieschke/Syrup/Krause*, BRG, § 82 Anm. 5; a. A. *Flatow/Kahn-Freund*, die für beide "Fristen" die Wiedereinsetzung geben, BRG, § 82 Anm. 5; wie *Mansfeld* auch *Feig/Sitzler*, BRG (13./14. Aufl.), § 90 Anm. 1 unter Differenzierung der in der Vorauflage vertretenen Meinung.

[87] Vgl. *Flatow/Kahn-Freund*, BRG, § 81 Anm. 3 a.E.

[88] *Mansfeld*, BRG, § 82 Anm. 2 b; *Kieschke/Syrup/Krause* geben ebenfalls dem Betriebsrat kein Einspruchsrecht, § 82 Anm. 3.

Aber auch der erfolgte Einspruch des Gruppenrats hat keine direkte Wirkung auf das im Widerspruch zu den Einstellungsrichtlinien zustande gekommene Arbeitsverhältnis (§ 82 Abs. 3 BRG)[89]. Der Gruppenrat kann das Arbeitsgericht erst dann anrufen, wenn die Betriebsvertretung mit dem Arbeitgeber verhandelt hat und die Verhandlung ohne Erfolg geblieben ist[90]. Auch diese Maßnahmen haben zunächst keinen Einfluss auf den abgeschlossenen Arbeitsvertrag (§ 82 Abs. 4 BRG)[91].

b) Entscheidung des Arbeitsgerichts und deren Folgen

Das Arbeitsgericht, bis zum Inkrafttreten des Arbeitsgerichtsgesetzes[92] am 1.7.1927 der Schlichtungsausschuss, kann im Verfahren gem. § 83 BRG eine sehr differenzierte Entscheidung fällen.

aa) Es ist unbestritten, dass das Arbeitsgericht lediglich aussprechen kann, dass ein Verstoß gegen die vereinbarten Richtlinien vorliege[93]. Wenn der Arbeiter- oder Angestelltenrat nicht mehr als diese Feststellung beantragt hat, ist das Gericht an diesen Antrag gebunden[94]. Die Wirkung dieser Feststellung wird aber bereits verschieden beurteilt. Die h.M.[95] nimmt an, dass aus dieser Feststellung der Verletzung keine Rechtsfolgen erwachsen, weder in Bezug auf den unter Verstoß gegen die Richtlinien abgeschlossenen Arbeitsvertrag, noch in Bezug auf den Arbeitgeber oder den Gruppenrat[96]. Der Arbeitsvertrag bleibt also bestehen, der Arbeitgeber ist auch nicht verpflichtet, ihn aufzulösen, der Betriebsrat kann auch nicht vom Arbeitgeber eine Kündigung des Arbeitsvertrags fordern. Abweichend hiervon wird die Meinung vertreten, der Arbeitgeber sei "verpflichtet, dem Verstoß abzuhelfen, z.B. durch Ent-

---

89 *Flatow/Kahn-Freund*, BRG, § 82 Anm. 11; *Mansfeld*, BRG, § 82 Anm. 2 c; *A. Hueck* in *Hueck/Nipperdey*, Lehrbuch, Bd. I (3./5. Aufl.), S. 143.

90 Vgl. *Flatow/Kahn-Freund*, BRG, § 82 Anm. 6; *Mansfeld*, BRG, § 82 Anm. 2 c; es genügt jedoch, wenn die Betriebsvertretung den Arbeitgeber zu der Verhandlung geladen hat, dieser aber nicht erschienen ist; so zu Recht *Mansfeld*, BRG, § 82 Anm. 2 c unter Hinweis auf die Regelung des § 29 Abs. 3; ebenso *Feig/Sitzler*, BRG (13./14. Aufl.), § 82 Anm. 4; im Ergebnis auch *Flatow/Kahn-Freund*, BRG, § 82 Anm. 7.

91 Vgl. *A. Hueck* in *Hueck/Nipperdey*, Lehrbuch, Bd. I (3./5. Aufl.), S. 143.

92 Arbeitsgerichtsgesetz vom 23.12.1926, RGBl. I S. 507.

93 *Flatow/Kahn-Freund*, BRG, § 83 Anm. 4 und 5; *Mansfeld*, BRG, § 83 Anm. 3; *A. Hueck* in *Hueck/Nipperdey*, Lehrbuch, Bd. I (3./5. Aufl.), S. 143; *Nipperdey* in *Hueck/Nipperdey*, Lehrbuch, Bd. II (3./5. Aufl.), S. 408; die völlig unzureichende und unsystematische Behandlung der Betriebsvereinbarungen und ihrer Folgen bei *Kaskel*, Arbeitsrecht (3. Aufl.), lässt nicht zwingend den Schluss zu, dass er mit seiner Ausführung auf S. 108 eine gegensätzliche Position einnehmen wollte.

94 vgl. *Baumbach*, ArbGG, Einleitung 1 vor § 46.

95 *Feig/Sitzler*, BRG (13./14. Aufl.), § 83 Anm. 2 bezeichnen sie als solche.

96 *Flatow/Kahn-Freund*, BRG, § 83 Anm. 3; für die Entscheidung im Schlichtungsverfahren: *Kieschke/Syrup/Billerbeck*, BRG, § 83 Anm. 3, deren Meinung von *Krause* in der Neubearbeitung des Kommentars für die Entscheidung im Beschlussverfahren übernommen wird, *Kieschke/Syrup/Krause*, BRG, § 83 Anm. 3; ebenso *Mansfeld*, BRG, § 83 Anm. 3, wenn auch nicht explizit.

lassung des Eingestellten"[97]. Der Arbeitgeber soll also nicht in jedem Fall verpflichtet sein, dem Eingestellten zu kündigen, er soll nach Feig/Sitzler sogar nicht berechtigt werden, mit der gesetzlichen Frist zu kündigen, wenn diese kürzer als die vertraglich vereinbarte ist[98]. Das Arbeitsgericht soll auch nicht auf Unzulässigkeit der weiteren Beschäftigung erkennen können, wenn andere Möglichkeiten bestehen, den verletzten Richtlinien zur Durchführung zu verhelfen[99]. Dadurch wird aber unklar, welche Rechtsfolge mit dem Feststellungsausspruch überhaupt jeweils konkret verbunden ist[100]. Im Interesse der Rechtssicherheit muss man sich der h.M. anschließen, dass die bloße Feststellung des Verstoßes gegen die Richtlinien keine weiteren Rechtsfolgen hat[101].

bb) Das Gericht kann sodann gem. § 83 BRG aussprechen, dass das Dienstverhältnis des Eingestellten als mit Eintritt der Rechtskraft der Entscheidung unter Einhaltung der gesetzlichen Kündigungsfrist[102] gekündigt gilt. Die Entscheidung des Arbeitsgerichts ersetzt die Kündigungserklärung des Arbeitgebers, das Vertragsverhältnis zwischen Arbeitnehmer und Arbeitgeber ist damit zum nächstzulässigen Termin nach Rechtskraft erloschen[103]. Der mit Inkrafttreten des Arbeitsgerichtsgesetzes weggefallene Satz 4 stellte diese unbestrittene Rechtsfolge klar[104], war aber überflüssig.

cc) Dass sich das Gericht mit einem milderen Eingriff in das Rechtsverhältnis des Eingestellten begnügen kann, bleibt in der Literatur unwidersprochen[105]. Als Beispiel werden angeführt: 1. Kündigung mit einer längeren Frist als der gesetzlichen, vielleicht mit der im Arbeitsvertrag vorgesehenen Frist[106], 2. an eine Bedingung geknüpfte Entscheidung, z.B. Entscheidung, dass die Kündigung als zum 1.10. ausgesprochen gilt, wenn nicht bis zum 1.9. die Verletzung der Richtlinien auf andere Weise

---

97 *Dersch*, BRG, § 83 Anm. 3 b; ähnliche Formulierungen bei *A. Hueck* in *Hueck/Nipperdey*, Lehrbuch, Bd. I (3./5. Aufl.), S. 143 Fußn. 10, und *Feig/Sitzler*, BRG (13./14. Aufl.), § 83 Anm. 2.

98 *Feig/Sitzler*, BRG (13./14. Aufl.), § 83 Anm. 3.

99 *Feig/Sitzler*, BRG (13./14. Aufl.), § 83 Anm. 2; eine solche Feststellung ist im übrigen in § 83 nicht vorgesehen.

100 Nicht umsonst meinen *Feig/Sitzler*, BRG (11./12. Aufl.), § 83 Anm. 2, *Dersch* vertrete in § 83 Anm. 3 b die herrschende Meinung.

101 Zu Recht wird aber die Begründung der h. M. aus fehlendem Zwangsmittel abgelehnt (*Feig/Sitzler*, BRG (13./14. Aufl.), § 83 Anm. 2), da auch bei Weiterbeschäftigung trotz Kündigungsausspruch durch das Arbeitsgericht keine Zwangsmittel gegen den Arbeitgeber vorhanden sind.

102 Zum Verhältnis gesetzlicher-vertraglicher Kündigungsfrist vgl. die Hinweise bei *Feig/Sitzler*, BRG (13./14. Aufl.), § 83 Anm. 3 sowie *Flatow/Kahn-Freund*, BRG, § 83 Anm. 3; zu den gesetzlichen Kündigungsfristen vgl. *Feig/Sitzler*, BRG (13./14. Aufl.), § 83 Anm. 3 a. E., *Flatow/Kahn-Freund*, BRG, § 83 Anm. 6.

103 Zu den Ansprüchen des Arbeitnehmers vgl. *Flatow/Kahn-Freund*, BRG, § 83 Anm. 7, *Mansfeld*, BRG, § 83 Anm. 3 a. E., *A. Hueck* in *Hueck/Nipperdey*, Lehrbuch, Bd. I (3./5. Aufl.), S. 143.

104 Vgl. *A. Hueck* in *Hueck/Nipperdey*, Lehrbuch, Bd. I (3./5. Aufl.), S. 143.

105 *Wölbling/Schulz/Sell*, BRG, § 83 Anm. 2 behandeln das Thema zu kurz, um eine klare Stellungnahme entnehmen zu können; vgl. die folgende Fußn. 106.

106 *Flatow/Kahn-Freund*, BRG, § 83 Anm. 3; *Mansfeld*, BRG, § 83 Anm. 3; *Feig/Sitzler*, BRG (13./14. Aufl.), § 83 Anm. 3; gegen einen Ausspruch der Kündigung mit vertraglich vereinbarter Frist allerdings *Wölbling/Schulz/Sell*, BRG, § 83 Anm. 2.

ausgeglichen wird[107], 3. Untersagung der Neueinstellung bei Ausscheiden eines anderen Arbeitnehmers der Gruppe, wenn mit der Einstellung gegen eine vereinbarte Höchstzahl für eine Gruppe verstoßen worden ist[108], 4. Entscheidung, dass der Arbeitgeber dem Arbeitnehmer zu kündigen oder ihn zu entlassen hat[109].
Neben einem reinen Feststellungsurteil kann das Arbeitsgericht also auch in den Fällen bb) und cc) 1. und 2. ein Gestaltungsurteil, in den Fällen cc) 3. und 4. ein Leistungsurteil erlassen[110].

c) Durchsetzbarkeit der Entscheidung

Prinzipiell sind die rechtskräftigen Entscheidungen der Arbeitsgerichte vollstreckbare Schuldtitel, soweit nach den allgemeinen Bestimmungen der ZPO eine zwangsweise Verwirklichung des Spruchs möglich ist[111].

Davon ausgehend, dass die Entscheidung entweder ein Feststellungsurteil bei bloßem Entscheid über den Richtlinienverstoß bzw. ein Gestaltungsurteil bei Ausspruch der Kündigung ist, muss man zu der Konsequenz kommen, dass eine Vollstreckung des Urteils nicht in Frage kommt[112]. Hueck geht zwar davon aus, dass der Arbeitgeber auch aus dem Feststellungsurteil verpflichtet sei, den unzulässigen Zustand zu beseitigen, stellt aber fest, dass es zur Durchsetzung keine Zwangsmittel gibt, auch nicht gegen eine Weiterbeschäftigung nach Ausspruch der Kündigung[113].

Aubele, der ein Verpflichtungsurteil gegen den Arbeitgeber mit dem Inhalt einer Kündigungsverpflichtung kennt[114], gibt allerdings zu, dass eine etwaige Vollstreckung aus diesem Urteil nicht zu dem gewünschten Erfolg der Entfernung des Arbeitnehmers aus dem Betrieb führt, sondern lediglich die Rechtsfolge eintritt, die sofort eingetreten wäre, wenn das Arbeitsgericht die Kündigung mit der Feststellung des Richtlinienverstoßes zusammen ausgesprochen hätte[115], so dass auch er zugeben

---

107 *Flatow/Kahn-Freund*, BRG, § 83 Anm. 3, wobei allerdings zu überlegen wäre, ob dies überhaupt möglich war.
108 *Feig/Sitzler*, BRG (13./14. Aufl.), § 83 Anm. 2.
109 *Aubele*, NzfA 1924, Sp. 541.
110 Vgl. *Aubele*, NzfA 1924, Sp. 541/543.
111 *Aubele*, NZfA 1924, Sp. 541/544.
112 So konsequent *Flatow/Joachim*, SchlVO S. 60; vgl. auch *Flatow/Kahn-Freund*, BRG, § 82 Anm. 10; *Gürteler*, BRG, § 83 Anm. 2; *Flatow/Kahn-Freund*, BRG, § 83 Anm. 3; *Kieschke/Syrup/Krause*, BRG, § 83 Anm. 6; *Mansfeld*, BRG, § 83 Anm. 3; *Kaskel*, Arbeitsrecht (3. Aufl.), S. 108.
113 *A. Hueck* in *Hueck/Nipperdey*, Lehrbuch, Bd. I (3./5. Aufl.), S. 143, vgl. dort insbesondere Fußn. 10 u. 12; ebenso *Feig/Sitzler*, BRG (13./14. Aufl.), § 83 Anm. 2 a. E. und § 82 Anm. 5. Ob auch *Dersch*, wie von *A. Hueck* in *Hueck/Nipperdey*, Lehrbuch, Bd. I (3./5. Aufl.), S. 143, zitiert, dieser Meinung ist, erscheint allerdings fraglich, denn er schließt lediglich Strafzwang aus, vgl. *Dersch*, BRG, § 83 Anm. 3, im übrigen verweist er auf § 87 Anm. 4 a, wo er auf die Möglichkeit eines Urteils als Vollstreckungstitel über den Weg einer neuen Klage hinweist, was allerdings nicht auf den Fall des § 83 passt.
114 *Aubele*, NZfA 1924, Sp. 541.
115 *Aubele*, NZfA 1924, Sp. 541/546; im übrigen stimmt die Meinung von *Aubele* mit der von *Flatow/Kahn-Freund* und *Mansfeld* vertretenen überein.

muss, dass ganz gleich, welche Ansprüche dem Betriebsrat in der Literatur auch gegeben werden, die zwangsweise Durchsetzung letztlich erfolglos bleibt[116].

d) Strafbarkeit des Arbeitgebers

Zu unterscheiden von dem zivilrechtlichen Zwang ist eine strafrechtliche Sanktion, die den Arbeitgeber möglicherweise bei einer Weiterbeschäftigung des Arbeitnehmers über den in der Kündigungserklärung des Gerichts bestimmten Termin hinaus treffen würde. Hier sind allerdings nur Flatow/Kahn-Freund der Meinung, dass der Arbeitgeber sich durch die Weiterbeschäftigung nach §§ 95, 99 BRG strafbar machen könnte[117].

Die ganz herrschende Meinung lehnt eine solche Strafbarkeit ab[118], bzw. erwähnt sie überhaupt nicht. Begründung dafür ist aber nicht, dass eine solche Weiterbeschäftigung keine Beschränkung des Gruppenrates in der Ausübung seiner gesetzlichen Rechte sein könnte. Tatsache ist jedoch, dass eine solche Strafbarkeit im Gesetz nicht direkt angesprochen ist. Sie könnte also lediglich durch das Mittel der Interpretation aus dem Gesetz gewonnen werden. Eine solche weite Interpretation wäre an anderer Stelle im BRG durchaus denkbar, aber Strafbarkeitsbestimmungen sind zwar nach herrschender Meinung nicht unbedingt eng auszulegen[119], doch muss sich der Richter stets vor Augen halten, "dass Bestimmungen mit schwerwiegenden Folgen, wie es Straftatbestände sind, besonders vorsichtig auszulegen sind"[120]. Darüber hinaus ist jedoch sehr zu fragen, ob der Gesetzgeber für diesen Fall nicht gerade von einer Strafbarkeit absehen wollte.

§ 2 Einstellungsrichtlinien nach dem Kontrollratsgesetz Nr. 22 und den Betriebsrätegesetzen der Länder

1. Kontrollratsgesetz Nr. 22 (Betriebsrätegesetz)

Durch das Gesetz zur Ordnung der nationalen Arbeit vom 20.1.1934 (AOG)[121] wurde die Mitbestimmung der Arbeitnehmer in den Betrieben nach dem Betriebsrätegesetz

---

[116] Vgl. *Aubele*. NZfA 1924, Sp. 541/548, Möglichkeiten, durch Tarifvertrag zivilrechtliche Zwangsmaßnahmen zu ermöglichen, können hier außer Acht bleiben, da sie gerade nicht dem Betriebsrat zur Verfügung stehen, vgl. *Kieschke/Syrup/Krause*, BRG, § 83 Anm. 7, *Flatow/Kahn-Freund*, BRG, § 83 Anm. 3.

[117] *Flatow/Kahn-Freund*, BRG, § 83 Anm. 3.

[118] *Mansfeld*, BRG, § 83 Anm. 3; *A.Hueck* in *Hueck/Nipperdey*, Lehrbuch, Bd. I (3./5. Aufl.), S. 143 Fußn. 12; *Kieschke/Syrup/Krause*, BRG, § 83 Anm. 7.

[119] *Eser* in *Schönke/Schröder*, StGB, § 1 Rd.Nr. 52; *Gribbohm* in LK-StGB (11. Aufl.), § 1 Rd.Nr. 84, ebenso *Tröndle* in der Vorauflage § 1 Rd.Nr. 50 Fußn. 154; *Roxin*, Strafrecht AT Bd. I, § 5 Rd.Nr. 28 (S. 106); *Maurach/Zipf*, Strafrecht AT Teilbd. 1, § 9 Rd.Nr. 7.

[120] *Eser* in *Schönke/Schröder*, StGB, § 1 Rd.Nr. 51.

[121] RGBl. I S. 45.

von 1920 aufgehoben. Dass in diesem neuen Gesetz für Betriebsvereinbarungen i.S. von Auswahlrichtlinien kein Platz war, braucht hier nicht weiter ausgeführt zu werden, es genügt, auf das Schicksal nahezu jeder demokratischen Einrichtung in Deutschland hinzuweisen. Mit der Gleichschaltungsaktion gegen die Freien Gewerkschaften (2.5.1933), der Aktion gegen die christlichen Gewerkschaften und der Bildung einer „Deutschen Arbeitsfront" (DAF am 10.5.1933), in der alle Arbeiter, Angestellten und Unternehmer unter dem Dach der Partei zusammengefasst wurden, endete die sozialpolitische Tradition der Weimarer Republik[122]. Betriebsinterne Streitigkeiten wurden im Sinne des Fürsorge- und Treueverhältnisses zwischen „Führer und Gefolgschaft" geregelt[123]. Auch in der Literatur werden Auswahlrichtlinien nicht mehr behandelt.

Nach dem Ende des Krieges gaben sich die Arbeitnehmer in den Betrieben spontan wieder eine Vertretung, in der Regel auf der Grundlage demokratischer Wahlen[124]. Bereits am 18.8.1945 wurde die Wahl von Betriebsräten von der amerikanischen Militärregierung wieder gestattet[125]. Das Kontrollratsgesetz Nr. 22 vom 10.4.1946, Betriebsräte-Gesetz[126], in den drei offiziellen Sprachen der Besatzungsmächte Englisch, Französisch, Russisch abgefasst und von den Vertretern der vier Besatzungsmächte unterzeichnet, sollte als Rahmengesetz[127] Mindestregelungen und Mindestzuständigkeitsbereiche für die Arbeit der Betriebsräte und für eine demokratische Grundordnung des Arbeitslebens schaffen helfen[128].

Als Rahmengesetz konnte es weder die Rechtseinheit auf dem Gebiet des Betriebsverfassungsrechts wahren[129], noch enthielt es so konkrete Regelungen, dass man für Einzelfragen, wie z.B. die Möglichkeit der Vereinbarung von Auswahlrichtlinien, etwas entnehmen könnte. Zwar sieht Artikel V Kontrollratsgesetz Nr. 22 als Aufgabe des Betriebsrats vor,

> "b) mit den Arbeitgebern über Vereinbarungen für den Erlass von Betriebsordnungen zum Zwecke des Arbeitsschutzes einschließlich der in das Gebiet der Unfallverhütung, ärztlichen Betreuung, betriebshygienischen und sonstigen Arbeitsbedingungen, Regelung von Einstellungen und Entlassungen und Abstellung von Beschwerden fallenden Angelegenheiten, zu verhandeln".

Ob man hieraus wie Bührig schließen kann, diese Vereinbarung müsse die Gesichtspunkte umfassen, nach denen entschieden werde, ob Einstellungen und Entlassungen vorzunehmen seien und wie die Einzustellenden und die zu Entlassenden

---

122 *Gebhardt*, Handbuch, Bd. 4, 2.Halbband, S. 393 f.
123 § 1 AOG.
124 *Bührig*, Kontrollratsgesetz Nr. 22, Einleitung I.1, S. 13; vgl. *Reichold*, Betriebsverfassung, S. 361.
125 *Engler*, Kommentar, S. XVII.
126 Amtsblatt des Kontrollrats in Deutschland Nr. 6 vom 30.4.1946, S. 133.
127 *Engler*, Kommentar, S. XVII; für *Bührig*, Kontrollratsgesetz Nr. 22, waren der Charakter und die Möglichkeiten des Gesetzes offensichtlich noch nicht voll zu übersehen.
128 Vgl. die Dissertation von *A. Schmitt*, Die Praxis des Mitbestimmungsrechts, Göttingen 1949.
129 *Richardi*, BetrVG, Einleitung Rd.Nr. 13.

auszuwählen seien[130], ist fraglich und mehr, wie seine weiteren Ausführungen zeigen, aus dem Entwurf zum BRG 1920 als aus dem Kontrollratsgesetz Nr. 22 zu lesen[131]. Aber was schon 1920 nicht im Gesetz verwirklicht wurde und selbst, soweit es Gesetz wurde, nicht Eingang in die Praxis fand[132], konnte erst recht nicht durch eine solch vage Gesetzesvorschrift, die als Kompromissformel darüber hinaus die unterschiedlichen Rechtsauffassungen der vier konkurrierenden Rechtssysteme der Alliierten unter einen Hut bringen musste, mit Leben erfüllt werden. Wichtiger war diese Vorschrift, um dem Betriebsrat Mitbestimmungsrechte im einzelnen Einstellungs- und Kündigungsfall zu verschaffen[133], zumal der Kündigungsschutz, den das AOG aus dem BRG 1920 übernommen hatte, mit der Außerkraftsetzung dieses Gesetzes mit Wirkung vom 1.1.1947[134] wegfiel und erst nach und nach durch verschiedene andere Vorschriften ersetzt wurde[135]. Allerdings gab es auf der Grundlage des Kontrollratsgesetzes Nr. 22 jedenfalls eine Betriebsvereinbarung, die ausschließlich Richtlinien genannte, allgemein umschriebene Kriterien für Personalmaßnahmen enthielt.

Für die vorliegende Betrachtung kann man also nur feststellen, dass das Kontrollratsgesetz Nr. 22 durchaus offen war sowohl für die Vereinbarung von Auswahlrichtlinien als auch für eine gesetzliche Regelung durch die Landesgesetzgeber. Diese Ausfüllung durch die Landesgesetzgeber war aber nicht ohne Schwierigkeiten möglich[136].

2. Betriebsrätegesetze der Länder

Letztlich kam es zu acht Gesetzen bzw. Verordnungen, die auf Landesebene in dem Gebiet der westlichen Besatzungszonen bzw. der Bundesrepublik Deutschland die Fragen der Betriebsverfassung näher regelten[137]. Wenn man auch die besonders durch die Untergliederung in Arbeiter- und Angestelltenräte bewirkte Schwerfälligkeit des BRG 1920 vermied[138], stand man doch in unmittelbarer Tradition dieses Gesetzes.

---

[130] *Bührig*, Kontrollratsgesetz Nr. 22, Anm. 36, S. 60.
[131] *Bührig*, Kontrollratsgesetz Nr. 22, Anm. 36, S. 61.
[132] Die recht umfangreichen Erläuterungen von *Treichel*, Praktisches Handbuch des Betriebsrätereechts, gehen auf die Frage von Einstellungen überhaupt nicht ein. *Bührig*, Kontrollratsgesetz Nr. 22, S. 61; *Norpel*, Aus der Betriebsrätepraxis 1. Teil, S. 58.
[133] *Bührig*, Kontrollratsgesetz Nr. 22, Anm. 36, S. 63.
[134] KRG Nr. 40 vom 30.11.1946, Amtsblatt des Kontrollrats in Deutschland, S. 229.
[135] Bis zum Inkrafttreten des Kündigungsschutzgesetzes vom 10.8.1951 bestanden nur uneinheitliche Vorschriften zum Kündigungsschutz in den Ländern, vgl. *A. Hueck* in *Hueck/Nipperdey*; Lehrbuch; Bd. I (7. Aufl.), S. 24: „große Rechtszersplitterung".
[136] *Engler*, Kommentar, S. XVII ff., und *ders.*, Einleitung, S. 5 ff.
[137] Für Rheinland-Pfalz vom 15. 5.1947, Hessen vom 31.5.1948, Württemberg-Baden vom 18.8.1948, Baden vom 24.9.1948, Bremen vom 10.1.1949, Württemberg-Hohenzollern vom 21.5.1949, Schleswig-Holstein vom 3.5.1950, Bayern vom 25.5.1950.
[138] *Engler*, Kommentar, S. XVI.

a) Die Landesverordnung über die Errichtung und die Tätigkeit von Betriebsräten der Landesregierung Rheinland-Pfalz vom 15.5.1947[139] enthält keine Aussagen über die Möglichkeit der Vereinbarung von Personalrichtlinien zwischen Arbeitgeber und Betriebsrat. Es ist lediglich eine Mitwirkung bei individuellen Einstellungen, Versetzungen und Kündigungen vorgesehen (§ 37 Nr. 9; § 37 Nr. 10 i.V.m. § 55 der Landesverordnung).

b) Das Betriebsrätegesetz für das Land Hessen vom 31. 5.1948[140] gibt dem Betriebsrat "das Recht der Mitbestimmung in personellen Fragen bei Einstellungen, Entlassungen, Wiedereinstellungen, Ernennungen, Beförderungen, Umgruppierungen, Versetzungen ..." (§ 37 Abs. 1). In der Literatur werden Betriebsvereinbarungen über allgemeine Richtlinien zur Einstellung von Arbeitnehmern für möglich gehalten[141]. Darin könnten Fragen der Benutzung bestimmter Arbeitsnachweise, der Vorbildung und Befähigung geregelt werden[142]. Das hessische Gesetz bestimmt allerdings, dass die Mitbestimmung des Betriebsrats in personellen Fragen durch Einspruch geltend gemacht wird (§ 39 Abs. 1), dieser sich aber nur darauf stützen kann, dass eine personelle Maßnahme den wohlverstandenen Interessen des Betriebs und der Arbeitnehmerschaft zuwiderläuft (§ 39 Abs. 2). Von der Rechtsfolge her gesehen würden Auswahlrichtlinien nicht weiterführen, da im Einzelfall dennoch immer geprüft werden müsste, ob die Voraussetzung des § 39 Abs. 2 vorliegt, da ein bloßer Verstoß gegen Auswahlrichtlinien den Betriebsrat nicht zum Einspruch berechtigt[143].

c) Wenn das württemberg-badische Gesetz Nr. 726 über die Beteiligung der Arbeitnehmer an der Verwaltung und Gestaltung der Betriebe der Privatwirtschaft vom 18.8.1948[144] in § 5 ausführt, dass zwischen Arbeitgeber und Betriebsrat Richtlinien für die Behandlung von Personalangelegenheiten durch Betriebsvereinbarung festgelegt werden können, so scheint es zunächst vom Wortlaut her etwas mit den Auswahlrichtlinien zu tun zu haben. Es handelt sich aber hier praktisch nur um eine Fortführung des im Kontrollrats-

---

139 VBl. S. 258.

140 GVBl. 1948 S. 117.

141 *Engler*, Kommentar, § 37 Anm. 3.

142 *Engler*, Kommentar, § 37 Anm. 3.

143 Abgesehen davon wäre noch zu prüfen, ob die von *Engler*, Kommentar, § 39 Vorbemerkung und Anm. 1 aufgestellte Behauptung, eine gegen den Einspruch des Betriebsrats durchgeführte Personalmaßnahme sei schwebend unwirksam, sich aus dem Gesetz ableiten lässt. Die gesetzliche Regelung in § 43 lässt dies eher fraglich erscheinen. Es scheint, dass die Rechtsfolge bewusst offen gelassen wurde, um im Parlament eine Einigung auf breiter Basis für das Gesetz zu haben. Vgl. auch *G. Müller*, Mitbestimmungsrecht, S. 26: „Das HessBRGes trifft keine näheren Vorschriften über (...) die Wirkung des Einspruches."

144 RegBl. S. 136.

gesetz Nr. 22 dem Betriebsrat zugestandenen Rechts, mit dem Arbeitgeber Betriebsvereinbarungen über Personalangelegenheiten abzuschließen[145]. Hier geht es mehr um die Ausgestaltung des Mitbestimmungsrechts als um die Aufstellung z.B. von Auswahlrichtlinien. Aufschlussreich für die Erwartung, welche Verwirklichung diese Gesetzesvorschrift finden würde, ist die Anmerkung von Kleinknecht/Rueß: "Es ist durchaus möglich, dass auch in Zukunft weitere Betriebsvereinbarungen unter Mitwirkung der Gewerkschaften abgeschlossen werden, bevor Kollektivvereinbarungen (Mustervereinbarungen) für ganze Industrien zwischen den Gewerkschaften und den Unternehmerfachverbänden oder deren sozialrechtlichen Vereinigungen zustande kommen[146]. Da das württemberg-badische Gesetz darüber hinaus zu jeder Verhandlung über Betriebsvereinbarungen i.S. des § 5 die Hinzuziehung von Arbeitgeberverbänden und Gewerkschaften fordert, ist einsichtig, dass solche Vereinbarungen, soweit sie grundsätzliche Bedeutung wie etwa Auswahlrichtlinien hätten, dann direkt als Tarifvertrag abgeschlossen würden. Dennoch muss festgehalten werden, dass vom Wortlaut des Gesetzes her Richtlinien i.S. des BRG 1920 möglich sind. Ein Verstoß gegen sie führt bei Einspruch des Betriebsrats nach §§ 7, 8 württemberg-badisches Beteiligungsgesetz zur Unwirksamkeit der widersprechenden Maßnahmen[147].

d) Das Landesgesetz über die Bildung von Betriebsräten (Betriebsrätegesetz) vom 24.9.1948 des Landes Baden[148] sieht in seinen knappen Regelungen die Vereinbarung von Auswahlrichtlinien nicht vor. § 21 Abs. 1 Betriebsrätegesetz des Landes Baden gibt dem Betriebsrat lediglich ein Mitbestimmungsrecht bei den individuellen Maßnahmen der Einstellung, Versetzung und Beförderung sowie bei Entlassung.

e) Das Ausführungsgesetz zu Art. 47 der Landesverfassung der Freien Hansestadt Bremen (Bremisches Betriebsrätegesetz) vom 10.1.1949[149] gibt in § 29 dem Betriebsrat das Recht, in allen sozialen und personellen Fragen des Betriebes gleichberechtigt mit dem Unternehmen oder den mit der Leitung des Betriebes beauftragten Personen mitzubestimmen. Folgerichtig enthält § 35 BremBRG, der den Aufgabenkreis des Betriebsrats in personellen Fragen behandelt, keine abschließende Regelung sondern gibt dem Betriebsrat insbesondere bei Einstellungen, Wiedereinstellungen, Umgruppierungen, Kündigungen und Entlassungen ein näher ausgestaltetes Mitbestimmungsrecht[150]; dass neben diesen

---

145 *Kleinknecht/Rueß*, Betriebsrätehandbuch, S. 15.
146 *Kleinknecht/Rueß*, Betriebsrätehandbuch, S. 15.
147 Vgl. *G. Hueck*, Die Betriebsvereinbarung, S. 83; *G. Müller*, Mitbestimmungsrecht, S. 26.
148 Badisches GVBl. S. 209.
149 GBl. S. 7.
150 § 35 bis § 45 BremBRG.

Mitbestimmungsmöglichkeiten bei individuellen Personalmaßnahmen Einstellungsrichtlinien auf der Basis der generellen Zuweisung einer Mitbestimmung in § 29 BremBRG abgeschlossen wurden, kann nicht festgestellt werden. Daneben gibt das Bremische Betriebsrätegesetz in § 33 Nr. 6 im Rahmen der Mitbestimmung in sozialen Fragen ausdrücklich die Möglichkeit, „vorbehaltlich einer tariflichen Regelung Vereinbarungen über den Abschluss von Lehrverträgen, die Ausbildung der Lehrlinge, Anlernlinge und Umschüler zu treffen".

f) In der Präambel des Betriebsrätegesetzes vom 21.5.1949 für das Land Württemberg-Hohenzollern[151] wird die Situation der betrieblichen Mitbestimmung in der Nachkriegszeit zutreffend umschrieben und eine Übergangslösung dadurch gefunden, dass das Betriebsrätegesetz vom 4.2.1920 in abgeänderter Form wieder in Kraft gesetzt wird[152]. Mit dem Wegfall der Institution der Gruppenräte entfällt allerdings auch § 78 BRG und damit die Möglichkeit der Vereinbarung von Einstellungsrichtlinien nach § 78 Nr. 8 BRG. Das Betriebsrätegesetz des Landes Württemberg-Hohenzollern sieht vielmehr ein Mitbestimmungsrecht des Betriebsrates bei den individuellen Einstellungen vor, wie es 1920 nicht durchsetzbar war. Die Regelung in § 81 BRG Württemberg-Hohenzollern entspricht im Grundsatz den Bestimmungen in §§ 61, 62 BetrVG 1952. Ein Einspruchsrecht bei einem Verstoß der Einstellung gegen eine Betriebsvereinbarung ist in § 81 BRG Württemberg-Hohenzollern ebenso wenig vorgesehen wie bei einem Verstoß gegen eine tarifvertragliche Regelung. Auch insoweit kann nicht auf die Möglichkeit der Vereinbarung von Einstellungsrichtlinien geschlossen werden, wie dies zum BetrVG 1952 der Fall ist[153].

g) Das schleswig-holsteinische Betriebsrätegesetz vom 3.5.1950 versteht sich als "Gesetz zur Regelung vordringlicher Angelegenheiten des Betriebsräterechts"[154] als Übergangsrecht, das bis zu einer bundesgesetzlichen Regelung die allzu pauschalen Regelungen des Kontrollratsgesetzes Nr. 22 ersetzen sollte[155]. Da auch hier die Verweigerung der Zustimmung zu personellen Maßnahmen, ähnlich wie im hessischen Betriebsrätegesetz, an im Gesetz aufgezählte Bedingungen[156]

---

151 RegBl. S. 153.

152 Satz 4 der Präambel lautet: „In der Erkenntnis, dass eine endgültige Neugestaltung der Zusammenarbeit von Arbeitnehmern und Arbeitgebern in den Betrieben einer späteren Zeit vorbehalten bleiben muss, dass eine gesetzliche Grundlage für die Tätigkeit der Betriebsräte über die Mindestvorschriften des Kontrollratgesetzes Nr. 22 hinaus dagegen schon jetzt erforderlich ist, wird das Betriebsrätegesetz vom 4.2.1920 in folgender abgeänderter Fassung wieder in Kraft gesetzt."

153 S. unten § 3.

154 GVBl. S. 169.

155 *Gramm/Gäde*, BRG Schleswig-Holstein, Vorbemerkung, S. 6.

156 § 21 Abs. 3: Der Betriebsrat kann die Verweigerung seiner Zustimmung nur darauf stützen, dass die beabsichtigten Maßnahmen den berechtigten Interessen des Betriebes, der Belegschaft oder ihrer Mitglieder zuwiderlaufen.

geknüpft ist, die allein beim Spruch des Arbeitsgerichts zu berücksichtigen sind[157], bildet es keine Grundlage für den sinnvollen Abschluss von Auswahlrichtlinien.

h) Das Bayerische Betriebsrätegesetz (BayBRG) vom 25.10.1950[158] gibt in § 60 dem Betriebsrat die Möglichkeit, Richtlinien über die Einstellung von Arbeitern und Angestellten zu vereinbaren. Es entspricht weitgehend der Regelung nach dem BRG 1920[159]. Dabei wird der Positiv-Katalog von Eigenschaften aus § 81 BRG 1920, wie schon die Literatur zum BRG 1920 es getan hatte, in einen Negativ-Katalog umgewandelt und in § 60 Abs. 2 BayBRG festgelegt, dass die Richtlinien keine Bestimmungen enthalten dürfen, die eine unterschiedliche Behandlung von Personen aufgrund deren Abstammung, Religion, Nationalität, Geschlecht, politischer oder gewerkschaftlicher Betätigung oder Einstellung vorsehen. Bei der Einstellung muss der Arbeitgeber den Betriebsrat über die Maßnahme sowie die Person des Einzustellenden unterrichten (§ 61 BayBRG). Bei einem Einspruch des Betriebsrats gegen eine Einstellung muss eine Verständigung zwischen Arbeitgeber und Betriebsrat herbeigeführt werden (§ 62 Abs. 3 BayBRG). Kommt es zu dieser Verständigung nicht, so kann der Betriebsrat vor Ablauf von 14 Tagen nach Dienstantritt beim Arbeitsgericht klagen, einmal, wenn ein Verstoß gegen gesetzliche oder tarifliche Bestimmungen vorliegt (§ 64 Abs. 1 a BayBRG), zum anderen aber auch dann, wenn die Einstellung unter Verstoß gegen eine gem. § 60 BayBRG vereinbarte Richtlinie erfolgte (§ 64 Abs. 1 b BayBRG). Die Rechtsfolge bei Stattgabe der Klage durch das Gericht, ist die Kündigung des Arbeitsverhältnisses zum nächst zulässigen gesetzlichen Kündigungstermin (§ 65 Abs. 1 BayBRG). In § 65 Abs. 2 BayBRG wird klargestellt, dass das Urteil nicht nur im Verhältnis zwischen den Prozessparteien gilt, sondern auch zwischen dem Arbeitgeber und dem Arbeitnehmer, dessen Einstellung angefochten war, Recht schafft. Die Palette der Möglichkeiten, die das BRG 1920 dem Gericht anbot, ist also auf e i n e wirklich durchgreifende Rechtsfolge reduziert. Eine Entfernung aus dem Betrieb lässt sich zwar auch hier nicht durchsetzen, doch bildet die Weiterbeschäftigung nach Auffassung der Literatur eine "Verletzung betriebsverfassungsrechtlicher Pflichten i.S.d. § 57, Verstoß gegen Treu und Glauben in seinem Verhalten zum Betriebsrat nach § 57 Abs. 2"[160]. Ein vorsätzlicher Verstoß des Arbeitgebers gegen die Vorschrift des § 57 Abs. 1 BayBRG kann nach dem somit anwendbaren § 120 Abs. 1 a BayBRG[161] mit Geldstrafe von 100 - 10.000 DM und in besonders schweren Fällen mit Gefängnis bis zu drei Monaten bestraft werden.

---

157 *Gramm/Gäde*, BRG Schleswig-Holstein, § 21 Rd.Nr. 19.
158 GVBl S. 227.
159 Vgl. *G. Hueck*, Die Betriebsvereinbarung, S. 83.
160 *Meissinger/Raumer*, BRG Bayern, § 65 Anm. 2.
161 *Meissinger/Raumer*, BRG Bayern, § 65 Anm. 2.

Bedenklich erscheint die vertretene Meinung, dass eine Weiterbeschäftigung gegen den Spruch des Arbeitsgerichts den Abschluss eines neuen Arbeitsvertrags bedeute[162]. Dagegen ist zwar die Wiederholung des Verfahrens nach §§ 60 ff. BayBRG, wie oben aufgezeigt, möglich[163], aber der Betriebsrat hat erneut die Last der dort vorgeschriebenen Fristwahrung. Andererseits bleibt anzuerkennen, dass damit für den betroffenen Arbeitnehmer ein vertragsloser Zustand vermieden wird. Leicht übersehen wird, dass das Bayerische Betriebsrätegesetz durch die Anwendbarkeitserklärung der §§ 60-65 BayBRG auf "Versetzungen, Umgruppierungen und sonstige wichtige Veränderungen, die geeignet sind, Arbeiter und Angestellte in ihrer rechtlichen und wirtschaftlichen Stellung zu benachteiligen" (§ 66 BayBRG), auch für diese Tatbestände die Möglichkeit von Richtlinienvereinbarungen eröffnet.

Eine Verwirklichung in der Praxis lässt sich allerdings weder für Richtlinien für Einstellungen noch für solche nach § 66 BayBRG feststellen.

§ 3 Richtlinien nach dem Betriebsverfassungsgesetz 1952

Das Betriebsverfassungsgesetz vom 11.10.1952[164] sah zwar Richtlinienvereinbarungen nicht ausdrücklich vor, ermöglichte aber grundsätzlich deren Abschluss. Es wird heute bisweilen übersehen[165], dass sich die Literatur auch zum Betriebsverfassungsgesetz 1952 kontinuierlich mit dem Problem der Auswahlrichtlinien, insbesondere der Einstellungsrichtlinien, beschäftigt hat[166], obwohl zugegeben werden muss, dass die Richtlinien nach dem BetrVG 1952 in der Praxis nicht die ursprünglich vorausgesagte Bedeutung erlangt haben[167].

Behandelt wurde die Frage vor allem im Zusammenhang mit § 61 Abs. 3 a BetrVG 1952 als Betriebsvereinbarung, die den Betriebsrat berechtigt, die Zustimmung zu einer Einstellung zu verweigern, wenn der Arbeitgeber bei einer Einstellung gegen eine solche Betriebsvereinbarung verstößt. Ebenso bei Vereinbarungen, die nach §§ 63 i.V.m. 61 Abs. 3 a BetrVG 1952 zu einem gleichen Recht des Betriebsrats bei Versetzungen und Umgruppierungen führen. Daneben taucht das Problem der Richtlinien bei der Frage nach dem Umfang der freiwilligen Betriebsvereinbarungen nach

---

[162] *Meissinger/Raumer*, BRG Bayern, § 65 Anm. 2.
[163] *Meissinger/Raumer*, BRG Bayern, § 65 Anm. 2.
[164] BGBl. I S. 681.
[165] *Kraft* in GK-BetrVG, § 95 Rd.Nr. 4 "nur sporadische Äußerungen".
[166] Vgl. u.a. *Nipperdey* in *Hueck/Nipperdey*, Lehrbuch, Bd. II (6. Aufl.), S. 780; *Nipperdey/Säcker* in *Hueck/Nipperdey*, Lehrbuch, Bd. II/2 (7. Aufl.), S 1268; *Dietz*, BetrVG, § 61 Rd.Nr. 33; *Neumann-Duesberg*, Betriebsverfassungsrecht, S. 568 f., S. 363 und an vielen anderen Stellen; *Nikisch*, Arbeitsrecht, Bd. III, S. 281; *Fitting/Kraegeloh/Auffarth*, BetrVG (9. Aufl.), § 61 Rd.Nr. 34; *Galperin/Siebert*, BetrVG, § 52 Rd.Nr. 53, vor § 60 Rd.Nrn. 23 und 25, § 57 Rd.Nr. 8; *Müller W.*, Grenzen, S. 96, S. 102; *G. Hueck*, RdA 1962, 366/368; *Huber*, Wirtschaftsverwaltungsrecht, Bd. II, S. 532.
[167] *G. Hueck*, RdA 1952, 366/368.

§ 57 BetrVG 1952 sowie bei der Behandlung der Betriebsvereinbarungen nach § 60 Abs. 3 Satz 3 BetrVG 1952 auf.

1. Begriff und Inhalt der Richtlinien

Unscharf bleibt auch zum BetrVG 1952 der Begriff der Richtlinien[168]. So werden sie lediglich als "Abreden der Betriebspartner über die Handhabung der beiderseitigen Bestimmungs- bzw. Mitbestimmungsrechte" bezeichnet[169]. Daneben wird der Begriff Richtlinien bei Einstellungsgeboten oder -verboten gebraucht, um den Begriff "Norm" zu vermeiden[170]. Sie werden sehr viel weiter auch als generelle Regelungen über die Handhabung personeller Angelegenheiten, die nicht auf die Einstellung beschränkt sind, angesehen[171].

Umfassend, aber noch genügend präzis ist die Beschreibung von G. Hueck: Richtlinien seien "Regeln über die Voraussetzungen und für eine Durchführung personeller Maßnahmen", "die die Befugnisse des ArbGb gegenüber der gesamten Belegschaft und dem BetrR als deren Organ" regeln und damit festlegen, "wann der BetrR zum Eingreifen in den Einzelfall befugt ist"[172]. Von diesem weiten Begriff soll im folgenden ausgegangen werden, wenn über Richtlinien gesprochen wird.

Der Vielfalt von gesetzlichen Regelungen entspricht eine Vielfalt von Ableitungsversuchen für die Zuständigkeit des Betriebsrats zum Abschluss von Richtlinien. Diejenige Meinung, die im weiteren Sinn von der späteren Rechtsprechung des Bundesarbeitsgerichts gedeckt wurde, sieht in den Richtlinienvereinbarungen Betriebsvereinbarungen auf sozialem Gebiet nach § 57 BetrVG 1952[173]. Dagegen ergibt sich nach anderer Ansicht die Zuständigkeit des Betriebsrats, Einstellungsrichtlinien zu vereinbaren, unmittelbar aus § 61 Abs. 3 a BetrVG 1952[174].

Geht man von einer Betriebsvereinbarungsautonomie aus, so bereitet es keine Schwierigkeiten, in den Betriebsvereinbarungen, die die Einstellungsrichtlinien enthalten, eine Erweiterung des personellen Mitbestimmungsrechts zu sehen[175]. Insoweit stellt sich das Problem der Kompetenzzuweisung an den Betriebsrat nicht in vol-

---

168 Vgl. *Galperin/Siebert*, BetrVG, § 52 Rd.Nr. 53 "Die Ansichten sind noch sehr wenig geklärt".

169 *Galperin/Siebert*, BetrVG, § 52 Rd.Nr. 53.

170 *Nikisch*, Arbeitsrecht, Bd. III S. 281.

171 *Galperin/Siebert*, BetrVG, § 60 Rd.Nr. 23; die in § 1 Rd.Nr. 128 erwähnten Urlaubsrichtlinien sind allerdings direkt § 56 Abs. 1 Buchst. c zuzuordnen.

172 *G. Hueck*, RdA 1952, 366/368.

173 So *Neumann-Duesberg*, Betriebsverfassungsrecht, S. 363, S. 499, vgl. auch S. 375.

174 *W. Müller*, Grenzen, S. 96; auch *G. Hueck*, RdA 1952, 366/368, muss so verstanden werden, wenn er die Richtlinien zu den personellen Angelegenheiten zählt.

175 *Fitting/Kraegeloh/Auffarth*, BetrVG (9. Aufl.), § 61 Rd.Nr. 34; dies wird ausdrücklich abgelehnt von *Neumann-Duesberg*, Betriebsverfassungsrecht, S. 569.

ler Schärfe, und es wird insoweit auch nicht der Versuch einer genauen Zuordnung der personellen Richtlinien vorgenommen[176].

Deutlich kommt dies bei Nipperdey zum Ausdruck, der die Grundlage der in § 61 Abs. 3 Buchst. a BetrVG 1952 aufgeführten Betriebsvereinbarungen weder direkt in § 61 Abs. 3 Buchst. a BetrVG 1952 noch in § 57 BetrVG 1952, sondern überhaupt nicht im Gesetz erblickt[177].

Daneben findet auch eine verschiedene Zuordnung der Richtlinien je nach ihrem Inhalt statt. So wird in den Richtlinien einerseits nur eine Konkretisierung des Tatbestands, "der bereits nach dem Gesetz der personellen Mitbestimmung unterliegt"[178], gesehen - die Richtlinien haben ihren Ursprung dann in den Vorschriften über die personelle Beteiligung des Betriebsrats, für Versetzungsrichtlinien z.B. in § 60 Abs. 3 Satz 3 BetrVG 1952 - ; andererseits passen die Richtlinien mühelos in die zu § 57 BetrVG 1952 aufgezählten Beispiele[179].

2. Rechtsnatur der Richtlinien

So verschieden die gesetzliche Zuordnung der Richtlinien vorgenommen wird, so verschieden ist ihre Charakterisierung. Einmal wird die zum Betriebsrätegesetz allgemein vertretene Lehre von der obligatorischen Wirkung der Einstellungsrichtlinien beibehalten[180]. Eine normative Wirkung wird mit dem Hinweis, dass durch sie die Einzelarbeitsverhältnisse nicht unmittelbar gestaltet werden, abgelehnt[181].

Nipperdey spricht den Einstellungsrichtlinien im Sinne von § 61 Abs. 3 a BetrVG 1952 jedoch betriebsverfassungsrechtlichen Charakter zu[182]. Deshalb hätten diese Betriebsvereinbarungen, obwohl sie nicht die Nichtigkeit des Arbeitsvertrages zum Ergebnis haben müssten, nicht nur schuldrechtliche, sondern auch normative Wirkung[183].

---

176 Vgl. *Fitting/Kraegeloh/Auffarth*, BetrVG (9. Aufl.), § 60 Rd.Nr. 7a.

177 *Nipperdey* in *Hueck/Nipperdey*, Lehrbuch, Bd. II (6. Aufl.), S. 859.

178 *Galperin/Siebert*, BetrVG, § 60 Rd.Nr. 24.

179 Dies gilt insbesondere für Kündigungsrichtlinien, vgl. *Galperin/Siebert*, BetrVG, § 60 Rd.Nr. 25 mit Hinweis auf § 57 Rd.Nr. 8. In diesem Sinne auch *Neumann-Duesberg*, Betriebsverfassungsrecht, S. 568 f.

180 *Dietz*, BetrVG, § 61 Rd.Nr. 33; *G. Hueck*, RdA 1952, 366/370; *Huber*, Wirtschaftsverwaltungsrecht, Bd. II, S. 532.

181 *G. Hueck*, RdA 1952, S. 370; *Huber*, Wirtschaftsverwaltungsrecht, Bd. II, S. 532; LAG Saarbrücken vom 2.2.1966, NJW 1966, 2136 ff.

182 *Nipperdey* in *Hueck/Nipperdey*, Lehrbuch, Bd. II (6. Aufl.), S. 780; unklar *Nipperdey/Säcker* in *Hueck/Nipperdey*, Lehrbuch, Bd. II/2 (7. Aufl.), S. 1268, insoweit unerheblich *Nipperdey/Säcker* in *Hueck/Nipperdey*, Lehrbuch, Bd. II/2 (7. Aufl.), S. 1428 Fußn. 52, weil der normative Charakter unbestritten bleibt.

183 *Nipperdey* in *Hueck/Nipperdey*, Lehrbuch, Bd. II (6. Aufl.), S. 780, für Abschlussgebote vgl. insbesondere dort zu Fußn. 28.

Verbindliche Richtlinien für personelle Maßnahmen sind nach Neumann-Duesberg in jedem Fall normativ[184]. Normativen Charakter gestehen auch die Vertreter der Satzungstheorie den Richtlinien zu, da für sie nur die Alternative zwischen normativen Betriebsvereinbarungen oder obligatorischen Vereinbarungen, die nicht Betriebsvereinbarungen sind, besteht. Insoweit bedarf es keiner weiteren Auseinandersetzung[185].

Verschiedene Ansätze finden sich allerdings bei der Bestimmung des Rechtscharakters der Richtlinien bei Galperin/Siebert. So steht neben der oben dargestellten Meinung, dass Richtlinien überhaupt keine Betriebsvereinbarungen sind[186], der Hinweis, dass es sich bei einer normativen Regelung betriebsverfassungsrechtlicher Befugnisse nach § 60 Abs. 3 S. 3 BetrVG, die Galperin/Siebert offensichtlich zu den Richtlinien zählen, auch wenn sie die Bezeichnung Richtlinie "zweckmäßig vermeiden" und stattdessen von Durchführungsvereinbarung sprechen wollen, um eine "echte Betriebsvereinbarung"[187] handle. An anderer Stelle wird gesagt, dass Betriebsvereinbarungen über Richtlinien "über die Handhabung personeller Angelegenheiten, z.B. Einstellungsrichtlinien"[188], zulässig seien. Diesen Richtlinien werden keine normativen Wirkungen zuerkannt[189], obwohl zugestanden wird, dass sie im Rahmen der Betriebsverfassung Rechte und Pflichten erzeugen[190]. Eine Begründung für die unterschiedliche Behandlung von Einstellungsrichtlinien, die dem Betriebsrat nach § 61 Abs. 3 a BetrVG 1952 ein Widerspruchsrecht geben, die als nicht normativ angesehen werden[191], und der Versetzungsregelung wird nicht gegeben. Die zu den Richtlinien vertretene Auffassung scheint auch nicht voll mit der ansonsten von Galperin-Siebert vertretenen Auffassung vom ausschließlich normativen Charakter der Betriebsvereinbarungen übereinzustimmen.

Insgesamt gesehen kann man feststellen, dass die Unsicherheit in der dogmatischen Einordnung der Betriebsvereinbarung auch die Diskussion über den Rechtscharakter der personellen Richtlinien nach dem BetrVG 1952 bestimmt. Die Zuerkennung normativer Qualitäten ist nur noch bei wenigen Autoren an unmittelbare Konsequenzen

---

184 Vgl. *Neumann-Duesberg*, Betriebsverfassungsrecht, S. 568 insbesondere Fußn. 169; daneben ist seine Feststellung zu beachten, dass Richtlinien auch durch "betriebliche Einigung" festgelegt werden können (S. 581), solche keine Normen enthaltende betriebliche Einigung aber betriebsverfassungsrechtlichen Charakter habe (S. 415, insbesondere Fußn. 26). *Neumann-Duesberg*, Betriebsverfassungsrecht, gibt jedoch zu, dass die Fälle des § 57 BetrVG 1952, zu denen er die Richtlinien zählt, meist durch Betriebsvereinbarung geregelt werden (S. 427 Fußn. 54).

185 *Nikisch*, Arbeitsrecht, Bd. III, S. 281 f.; so findet sich auch kein Hinweis auf den Charakter der Richtlinienvereinbarungen in *Fitting/Kraegeloh/Auffarth* BetrVG (9. Aufl.).

186 *Galperin/Siebert*, BetrVG, § 52 Rd.Nr. 53; vgl. auch § 61 Rd.Nr. 33.

187 *Galperin/Siebert*, BetrVG, § 52 Rd.Nr. 53; dass Vereinbarungen nach 60 Abs. 3. S. 3 zu den Richtlinienvereinbarungen gehören vgl. auch *G. Hueck*, RdA 1952, 366/368.

188 *Galperin/Siebert*, BetrVG, vor § 60 Rd.Nr. 23, § 1 Rd.Nr. 128.

189 *Galperin/Siebert*, BetrVG, vor § 60 Rd.Nr. 23.

190 *Galperin/Siebert*, BetrVG, § 1 Rd.Nr. 128.

191 *Galperin/Siebert*, BetrVG, § 61 Rd.Nr. 33.

wie zum Betriebsrätegesetz 1920, die sich für den einzelnen Arbeitnehmer ergeben, gebunden[192].

Während man deshalb den Richtlinien zum Betriebsrätegesetz 1920, wollte man nicht das gesamte Begriffssystem sprengen, keinen normativen Charakter zuerkennen konnte, öffnet sich jetzt dieser Weg insbesondere über die Zuordnung zu den Betriebsvereinbarungen mit betriebsverfassungsrechtlichem Charakter[193]. Seit mit dem § 32 AOG Abschlussvereinbarungen in Tarifordnungen normative Kraft beigemessen worden war[194], verstummte aber auch die Diskussion, ob entsprechende Vorschriften in Betriebsvereinbarungen trotz der unterschiedlichen Ausgangslage normative Wirkung entfalten würden, nicht mehr[195]. Die Vereinbarungen, die von der Literatur zum BetrVG 1952 als Richtlinienvereinbarungen angesehen wurden, werden somit in immer stärkerem Maße als normative Betriebsvereinbarungen charakterisiert.

3. Rechtswirkungen der Richtlinienvereinbarungen

Unabhängig davon, ob man in den Richtlinienvereinbarungen Betriebsvereinbarungen mit normativem Charakter oder sonstige Vereinbarungen sieht, war man sich in der Literatur zum BetrVG 1952 einig, dass hinsichtlich der Wirkungen den Besonderheiten der in den §§ 60 ff. BetrVG 1952 enthaltenen Regelungen Folge geleistet werden muss[196].

Die von Nipperdey in der 6. Auflage noch vertretene Auffassung, dass Abschlussverbote in Betriebsvereinbarungen ebenso wie Abschlussverbote in Tarifverträgen nach § 134 BGB die Nichtigkeit der dennoch geschlossenen Arbeitsverträge bewirken könnten, ist in der 7. Auflage aufgegeben[197]. Die in der 6. Auflage vertretene Meinung war nicht weiter begründet und liest sich mehr als obiter dictum, während es

---

192 So aber z.B. noch *G. Hueck*, RdA 1952, 366/370.

193 Vgl. insbesondere zur Entwicklung betriebsverfassungsrechtlicher Vereinbarungen *Nipperdey/Säcker* in *Hueck/Nipperdey*, Lehrbuch, 7. Aufl. II/2 S. 1267; *Nikisch*, Arbeitsrecht, Bd. III, S. 293.

194 Vgl. *Nikisch*, Arbeitsrecht, Bd. II, S. 296, vor dem AOG noch keine normative Kraft im Tarifvertrag.

195 So *Nikisch*, Arbeitsrecht, Bd. III S. 278; *Nipperdey* in *Hueck/Nipperdey*, Lehrbuch Bd. II (6. Aufl.), S. 780: "Hinsichtlich der Arbeitsverhältnisse haben sie nicht schuldrechtliche, sondern normative Wirkung"; *Neumann-Duesberg*, Betriebsverfassungsrecht, S. 375; a.A. hinsichtlich Abschlussverboten und Abschlussbedingungen *Nipperdey/Säcker* in *Hueck/Nipperdey*, Lehrbuch, Bd. II/2 (7. Aufl.), S. 1278 f. m.w.N., dagegen auch *G. Hueck*, RdA 1952, 366/370.

196 *Neumann-Duesberg*, Betriebsverfassungsrecht, S. 374; vgl. zur Unterscheidung zwischen normativem Charakter der Betriebsvereinbarung und ihrer Wirkung auf das Arbeitsverhältnis *Galperin/Siebert*, BetrVG, § 52 Rd.Nr. 49 e (a.E.).

197 Vgl. *Nipperdey* in *Hueck/Nipperdey*, Lehrbuch, Bd. II (6. Aufl.), S. 780; *Nipperdey/Säcker* in *Hueck/Nipperdey*, Lehrbuch, Bd. II/2 (7. Aufl.), S. 1269.

Nipperdey in seiner Aussage offensichtlich vor allem darauf ankam, dass "jedenfalls die §§ 61 ff." BetrVG 1952 gelten[198].

Missverständlich sind auch die Formulierungen von Neumann-Duesberg, der zwar einerseits schreibt, dass sich die Normwirkung von Abschlussverboten darin zeigt, dass die dennoch abgeschlossenen Arbeitsverträge nach § 134 BGB nichtig sind, im nächsten Satz jedoch festhält, dass die Eigenart des durch Betriebsvereinbarung festgesetzten Abschlussverbots darin besteht, dass der Betriebsrat "gegen eine verbotswidrige Einstellung nach § 61 Abs. 3 BetrVG n u r Einspruch einlegen und bei Nichtverständigung das Arbeitsgericht anrufen kann"[199]. Damit unterscheidet Neumann-Duesberg offensichtlich zwischen Abschlussverboten allgemein und solchen in Betriebsvereinbarungen. Wenn er davon spricht, dass der Betriebsrat "nur" Einspruch einlegen kann, weicht er nicht von der allgemein vertretenen Meinung, dass Abschlussverbote in Betriebsvereinbarungen nicht nach § 134 BGB die Nichtigkeit der dennoch abgeschlossenen Verträge zur Folge hätten, ab[200].

Nichts mit dem hier behandelten Problem zu tun hat die Frage, ob ein Verstoß gegen ein gesetzliches Verbot i.S. des § 134 BGB die Nichtigkeit der dennoch durchgeführten Personalmaßnahme zur Folge hat[201].

Im Ergebnis bleibt also festzuhalten: Ein Richtlinienverstoß führt nicht zur Nichtigkeit der personellen Maßnahme[202]. Bei Einstellungen, Umgruppierungen und Versetzungen, die entgegen mit dem Betriebsrat abgeschlossenen Richtlinien erfolgen, bleibt es zunächst bei der Wirksamkeit der Maßnahme und daran ändert sich nichts, solange der Betriebsrat nicht das Arbeitsgericht anruft[203].

Der Verstoß gegen eine Richtlinie schafft jedoch den Ausgangstatbestand für das Einspruchsrecht des Betriebsrats nach § 61 Abs. 3 a BetrVG (bzw. §§ 63 i.V.m. 61 Abs. 3 a BetrVG 1952 bei Umgruppierungen und Versetzungen)[204]. Ist der Widerspruch berechtigt, so entscheidet das Arbeitsgericht nach Anrufung durch den Betriebsrat, ob ein Grund zur Verweigerung der Zustimmung vorliegt (§ 61 Abs. 2 S. 3

---

198 *Nipperdey* in *Hueck/Nipperdey*, Lehrbuch, Bd. II (6. Aufl.), S. 780; eine ähnlich pauschale Formulierung findet sich in *Fitting/Kraegeloh/Auffarth,* BetrVG (9. Aufl.), § 61 Rd.Nr. 30, während in § 52 Rd.Nr. 17 nur von Rechten des Betriebsrats nach § 61 Abs. 3 a bei einer unter Verstoß gegen eine Richtlinie durchgeführten Personalmaßnahme und nicht von deren Nichtigkeit gesprochen wird; vgl. auch *Bührig*, BetrVG, § 60 Anm. 21.

199 *Neumann-Duesberg*, Betriebsverfassungsrecht, S. 375.

200 Anders verstehen ihn *Nipperdey/Säcker* in *Hueck/Nipperdey*, Lehrbuch, Bd. II/2 (7. Aufl.), S. 1269 Fußn. 38 g.

201 Vgl. *Nipperdey/Säcker* in *Hueck/Nipperdey*, Lehrbuch, Bd. II/2 (7. Aufl.), S. 1426.

202 Bei *Galperin/Siebert*, BetrVG, vor § 30 Rd.Nr. 33a; *Nipperdey/Säcker* in *Hueck/Nipperdey*, Lehrbuch, Bd. II/2 (7. Aufl.), S. 1269; *Dietz*, BetrVG, § 52 Rd.Nr. 22 und Rd.Nr. 23, obwohl er die in Rd.Nr. 23 aufgeführten Bestimmungen nicht zu den Richtlinien zählt und sie als Inhaltsnormen bezeichnet.

203 *G. Hueck*, RdA 1952, 366/370.

204 *Galperin/Siebert*, BetrVG, vor § 60 Rd.Nr. 34.

BetrVG 1952)[205]. Auch wenn das Arbeitsgericht nur dies feststellt, endet bei Einstellungen das Arbeitsverhältnis kraft Gesetzes spätestens 14 Tage nach Rechtskraft (§ 62 Abs. 1 BetrVG 1952)[206]. Hierbei ist zu beachten, dass der Betriebsrat nicht nur wegen eines Verstoßes gegen eine Betriebsvereinbarung seine Zustimmung verweigern kann, sondern auch, wenn eine Einstellung gegen ein gesetzliches Verbot verstößt. Hier ist zugleich in aller Regel der Arbeitsvertrag von Anfang an nichtig und kein Raum für die in § 62 Abs. 1 BetrVG 1952 festgesetzte Wirkung. Eine frühere Beendigung des Arbeitsverhältnisses kommt dann in Betracht, wenn der Arbeitgeber oder der Arbeitnehmer mit einer kürzeren Frist von sich aus kündigt oder das Arbeitsverhältnis durch Aufhebungsvertrag endet[207].

In § 63 BetrVG 1952 wird bestimmt, dass die gegen den berechtigten Widerspruch vorgenommene Umgruppierung oder Versetzung mit Ablauf von spätestens 14 Tagen als rückgängig gemacht gilt. Auch aus dieser Formulierung kann man kein Argument gegen den normativen Charakter der Richtlinien gewinnen[208]; denn § 63 BetrVG 1952 verweist auf § 61 BetrVG 1952, in dem nicht nur Verstöße gegen eine Betriebsvereinbarung, sondern auch gegen Gesetz und Tarifvertrag genannt sind, deren normativer Charakter unbestritten ist[209]. § 63 BetrVG 1952 möchte mit der Regel, dass die Maßnahme spätestens nach 14 Tagen als rückgängig gemacht gilt, nur eine äußerste Grenze feststellen, die über jeden Streit erhaben ist, die aber nicht in jedem Fall erreicht werden muss[210].

Um dem in § 62 Abs. 2 BetrVG 1952 festgesetzten Verbot, die Maßnahme entgegen dem Spruch des Arbeitsgerichts aufrecht zu erhalten, zur Wirkung zu verhelfen, hat der Gesetzgeber "in § 64 ein den §§ 890 ZPO und 61 Abs. 4 ArbGG nachgebildetes

---

205 Entscheidung im Beschlussverfahren nach § 82 Abs. 1 I BetrVG 1952 (nicht § 82 Abs. 1 k wie *G. Hueck*, RdA 1952, 366/370 meint); § 2 Abs. 1 Nr. 4 I in der bis zum Inkrafttreten des BetrVG 1972 geltenden Fassung des ArbGG.

206 Die arbeitsgerichtliche Entscheidung hat rechtsgestaltende Wirkung. Eine Vollstreckung ist weder möglich noch nötig. Vgl. *Dietz*, BetrVG, § 62 Rd.Nr. 1 a; *Galperin/Siebert*, BetrVG, § 62 Rd.Nr. 7; *Nipperdey/Säcker* in *Hueck/Nipperdey*, Lehrbuch, Bd. II/2 (7. Aufl.), S. 1431; *Fitting/Kraegeloh/Auffarth*, BetrVG (9. Aufl.), § 62 Rd.Nr. 3; *G. Hueck*, RdA 1952, 366/370 f.; *Nikisch*, Arbeitsrecht, Bd. III, S. 471 Fußn. 39.

207 Vgl. zu den Rechtsfragen der Kündigung und der Kündigungsfristen *Dietz*, BetrVG, § 62 Rd.Nr. 9.

208 So aber *G. Hueck*, RdA 1952, 366/370.

209 Zu beachten ist im übrigen die Unterscheidung zwischen normativem Charakter und der direkten Wirkung auf das Arbeitsverhältnis, vgl. *Galperin/Siebert*, BetrVG, § 52 Rd.Nr. 49 b. Die Formulierung in § 63 BetrVG 1952 enthält aber auch kein Argument gegen eine direkte Wirkung der Betriebsvereinbarung, denn dies würde gleichzeitig bedeuten, der Gesetzgeber gehe auch bei einem Gesetzesverstoß von der Nichtigkeit der dennoch getroffenen personellen Maßnahme aus.

210 Zur Bedeutung des Wortes "rückgängig" vgl. *Galperin/Siebert*, BetrVG, § 63 Rd.Nr. 14 a; *Fitting/Kraegeloh/Auffarth*, BetrVG (9. Aufl.), § 63 Rd.Nr. 6 als rückwirkend einerseits; *Dietz*, BetrVG, § 64 Rd.Nr. 15, *Neumann-Duesberg*, Betriebsverfassungsrecht, S. 536, *Maus*, BetrVG, § 63 Rd.Nr. 11, *Fitting/Kraegeloh/Auffarth*, BetrVG (9. Aufl.), § 63 Rd.Nr. 7, *Nipperdey/Säcker* in *Hueck/Nipperdey*, Lehrbuch, Bd. II/2 (7. Aufl.), S. 1431 mit Wirkung für die Zukunft, spätestens 14 Tage nach Rechtskraft des Urteils, andererseits.

besonderes Vollstreckungsverfahren geschaffen, das als Sondervorschrift die Anwendbarkeit des § 890 ZPO auf das Beschäftigungsverbot ausschließt"[211].

Allerdings ist der Ausspruch des Gerichts, durch den dem Arbeitgeber die Aufrechterhaltung der personellen Maßnahme untersagt wird, an den Antrag des Betriebsrats im Verfahren nach § 62 BetrVG 1952 gebunden[212]. Hat der Betriebsrat den Antrag nach § 64 Abs. 1 BetrVG 1952 während des Verfahrens nicht gestellt, stehen keine Zwangsmittel zur Verfügung, die Aufrechterhaltung der personellen Maßnahme zu verhindern[213]. Nur aufgrund des Ausspruchs nach § 64 Abs. 1 BetrVG 1952 kann das Gericht wiederum auf Antrag des Betriebsrats die in § 64 Abs. 2 BetrVG 1952 vorgesehenen Zwangsmaßnahmen festsetzen[214].

Die Ordnungsstrafe[215] wird in einer Mindesthöhe des vierfachen Arbeitsverdienstes für jeden Tag, an dem nach ihrer Androhung der rechtswidrige Zustand vom Arbeitgeber aufrechterhalten wird, verhängt.

4. Zusammenfassung

Der Betriebsrat hatte also unter der Geltung des Betriebsverfassungsgesetzes 1952 im Gegensatz zum Betriebsrätegesetz 1920 Zwangsmittel zur Verfügung, um die Einhaltung der Richtlinien durchzusetzen. Dies geschah dadurch, dass er den Richtlinien widersprechende personelle Einzelmaßnahmen durch seine Rechte nach §§ 61-64 BetrVG 1952 verhindern konnte.

Wenn dennoch in der Praxis Richtlinienvereinbarungen nicht zum Tragen gekommen sind, so kann man dies einmal in der Unsicherheit hinsichtlich der Zuständigkeit und Zulässigkeit sehen. Auf der anderen Seite mussten diese Richtlinien planenden Charakter besitzen, und hiermit waren insbesondere in den kleineren Betrieben die Betriebsräte überfordert. Die den Betriebsräten im übrigen zur Seite stehenden Ge-

---

211 *Galperin/Siebert*, BetrVG, § 63 Rd.Nr. 7; vgl. *Nikisch*, Arbeitsrecht, Bd. III, S. 471.

212 Vgl. zum Ausspruch: *Fitting/Kraegeloh/Auffarth*, BetrVG (9. Aufl.), § 62 Rd.Nr. 3 letzter Satz; zum Zeitpunkt der Stellung des Antrags: *Dietz*, BetrVG, § 64 Rd.Nr. 3 a und *Galperin/Siebert*, BetrVG, § 64 Rd.Nr. 3 jeweils mit weiteren Nachweisen; *Nipperdey/Säcker* in *Hueck/Nipperdey*, Lehrbuch, Bd. II/2 (7. Aufl.), S. 1431 Fußn. 69.

213 Eine Anwendung des § 85 ArbGG scheidet im Bereich des § 64 BetrVG 1952 aus, vgl. *Dietz*, BetrVG, § 64 Rd.Nr. 1 a; *Fitting/Kraegeloh/Auffarth*, BetrVG (9. Aufl.), § 62 Rd.Nr. 3; *Nipperdey/Säcker* in *Hueck/Nipperdey*, Lehrbuch, Bd. II/2 (7. Aufl.), S. 1432 Fußn. 70; unklar *Erdmann*, BetrVG, § 64 Rd.Nr. 1. Ebenso scheidet eine Bestrafung des Arbeitgebers nach § 78 BetrVG 1952 aus: *Dietz*, BetrVG, § 64 Rd.Nr. 1 b; *Galperin/Siebert*, BetrVG, § 64 Rd.Nr. 4; *Fitting/Kraegeloh/Auffarth*, BetrVG, § 62 Rd.Nr. 3.

214 Dies könnte bereits im Beschluss nach § 64 Abs. 1 BetrVG 1952 oder auch nachher geschehen: *Nikisch*, Arbeitsrech, Bd. III, S. 471; *Nipperdey/Säcker* in *Hueck/Nipperdey*, Lehrbuch, 7. Aufl. Bd. II, 2 S. 1432 m.w.N. in Fußn. 71; *Bührig*, BetrVG, § 64 Rd.Nr. 3. Gegen die Verbindung beider Beschlüsse: *Erdmann*, BetrVG, § 64 Rd.Nr. 3; *Maus*, BetrVG, § 64 Rd.Nr.

215 Vgl. *Fitting/Kraegeloh/Auffarth*, BetrVG, § 64 Rd.Nr. 13; *Dietz*, BetrVG, § 64 Rd.Nr. 9; *Nipperdey/Säcker* in *Hueck/Nipperdey*, Lehrbuch, Bd. II/2 (7. Aufl.), S. 1432; als Beugestrafe angesehen von *Galperin/Siebert*, BetrVG, § 64 Rd.Nr. 12.

werkschaften hatten sich in diesem Fall zu überlegen, ob sie den mühsamen Weg über Vereinbarungen in einer Vielzahl von Betrieben gehen oder eine entsprechende Vereinbarung direkt in Tarifverträgen anstreben sollten, die den Betriebsräten über § 61 Abs. 3 a BetrVG 1952 die gleichen Rechte brachten.

Hinzu kommt, dass den Gewerkschaften die Kampfmittel der Tarifvertragsparteien zur Verfügung stehen, der Betriebsrat hingegen an die Friedenspflicht gebunden ist. Im übrigen handelt es sich bei den Richtlinienvereinbarungen nach dem BetrVG 1952 unstreitig um freiwillige Betriebsvereinbarungen, so dass eine Übereinkunft mit dem Arbeitgeber nicht über den Weg zur Einigungsstelle erzwungen werden konnte.

§ 4 Gesetzgebungsverfahren für das Betriebsverfassungsgesetz 1972

Bereits in der 5. Legislaturperiode war eine Anpassung der Betriebsverfassung an die gewandelten Anforderungen moderner Unternehmensstrukturen und sich wandelnder Arbeitsbedingungen geplant. Die Entwürfe der CDU/CSU-Fraktion vom 2.11.1967 (BT-Drucksache V/2234), der SPD-Fraktion vom 16.12.1968 (BT-Drucksache V/3658) und der FDP-Fraktion vom 20.3.1969 (BT-Drucksache V/4011) konnten jedoch bis zum Ende der 5. Legislaturperiode nicht mehr abschließend beraten werden.

Schon in der Regierungserklärung vom 28.10.1969 zu Beginn der 6. Legislaturperiode wurde aber das Vorhaben, ein neues Betriebsverfassungsgesetz einzuführen, aufgegriffen. Auf der Grundlage der von den Gewerkschaften vorgelegten Vorschläge[216] kam es zum Entwurf des Bundesministeriums für Arbeit und Sozialordnung für ein neues Betriebsverfassungsgesetz[217].

Bereits dieser Entwurf enthielt die Vorschrift des § 95, wie sie später Gesetz geworden ist. Lediglich die Formulierung in § 95 Abs. 1 und 2, dass die Einigungsstelle verbindlich entscheidet, wurde durch § 95 Abs. 1 Satz 3 und Abs. 2 Satz 3 BetrVG ersetzt, womit klargestellt wird, dass der Spruch der Einigungsstelle die Einigung zwischen Arbeitgeber und Betriebsrat ersetzt. Im Gewerkschaftsentwurf war eine so umfassende Regelung über die Vereinbarung von Auswahlrichtlinien nicht enthalten. § 60 Abs. 3 des Gewerkschaftsentwurfes enthielt nur die Regelung, dass Einstellungsrichtlinien (und personelle Fragebogen) der Zustimmung des Betriebsrats bedürften[218]. Wie sich aus der Begründung ergibt, sollte diese Vorschrift ausschließlich dem Schutz der Bewerber dienen. Motiv für die Aufnahme dieser Vorschrift war die

---

216 Vom 10.10.1967, RdA 1967, 462 und mit Begründung AuR 1968, 80 ff., 112 ff., 145, ff., 176 ff., sowie überarbeitete Fassung vom Mai 1970 RdA 1970, 242.
217 Abgedruckt in RdA 1970, 357 ff.
218 AuR 1968, 146.

Feststellung, dass „der Inhalt von Einstellungsrichtlinien und Fragebogen - insbesondere durch Eingriffe in die Intimsphäre - häufig zu berechtigten Beanstandungen Anlass gibt“[219].

Ohne große Änderungen am Referentenentwurf wurde nach einer Einigung zwischen den Koalitionspartnern SPD und FDP[220] am 29.1.1978 der Entwurf der Bundesregierung für ein neues Betriebsverfassungsgesetz vorgelegt[221], der in § 95 identisch mit der späteren Gesetzesfassung ist.

Auch der Entwurf der CDU/CSU-Fraktion[222] sah eine Mitbestimmung bei der „Aufstellung von allgemeinen Richtlinien für Einstellungen, Eingruppierungen, Umgruppierungen, Versetzungen und Kündigungen“ vor. Die Vorschrift findet sich in § 34 Abs. 3 des Entwurfs. § 34 trägt die Überschrift „Generelle Maßnahmen“ und behandelt neben den Richtlinien noch ein Mitbestimmungsrecht des Betriebsrats bei personellen Fragebogen und allgemeinen Beurteilungsgrundsätzen (§ 34 Abs. 2) sowie ein Informationsrecht des Betriebsrates bei „allen wesentlichen personellen Angelegenheiten, soweit sie nicht einzelne Arbeitnehmer betreffen“, insbesondere auch bei der Personalplanung (§ 34 Abs. 1). Wie der Gewerkschaftsentwurf enthielt auch der Entwurf der CDU/CSU eine Beschreibung, was unter personellen Angelegenheiten im Sinne des Gesetzentwurfes verstanden werden sollte: Einstellungen, Eingruppierungen, Umgruppierungen, Versetzungen, Entlassungen (§ 33 Abs. 2 Entwurf CDU/CSU). In § 60 Abs. 2 des Gewerkschaftsentwurfes sind lediglich noch Umsetzungen erwähnt. Die Umschreibung des Begriffs der personellen Angelegenheiten wurde in beiden Entwürfen aus dem Betriebsverfassungsgesetz 1952 übernommen. Dabei fand keine Beachtung, dass beide Gesetzentwürfe sich bei der Behandlung personeller Angelegenheiten nicht wie das Betriebsverfassungsgesetz 1952 auf individuelle Maßnahmen beschränkten, sondern auch ein Mitbestimmungsrecht bei generellen Maßnahmen (Personalplanung, personelle Fragebogen, allgemeine Beurteilungsgrundsätze etc.) unter den Abschnitt bzw. Unterabschnitt „personelle Angelegenheiten“ einordneten. Keine Erwähnung in den Begründungen findet der Begriffswechsel von „Entlassungen“ zu „Kündigungen“ nicht nur bei der Mitbestimmung des Betriebsrates bei individuellen Maßnahmen, bei denen der Kündigungsschutz im Vordergrund steht, sondern auch bei generellen Regelungen, die sich auf die Zusammensetzung der Belegschaft beziehen. Zwar wurde durch § 123 BetrVG 1972 ein neuer Satz 2 in § 1 Abs. 2 des Kündigungsschutzesgesetzes eingefügt, der auf einen Verstoß der Kündigung gegen eine Richtlinie nach § 95 BetrVG abstellt. Ein zwingender Grund, in der Vorschrift über Richtlinienvereinbarungen nicht von Entlassungen zu sprechen, kann hierin aber kaum gesehen werden. Trotz einer im Regelfall vorhandenen Verknüpfung mit dem Kündigungsschutzrecht wird in § 104 BetrVG

---

[219] AuR 1968, 147.
[220] Vgl. RdA 1970, 370.
[221] BT-Drucksache VI/1786.
[222] BT-Drucksache VI/1806.

der Begriff Entlassung und nicht Kündigung verwandt, auch wenn sich für den Regelfall der Beendigung der Beschäftigung im Betrieb die Notwendigkeit zur Kündigung des Arbeitsverhältnisses ergibt[223].

Keine Beachtung findet auch die Tatsache, dass in der Begründung zu § 34 Abs. 3 CDU/CSU-Entwurf ausdrücklich ausgeführt wird, dass es sich hierbei um die Aufstellung von allgemeinen Personalrichtlinien handele und die Vorschrift nicht auf Auswahlrichtlinien beschränkt sei.

Der Gesetzentwurf der Regierung erfuhr bei der Behandlung im Ausschuss für Arbeit und Sozialordnung eine Vielzahl von Veränderungen[224]. Unverändert blieb aber die Regelung über Richtlinien nach § 95. Die Ausschussfassung des Regierungsentwurfes wurde vom Deutschen Bundestag in zweiter und dritter Lesung am 10.11.1971 verabschiedet und erhielt, nachdem im Vermittlungsausschuss Änderungen abgelehnt worden waren, am 17.12.1971 die Zustimmung des Bundesrats. Das Gesetz wurde am 18.1.1972 verkündet[225] und ist gemäß § 132 BetrVG am Tag nach seiner Verkündung in Kraft getreten. Das Betriebsverfassungsgesetz 1972 stellt unstreitig eine neue Kodifikation des Betriebsverfassungsrechts dar[226]. Gleichzeitig blieben die grundlegenden Gebote der vertrauensvollen Zusammenarbeit zwischen Arbeitgeber und Betriebsrat und der betrieblichen Friedenspflicht bestehen[227] und die Grundstrukturen der Betriebsverfassung erhalten[228].

Eine wesentliche Neuerung stellt die Mitbestimmung des Betriebsrats in allgemeinen personellen Angelegenheiten dar. Der Gesetzgeber wollte mit der Beteiligung des Betriebsrats bereits im Vorfeld konkreter Einzelmaßnahmen der Tatsache Rechnung tragen, dass gerade in Großbetrieben die Komplexe der Personalplanung, Personalführung und -beurteilung sowie Personalrichtlinien zunehmend an Bedeutung gewinnen, da eine vorausschauende Personalplanung ebenso wie die Investitions- und Verkaufsplanung zu den notwendigen Voraussetzungen einer rationellen und von den Bedürfnissen bestimmten modernen Unternehmensführung gehöre[229]. Bereits im Planungsstadium werden weitreichende Entscheidungen getroffen, die für die Arbeitnehmer des Betriebs oder Unternehmens große Bedeutung haben[230]. In diesem Zusammenhang wird auch die Aufstellung von Richtlinien über die Auswahl von Einstel-

---

223 Vgl. *Richardi*, BetrVG, § 104 Rd.Nr. 14; *Matthes*, MünchArbR, § 359 Rd.Nr. 8; in der Literatur wird die Forderung der Entlassung häufig gleichgesetzt mit der Forderung zu kündigen, vgl. *Fitting*, BetrVG, § 104 Rd.Nr. 7; *Kittner* in *Däubler/Kittner/Klebe*, BetrVG, § 104 Überschrift vor Rd.Nr. 6; *Stege/Weinspach*, BetrVG, § 104 Rd.Nr. 1.

224 Vgl. BT-Drucksache VI/2729.

225 BGBl. I S. 13.

226 *Fitting*, BetrVG, Einleitung S. 58; BT-Drucksache VI/1786, Begründung A II.

227 *Fitting*, BetrVG, Einleitung S. 58.

228 *Kittner* in *Däubler/Kittner/Klebe*, BetrVG, Einleitung Rd.Nr. 32.

229 Bericht des BT-Ausschusses für Arbeit und Sozialordnung, z u BT-Drucksache VI/2729 S. 5; Begründung des Reg.Entw. BT-Drucksache VI/1786 S. 32.

230 BT-Drucksache V/1786 S. 32.

lungen, Versetzungen, Umgruppierungen und Kündigungen gesehen. Diese Auswahlrichtlinien sollen die Grundlage der personellen Entscheidungen durchschaubarer machen und versachlichen. Damit solle eine an objektiven Kriterien orientierte und damit gerechtere Behandlung der Arbeitnehmer erreicht werden, was dem Betriebsfrieden diene[231].

§ 95 Abs. 1 BetrVG schreibt vor, dass Richtlinien über die personelle Auswahl bei Einstellungen, Versetzungen, Umgruppierungen und Kündigungen der Zustimmung des Betriebsrats bedürfen (Satz 1). Kommt eine Einigung über die Richtlinien oder ihren Inhalt nicht zustande, so kann nur auf Antrag des Arbeitgebers die Einigungsstelle entscheiden, deren Spruch die Einigung zwischen Arbeitgeber und Betriebsrat ersetzt (§ 95 Abs. 1 Sätze 2 und 3 BetrVG). Nach § 95 Abs. 2 Satz 1 BetrVG kann der Betriebsrat in Betrieben mit mehr als 500 Arbeitnehmern die Aufstellung von Richtlinien über die bei den in § 95 Abs. 1 Satz 1 BetrVG aufgeführten Maßnahmen zu beachtenden fachlichen und persönlichen Voraussetzungen und sozialen Gesichtspunkte verlangen. Arbeitgeber und Betriebsrat können, wenn eine Einigung über die Richtlinien oder ihren Inhalt nicht zustande kommt, die Einigungsstelle anrufen, deren Spruch die Einigung zwischen Arbeitgeber und Betriebsrat ersetzt (§ 95 Abs. 2 Sätze 2 und 3 BetrVG).

Soweit in § 95 Abs. 2 BetrVG ein erzwingbares Initiativrecht des Betriebsrates enthalten ist, ist der Bundestagsausschuss den dagegen erhobenen Bedenken der Opposition mit dem Hinweis entgegengetreten, dass die Auswahlrichtlinien nicht die Entscheidung des Arbeitgebers ersetzten, sondern diese lediglich an objektive Kriterien binden würden[232]. Es könne deshalb nicht davon gesprochen werden, dass die unternehmerische Entscheidungsfreiheit des Arbeitgebers auf die Einigungsstelle verlagert würde.

Die diesbezüglich in der Literatur erhobenen verfassungsrechtlichen Bedenken[233], werden heute nicht mehr aufrecht erhalten. Es wird allgemein davon ausgegangen, dass eine verfassungskonforme Interpretation der Einschränkung der Auswahlentscheidung des Arbeitgebers bei personellen Maßnahmen und damit der Beschränkung der unternehmerischen Freiheit möglich sei[234]. Auch die Rechtsprechung geht von einer Auslegung von § 95 Abs. 2 BetrVG aus, die Bedenken wegen einer Ver-

---

231 BT-Drucksache V/1786 S. 32; z u BT-Drucksache VI/2729 S. 5.

232 Z u BT-Drucksache VI/2729 S. 5.

233 Vgl. *Krüger*, Regierungsentwurf, insbesondere S. 39 f, 66; *Obermayr*, DB 1971, 1715/1724; *Galperin*, DB 1971, 1305/1307; *Hanau*, BB 1971, 485; *Richardi*, DB 1970, 880 und DB 1971, 621/630; *Erdmann/Jürging/Kammann*, BetrVG, § 95 Rd.Nr. 2.

234 Vgl. *Richardi*, BetrVG, § 95 Rd.Nr. 4; *Fitting*, BetrVG, § 95 Rd.Nr. 1, *Kraft* in GK-BetrVG, § 95 Rd.Nr. 25 f.; *Löwisch* in *Galperin/Löwisch*, BetrVG, § 95 Rd.Nr. 2; *Zöllner* in FS G. Müller S. 665/670; *Matthes*, MünchArbR § 349 Rd.Nr. 2, jetzt auch *Schlochauer* in *Hess/Schlochauer/Glaubitz*, BetrVG, § 95 Rd.Nr. 2.

fassungswidrigkeit nicht aufkommen lässt[235]. In allen Entscheidungen des Bundesarbeitsgerichts wird davon ausgegangen, dass ein entsprechender Entscheidungsspielraum des Arbeitgebers gesichert bleibt.

Die Bedeutung der Auswahlrichtlinien liegt nicht in der Festlegung des Arbeitgebers bei der Durchführung von personellen Einzelmaßnahmen, sondern in der herbeigeführten Transparenz der dabei angewandten Grundsätze und der Versachlichung dieser Grundsätze[236].

---

235 Vgl. BAG vom 31.5.1983 AP Nr. 2 zu § 95 BetrVG 1972; BAG vom 27.10.1992 AP Nr. 29 zu § 95 BetrVG 1972.

236 BT-Drucksache VI/1786 zu § 95.

II. Teil

Rechtsnatur der Auswahlrichtlinien

§ 1 Neue Abgrenzung zwischen personellen und sozialen Angelegenheiten

Bevor die im BetrVG 1972 neu eingeführte Vorschrift, Auswahlrichtlinien nach § 95 BetrVG zu vereinbaren, nach Charakter, Inhalt und Rechtsfolgen untersucht werden soll, ist zunächst die neue Stellung der Vorschrift über Auswahlrichtlinien in der Systematik des Gesetzes zu betrachten.

Im Vordergrund steht hierbei die Unterscheidung der Mitbestimmungstatbestände in soziale, personelle und wirtschaftliche Angelegenheiten[1] und die Zuordnung der Auswahlrichtlinienvereinbarungen zu den personellen Angelegenheiten.

Während personelle Angelegenheiten im Sinne des BetrVG 1952 sich auf die in § 60 Abs. 2 BetrVG 1952 aufgeführten Maßnahmen beschränkten und hier in §§ 60 ff. BetrVG 1952 Mitbestimmungsrechte nur für konkrete Einzelfälle gegeben wurden, fasst das BetrVG 1972 die personellen Angelegenheiten sehr viel weiter. Hieraus ergibt sich andererseits eine schärfere Abgrenzung zwischen den personellen und den sozialen Angelegenheiten.

Im Vergleich mit dem BetrVG 1952 zeigt sich dabei, dass aufgrund der Neuabgrenzung, die das BetrVG 1972 vornimmt, den Auswahlrichtlinien nach § 95 BetrVG eine zentrale Funktion bei der Mitbestimmung in personellen Angelegenheiten zukommen kann.

1. Abgrenzung nach dem BetrVG 1952

Der fließende Übergang zwischen personellen und sozialen Angelegenheiten nach dem BetrVG 1952 zeigt sich beispielhaft an der Zuordnung von Beendigungsvereinbarungen. Unter der Geltung des BetrVG 1952 wurden Betriebsvereinbarungen, die

---

1 Die Vorschriften in §§ 90 f BetrVG über die Gestaltung von Arbeitsplatz, Arbeitsablauf und Arbeitsumgebung gehören zu den sozialen Angelegenheiten, weil es sich hierbei um die Gestaltung der Umstände, unter denen die Arbeit zu leisten ist, handelt, vgl. *Säcker*, ZfA 1972, Sonderheft, S. 41/46.

das Ende des Arbeitsverhältnisses generell z.B. mit der Vollendung des 65. Lebensjahres festlegten, den sozialen Angelegenheiten zugeordnet[2].

Zwar überzeugt die Argumentation des Bundesarbeitsgerichts, dass es sich hierbei nicht um eine der im Gesetz behandelten personellen Angelegenheiten handle. § 60 Abs. 2 BetrVG 1952 enthielt nämlich eine klare Umschreibung dessen, was unter personellen Angelegenheiten i.S. des Gesetzes zu verstehen war. Danach konnten unter personellen Angelegenheiten zwangsläufig nur die in § 60 Abs. 2 BetrVG 1952 genannten Einzelmaßnahmen begriffen werden, so dass als konstitutiv für die Abgrenzung zwischen personellen und sozialen Angelegenheiten die Tatsache, ob es sich um eine individuelle oder kollektive Maßnahme handelte, angesehen wurde[3]. Da somit generelle Regelungen prinzipiell keine personellen Angelegenheiten i.S. des BetrVG 1952 sein konnten, kann man die Entscheidung des Bundesarbeitsgerichts nicht kritisieren[4]. Weniger überzeugend ist allerdings der weitere Schluss, da die Festsetzung einer Altersgrenze keine individuelle, sondern eine generelle Maßnahme darstelle und somit nicht unter § 50 Abs. 2 BetrVG 1952 fallen könne, handle es sich hierbei um eine soziale Angelegenheit. Man kann nicht schlichtweg alle generellen Regelungen im Betrieb zu den sozialen Angelegenheiten rechnen. Es könnte sich nämlich ebenso um eine personelle Angelegenheit handeln, die jedoch, da nicht individuell, im BetrVG 1952 nicht geregelt war[5].

In der Literatur wird die Zuordnung des vorliegenden Sachverhalts zu den sozialen Angelegenheiten dadurch zu begründen versucht, dass man feststellt, Bestimmungen über die Beendigung eines Arbeitsverhältnisses seien Arbeitsbedingungen. Die Mitwirkung bei der Ausgestaltung der Arbeitsbedingungen gehöre aber zweifellos zu den sozialen Angelegenheiten[6].

Offengelegt wird die eigentliche Problematik in der Entscheidung des Bundesarbeitsgerichts selbst. Das Bundesarbeitsgericht konnte die Beendigungsvereinbarung nur für wirksam halten, wenn es sie entweder zu den sozialen Angelegenheiten rechnete oder wenn es dem Betriebsrat eine erweiterte Zuständigkeit in personellen Angelegenheiten gegeben hätte.

---

[2] BAG vom 25.3.1971 AP Nr. 5 zu § 57 BetrVG; vgl. auch *Neumann-Duesberg*, Betriebsverfassungsrecht, S. 499; *Fitting/Kraegeloh/Auffarth*, BetrVG (9. Aufl.), § 52 Rd.Nr. 17 und § 57 Rd.Nr. 5; *Schimana*, BB 1970, 1138; *Dietz*, BetrVG, § 52 Rd.Nr. 19, § 57 Rd.Nr. 1 c; *Maus*, BetrVG, § 57 Rd.Nr. 3 a und Rd.Nr. 15.

[3] Vgl. *Nikisch*, Arbeitsrecht, Bd. III, S. 441; *Dietz*, BetrVG, § 52 Rd.Nr. 19; BAG vom 25.3.1971 AP Nr. 5 zu § 57 BetrVG, Bl. 3.

[4] Undifferenziert in der Kritik *Richardi*, SAE 1972, 139.

[5] Zu Recht weist darüber hinaus *Richardi* darauf hin, dass auch umgekehrt Einzelregelungen unter die sozialen Angelegenheiten fallen können, SAE 1972, 139.

[6] Vgl. *Dietz*, BetrVG, § 52 Rd.Nr. 19; vgl. auch *Fitting/Kraegeloh/Auffarth*, BetrVG, § 52 Rd.Nr. 17; *Schimana*, BB 1970, S. 1138.

Eine Erweiterung der Zuständigkeit in personellen Angelegenheiten schied für das Bundesarbeitsgericht aber offensichtlich aus, so dass als Lösung nur die Zuordnung der Auswahlrichtlinien zu den sozialen Angelegenheiten blieb.

Zwar hatte der 1. Senat im Beschluss vom 13.7.1962[7] in einem obiter dictum eine Ausweitung der in § 66 BetrVG 1952 gegebenen Mitwirkung bei der Kündigung für zulässig gehalten. Der 2. Senat scheint jedoch eher zur gegenteiligen Überzeugung gekommen zu sein, wenn er feststellt, dass der Betriebsrat in personellen Angelegenheiten nur über begrenzte Rechte verfüge[8].

In der Literatur wurde das Thema kontrovers behandelt, so dass man nicht von einer herrschenden Meinung sprechen kann[9]. Neben der völligen Ablehnung jeder Erweiterungsmöglichkeit der Mitbestimmung in personellen Angelegenheiten[10] und einer generellen Zulässigkeit[11], gab es eine ganze Reihe von vermittelnden Meinungen[12].

Wenn das Bundesarbeitsgericht von begrenzten Rechten in personellen Angelegenheiten spricht, so können sich diese Rechte ausschließlich aus §§ 60 ff. BetrVG 1952 ergeben, und hier ist das Mitbestimmungsrecht auf individuelle Maßnahmen begrenzt. Zwar formulierte das Bundesarbeitsgericht im Konjunktiv, dass eine außerhalb des Zuständigkeitsbereichs des Betriebsrats abgeschlossene Betriebsvereinbarung unzulässig sein könnte. Es besteht jedoch kein Zweifel, dass eine echte Kompetenzüberschreitung des Betriebsrats zur Unwirksamkeit der abgeschlossenen Betriebsvereinbarung führen würde. Um den aufgezeigten Schwierigkeiten zu entgehen, musste das Bundesarbeitsgericht die Beendigungsvereinbarung den sozialen Angelegenheiten zuordnen.

In sozialen Angelegenheiten war durch § 57 BetrVG 1952 nämlich eine umfassende Zuständigkeit gegeben[13], so dass in diesem Rahmen auch Bestimmungen über die Beendigung des Arbeitsverhältnisses möglich waren[14].

---

7 AP Nr. 3 zu § 57 BetrVG mit zustimmender Anmerkung von *Küchenhoff*, der sich hierbei noch auf *Nipperdey* berufen kann, vgl. *Nipperdey* bei *Hueck/Nipperdey*, Lehrbuch, Bd. II (6. Aufl.), S. 859.

8 BAG vom 25.3.1971 AP Nr. 5 zu § 57 BetrVG unter II 1.

9 Inzwischen hatte auch *Nipperdey* seine Meinung geändert und die in BAG AP Nr. 3 zu § 57 BetrVG vertretene Meinung als unzutreffend bezeichnet, vgl. *Nipperdey* bei *Hueck/Nipperdey*, Lehrbuch, Bd. II/1 (7. Aufl.), S. 297, insbes. Fußn. 161 e; vgl. auch Überblick bei *Dietz*, BetrVG vor § 60 Rd.Nrn. 7 ff.

10 *Dietz*, BetrVG, § 60 Rd.Nr. 4; *Erdmann*, BetrVG, § 60 Rd.Nr. 5; *Galperin/Siebert*, BetrVG vor § 60 Rd.Nrn. 27 ff.; *Nikisch*, Arbeitsrecht III, S. 538 ff.

11 *Bührig*, BetrVG, § 60 Rd.Nr. 6; *Fitting/Kraegeloh/Auffarth*, BetrVG (9. Aufl.), § 60 Rd.Nr. 7 und § 66 Rd.Nr. 19; *Hueck/Nipperdey/Stahlhacke*, TVG, § 71 ff.; vgl. auch *Dietz*, BetrVG, vor § 60 Rd.Nr. 7 d.

12 Vgl. *G. Müller*, DB 1962, 802/804; *Neumann-Duesberg*, Betriebsverfassungsrecht, S. 578 ff.

13 BAG vom 16.3.1956 AP Nr. 1 zu § 57 BetrVG und in einer Reihe von weiteren Entscheidungen, *Nipperdey/Säcker* bei *Hueck/Nipperdey*, Lehrbuch, Bd. II/2 (7. Aufl.), S.1355; insbes. auch *Dietz*, BetrVG, vor § 56 Rd.Nr. 4.

14 Vgl. *Dietz*, BetrVG, vor § 56 Rd.Nr. 10, der missverstanden wird von *Fitting/Kraegeloh/Auffarth*, BetrVG (9. Aufl.), § 52 Rd.Nr. 17, aber nur die Vereinbarungen über eine konkrete Kündigung über

2. Mitbestimmung bei generellen personellen Regelungen

Nach dem BetrVG 1972 beschränkt sich das Mitbestimmungsrecht in personellen Angelegenheiten nicht mehr auf personelle Einzelmaßnahmen, sondern umfasst ausdrücklich auch generelle Regelungen wie die Personalplanung (§ 92 BetrVG), die Ausschreibung von Arbeitsplätzen (§ 93 BetrVG), die Verwendung von Personalfragebogen und die Aufstellung von Beurteilungsgrundsätzen (§ 94 BetrVG), die Aufstellung von Auswahlrichtlinien (§ 95 BetrVG) bis hin zur Durchführung der Berufsbildung (§§ 96 bis 98 BetrVG)[15]. Diese Erweiterung der Mitbestimmung in personellen Angelegenheiten ergibt sich bereits aus der Gliederung im Gesetz. Im Rahmen der personellen Angelegenheiten stehen neben dem Unterabschnitt "personelle Einzelmaßnahmen" die Unterabschnitte "allgemeine personelle Angelegenheiten" und "Berufsbildung". Das ändert nichts daran, dass man als personelle Angelegenheiten weiterhin ausschließlich die Fragen bezeichnen kann, die sich auf die Zusammensetzung und die Gliederung der Belegschaft beziehen[16]. Im Gegensatz zu früheren Regelungen sind jedoch die Maßnahmen im Vorfeld der personellen Einzelentscheidung nun ausdrücklich in die Mitbestimmung hineingenommen worden, da man berücksichtigt, dass häufig bereits hier Vorentscheidungen für spätere Einzelmaßnahmen fallen. Die Mitwirkung bei den allgemeinen personellen Angelegenheiten ist die Vorstufe zur Mitbestimmung bei personellen Einzelmaßnahmen[17]. Auch die Fragen beispielsweise der Personalplanung oder der Auswahlrichtlinien betreffen unter diesem Aspekt die Zusammensetzung und Gliederung des Betriebes. Sie gehören damit nicht nur von der Stellung im Gesetz, sondern auch von ihrem Inhalt her zu den personellen Angelegenheiten, obwohl es sich hierbei um generelle Regelungen handelt. Die vom Bundesarbeitsgericht 1971 für das BetrVG 1952 vorgenommene Abgrenzung zwischen personellen und sozialen Angelegenheiten geht für das BetrVG 1972 somit ins Leere, da sie auf dem Kriterium der generellen und individuellen Regelung aufgebaut war[18]. Sie ist aber auch nicht mehr notwendig, da der Gesetzgeber dem Betriebsrat nun auch Kompetenzen zur Mitwirkung bei generellen Regelungen von Personalangelegenheiten übertragen hat.

---

§ 60 BetrVG 1952 hinaus als personelle Angelegenheit für nicht zulässig hält. Generelle Regelungen hält *Dietz* dagegen für zulässig, da er die ihm von *Fitting/Kraegeloh/Auffarth* unterstellte Abgrenzung gerade nicht durchführt, sondern Bestimmungen über die Beendigung des Arbeitsverhältnisses als Arbeitsbedingungen zur inhaltlichen Gestaltung des bestehenden Arbeitsverhältnisses rechnet.

15 Es besteht keine Veranlassung, den Unterabschnitt über die Berufsbildung im Hinblick auf die Zuordnung im BetrVG 1952 systematisch unter den Begriff „soziale Angelegenheiten" einzuordnen. *Säcker*, ZfA 1972, Sonderheft, S. 41/46; dagegen *Veit*, Zuständigkeit, S. 285; vgl. auch *Richardi*, BetrVG, § 96 Rd.Nr. 1; *Richardi*, ZfA 1972, Sonderheft, S. 1/3.

16 *Richardi*, BetrVG, vor § 92 Rd.Nr. 1; während in der übrigen Kommentarliteratur eine Definition nicht versucht wird, sondern lediglich eine Aufzählung der Tatbestände des 5. Abschnitts des 4. Teils des BetrVG zur Umschreibung der personellen Angelegenheiten gegeben wird.

17 *Säcker*, ZfA 1972, Sonderheft, S. 41/46.

18 BAG vom 25.3.1971 AP Nr. 5 zu § 57 BetrVG II 1; *Richardi*, SAE 1972 S. 139; *Joost* zu BAG AP Nr. 2 zu § 620 BGB Altersgrenze.

3. Abgrenzung zwischen personellen und sozialen Angelegenheiten nach dem BetrVG 1972

Zum BetrVG 1972 ist in Literatur und Rechtsprechung eine neue Abgrenzung zwischen personellen und sozialen Angelegenheiten in aller Schärfe bisher nur vereinzelt vorgenommen worden[19], obwohl gerade das BetrVG 1972 wie keines seiner Vorgänger von Struktur und Aufbau diese Unterscheidung durchführt, wird ihre Bedeutung verkannt[20]. Allenfalls bleibt es in der Regel bei der Feststellung, dass die Abgrenzung zwischen sozialen und personellen Angelegenheiten fließend geworden sei[21].

Dabei entsteht der Anschein, dass bisweilen nicht einmal die Veränderung im Gesetz wahrgenommen worden ist, so, wenn Löwisch die Bestimmung der "Daten" für personelle Einzelmaßnahmen zu den sozialen Angelegenheiten zählt und feststellt, dass diese Bestimmung der „Daten" zwar einen personellen Einschlag hätte, aber nicht zu den in §§ 99 ff. BetrVG geregelten personellen Angelegenheiten gehöre[22]. Dabei übersieht er aber, dass gerade die Vorschriften der §§ 92 ff. BetrVG diese Materie im Vorfeld individueller Personalmaßnahmen regeln und dass somit nach dem BetrVG 1972 auch in §§ 99 ff. BetrVG nicht geregelte Angelegenheiten unter 'personelle Angelegenheiten' fallen können.

Wenn das BAG in der Entscheidung des Großen Senats vom 7.11.1989[23] mit Zitat aus dem Vorlagebeschluss des 2. Senats vom 19.9.1985[24] im Hinblick auf die Festlegung einer Altersgrenze in einer Betriebsvereinbarung ausführt, es handele sich dabei um eine soziale Angelegenheit, „obwohl eine derartige Regelung die Beendigung des Arbeitsverhältnisses zum Gegenstand und deshalb einen personellen Einschlag" habe, kann es sich weitgehend auf die im Schrifttum vertretende Auffassung stützen, die unverändert bis heute vertreten wird[25].

---

19 *Veit*, Zuständigkeit, S. 283 ff; *Joost* Anm. zu BAG vom 20.11.1987 AP Nr. 2 zu § 620 BGB Altersgrenze unter II 1a und b.

20 *Rube*, Mitbestimmung, S. 99 nennt die Gliederung der Beteiligungsrechte in soziale, personelle und wirtschaftliche Angelegenheiten eine „untaugliche Gliederung".

21 *Fritz*, Auswahlrichtlinien, S. 27 f.; *Berg* in *Däubler/Kittner/Klebe*, BetrVG, § 88 Rd.Nr. 4; *Richardi*, BetrVG, vor § 87 Rd.Nr. 6, § 88 Rd.Nr. 4 und vor § 92 Rd.Nr. 1 wo von Überschneidungen die Rede ist. Ebenso *Fitting/Auffarth/Kaiser*, BetrVG (10. Aufl.), § 88 Rd.Nr. 4; BAG vom 7.11.1989 AP Nr. 46 zu § 77 BetrVG; BAG vom 26.8.1997 EzA § 112 BetrVG Nr. 96; kritisch *Waltermann*, Rechtsetzung, S. 17 f.

22 *Löwisch* in *Galperin/Löwisch*, BetrVG, § 88 Rd.Nr. 3, § 92 Rd.Nr. 2a; *Löwisch*, TK-BetrVG, § 88 Rd.Nr. 6.

23 AP Nr. 46 zu § 77 BetrVG 1972.

24 AP Nr. 11 zu § 77 BetrVG 1972.

25 *Richardi*, BetrVG, § 88 Rd.Nr. 4, zählt neben den materiellen Kündigungsbestimmungen auch die Festlegung einer Altersgrenze zu den sozialen Angelegenheiten, schließt aber in § 77 Rd.Nrn. 84 und 100 ff. die Einführung einer Altersgrenze durch Betriebsvereinbarung aus; vgl. auch *Wiese* in GK-BetrVG, § 88 Rd.Nr. 11; *Berg* in *Däubler/Kittner/Klebe*, BetrVG, § 88 Rd.Nr. 4; *Säcker*, ZfA 1972, Sonderheft, S. 41/47 f.; *Oetker* in NZA 1986, 148/149.

Hierbei wird jedoch eine weitere Entwicklung übersehen. Rechnete man die Betriebsvereinbarungen hinsichtlich der Beendigung des Arbeitsverhältnisses, nämlich früher unter Hinweis auf die entsprechende Lehre zum Tarifvertrag, zu den Inhaltsnormen[26], so werden auch im Bereich des Tarifvertragsgesetzes die Inhaltsnormen heute nicht nur von den Abschluss-, sondern auch von den Beendigungsnormen abgegrenzt[27], weil hier gerade keine Arbeitsbedingungen geregelt werden[28]. Auch tarifvertragliche Bestimmungen, die die Kündigung des Arbeitgebers sachlich und formell näher ausgestalten, werden zu den Beendigungsnormen gerechnet[29].

Die den Beendigungsnormen im Tarifvertrag vergleichbaren Regelungen in Betriebsvereinbarungen kann man gleichermaßen nicht mehr zu den Inhaltsnormen rechnen, es sei denn, der Gesetzgeber hätte eine solche Regelung im Gesetz ausdrücklich vorgenommen. Eine solche Regelung fehlt jedoch im BetrVG, so dass Vereinbarungen über die Beendigung von Arbeitsverhältnissen zwischen Arbeitgeber und Betriebsrat nicht über ihre Zugehörigkeit zu den Inhaltsnormen unter die sozialen Angelegenheiten eingeordnet werden können. Solche Vereinbarungen gehören also in jedem Fall zu den personellen Angelegenheiten, unabhängig davon, ob es sich z.B. um die Regelung von Form und Verfahren der Kündigung oder um die Festsetzung von Altersgrenzen handelt[30]. Aber auch die Vereinbarungen, die sich auf Versetzung und Eingruppierung beziehen, muss man zu den personellen Angelegenheiten rechnen. Insoweit bedarf es nicht nur einer Neubestimmung des Begriffs der personellen Angelegenheiten, sondern auch des Begriffs der sozialen Angelegenheiten, da sich sonst Überschneidungen tatsächlich nicht vermeiden lassen[31]. Sollte eine Begriffsbestimmung angesichts des sehr weiten Spektrums der Angelegenheiten, die zu den sozialen Angelegenheiten zu rechnen sind, nicht möglich sein, so ist jedenfalls eine negative Abgrenzung notwendig. Zu den sozialen Angelegenheiten gehört nicht, was nach der Systematik des BetrVG unter die personellen und wirtschaftlichen Angelegenheiten gehört[32].

---

[26] *Dietz*, BetrVG, § 52 Rd.Nr. 19, verweist auf die Ausführungen von *Nipperdey* in *Hueck/Nipperdey*, Lehrbuch, Bd. II/1 (7. Aufl.), S. 281, und *Hueck/Nipperdey/Stahlhacke*, TVG, § 1 Anm. 51, zu den Tarifverträgen.

[27] *Wiedemann/Stumpf*, TVG (5. Aufl.), § 1 Anm. 228, weisen zu Recht ausdrücklich darauf hin, dass entgegen *Nipperdey* in *Hueck/Nipperdey*, Lehrbuch, Bd. II/1 (7. Aufl.), S. 281, keine Veranlassung bestünde, Beendigungsvereinbarungen zu den Inhaltsnormen zu rechnen.

[28] Dieses Problem übersieht *Kreutz*, Grenzen, S. 249 f.

[29] *Wiedemann*, TVG (6. Aufl.), § 1 Rd.Nr. 534.

[30] Es besteht kein Grund, sie insoweit abweichend von den Tarifvertragsregelungen als Inhaltsnorm zu bezeichnen. Vgl. auch *Wiedemann/Stumpf*, TVG (5. Aufl.), § 1 Anm. 230 f.; *Joost* in Anm. zu BAG AP Nr. 2 zu § 620 BGB Altersgrenze Abs. II; a.A. zur Frage der Regelung von Form und Verfahren der Kündigung *Richardi*, BetrVG, § 77 Rd.Nrn. 47f.

[31] Vgl. *Richardi*, BetrVG, § 88 Rd.Nr. 4.

[32] *Veit*, Zuständigkeit, S. 283.

4. Rechtsgrundlagen für den Abschluss von Betriebsvereinbarungen in personellen Angelegenheiten

Rechnet man alle Betriebsvereinbarungen, die die Begründung und die Beendigung des Arbeitsverhältnisses regeln, zu den personellen Angelegenheiten, stellt sich die Frage ihrer Legitimation im BetrVG 1972 neu.

Bereits zum BetrVG 1952 hatten diejenigen keine Schwierigkeiten, die die Zuständigkeit des Betriebsrats grundsätzlich auf alles ausdehnten, was auch durch Tarifvertrag geregelt werden konnte[33]. Sie konnten von einer Zuständigkeit des Betriebsrats zum Abschluss von Betriebsvereinbarungen und damit zur Mitbestimmung auch in den im Gesetz nicht erwähnten Fragen ausgehen. Für die Anhänger dieser Theorie hat sich auch nach dem neuen Betriebsverfassungsgesetz die Lage nicht verändert, dass unabhängig von der Einordnung in personelle oder soziale Angelegenheiten z.B. Beendigungsvereinbarungen möglich sind[34]. Man muss sich jedoch fragen, ob sich dieses auch noch nach Inkrafttreten des BetrVG 1972 vertreten lässt.

Der Große Senat des Bundesarbeitsgerichts geht in seiner Entscheidung zur Altersgrenze[35] davon aus, dass auf Grund des Mitbestimmungsrechts des Betriebsrats in personellen Angelegenheiten eine betriebsverfassungsrechtliche Regelungsbefugnis geschaffen sei[36]. Die Regelungsbefugnis zum Abschluss von Betriebsvereinbarungen über die Einführung einer Altersgrenze sieht das Bundesarbeitsgericht in den §§ 77 Abs. 3, 88 BetrVG. Der Große Senat geht davon aus, dass in „§ 77 Abs. 3 (Tarifvorrang) und § 88 BetrVG (freiwillige Betriebsvereinbarung)" insoweit allgemeine Grundsätze zum Ausdruck kommen würden. Hieraus schließt er auf eine umfassende Regelungskompetenz nicht nur für soziale, sondern auch für personelle Fragen. Zur Begründung dafür wird angeführt, dass die allgemeinen personellen Angelegenheiten i.S. der §§ 92 bis 95 BetrVG vielfach einen Bezug zu wirtschaftlichen Entscheidungen des Unternehmens und zu sozialen Angelegenheiten hätten. Der Große Senat spricht dann ausdrücklich § 95 BetrVG an. In Auswahlrichtlinien würden z.B. Voraussetzungen für die Einstellung und Entlassung von Arbeitnehmern und der Wechsel des Arbeitsplatzes festgelegt. Ebenso verhalte es sich mit einer Betriebsvereinbarung, die eine Altersgrenzregelung zum Gegenstand habe. Da auch dieser schwerpunktmäßig den personellen Angelegenheiten zuzuordnende Regelungstat-

---

33 *Fitting/Kraegeloh/Auffarth*, BetrVG (9. Aufl.), § 52 Rd.Nr. 17 und § 57 Rd.Nr. 3, § 66 Rd.Nr. 19 f.; ähnlich *Bührig*, BetrVG, § 61 Rd.Nrn. 23 f. und § 66 Rd.Nr. 5; vgl. auch BAG vom 19.12.1985 AP Nr. 2 zu § 57 BetrVG.

34 Für umfassende funktionelle Zuständigkeit des Betriebsrats und damit auch der Möglichkeit weiterer in BetrVG 1972 nicht vorgesehener Betriebsvereinbarungen ausdrücklich auch für den personellen Bereich: *Fitting*, BetrVG, § 1 Rd.Nrn. 219 ff.; vgl. auch *Halberstadt/Zander*, Handbuch, RdNr. 473.

35 BAG vom 7.11.1989 AP Nr. 46 zu § 77 BetrVG.

36 Vgl. auch BAG vom 26.8.1997 EzA § 112 BetrVG 1972 Nr. 96 zur Vereinbarung eines freiwilligen Sozialplans.

bestand einen Bezug zu sozialen Angelegenheiten aufweise, sei § 88 BetrVG „gleichsam als Auffangnorm zu betrachten" und als ausreichend tragende Grundlage für eine derartige freiwillige Betriebsvereinbarung anzusehen. Zwar formuliert der Große Senat vorsichtiger als der Zweite Senat in seiner Entscheidung vom 20.11.1987[37]. Dieser hatte noch knapp ausgeführt, die Festsetzung einer Altersgrenze gehöre zu den sozialen Angelegenheiten und unterliege deshalb, soweit es den Gegenstand der Regelungsmaterie angehe, der Zuständigkeit der Betriebsparteien[38].

Eine Grundlage für die Kompetenz des Betriebsrats zum Abschluss von Vereinbarungen in personellen Angelegenheiten kann nicht in § 88 BetrVG gesehen werden. Der Große Senat zitiert zwar diese Ansicht Joosts in der Anmerkung zu der Entscheidung vom 20.11.1987, ohne dies aber zum Anlass zu nehmen, sich mit ihr auseinander zu setzen.

In § 88 BetrVG wird eine Erweiterung der Mitbestimmung durch den Abschluss von freiwilligen Betriebsvereinbarungen zugelassen. Drei Tatbestände werden ausdrücklich genannt[39]. Selbst wenn man aus der Formulierung "insbesondere" auf eine generelle Zulassung weiterer Betriebsvereinbarungen schließt, ergibt sich jedoch aus der Stellung der Norm im 3. Abschnitt des 4. Teils des BetrVG eine eindeutige Grenze. Es kann sich hierbei nur um Betriebsvereinbarungen zur Regelung sozialer Angelegenheiten handeln[40].

Es ist zuzugeben, dass die Klärung des Begriffs der sozialen Angelegenheiten schwierig ist[41]. Joost führt aber zutreffend aus, dass die Beendigung von Arbeitsverhältnissen als Mitbestimmungsangelegenheit in den Tatbeständen der §§ 87, 88 BetrVG nicht einmal im Ansatz angesprochen wird. Hiergegen sind diese Bereiche, wie bereits oben ausgeführt, in den §§ 92 ff. BetrVG für allgemein personelle Angelegenheiten und §§ 99 bis 105 BetrVG für personelle Einzelmaßnahmen ausführlich geregelt. Soweit Joost allerdings davon ausgeht, dass für die Mitbestimmung in personellen Angelegenheiten kennzeichnend sei, dass sie der Verstärkung der Rechtsstellung des Arbeitnehmers im Arbeitsverhältnis dienten, übersieht er die Zielrichtung

---

37 BAG vom 20.11.1987 AP Nr. 2 zu § 620 Altersgrenze.

38 A.a.O. unter B I der Gründe.

39 Vgl. *Auffarth*, Mitbestimmung und Kündigung, in Das Arbeitsrecht der Gegenwart, Bd. X (1972), S. 71/81.

40 *Veit*, Zuständigkeit, S. 266; *Richardi*, BetrVG, § 88 Rd.Nr. 3; *Löwisch* in *Galperin/Löwisch*, BetrVG, vor § 92 Rd.Nr. 2a; *Wiese*, GK-BetrVG, § 88 Rd.Nr. 10; *Kreutz*, Grenzen, S.207 f., der richtig feststellt, dass diese Begrenzung aber nur sinnvoll ist, wenn eine genaue Abgrenzung zwischen personellen und sozialen Angelegenheiten vorgenommen wird; *Kreutz* in GK-BetrVG, § 77 Rd.Nr. 71; *Hess/Schlochauer/Glaubitz*, BetrVG, vor § 1 Rd.Nr. 69 und *Glaubitz* in *Hess/Schlochauer/Glaubitz*, BetrVG, § 88 Rd.Nr. 3; inkonsequent *Vogt*, Personal-Auswahlrichtlinien, der einerseits § 88 BetrVG auf soziale Angelegenheiten beschränkt (S. 85), andererseits § 88 BetrVG als Rechtsgrundlage für Betriebsvereinbarungen, in denen eindeutig personelle Angelegenheiten geregelt werden, sieht (S. 84).

41 *Joost*, Anm. AP Nr. 2 zu § 620 BGB Altersgrenze; *Veit*, Zuständigkeit, S. 283.

von § 95 BetrVG, die sich nicht unmittelbar auf die Rechtsstellung des einzelnen Arbeitnehmers bezieht und von daher im Hinblick auf eine funktionelle Zuständigkeit des Betriebsrat für Beendigungsvereinbarungen nicht von vornherein ausscheidet.

Der Große Senat begründet die Regelungskompetenz für Betriebsvereinbarungen über die Festsetzung einer Altersgrenze auch mit § 77 Abs. 3 BetrVG[42]. Im Anschluss an Kreutz[43] schließt er aus § 77 Abs. 3 BetrVG auf eine umfassende Regelungskompetenz. Ohne jede Auseinandersetzung mit den in der Literatur hiergegen erhobenen Bedenken[44] führt der Große Senat aus, dass die Regelung in § 77 Abs. 3 BetrVG positiv ausgedrückt bedeute, dass in den Schranken des § 77 Abs. 3 BetrVG jede durch Tarifvertrag gem. § 1 TVG regelbare Angelegenheit grundsätzlich Gegenstand einer Betriebsvereinbarung sein könne. Neben betrieblichen und betriebsverfassungsrechtlichen Fragen könnten daher vom Arbeitgeber und Betriebsrat in einer Betriebsvereinbarung nähere Regelungen über Inhalt, Abschluss und Beendigung von Arbeitsverhältnissen getroffen werden.

Die Argumentation des Bundesarbeitsgerichts spielt vorliegend bereits deshalb eine Rolle, weil § 77 Abs. 3 BetrVG im ersten 1. Abschnitt des 4. Teils des BetrVG steht, der mit seinen allgemeinen Regelungen für alle Mitbestimmungsrechte, also auch die Mitbestimmung in personellen Angelegenheiten, gilt. Soweit Kreutz nachzuweisen sucht, dass § 77 Abs. 3 BetrVG Grundlage für Betriebsvereinbarungen, die materielle und formelle Arbeitsbedingungen regeln, sein könne, wird dem von Richardi widersprochen. Kreutz übersieht hierbei, wie in seinen Ausführungen insgesamt, die Bedeutung von Betriebsvereinbarungen, die sich überhaupt nicht mit der Regelung von Arbeitsbedingungen befassen. Er vertritt vielmehr die Meinung, dass trotz ausdrücklicher gesetzlicher Regelung der Möglichkeiten von Betriebsvereinbarungen im Hinblick auf betriebsverfassungsrechtliche Fragen es sich nur dann um Betriebsvereinbarungen handle, wenn sie unmittelbar und zwingend auf ein Arbeitsverhältnis einwirkten.

Entscheidend ist jedoch, dass § 77 Abs. 3 BetrVG von seinem Wortlaut her nicht als positive Regelung des Gegenstandes von Betriebsvereinbarungen verstanden werden kann. Die Formulierung ist eindeutig negativ. Funktion von § 77 Abs. 3 BetrVG ist eine Negativabgrenzung der Betriebsvereinbarungen gegenüber den Tarifverträgen[45]. Normzweck ist die Sicherung der verfassungsrechtlich gewährleisteten Tarifautonomie vor konkurrierenden Regelungen im Rahmen der betriebsverfassungsrechtlichen Mitbestimmungsordnung[46]. Dieser Regelungszweck wird allgemein aner-

---

[42] BAG vom 7.11.1989 AP Nr. 46 zu § 77 BetrVG 1972 unter C I 2b.
[43] *Kreutz*, Grenzen, S. 208 ff.
[44] Vgl. u.a. *Richardi*, RdA 1983, 201/215.
[45] Vgl. *Richardi*, ZfA 1990, 211/235.
[46] *Richardi*, BetrVG, § 77 Rd.Nrn. 228 f.

kannt[47]. Der Umkehrschluss, dass alles, was nicht verboten ist, erlaubt ist, trägt nur unter der Prämisse, dass grundsätzlich alles erlaubt ist.

Will man also aus § 77 Abs. 3 BetrVG eine umfassende Regelung des Gegenstandsbereichs der Betriebsvereinbarungen schließen, so kann dies nur gelingen in Verbindung mit einer gesetzlichen Bestimmung oder einem Grundverständnis der Betriebsverfassung, wonach a l l e Angelegenheiten, die den Inhalt von Arbeitsverhältnissen oder die betriebsverfassungsrechtliche Gestaltung des Betriebes betreffen, durch Betriebsvereinbarung geregelt werden können[48]. Fehlt diese Grundannahme, wie bei Kreutz, so trägt der gezogene Umkehrschluss, § 77 Abs. 3 BetrVG sei als umfassende Regelung des Gegenstandsbereichs von Betriebsvereinbarungen zu sehen[49], nicht.

Für den Abschluss von Betriebsvereinbarungen gilt nicht der Grundsatz nach § 305 BGB[50], so dass eine Betriebsvereinbarung nur auf dem Gebiet geschlossen werden kann, für das sich aus dem Gesetz ausdrücklich oder im Wege der Lückenausfüllung eine Zuständigkeit ergibt[51].

Das Gesetz enthält keine Definition des Begriffs der Betriebsvereinbarung[52]. Es enthält auch keine ausdrückliche Festlegung, welche Tatbestände durch den Abschluss von Betriebsvereinbarungen geregelt werden können[53]. Da im Ergebnis die Betriebsvereinbarung zu Recht als „korporative Zwangsordnung" für einzelne Arbeitnehmer bezeichnet wird[54], bedarf es jedoch einer gesetzlichen Grundlage für den Abschluss von Betriebsvereinbarungen[55]. Diese wird von der herrschenden Meinung und dem Bundesarbeitsgericht in der Zuweisung von Zuständigkeiten durch das Gesetz an den Betriebsrat gesehen[56]. Für die vorliegende Überlegung, inwieweit die Regelung in § 95 BetrVG Grundlage für den Abschluss von Betriebsvereinbarungen über Kündigungen, Einstellungen und Versetzungen sein könnte, spielt keine Rolle, dass Rechtsprechung und Literatur für den Bereich der sozialen Angelegenheiten im Hinblick auf §§ 87, 88 BetrVG von einer unbeschränkten funktionellen Zuständigkeit des Betriebsrats ausgehen. Wie oben ausgeführt, gehören die in §§ 92 ff. BetrVG geregelten Personalmaßnahmen nicht zu den sozialen Angelegenheiten. Deshalb kann

---

47 *Kreutz* in GK-BetrVG, § 77 Rd. Nr. 70; *Fitting*, BetrVG, § 77 Rd.Nr. 61.

48 Von dieser Grundannahme gehen z.B. *Halberstadt/Zander*, Handbuch, Rd.Nr. 473 aus. Vgl. auch *Fitting/Auffarth/Kaiser/Heither*, BetrVG (15. Aufl.), § 77 Rd.Nr. 34 und § 1 Rd.Nrn.130 f., dagegen *Richardi*, ZfA 1990, 211/224 ff., 230 ff.

49 *Kreutz*, Grenzen, S. 222.

50 Vgl. *Richardi*, Kollektivgewalt, S. 322; *Nikisch*, Arbeitsrecht, Bd. III, S. 276.

51 Vgl. *Richardi*, BetrVG, § 77 Rd.Nr. 60.

52 *Waltermann*, Rechtsetzung, S. 7; vgl. auch *Richardi*, ZfA 1992, 307/316.

53 *Richardi*, ZfA 1992, 307/308.

54 *Richardi*, Kollektivgewalt, S. 316 und 313; *Kreutz*, Grenzen, S. 74; *Waltermann*, Rechtsetzung, S. 131 ff.

55 *Richardi*, BetrVG, § 77 Rd.Nr. 60.

56 *Richardi*, BetrVG, § 77 Rd.Nr. 62.

auch nicht aus der Zuständigkeit des Betriebsrats für soziale Angelegenheiten auf die Regelungsbefugnis des Betriebsrats in personellen Angelegenheiten geschlossen werden.

Da es eine Regelung, wie sie § 88 BetrVG für die sozialen Angelegenheiten enthält, im Bereich der personellen Angelegenheiten im BetrVG 1972 nicht gibt, geht die funktionelle Zuständigkeit für Vereinbarungen zwischen Arbeitgeber und Betriebsrat im Bereich der personellen Mitbestimmung im BetrVG 1972 nicht über das in §§ 92 ff. BetrVG verliehene Mitbestimmungsrecht hinaus. Umgekehrt bedarf es aber auch keines Rekurses auf §§ 77 Abs. 3 und 88 BetrVG für die Befugnis zum Abschluss freiwilliger Sozialpläne[57].

Soweit es um die Festsetzung gruppenmäßig bestimmter Sachverhalte als Auswahlkriterien, also um generelle Regelungen für die Zusammensetzung und die Gliederung der Belegschaft geht, gewährt ausschließlich § 95 BetrVG ein Mitbestimmungsrecht des Betriebsrats. Das Gesetz ordnet auch generelle Regelungen über die Grundfragen des Arbeitsverhältnisses über § 95 BetrVG den personellen Angelegenheiten zu. Vereinbarungen zwischen Arbeitgeber und Betriebsrat in diesem Bereich haben also ihre Grundlage in § 95 BetrVG und sind nur insoweit zulässig, als die dort gegebene Ermächtigung reicht[58]. Hier könnte die Bedeutung von § 95 BetrVG liegen, die bisher nur wenig gesehen wurde[59].

Nicht nachvollziehbar ist die Argumentation des Großen Senats[60], die Annahme „einer globalen Regelungskompetenz der Betriebsparteien" stehe in Übereinstimmung zu den Gesetzesmaterialien. Soweit dabei auf den Regierungsentwurf Bezug genommen wird, lässt sich an der zitierten Stelle dafür nichts entnehmen[61]. Auch der Hinweis auf die Regelung in § 28 Abs. 1 SprAuG[62] kann die Annahme einer globalen „Regelungskompetenz"[63] nicht begründen. Zum einen gelten die Vereinbarungen nach § 28 Abs. 1 SprAuG nicht unmittelbar und zwingend, wie dies § 77 Satz 4 BetrVG für Betriebsvereinbarungen vorschreibt, sondern nur wenn dies ausdrücklich vereinbart wird (§ 28 Abs. 2 S. 1 SprAuG). Zum anderen gilt die Vorschrift für einen kleinen Kreis. Eine Ausdehnung auf alle Arbeitnehmer ergibt sich deshalb nicht so zwanglos, wie die Entscheidung annimmt[64].

---

57 Vgl. aber BAG vom 26.8.1997 EzA § 112 BetrVG 1972 Nr. 96.
58 Soweit sie sich im Rahmen des nach § 95 Abs. 2 BetrVG vorgesehenen Inhalts halten, sind sie erzwingbar, soweit Vereinbarungen darüber hinausgehen, sind es freiwillige Vereinbarungen.
59 *Veit*, Zuständigkeit, S. 283 weist auf diese Möglichkeit hin, der allerdings in Literatur und Rechtsprechung jedenfalls explizit bisher nicht nachgegangen wurde.
60 BAG vom 7.11.1989 AP Nr. 46 zu § 77 BetrVG 1972 unter C I 2 c.
61 Vgl. BT-Drucksache VI/1786 S. 47.
62 Gesetz über Sprecherausschüsse der leitenden Angestellten (Sprecherausschussgesetz - SprAuG) vom 20.12.1988 (BGBl. I S. 2312).
63 BAG vom 7.11.1989 AP Nr. 46 zu § 77 BetrVG 1972 unter C I 2 c.
64 Vgl. *Veit*, Zuständigkeit, S. 286 f.

5. Bedeutung des Begriffs "Auswahl"

Über die Bedeutung des Begriffs „Auswahl“ herrscht in der Literatur ebenso Streit und Unklarheit wie über die Bedeutung des Begriffs „Richtlinien“. Wenn in § 95 Abs. 1 Satz 1 BetrVG von personeller Auswahl die Rede ist und die amtliche Überschrift über § 95 BetrVG „Auswahlrichtlinien“ lautet, so wird daraus gefolgert, der Anwendungsbereich von § 95 BetrVG beschränke sich auf Personalmaßnahmen, bei denen der Arbeitgeber bei seiner Entscheidung eine Auswahl zwischen mehreren Kandidaten treffe[65]. Von Auswahl könne nur die Rede sein, wenn mehrere Arbeitnehmer oder Bewerber für eine Maßnahme in Betracht kommen. Auswahlrichtlinien seien Grundsätze, die zu berücksichtigen seien, wenn der Arbeitgeber entscheide, welchem Arbeitnehmer oder Bewerber der Vorzug gegenüber dem anderen Bewerber gegeben werde (Präferenzregeln)[66].

Die herrschende Meinung führt für ihre Auslegung des § 95 BetrVG nur sprachliche Gründe an[67]. Sie übersieht dabei jedoch nicht nur die Zielsetzung der Vorschrift, Mitbestimmung in das Vorfeld personeller Einzelmaßnahmen zu tragen, wobei eine Bindung an die Voraussetzung, mindestens zwischen zwei Bewerbern auswählen zu können, unverständlich wäre, sondern sie beachtet auch nicht, dass die Terminologie des BetrVG oft so unscharf ist, dass die Wortanalyse für eine Interpretation des Gesetzestextes häufig in die Irre führt.

Ziel einer Interpretation muss es auch hier sein, die Anwendbarkeit gesetzlicher Bestimmungen zu sichern. Sollen die Richtlinien nur bei Auswahlentscheidungen zwischen mehreren Arbeitnehmern eingreifen, so scheiden eine Fülle von Möglichkeiten aus dem Anwendungsbereich von § 95 BetrVG aus. Zunächst einmal könnten sich Arbeitnehmer und Betriebsrat erst dann auf in Auswahlrichtlinien enthaltene bei Personalmaßnahmen anzuwendende Verfahrensvorschriften berufen, wenn sicher ist, dass eine Auswahlentscheidung zwischen mehreren Arbeitnehmern stattfinden wird. Häufig wird das im vorhinein nicht bestimmbar sein. Doch auch wenn man in diesem Fall die Auswahlrichtlinien beachtet, stellt sich die Frage, warum sie dann wieder beiseite gelassen werden sollen, wenn sich herausstellt, dass für eine Personalmaßnahme nur e i n Arbeitnehmer in Frage kommt[68]. Bei einigen Personalmaßnahmen scheidet sodann eine Auswahl von vornherein aus. Folgerichtig stellt Löwisch fest, dass z.B. bei Umgruppierungen "eine Auswahl unter

---

[65] *Kraft* in GK-BetrVG, § 95 Rd.Nr. 2; *Hautmann/Schmitt*, BetrVG, § 95 II 1; *Stege/Weinspach*, BetrVG, § 95 Rd.Nr. 9 c; *Zöllner* in: FS G. Müller, S. 665/675; *Schlochauer* in *Hess/Schlochauer/Glaubitz*, BetrVG, § 95 Rd.Nr. 4; *Matthes*, MünchArbR, § 349 Rd.Nr. 3; *Löwisch* Anm. zu BAG vom 31.5.1983 AP Nr. 2 zu § 95 BetrVG 1972.

[66] *Kraft* in GK-BetrVG, § 95 Rd.Nr. 2.

[67] Vgl. *Zöllner*, FS G. Müller, S. 665/675.

[68] So aber *Hautmann/Schmitt*, BetrVG, § 95 II 1: " ... eine bestehende Auswahlrichtlinie nur Anwendung finden kann, wenn bei den personellen Einzelmaßnahmen eine Auswahl unter mehreren Bewerbern oder Arbeitnehmern möglich ist. Dies beschränkt ... die Anwendung der Richtlinien ...".

mehreren betroffenen Arbeitnehmern, auf die sich eine Richtlinie beziehen könnte, in aller Regel gar nicht in Betracht" kommt[69]. Ebenso wird in der Literatur fast allgemein vertreten, dass deshalb Auswahlrichtlinien bei personen- oder verhaltensbedingten Kündigungen nicht in Betracht kämen[70]. Zu einem ähnlichen Ergebnis, aber mit einer Begründung, die eher dafür spricht, dass es sich bei den Entscheidungen, bei denen die Richtlinien gelten sollen, nicht unbedingt um eine Auswahlentscheidung zwischen mehreren handeln muss, kommt Etzel[71], der die Richtlinien für diese Fälle wegen der mangelnden Vorhersehbarkeit und unübersehbaren Vielfalt der denkbaren Tatbestände nicht für aufstellbar hält. Dass es Fitting/Auffarth/Kaiser/ nicht auf die Auswahl zwischen mehreren als konstitutives Element für die Anwendbarkeit von Auswahlrichtlinien ankommt, zeigt sich auch darin, dass sie Auswahlrichtlinien, die den Ausschluss der ordentlichen Kündigung für Arbeitnehmer mit langjähriger Betriebszugehörigkeit enthalten, zumindest als freiwillige Vereinbarungen zwischen Arbeitgeber und Betriebsrat im Rahmen der Auswahlrichtlinien für möglich halten[72].

Nicht eindeutig ist auch die Stellungnahme von Küchenhoff, der davon spricht, dass sich Richtlinien nur auf eine Auswahl beziehen und die Gesichtspunkte bestimmten, "nach denen sich die Priorität unter mehreren denkbaren Adressaten der in § 95 genannten personellen Maßnahmen" richte[73]. Für ihn kommt es also nicht darauf an, dass wirklich eine Auswahl unter mehreren Bewerbern vorgenommen wird, sondern dass lediglich mehrere Adressaten denkbar sind. Wenn er Auswahlrichtlinien in ihrer Funktion den im öffentlichen Recht bekannten Verwaltungsrichtlinien gleichsetzt, gibt er damit nämlich zu erkennen, dass es sich gerade nicht darum handeln kann, dass gleichzeitig mehrere Adressaten vorhanden sein müssen, sondern dass sie nur im Prinzip auf mehrere Adressaten, wenn auch im zeitlichen Nacheinander anwendbar,

---

69 *Löwisch* in *Galperin/Löwisch*, BetrVG, § 95 Rd.Nr. 14; *Weiss/Weyand*, BetrVG, § 95 Rd.Nr. 8 halten Richtlinien wohl nur bei Abgruppierungen für möglich.

70 LAG Frankfurt/Main vom 20.10.1976 ARST 1977 Nr. 126 eher als obiter dictum. *Brecht*, BetrVG, § 95 Rd.Nr. 2, mit der etwas seltsamen Argumentation, dass sich aus der Verbindung von § 95 mit § 99 Abs. 2 Nr. 2 BetrVG ergebe, dass in § 95 BetrVG unter den Begriff der Kündigungen nur ordentliche Kündigungen aus betriebsbedingten Gründen fallen würden, da nach § 1 Abs. 1 u. 3 KSchG eine Auswahl nur bei betriebsbedingten ordentlichen Kündigungen, nicht aber bei personen- oder verhaltensbedingten ordentlichen Kündigungen vorgesehen sei. *Frauenkron*, BetrVG, § 95 Rd.Nr. 9.; *Gnade/Kehrmann/Schneider/Blanke*, BetrVG (2. Aufl.), § 95 Rd.Nr. 8; *Hautmann/Schmitt*, BetrVG, § 95 II 1; *Löwisch* in Galperin/*Löwisch*, BetrVG, § 95 Rd.Nr. 12; *Stege/Weinspach*, BetrVG, § 95 Rd.Nr. 19; *G. Hueck* in: *Hueck/Hueck*, KSchG (10. Aufl.), § 1 Anm. 137; *Blanck*, BB 1972, 536; *Brede*, BlStSozArbR 1973, 17/18; *Gumpert*, BB 1972, 47/49; *Hunold*, DB 1976, 98/103; *Kehrmann/Schneider*, MitbGespr. 1973, 23/26 Mitte unten; *Meisel*, Mitwirkung, S. 160; *ders.*, DB 1972, 1675; *Schlochauer*, RdA 1973, 157/158; *Stahlhacke* BlStSozArbR 1972 S. 51/54; so auch *Richardi* in FS Stahlhacke, S. 447/452, allerdings im Widerspruch zu seinen Ausführungen in *Richardi*, BetrVG, § 95 Rd.Nr. 37, dass die Beschränkung auf die betriebsbedingte Kündigung nicht auf die Prämisse der fehlenden Auswahl zwischen mehreren Arbeitnehmern bei personen- und verhaltensbedingten Kündigungen gestützt werden kann.

71 Betriebsverfassungsrecht, S. 169.

72 *Fitting/Auffarth/Kaiser*, BetrVG (14. Aufl.), § 95 Rd.Nr. 9.

73 *Küchenhoff*, BetrVG, § 95 Rd.Nr. 1; ähnlich *Gemählich*, Auswahlrichtlinien, S. 63; *Weiss/Weyand*, BetrVG, § 95 Rd.Nr. 7; vgl. auch *Frauenkron*, BetrVG, § 95 Rd.Nr. 9.

d.h. generell sind und nicht für einen Einzelfall gedacht. Diese Meinung ist zutreffend[74].

Auch in den Gesetzesmaterialien deutet nichts darauf hin, dass man sich insoweit von den Regelungen und Diskussionen im bisherigen Betriebsverfassungsrecht abwenden wollte, denen die Anknüpfung der Richtlinien an Auswahlentscheidungen zwischen mehreren Arbeitnehmern fremd war[75]. Ihren Richtliniencharakter bezogen die früheren Vereinbarungen aus der Tatsache, dass sie nicht für den Einzelfall, sondern für alle in der Vereinbarung erfassten Maßnahmen herangezogen und beachtet werden mussten[76]. Einen Niederschlag finden diese Überlegungen in der Begründung zu § 34 Abs. 2 Entwurf CDU/CSU über die Aufstellung von Richtlinien für Einstellungen, Eingruppierungen, Umgruppierungen, Versetzungen und Kündigungen, wenn dort ausdrücklich erwähnt wird, dass es sich dabei um allgemeine Personalrichtlinien handele und die Vorschrift nicht auf Auswahlrichtlinien beschränkt sei[77]. Nachdem dieser Entwurf zusammen mit dem Regierungsentwurf im Ausschuss für Arbeit und Sozialordnung behandelt wurde und offensichtlich ein Dissens bezüglich des Initiativrechts in § 95 Abs. 2 BetrVG bestand[78], kann davon ausgegangen werden, dass auch der Gesetzgeber nicht von einer Auswahl zwischen mehreren Personen ausgegangen ist. Der Begriff der Auswahl in § 95 BetrVG will hier keine Veränderungen bringen. Er will jedoch die Richtlinien nach § 95 BetrVG abgrenzen von reinen Planungen und von Stellenausschreibungen. Auswahlrichtlinien sollen keine Projektionen für die Zukunft sein, sondern Maxime für jede konkrete Personalentscheidung, die im übrigen zur Unterscheidung von Sachentscheidungen auch im öffentlichen Recht als Wahlentscheidungen bezeichnet werden, völlig unabhängig davon, ob ein oder mehrere Kandidaten vorhanden sind. So scheitert die Wahl eines Amtsträgers gerade nicht an der Tatsache, dass nur ein Kandidat vorhanden ist.

Im Ergebnis ist deshalb festzuhalten, dass es für die Anwendbarkeit von Auswahlrichtlinien nicht darauf ankommt, ob letztlich ein oder mehrere Kandidaten für eine Personalentscheidung in Frage kommen[79]. Davon geht offensichtlich auch der 1. Senat des Bundesarbeitsgerichts aus[80]. Nach der Feststellung, Sinn und Zweck von Auswahlrichtlinien sei es festzulegen, unter welchen Voraussetzungen insbesondere Einstellungen und Versetzungen, aber auch Kündigungen erfolgen sollten, um die jeweilige Personalentscheidung zu versachlichen und für die Arbeitnehmer durchschaubar zu machen, fährt das Gericht fort, diese Versachlichung und Durchschaubarkeit personeller Einzelmaßnahmen könnten Auswahlrichtlinien auch da bewirken,

---

[74] So auch *Richardi*, BetrVG, § 95 Rd.Nr. 16.
[75] Vgl. den Wortlaut von § 78 Abs. 8 BRG.
[76] Vgl. u.a. *Neumann-Duesberg*, Betriebsverfassungsrecht, S. 568.
[77] Vgl. BT-Drucksache VI/1806 S. 39.
[78] Zu BT-Drucksache VI/2729 S. 30.
[79] *Richardi*, BetrVG, § 95 Rd.Nr. 37, *Stoltenberg*, Fragebögen, S. 114 ff.; *Fitting*, BetrVG, § 95 Rd. Nr. 4.
[80] BAG vom 31.5.1983, AP Nr. 2 zu § 95 BetrVG 1972.

wo es nicht um eine echte Auswahl unter mehreren in Frage kommenden Arbeitnehmern, sondern um eine bloße Einzelentscheidung gehe. Damit hat das Bundesarbeitsgericht eigentlich die Richtung vorgegeben und der Betrachtung der Auswahlrichtlinien als bloße Präferenzregeln eine Absage erteilt. Daran ändert auch nichts, dass das Bundesarbeitgericht feststellt, dass diese Frage in dem vorliegenden Fall nicht habe abschließend entschieden werden müssen. Damit sollte offensichtlich eine Divergenz zu möglichen späteren Entscheidungen anderer Senate in der Sache verhindert werden.

In der Entscheidung vom 27. Oktober 1992 kann keine andere Beurteilung gesehen werden[81]. Die Frage des Entscheidungsspielraums wird hier ausdrücklich mit dem Hinweis auf das Kündigungsschutzgesetz behandelt. Im übrigen wird festgestellt, dass die Beurteilung, ob von einer Richtlinie ausgegangen werden könne, nicht daran scheitere, dass im Einzelfall die Entscheidung sich doch unmittelbar aus der Richtlinie ergebe. Auch wenn diese Aussage nicht im Zusammenhang mit Überlegungen hinsichtlich einer Auswahl steht, wird damit jedenfalls nicht die Möglichkeit ausgeschlossen, dass Auswahlrichtlinien auch dann Anwendung finden können, wenn nur ein Kandidat vorhanden ist und sich dann möglicherweise die Entscheidung doch unmittelbar aus der Richtlinie ergibt. Dies gilt ebenso für die Frage, ob Vereinbarungen über Personalmaßnahmen, die im Entscheidungsfall nur einen einzigen Arbeitnehmer treffen, jedenfalls in freiwilligen Auswahlrichtlinien geregelt werden können.

6. Bedeutung des Begriffs "Richtlinien"

In der Literatur wird immer wieder versucht, den möglichen Inhalt und den Rechtscharakter von Auswahlrichtlinien aus dem Richtlinienbegriff zu bestimmen. Dabei steht im Vordergrund die Überlegung, durch die aus dem Richtlinienbegriff abgeleitete Beschränkung der Regelungsdichte das Auswahlermessen des Arbeitgebers bei personellen Einzelmaßnahmen nicht zu stark einzuschränken[82]. Der Begriff der Richtlinie ist weder im BetrVG 1972 noch in anderen arbeitsrechtlichen Gesetzen definiert. Das BRG 1920 enthielt ebenfalls keine Begriffsbestimmung.

Aus den Gesetzesmaterialien zum BetrVG 1972 lässt sich zwar entnehmen, dass Auswahlrichtlinien nicht die Entscheidung des Arbeitgebers ersetzen, sondern diese nur an objektive Kriterien binden dürfen[83]. Einen Hinweis, dass dies sich aus dem verwendeten Richtlinienbegriff ergeben soll, ist dem allerdings nicht zu entnehmen. Die Begründungen zu § 95 BetrVG gehen ausschließlich auf das mit der Einführung

---

81 BAG vom 27.10.1992 AP Nr. 29 zu § 95 BetrVG 1972.
82 Vgl. *Zöllner*, FS G. Müller, S. 665/667ff.
83 Schriftlicher Bericht des Ausschusses für Arbeit und Sozialordnung zu Drucksache VI/2729 S. 5

von § 95 BetrVG verfolgte Ziel ein, personelle Entscheidungen im Interesse des Betriebsfriedens und einer gerechten Behandlung der Arbeitnehmer durchschaubarer zu machen und zu versachlichen[84].

Diese Begründung für den Inhalt und die Funktion der Richtlinien wird auch immer wieder in der Rechtsprechung angeführt, ohne dass etwas aus dem Begriff der Richtlinie abgeleitet würde[85]. In seiner Entscheidung vom 27. Oktober 1992 bezeichnet das Bundesarbeitsgericht Auswahlrichtlinien als allgemeine Grundsätze darüber, welche Gesichtspunkte der Arbeitgeber bei personellen Maßnahmen zu berücksichtigen habe[86]. In diesem Zusammenhang weist er aber auch darauf hin, dass die Abgrenzung streitig sei, insbesondere hinsichtlich der Frage, wie detailliert eine Richtlinie sein dürfe. Damit ist festgehalten, dass das BAG in seiner Rechtsprechung dem Begriff Richtlinie keine verbindlichen Rechtsfolgen für den Inhalt der Auswahlrichtlinien nach § 95 BetrVG entnimmt. Der Senat weist vielmehr ausdrücklich darauf hin, dass die Notwendigkeit, eine abschließende Berücksichtigung individueller Gesichtspunkte zuzulassen, bei Auswahlrichtlinien für die Sozialauswahl bei Kündigungen sich gerade nicht aus dem Begriff der Richtlinie ableiten lasse[87]. Sie ergebe sich vielmehr aus der Individualbezogenheit des Kündigungsschutzgesetzes, die außer Acht zu lassen den Betriebsparteien auch im Rahmen des § 95 BetrVG nicht gestattet sei[88].

In der Literatur wird der Eindruck erweckt, aus dem Begriff der Richtlinie könnten der Grad der Bindung, den eine Vereinbarung nach § 95 BetrVG erzeuge und das Ausmaß der darin enthaltenen Bindungen abgeleitet werden[89]. Dies hat nichts damit zu tun, dass selbstverständlich, wenn eine Wortinterpretation nicht zum Ziel führt, die Bedeutung eines im Gesetz gebrauchten Begriffs aus dem Willen des Gesetzgebers, aus Sinn und Zweck und aus dem Zusammenhang der gesetzlichen Regelung erschlossen werden kann[90].

In der Literatur hat allein Klebe den Versuch unternommen, den Richtlinienbegriff aus dem allgemeinen Sprachgebrauch zu erklären. Dabei erweist sich, dass hinsichtlich des Grades der Bindung durchaus dem allgemeinen Sprachgebrauch eine Bedeutung entnommen werden kann, die mit dem vom Gesetzgeber verfolgten Ziel übereinstimmt. Nach dem allgemeinen Sprachgebrauch ist eine Richtlinie „Anweisung für

---

[84] BT-Drucksache VI/1786 S. 32 und S. 50.
[85] Vgl. u.a. BAG vom 31.5.1983 AP Nr. 2 zu § 95 BetrVG 1972; BAG vom 5.9.1990 AP Nr. 1 zu § 76 BPersVG.
[86] BAG vom 27.10.1972 AP Nr. 29 zu § 95 BetrVG 1972.
[87] Vgl. aber *Richardi*, BetrVG, § 95 Rd.Nr. 7.
[88] Vgl. unter C I 3 der Entscheidung.
[89] So vor allem *Zöllner*, FS G. Müller S. 665/667 ff.; vgl. auch *Schlochauer* in *Hess/Schlochauer/Glaubitz*, BetrVG, § 95 Rd.Nr. 5; *Kraft* in GK-BetrVG, § 95 Rd.Nr. 13; *Heinze*, Personalplanung, Rd.Nr. 58; *Meisel*, Mitwirkung, BetrVG, Rd.Nr. 118; *Richardi*, BetrVG, § 95 Rd.Nrn. 7 f.
[90] Vgl. *Larenz/Canaris*, Methodenlehre, S. 141 ff.

jemandes Verhalten in einem bestimmten Einzelfall"[91], „meist verbindliche Vorschrift, Anweisung, nach der sich jemand ... im Einzelfall zu richten hat"[92]. Richtlinien beinhalten also eine Verhaltensanforderung für einen konkreten Einzelfall. Sie stellt dabei eine im Allgemeinen verbindliche und damit notwendig zu beachtende Anweisung dar. Nur eine Regelung, die auch beachtet wird, ist geeignet, das vom Gesetzgeber verfolgte Ziel, durch die Vereinbarung von Auswahlrichtlinien personelle Entscheidungen durchschaubarer zu machen und zu versachlichen, zu erreichen[93]. Die Entscheidung des Arbeitgebers soll an objektive Kriterien g e b u n d e n werden, nur so kann eine Versachlichung erreicht werden[94].

Allein dem Begriff „Richtlinie" kann auch nichts für die Dauer der Verbindlichkeit entnommen werden[95]. Richtlinien können für eine einmalige Situation aufgestellt werden[96].

Wenig hilfreich ist der Versuch, den Begriff „Richtlinien" durch einen Quervergleich mit dem Begriff der Verwaltungsrichtlinien zu erschließen[97]. So wird etwa davon ausgegangen, dass Richtlinien in der Verwaltungspraxis keine Außenwirkung entfalten würden, während die im Mitbestimmungsverfahren festgelegten Richtlinien für den Arbeitgeber eine Bindungswirkung hätten[98]. Allerdings ist diese Ansicht jedenfalls überholt. Denn zum einen ist es unzutreffend, dass Verwaltungsrichtlinien in der Verwaltungspraxis keine Außenwirkung entfalten könnten[99]. Zum anderen berücksichtigt diese Auffassung die strukturellen Unterschiede zwischen öffentlichem Recht und Zivilrecht nicht ausreichend[100], zumal sie auf eine Funktionsbeschreibung der Verwaltungsrichtlinien verzichtet. Schließlich aber ist auch der synonyme Gebrauch der Begriffe Außenwirkung und Bindungswirkung verzerrend, weil selbst bei einem grundsätzlich überholten Verständnis von Verwaltungsvorschriften als schlichtes Verwaltungsinternum[101] eine Bindungswirkung - freiwillig gegenüber der zu bindenden Behörde - besteht.

---

91 *Duden*, Deutsches Universalwörterbuch S. 1255; vgl. auch *Duden*, Das große Wörterbuch der deutschen Sprache, Band 6, S. 2783.
92 *Brockhaus/Wahrig*, Deutsches Wörterbuch, Band 5, S. 388.
93 BT-Drucksache VI/1786; vgl. auch *Zöllner*, S. 667 f.; *Richardi*, BetrVG, §95 Rd. Nr. 8.
94 Vgl. BT-Drucksache zu VI/2729 S. 5; inwieweit die Entscheidung dadurch vorweggenommen wird, ergibt sich nicht aus der Bindung des Arbeitgebers an die Richtlinie, sondern aus deren Inhalt.
95 Vgl. *Stoltenberg*, Fragebögen, S. 124 ff.
96 Z.B. im Zusammenhang mit einem Interessenausgleich oder einem Sozialplan (§§ 112, 112a BetrVG).
97 *Zöllner*, FS G. Müller, S. 665/667f.; *Richardi*, BetrVG, § 95 Rd.Nr. 8.
98 *Richardi*, BetrVG, § 95 Rd.Nr. 8.
99 Siehe etwa für normkonkretisierende Verwaltungsvorschriften Bundesverwaltungsgericht vom 19.12.1985, BVerwGE 72,300/320 f.
100 Vgl. dazu etwa *Schmidt-Aßmann*, Öffentliches Recht und Privatrecht: Ihre Funktionen als wechselseitige Auffanganordnungen, in: *Hoffmann-Riem*, Öffentliches Recht und Privatrecht, S. 7/16; *Schmidt*, Unterscheidung, S. 23 ff.; *Schöne*, Privatrecht, S. 75 ff., 122 ff.; BGH vom 18.5.1995 BGHZ 130.13.
101 Vgl. dazu die Zusammenschau bei *Klöpfer*, Umweltrecht, § 3 Rd.Nrn. 71 f.

Soweit Zöllner davon ausgeht, aus dem Begriff der Richtlinie könne eine Einschränkung für das zulässige Ausmaß des Inhalts von Auswahlrichtlinienvereinbarungen nach § 95 BetrVG gewonnen werden, können seine Ausführungen nicht überzeugen[102]. Das gilt zunächst für seinen Ansatz über einen Quervergleich mit der Richtlinienkompetenz des Bundeskanzlers gemäß Art. 65 GG Rückschlüsse auf den Inhalt der Auswahlrichtlinien zu ziehen[103]. Dabei wird auf eine Funktionsbeschreibung der Richtlinienkompetenz verzichtet. Auch hier werden die strukturellen und substantiellen Unterschiede zwischen öffentlichem Recht und zivilem Recht ausgeblendet.

Zöllner spricht in der Folge nur noch von einer S i n n g e b u n g d e s R i c h t l i n i e n b e g r i f f s[104]. Er versucht nun, ausgehend von den von ihm angenommenen Zielen und Inhalten der Auswahlrichtlinien zu einer Begriffsbestimmung zu kommen. Er kann hier den Eindruck nicht vermeiden, dass einerseits aufbauend auf Zweck und Inhalt eine Begriffsbestimmung erarbeitet wird, die dann umgekehrt als Kriterium für mögliche Inhalte benutzt werden soll. Aus dieser Begriffserläuterung kann insbesondere nicht gefolgert werden, dass nur grundsätzliche Regelungen dem Begriff Richtlinie entsprechen würden[105]. Auch dass das Auswahlermessen des Arbeitgebers nicht beseitigt werden dürfe, kann nicht aus dem Begriff der Richtlinie abgeleitet werden[106]. Dass eine scharfe Begrenzung des zulässigen Inhalts und des Umfangs der Auswahlrichtlinienvereinbarungen nicht möglich ist, muss er schließlich selbst einräumen, wenn er ausführt, wo die Grenze zwischen der § 95 BetrVG unterfallenden Grundsatzregelung und der von ihm nicht erfassten Detailregelung, die allein Sache des Arbeitgebers sei, liege, könne im Einzelnen sehr zweifelhaft sein. Die betriebliche Praxis werde mit der Grenzziehung zu Recht kommen. In Zweifelsfällen könne auch ein Blick auf Erfahrungen in Großunternehmen hilfreich sein[107].

7. Generelle personelle Regelungen als Auswahlrichtlinien

Unter diesen Umständen sind also wesentlich mehr Vereinbarungen zwischen Arbeitgeber und Betriebsrat als Auswahlrichtlinien nach § 95 BetrVG zu bezeichnen, als bisher angenommen wird. Es fallen nicht nur die ausdrücklich als solche bezeichneten Auswahlrichtlinien darunter, sondern alle generellen Vereinbarungen zwischen Betriebsrat und Arbeitgeber, die die Fragen der Zusammensetzung und Gliederung

---

[102] Vgl. *Zöllner*, FS G. Müller, S. 665/667 ff.
[103] *Zöllner*, FS G. Müller, S. 665/668.
[104] *Zöllner*, FS G. Müller, S. 665/668.
[105] Vgl. hierzu *Stoltenberg*, Fragebögen, S. 119 ff.
[106] So aber ausdrücklich *Zöllner*, FS G. Müller, 665/S. 669 Fußnote 16, während sich die Ausführungen auf S. 670 zutreffend mit der Vereinbarkeit solcher das Ermessen des Arbeitsgebers einschränkenden Richtlinien mit der Verfassung auseinandersetzen.
[107] *Zöllner*, FS G. Müller, S. 665/670; vielleicht ist gerade diese nicht behobene Unsicherheit ein Grund dafür, warum so viele Großunternehmen, wie sich noch bei meiner Umfrage im Dezember 2000 herausgestellt hat, auf die Aufstellung und Vereinbarung von Auswahlrichtlinien verzichten.

der Belegschaft betreffen. Es wäre deshalb sinnvoll, den Begriff Auswahlrichtlinien durch den Begriff Personalrichtlinien zu ersetzen, um die umfassende Bedeutung der Richtlinien nach § 95 BetrVG zu zeigen. § 95 BetrVG müsste dann so gelesen werden: Richtlinien für die Personalentscheidungen der Einstellung, Versetzung, Umgruppierung und Kündigung bedürfen der Zustimmung des Betriebsrats.

§ 2 Auswahlrichtlinien als Betriebsvereinbarung

1. Streit um die Einordnung der Auswahlrichtlinien

War über die Rechtsnatur der Auswahlrichtlinien nach dem Betriebsrätegesetz 1920 und dem Betriebsverfassungsgesetz 1952[108] die Meinung wenigstens dahingehend einheitlich, dass es sich um Betriebsvereinbarungen handelte, so besteht auch insoweit kein Konsens mehr hinsichtlich der Richtlinien nach § 95 BetrVG. Die Meinungsverschiedenheiten, die sich zu den Richtlinien nach dem Betriebsverfassungsgesetz von 1952 bereits abgezeichnet haben, treten nun voll zutage.

Bevor eine Zuordnung der Auswahlrichtlinien vorgenommen wird, sollen zunächst die verschiedenen nach dem Betriebsverfassungsgesetz 1972 gegebenen Möglichkeiten einer Vereinbarung zwischen Arbeitgeber und Betriebsrat behandelt werden.

2. Vom Gesetz vorgezeichnete Möglichkeiten

Die einzige Form einer Vereinbarung zwischen Arbeitgeber und Betriebsrat, die das Gesetz ausdrücklich anbietet, ist die in § 77 BetrVG geregelte Betriebsvereinbarung. Es wird aber in der Literatur zu Recht darauf hingewiesen, dass die Betriebspartner nicht daran gebunden sind, Vereinbarungen ausschließlich in der Form des § 77 BetrVG zu treffen[109]. Neben der förmlichen Betriebsvereinbarung gibt es die formlose Übereinkunft, für die sich die Begriffe Betriebsabsprache oder Regelungsabrede durchgesetzt haben[110]. Lassen sich die Auswahlrichtlinien in eine der beiden Gruppen von Vereinbarungen einordnen, ohne dass das vom Gesetzgeber angestrebte Ziel unerreichbar wird, so ist es nicht sinnvoll, diese Aufteilung, die im Rahmen einer langen Entwicklung zustande gekommen ist, vorschnell aufzugeben und eine dritte

---

[108] Vgl. u.a. *Dietz*, BetrVG, § 61 Rd.Nr. 33; *Fitting/Kraegeloh/Auffarth*, BetrVG (9. Aufl.), § 61 Rd.Nr. 34; *Galperin/Siebert*, BetrVG, vor § 69 Rd.Nr. 23; *Neumann-Duesberg*, Betriebsverfassungsrecht, S.568 f.

[109] *Richardi*, BetrVG, § 77 Rd.Nr. 208.

[110] *Richardi*, BetrVG, § 77 Rd.Nr. 208; *Löwisch* in *Galperin/Löwisch*, BetrVG, § 77 Rd.Nr. 100; *Fitting*, BetrVG, § 77 Rd.Nr. 182; *Nipperdey/Säcker* bei *Hueck/Nipperdey* Bd. II/2 S. 1301 Fußn. 2; *Kreutz* in GK-BetrVG, § 77 Rd.Nrn. 7 ff.

Vereinbarungsform oder Vereinbarungen sui generis anzunehmen[111]. Da der Gesetzgeber eine klare Entscheidung vermissen lässt und auch keine Hinweise gibt, wie Auswahlrichtlinien ihrem Charakter nach einzuordnen sind, soll geprüft werden, in welcher von der Betriebsverfassung vorgesehenen Form die Auswahlrichtlinien am ehesten befähigt sind, das mit der Einführung des § 95 BetrVG angestrebte Ziel zu erreichen[112]. Erschwert wird eine Einordnung allerdings dadurch, dass selbst Begriff und Natur der in § 77 BetrVG geregelten Betriebsvereinbarung noch nicht ausdiskutiert sind.

3. Das Institut der Betriebsvereinbarung

Zunächst soll deshalb das Rechtsinstitut der Betriebsvereinbarung kurz beleuchtet werden. Dem BRG 1920 war der Begriff der Betriebsvereinbarung noch nicht bekannt. Der Begriff wurde von Flatow geprägt. Im Betriebsverfassungsgesetz 1952 wurde der Begriff zwar aufgenommen, blieb aber weitgehend ungeregelt. Im Laufe der Zeit hatte jedoch der Begriff der Betriebsvereinbarung mehr oder weniger scharfe Konturen angenommen.

Hinsichtlich Qualität und Wirkungsweise von einem heftigen Theorienstreit begleitet, war man sich über ihre Wirkung auf die Praxis ziemlich einig. In enger Anlehnung an das Institut des Tarifvertrags war ein Begriff der Betriebsvereinbarung entstanden, der schon Jacobi dazu veranlasste, von dem "Bild eines auf die Stufe des Betriebs projizierten Tarifvertrags"[113] zu sprechen. Dabei wird häufig übersehen, dass Jacobi damit keine Beschreibung des Rechtsinstituts der Betriebsvereinbarung vornehmen wollte, sondern die Behandlung der Betriebsvereinbarung in der Literatur kritisch charakterisierte. Damals fehlte in noch stärkerem Maße als heute eine sachlich notwendige Differenzierung zwischen den Rechtsinstituten des Tarifvertrags und der Betriebsvereinbarung. Dies beklagte Jakobi mit dem oben zitierten Satz[114].

Mit der in § 77 BetrVG getroffenen Regelung wird das Bild der Betriebsvereinbarung weiter präzisiert. Aber obwohl damit eine Reihe von Streitfragen geklärt sind und die Bestimmungen über Wirkung (Abs. 4), Kündigung (Abs. 5) und die Weitergeltung (Abs. 6) sich an die Regelung für Tarifverträge im Tarifvertragsgesetz anlehnen[115], sind mit der Aufnahme dieser Bestimmungen ins Gesetz noch nicht alle Probleme

---

[111] Z.B. Vereinbarungen sui generis, analog einer Betriebsvereinbarung etc.; vgl. *Kraft* in GK-BetrVG, § 97 Rd.Nr. 6, allerdings ohne Hinweis auf die früher von ihm vertretene Auffassung, Auswahlrichtlinien seien Vereinbarungen sui generis; auch *Klebe* vertritt diese Auffassung im Hinblick auf die Regelung in § 1 Abs. 4 KSchG nicht mehr, *Klebe* in *Däubler/Kittner/Klebe*, BetrVG, § 77 Rd.Nr. 11.

[112] Vgl. *Hanau*, BB 1972, 451/452.

[113] *Jacobi*, Grundlehren, S. 345.

[114] Vgl. *Richardi*, Kollektivgewalt, S. 309 ff.; falsch verstanden: *Galperin/Siebert*, § 52 Anm. 19.

[115] *Richardi*, BetrVG, § 77 Rd.Nr. 26.

gelöst[116]. So gibt es vor allem keine enumerative Aufzählung der Betriebsvereinbarungen. Es ist deshalb nicht verwunderlich, dass auch umstritten ist, zu welchen Fragen Betriebsvereinbarungen abgeschlossen werden können. Es fehlt insbesondere, wie oben schon dargetan, eine ausdrückliche Regelung, ob Auswahlrichtlinien Betriebsvereinbarungen sind oder nicht.

Auch Struktur und Wirkung der Betriebsvereinbarungen werden unterschiedlich gesehen. Dabei soll zunächst das Problem der Legitimation außer Acht bleiben, denn sowohl von Anhängern mandatarischer Theorien als auch von Vertretern einer Delegationstheorie, gleich welcher Variante, wird, von ganz wenigen Ausnahmen abgesehen, die These von der Normqualität der Betriebsvereinbarung vertreten[117].

Dieser Begriff bereitet aber noch heute bei der Erfassung des Rechtscharakters der Betriebsvereinbarung Schwierigkeiten. Bringt der Streit um die Legitimation eine gewisse Vorentscheidung in dem Sinne, dass bei bestimmten Konstruktionen einfach nur normative Betriebsvereinbarungen möglich sind, so ist unter den übrigen Autoren die Meinung breit gefächert, welche Betriebsvereinbarungen oder welche Teile von Betriebsvereinbarungen normativen und welche schuldrechtlichen Charakter haben.

War aber bereits unter der Geltung des BRG 1920 umstritten, ob es Betriebsvereinbarungen mit schuldrechtlichem Charakter gebe und welche es seien, so gibt es auf der anderen Seite bis heute keine zureichende Erklärung für den normativen Charakter von Betriebsvereinbarungen, sobald es sich nicht um Inhaltsnormen handelt. Dass man zu dem Ergebnis kommt, es läge in einem bestimmten Fall eine Betriebsvereinbarung mit normativem oder aber mit schuldrechtlichem Charakter vor, liegt häufig nicht so sehr an einer unterschiedlichen Beurteilung der Wirkung der Betriebsvereinbarungen, sondern daran, ob man dieselbe Wirkung als normativ oder schuldrechtlich bezeichnet. Dabei sind die Vertreter der sog. Satzungstheorie zwar schnell mit der Begründung des normativen Charakters der Betriebsvereinbarung bei der Hand, der bei einer Satzung ja zwangsläufig gegeben ist, aber sie geraten doch in die Gefahr einer petitio principii[118] und tragen letztlich nichts dazu bei, den Charakter der normativen Wirkung der Betriebsvereinbarung näher zu erfassen.

Zum BRG 1920 war noch sehr stark darauf abgestellt worden, ob die Betriebsvereinbarung unmittelbare Wirkung für das Individualarbeitsverhältnis habe, um sie als normativ anzusehen[119], und man konstruierte bisweilen diese unmittelbare Wirkung,

---

116 Vgl. *Konzen*, BB 1977, 1307; *Säcker*, ZfA 1972, Sonderheft, S. 41/45, der von zwanzig Jahren spricht, bis eine Klärung erreicht werden könne.

117 Vgl. *Kreutz* in GK-BetrVG, §§ 77 Rd.Nrn. 183 ff. und 190 ff.; *Fitting*, BetrVG, § 77 Rd.Nrn. 13 f.; *Löwisch* in *Galperin/Löwisch*, BetrVG, § 77 Rd.Nr. 6; *Hess* in *Hess/ Schlochauer/Glaubitz*, BetrVG, § 77 Rd.Nr.7.

118 *Nikisch*, Arbeitsrecht, Bd. III, S. 282 Fußn. 113 zitiert *Huber*, Wirtschaftsverwaltungsrecht II S. 531.

119 Vgl. oben I § 1 3.

um zu dem gewünschten Ergebnis einer normativen Betriebsvereinbarung zu kommen[120].

Zum BetrVG 1952 und BetrVG 1972 war dann nicht mehr bestritten, dass es auch normative Betriebsvereinbarungen gibt, die nicht unmittelbar auf den Inhalt des einzelnen Arbeitsverhältnisses einwirken, nämlich die Betriebsvereinbarungen betrieblicher und betriebsverfassungsrechtlicher Art[121]. Insoweit ist es nicht verwunderlich, wenn man heute zu dem Ergebnis kommt, dass in weit geringerem Maße als bisher angenommen Betriebsvereinbarungen mit schuldrechtlichem Charakter vorlägen[122]. Dabei wird aber auch deutlich, wie ungeklärt diese Grenze ist, wenn man sie nicht überhaupt für sinnlos oder zumindest problematisch hält.

Ausgehend von der Tatsache, dass eine endgültige Klärung des Rechtscharakters des Vertrags im Zivilrecht aussteht, so dass auch hier die Rechtsquellenfrage noch nicht geklärt ist, spricht Richardi hinsichtlich der Aussage, die Betriebsvereinbarung setze objektives Recht, von einem relativen Aussagewert dieses Satzes[123]. Betrachtet man die "schuldrechtlichen" Verträge des Zivilrechts als Normen, die das Verhältnis zwischen den Vertragspartnern gestalten[124], so hebt sich auch die Unterscheidung in normative und schuldrechtliche Teile der Betriebsvereinbarungen, auch wenn man diese als Vertrag ansieht, selbst auf. Adomeit geht so weit zu sagen, dass hinsichtlich der insoweit gleichgelagerten Problematik beim Tarifvertrag der Begriff "normative Wirkung" mehr ein rechtspolitisches Schlagwort gewesen sei[125]. Andererseits wird auch die Unschärfe des Begriffs des Normenvertrags schlagartig beleuchtet, wenn Müller feststellt, dass der sog. Richtlinienvertrag - gemeint sind typisierende Regelungen - keine Rechtsnormen enthält und trotzdem ein Normenvertrag ist[126]. Dies zeigt, wie oben ausgeführt, dass der Begriff des Normenvertrages auch nicht unbedingt zu einer weiteren Klärung führt.

Der Begriff objektives Recht wurde für die Betriebsvereinbarung vor allem gebraucht, um anzudeuten, dass die Betriebsvereinbarung nicht Bestandteil der Einzelverträge würde, sondern wie ein Gesetz diese beherrschend gestalte, ohne selbst Bestandteil

---

120 Vgl. oben I § 1 3.

121 *Nikisch*, Arbeitsrecht, Bd. III, S. 282; vgl. auch *Nipperdey/Säcker* bei *Hueck/Nipperdey*, Lehrbuch, Bd. II/2 (7. Aufl.), S. 1267.

122 *Nikisch*, Arbeitsrecht, Bd. III, S. 268.

123 *Richardi*, BetrVG, § 77 Rd.Nr. 26; *Richardi*, Kollektivgewalt S. 21 ff.; vgl. auch *Richardi*, FS Stahlhacke, S. 447/456;

124 Vgl. zur Auseinandersetzung mit diesen Theorien: *Adomeit*, Rechtsquellenfragen, S. 87 ff.; *W. Müller*, Grenzen, S. 29 ff.; *Richardi*, Kollektivgewalt, S. 21 ff.

125 *Adomeit*, Rechtsquellenfragen, S. 141, um sich jedoch in der Folge eingehend mit der Unterscheidung auseinander zu setzen bis hin zu dem offensichtlichen Fehlschluss auf S. 145, da für schuldrechtliche Vereinbarungen die formlosen Betriebsabsprachen zur Verfügung stünden, seien schuldrechtlich bindende Betriebsvereinbarungen zu verneinen.

126 *W. Müller*, Grenzen, S. 29 ff.

zu werden[127]. Hiermit lässt sich die weite Öffnung der Vertreter des mandatarischen Modells für schuldrechtliche Betriebsvereinbarungen erklären, da für sie die unmittelbare Wirkung, wie sie § 164 BGB vorsieht, auch bei nicht normativen Betriebsvereinbarungen unproblematisch ist, und es zeigt sich deutlich, dass "normativ", bezogen auf die einzelnen Arbeitsverhältnisse, nichts anderes bedeutet als die unmittelbare und bindende Gestaltung, wie sie in § 77 Abs. 4 S. 1 BetrVG festgelegt ist.

Auch Betriebsvereinbarungen über betriebliche Fragen und die betriebliche Ordnung, die in der Regel auf den einzelnen Arbeitsvertrag keine Auswirkung haben, werden als Betriebsnormen bezeichnet, weil auch sie unmittelbar und zwingend gelten[128]. Daneben werden Betriebsvereinbarungen zu betriebsverfassungsrechtlichen Fragen, die die Rechtsbeziehungen zwischen Arbeitgeber und dem Betriebsrat regeln, als Betriebsvereinbarungen mit normativem Charakter bezeichnet.

Dieser kurze Abriss zeigt, dass die Betriebsvereinbarung nicht voll erklärbar mit dem Begriff der Rechtsvorschrift ist, sie ist aber auch mit dem Begriff des Vertrages nicht vollständig erklärt. Die begrifflich exakte Einordnung der Betriebsvereinbarung und damit auch ihre Abgrenzung zu anderen Erscheinungen ist abhängig von einer Gesamtkonzeption für eine kollektive Arbeitsverfassung, wie umgekehrt die eigenbestimmte Erklärung der kollektiven Vereinbarungen Bausteine für diese Konzeption sind[129].

Es ist deshalb sinnvoll, den in jeder Hinsicht offenen Begriff des Normenvertrages[130] zu benutzen, der die Hauptakzente der Betriebsvereinbarung verdeutlicht. Diese sind einmal das Zustandekommen als Vertrag zwischen Betriebsrat und Arbeitgeber, zum anderen die unmittelbare und zwingende Wirkung.

4. Formlose Betriebsabsprachen

Von den in § 77 geregelten Betriebsvereinbarungen wird als weitere zulässige Form der Einigung zwischen Arbeitgeber und Betriebsrat die Betriebsabsprache unter-

---

127 *Fitting*, BetrVG, § 77 Rd.Nr. 110, *Hess* in: *Hess/Schlochauer/Glaubitz*, BetrVG, § 77 Rd.Nr. 181; *Kreutz* in: GK-BetrVG, § 77 Rd.Nr. 147; *Richardi*, BetrVG, § 77 Rd.Nr. 125; *Stege/Weinspach*, BetrVG, § 77 Rd.Nr. 27; *Weiss/Weyand*, BetrVG, § 77 Rd.Nr. 12; *v. Hoyningen-Huene*, Betriebsverfassungsrecht, S. 211.

128 Vgl. *Richardi*, BetrVG, § 77 Rd.Nrn. 48 f.

129 Vgl. *Waltermann*, Rechtsetzung durch Betriebsvereinbarung zwischen Privatautonomie und Tarifautonomie.

130 *Richardi*, BetrVG, § 77 Rd.Nr. 26.

schieden[131]. Sie wird in der Literatur auch Regelungsabrede[132], Regelungsabsprache oder betriebliche Einigung genannt[133], wobei die Terminologie allerdings keinen Erkenntnisgewinn bringt[134]. Geradezu konstitutiv für die Betriebsabsprache ist, dass sie keiner Formvorschrift unterliegt[135]. Insoweit hat sich an der Rechtslage, die vor Inkrafttreten des BetrVG 1972 herrschte, nichts geändert[136]. Diese formlose Einigung kann unterschiedlich aussehen. Sie kann in lediglich einer einseitigen Zustimmung des Betriebsrats zu einem Vorhaben des Arbeitgebers oder umgekehrt in einer Zustimmung des Arbeitgebers zu einer Entscheidung des Betriebsrats bestehen[137], ist im Regelfall aber ein Vertrag[138]. Ihr wesentlicher Unterschied zur Betriebsvereinbarung liegt nach einhelliger Meinung darin, dass sie keine normativen Regelungen enthalten kann[139]. Hat eine Betriebsabsprache ausnahmsweise eine auf unbestimmte Dauer angelegte Regelung zum Gegenstand, so kann sie gekündigt werden. Die in § 77 Abs. 5 BetrVG für die Betriebsvereinbarung enthaltene Dreimonatsfrist findet entsprechend Anwendung[140]. Eine Nachwirkung der Betriebsabsprache im Sinne einer Weitergeltung gem. § 77 Abs. 6 BetrVG scheidet aus.[141].

---

131 Vgl. grundlegend *Molodovsky*, Formlose Absprachen als Rechtsform des Mitbestimmungsrechts in sozialen Angelegenheiten nach § 56 BetrVG, Jur. Diss. München 1959; *Adomeit, Klaus*, Die Regelungsabrede, 2. Aufl. 1961; *Richardi*, BetrVG, § 77 Rd.Nrn. 208 ff.; *Löwisch* in *Galperin/Löwisch*, BetrVG, § 77 Rd.Nrn. 100 ff.; *Fitting*, BetrVG, § 77 Rd.Nrn. 182ff.; *Kreutz* in GK-BetrVG, § 77 Rd. Nrn. 9ff; *Stege/Weinspach*, BetrVG, § 77 Rd.Nr. 45; *Weiss/Weyand*, BetrVG, § 77 Rd.Nr. 7. Den Begriff Betriebsabsprache oder Betriebsabrede verwenden neben *Molodovsky*, Absprachen, S. 76 f., *Nipperdey/Säcker* bei *Hueck/Nipperdey*, Lehrbuch, Bd. II/2 (7. Aufl.), S. 1301, die die Verwendung dieses Begriffs in Fußnote 2 ausführlich begründen; *Richardi*, BetrVG, § 77 Rd.Nrn. 208 ff.; *Weiss/Weyand*, BetrVG, § 77 Rd.Nr. 26 sprechen von Betriebsabsprache o d e r Regelungsabrede; so auch *Hess* in *Hess/Schlochauer/Glaubitz*, BetrVG, § 77 Rd.Nr. 96.

132 *Fitting*, BetrVG, § 77 Rd.Nrn. 182 ff.; *Kreutz* in GK-BetrVG, § 77 Rd.Nrn. 7 ff.; *Stege/Weinspach*, BetrVG, § 77 Rd.Nr. 45; *Gnade/Kehrmann/Schneider/Blanke/Klebe*, BetrVG, § 77 Rd.Nrn. 4 f.; *Löwisch*, TK-BetrVG, § 77 Rd.Nrn. 24 f., *Wlotzke*, BetrVG, § 77 Anm. II 1.

133 *Neumann-Duesberg*, Betriebsverfassungsrecht, S. 408; *Adomeit*, BB 67, 1003.

134 *Weiss/Weyand*, BetrVG, § 77 Rd.Nr. 26.

135 *Richardi*, BetrVG, § 77 Rd.Nr. 209.

136 Vgl. *Adomeit*, Regelungsabrede, S. 102; *Molodovsky*, Absprachen, S. 76 f.; *Nipperdey/Säcker* bei *Hueck/Nip-perdey*, Lehrbuch, Bd. II/2 (7. Aufl.), S. 1306.

137 Vgl. *Kreutz* in GK-BetrVG, § 77 Rd.Nr. 9; *Stege/Weinspach*, BetrVG, § 77 Rd.Nr. 45.

138 *Richardi*, BetrVG, § 77 Rd.Nr. 211 geht davon aus, dass es sich immer um einen Vertrag handelt; ebenso *Löwisch* in *Galperin/Löwisch*, BetrVG, § 77 Rd.Nr. 103.

139 *Richardi*, BetrVG, § 77 Rd.Nrn. 212 f.; *Löwisch* in *Galperin/Löwisch*, BetrVG, § 77 Rd.Nr. 101; *Kreutz* in GK-BetrVG, § 77 Rd.Nr. 12; *Fitting*, BetrVG, § 77 Rd.Nr. 183; *Adomeit*, Regelungsabrede, S. 70 f.; *Nipperdey/Säcker* bei *Hueck/Nipperdey*, Lehrbuch, Bd. II/2 (7. Aufl.), S. 1308; *Hess* in: *Hess/Schlochauer/Glaubitz*, BetrVG, § 77 Rd.Nr. 96; *Stege/Weinspach*, BetrVG, § 77 Rd.Nr. 45; *Berg* in *Däubler/Kittner/Klebe*, BetrVG, § 77 Rd.Nr. 79.

140 *Richardi*, BetrVG, § 77 Rd.Nr. 216, *Löwisch* in *Galperin/Löwisch*, BetrVG, § 77 Rd.Nr. 104; *Fitting*, BetrVG, § 77 Rd.Nr. 191; *Kreutz* in GK-BetrVG, § 77 Rd.Nr. 19; vgl. auch BAG vom 10.3.1992 AP Nr. 1 zu § 77 BetrVG Regelungsabrede.

141 *Richardi*, BetrVG, § 77 Rd.Nr. 218; *Löwisch* in *Galperin/Löwisch*, BetrVG, § 77 Rd.Nr. 105; *Kreutz* in GK-BetrVG, § 77 Rd.Nr. 19; a.A. *Fitting*, BetrVG, § 77 Rd.Nr. 192.

5. Auswahlrichtlinien als Betriebsvereinbarung

Die Gesetzesmaterialien zum Betriebsverfassungsgesetz 1972 enthalten keine Ausführungen zum Rechtscharakter der Auswahlrichtlinien[142].

Auch in der obergerichtlichen Rechtsprechung findet sich bisher keine definitive Äußerung zum Rechtscharakter der Auswahlrichtlinien nach § 95 BetrVG. Allerdings hat das Bundesarbeitsgericht in seiner Entscheidung vom 11.3.1976 festgestellt, dass wenn Auswahlrichtlinien durch den Spruch der Einigungsstelle zustande kommen, dieser die Rechtswirkung einer Betriebsvereinbarung habe[143].

In der Literatur werden zunächst Auswahlrichtlinien als Betriebsvereinbarungen bezeichnet oder jedenfalls so behandelt[144]. Dies gilt vor allem auch, wenn die Auswahlrichtlinien nach § 95 BetrVG als „Personalnormen" oder „Abschluss- und Beendigungsnormen" bezeichnet werden[145]. Auf der anderen Seite werden die Auswahlrichtlinien von Anfang an als Vereinbarungen besonderer Art bezeichnet[146]. Die Formulierung, die Einigung über Auswahlrichtlinien sei den Regeln des § 77 BetrVG über die Betriebsvereinbarung - zumindest sinngemäß - unterstellt, spricht eher für den Rechtscharakter der Auswahlrichtlinie als Betriebsvereinbarung. In der neueren Kommentarliteratur werden nur noch bei Hess/Schlochauer/Glaubitz[147] Auswahlrichtlinien als Vereinbarungen besonderer Art angesehen, wobei sich Schlochauer aber zu Unrecht auf Zöllner beruft[148]. Dieser geht vielmehr wie die inzwischen herrschende Meinung davon aus, dass Auswahlrichtlinien „in einer Betriebsvereinbarung vereinbart werden", daneben aber auch die einseitige Aufstellung durch den Arbeitgeber unter formloser „Zustimmung des Betriebsrates als Betriebsabsprache in Betracht" komme[149].

Im wesentlichen mit dem Argument, § 95 BetrVG verlange für die Vereinbarung von Auswahlrichtlinien keine Schriftform, gehen Richardi, Kraft, Kaiser/Heiter/Engels/

---

142 vgl. BT-Drucksache IV/1786, IV/2729 und zu IV/2729; *Kraft* in GK-BetrVG, § 95 Rd.Nr. 5.

143 BAG vom 11.3.1976, AP Nr. 1 zu § 95 BetrVG unter II 2.

144 *Dietz/Richardi*, BetrVG (5. Aufl.), § 95 Rd.Nr. 95; *Fitting/Auffahrth/Kaiser* (10. Aufl.) § 77 Rd.Nr. 27; *Etzel*, Betriebsverfassungsrecht, S. 170; *Samer*, BetrVG, § 95 Anm. 2; *Gemählich*, Auswahlrichtlinien, S. 18 ff., S. 90; *Erdmann/Jürging/Kammann*, BetrVG, § 77 Rd.Nr. 77, während sie im Zusammenhang mit der Kommentierung von § 95 nicht hierzu Stellung nehmen; vgl. auch *Hess* in *Kammann/Hess/Schlochauer*, BetrVG, § 77 Rd.Nr. 15, wo § 95 BetrVG als Regelungsgegenstand von Betriebsvereinbarungen genannt wird; unentschieden *Fritz*, Auswahlrichtlinien, S. 22 ff., auf S. 11 weist er aber ausdrücklich auf in Form von Betriebsvereinbarungen erstellte Kündigungsrichtlinien hin.

145 *Richardi*, ZfA 1972, Sonderheft, S.1/ 7; *Adomeit*, DB 1971, 2360.

146 *Kraft* in GKBetrVG, 3. Bearbeitung 1982, § 95 Rd.Nr. 6 ff; *Hanau*, BB 1972, 451/452; *Steigerwald*, Beteiligung, S. 229; *Vogt*, Personal-Auswahlrichtlinien, S. 48 f. beruft sich dabei zu Unrecht auf *Heinze*, Personalplanung, Rd.Nr. 61.

147 *Schlochauer* in *Hess/Schlochauer/Glaubitz* BetrVG, BetrVG, § 95 Rd.Nr. 5.

148 An der von ihr zitierten Stelle S. 668 äußert sich *Zöllner* nicht zum Rechtscharakter der Auswahlrichtlinien.

149 *Zöllner*, FS G. Müller, S. 665/673.

Schmidt, Matthes und Wlotzke davon aus, dass Auswahlrichtlinien sowohl als Betriebsvereinbarungen als auch als formlose Betriebsabsprachen abgeschlossen werden können[150]. Soweit die Zulässigkeit der Vereinbarung von Auswahlrichtlinien nach § 95 BetrVG als formlose Betriebsabsprachen damit begründet wird, eine Auswahlrichtlinie liege auch vor, wenn ein Arbeitgeber seine Personalentscheidungen nach einem bestimmten Auswahlsystem treffe, ohne dies schriftlich zu fixieren, und es bestehe die Gefahr, dass er dann das Mitbestimmungsrecht des Betriebsrats unterlaufen könne[151], kann dem nicht gefolgt werden. Insoweit werden nämlich zwei Sachverhalte vermengt. Auf der einen Seite geht es um Auswahlrichtlinien, die der Arbeitgeber ohne Vereinbarung mit dem Betriebsrat anwendet. Es liegt auf der Hand, dass es sich dabei nicht um Betriebsvereinbarungen handelt. Es liegt selbstverständlich aber auch keine formlose Regelungsabrede vor, sondern es handelt sich um Grundsätze, die der Arbeitgeber seinen Personalentscheidungen zugrunde legt. Dabei spielt keine Rolle, ob diese Grundsätze schriftlich niedergelegt sind oder nicht, ob sie in Datenbanken gespeichert sind oder lediglich durch ständige Anwendung die Praxis der Personalentscheidungen bestimmen. In keinem Fall handelt es sich um Auswahlrichtlinien nach § 95 BetrVG. Sie sind auch nicht geeignet, die Mitbestimmung des Betriebsrats dauerhaft zu unterlaufen. In Betrieben mit über 500 Beschäftigten ist dies vielmehr auf jeden Fall Anlass für den Betriebsrat, von seinem Initiativrecht Gebrauch zu machen und eine Vereinbarung über die vom Arbeitgeber angewandten Richtlinien gegebenenfalls in veränderter Form zu fordern oder eigene Auswahlrichtlinien vorzuschlagen. Geht der Arbeitgeber auf die Vorschläge nicht ein und kommt es deshalb zu keiner Einigung, so können beide Seiten die Einigungsstelle anrufen, deren Spruch die Einigung zwischen Arbeitgeber und Betriebsrat ersetzt und verbindlich ist (§ 95 Abs. 2 Satz 2 und 3 BetrVG). Aber auch in Betrieben mit bis zu 500 Arbeitnehmern bleibt die Anwendung von Richtlinien für Personalentscheidungen durch den Arbeitgeber ohne Beteiligung eines bestehenden Betriebsrats nicht ohne Konsequenzen. Diese Richtlinien, gleichgültig, ob schriftlich, als Computerprogramm oder völlig formlos, bedürfen der Zustimmung des Betriebsrats (§ 95 Abs. 1 Satz 1 BetrVG).

Erst durch die Einigung über die Anwendung der Richtlinien und ihren Inhalt kommen Auswahlrichtlinien nach § 95 BetrVG zustande[152]. Wenn für die Wirksamkeit dieser Vereinbarung ebenso wie für den Spruch der Einigungsstelle, die die Einigung mit verbindlicher Wirkung ersetzen kann, Schriftform vorgeschrieben wird, so wird dadurch kein Umgehungstatbestand geschaffen. Immer wenn der Arbeitgeber sich selbst Auswahlrichtlinien vorgibt, setzt er einen Mitbestimmungstatbestand. Richtig

---

[150] *Richardi*, BetrVG, § 95 Rd.Nrn. 53 ff; *Richardi*, FS Stahlhacke, S. 447/455 f.; *Kraft* in GK-BetrVG, § 95 Rd.Nrn. 5 ff.; *Fitting*, BetrVG, § 95 Rd.Nrn. 6 f.; *Matthes* in MünchArbR, § 349 Rd.Nrn. 33 f. lässt allerdings offen, ob Auswahlrichtlinien darüber hinaus auch als Vereinbarungen besonderer Art bezeichnet werden können; *Wlotzke*, BetrVG, § 95 Anm. 1; vgl. auch *Gnade/Kehrmann/Schneider/Blanke/Klebe*, BetrVG, § 95 Rd.Nr. 4.

[151] *Fitting*, BetrVG, § 95 Rd.Nr. 7; so im Ergebnis auch *Wlotzke*, BetrVG, § 95 Anm. 1.

[152] *Heinze*, Personalplanung, Rd.Nr. 62.

ist, dass bei einer fehlenden Einigung, sei es, weil der Arbeitgeber überhaupt nicht mit dem Betriebsrat verhandelt, sei es, weil die Verhandlungen scheitern, für den Fall, dass der Arbeitgeber an dem Vorsatz Richtlinien einzuführen oder gar an der Anwendung der von ihm aufgestellten Richtlinien festhält, der Betriebsrat keine Möglichkeit zur Anrufung der Einigungsstelle hat. Die Formulierung in § 95 Abs. 1 Satz 2 BetrVG, dass in diesen Fällen „auf Antrag des Arbeitgebers" die Einigungsstelle entscheidet, ist völlig eindeutig. Die alleinige Initiative bleibt beim Arbeitgeber[153]. Auch wenn der Arbeitgeber seine eigene Richtlinie ohne Beteiligung des Betriebsrats weiter anwendet, kann der Betriebsrat die Einigungsstelle nicht anrufen, um zu einer verbindlichen Entscheidung zu kommen[154]. Es kann auch nicht davon ausgegangen werden, dass diese betriebsverfassungsrechtliche Pflichtwidrigkeit sich z.B. auf eine Kündigung so auswirkt, dass diese allein deshalb unwirksam wäre[155]. Allerdings darf der Arbeitgeber die Richtlinie nicht anwenden. Falls er dies gleichwohl tut, bleibt dem Betriebsrat die Möglichkeit, beim Arbeitsgericht zu beantragen, dass dem Arbeitgeber nach § 23 Abs. 3 BetrVG aufgegeben wird, die Richtlinien nicht weiter anzuwenden, da insoweit ein grober Verstoß gegen eine Verpflichtung des Arbeitgebers aus dem Betriebsverfassungsgesetz vorliegt.

Unterzieht man die verschiedenen Auffassungen zur Rechtsnatur der Auswahlrichtlinienvereinbarung - denn nur um diese geht es, wenn von Auswahlrichtlinien nach § 95 BetrVG gesprochen wird - einer Bewertung, so fällt auf, dass in der Literatur in diesem Zusammenhang entweder die Bestimmung in § 1 Abs. 4 KSchG übersehen oder in ihrer Bedeutung verkannt wird. § 1 Abs. 4 Satz 1 KSchG sowohl in der Fassung des arbeitsrechtlichen Gesetzes zur Förderung von Wachstum und Beschäftigung (arbeitsrechtliches Beschäftigungsförderungsgesetz) vom 25.9.1996[156] als auch in der insoweit nicht geänderten heute gültigen Fassung durch das Gesetz zu Korrekturen in der Sozialversicherung und zur Sicherung der Arbeitnehmerrechte vom 19.12.1998[157] (§ 1 Abs. 4 KSchG) regelt die Wirkung „einer Betriebsvereinbarung nach § 95 des Betriebsverfassungsgesetzes". Damit steht fest, dass Vereinbarungen nach § 95 BetrVG jedenfalls auch Betriebsvereinbarungen sein können, so dass die Ansicht, es handele sich um betriebsverfassungsrechtliche Abreden besonderer Art[158], nicht mehr vertreten werden kann. Es spricht aber auch nichts dafür, dass neben den Betriebsvereinbarungen nach § 95 BetrVG, die nur auf grobe Fehlerhaftigkeit überprüft werden können, es auch noch formlose Betriebsabspra-

---

[153] *Fitting*, BetrVG, § 95 Rd.Nr. 12; *Löwisch* in *Galperin/Löwisch*, BetrVG, § 95 Rd.Nr. 20; *Stege/Weinspach*, BetrVG, § 95 Rd.Nr. 3; *Meisel*, Mitwirkung, Rd.Nr. 123; *Heinze*, Personalplanung, Rd.Nr. 64.

[154] Wohl a.A. allein *Klebe* in *Däubler/Kittner/Klebe*, BetrVG, § 95 Rd.Nr. 16. Allerdings lässt die Formulierung „diese Schlussfolgerung sollte modifiziert werden" auch den Schluss zu, es handele sich hierbei lediglich um eine Forderung an den Gesetzgeber.

[155] Unzutreffend ArbG Hannover Beschl. vom 20.9.1994 - BV Ga 2/94; vgl. *Richardi*, FS Stahlhacke, S. 447; *Richardi*, BetrVG, § 95 Rd.Nr. 72.

[156] BGBl. I S. 1476.

[157] BGBl. I S. 3843.

[158] *Schlochauer* in: *Hess/Schlochauer/Glaubitz*, BetrVG, § 95 Rd.Nr. 5.

chen zu Auswahlrichtlinien geben soll[159]. Diese könnten - und müssten - dann nicht nur auf grobe, sondern auch auf einfache Fehlerhaftigkeit überprüft werden. Eine analoge Anwendung der den individuellen Kündigungsschutz beschränkenden Vorschrift des § 1 Abs. 4 Satz 1 KSchG[160] auf im Gesetz nicht erwähnte formlose Absprachen scheidet aus. Auch im allgemein Sprachgebrauch wird nicht zwischen „Betriebsvereinbarungen nach § 95 des BetrVG" und „Auswahlrichtlinien nach § 95 BetrVG" unterschieden. So formuliert Richardi: „Sind in einer Richtlinie die für die Sozialauswahl bei einer betriebsbedingten Kündigung nach § 1 Abs. 3 Satz 3 KSchG zu beachtenden Kriterien sowie deren Gewichtung festgelegt, so kann die soziale Auswahl nur auf grobe Fehlerhaftigkeit überprüft werden"[161]. Es kann auch kaum sinnvoll sein, dem Betriebsrat ein Widerspruchsrecht in § 1 Abs. 2 Ziffer 1a KSchG bei einem Verstoß gegen eine als formlose Betriebsabsprache vereinbarte Auswahlrichtlinie zu geben, während § 1 Abs. 4 KSchG nur die als Betriebsvereinbarung vereinbarten Auswahlrichtlinien erfassen sollte.

Die ausdrückliche Bezeichnung „Betriebsvereinbarung nach § 95 des Betriebsverfassungsgesetzes" war allerdings im Entwurf des Arbeitsrechtlichen Beschäftigungsförderungsgesetzes nicht enthalten, sondern hier wurde nur von „Richtlinien nach § 95 des Betriebsverfassungsgesetzes" gesprochen[162]. Die Änderung der Formulierung geht auf die Beschlussempfehlung des Ausschusses für Arbeit und Sozialordnung zurück[163]. Hintergrund war aber nicht eine Unterscheidung zwischen Auswahlrichtlinienvereinbarungen nach § 95 BetrVG in Form einer Betriebsvereinbarung und Auswahlrichtlinienvereinbarung nach § 95 BetrVG in Form einer an keine Formvorschrift gebundene betrieblichen Absprache. Die Begründung für diese Präzisierung in § 1 Abs. 4 Satz 1 KSchG war vielmehr die Aufnahme von Richtlinien, die nicht auf einer Vereinbarung mit dem Betriebsrat beruhen sollten, in § 1 Abs. 4 Satz 2 KSchG. Die Umformulierung in Satz 1 sollte den Unterschied zu vom Arbeitgeber nach Satz 2 einseitig aufgestellten Richtlinien - für deren Anwendung allerdings die Zustimmung von zwei Drittel der Belegschaft erforderlich war - deutlich machen.

---

[159] So aber u. a. *Klebe* in *Däubler/Kittner/Klebe*, BetrVG, § 95 Rd.Nr. 11, wenn er zwar einerseits ausführt, der Gesetzgeber habe den Meinungsstreit über die Rechtsnatur der Auswahlrichtlinien in § 1 Abs. 4 KSchG i.S. von Betriebsvereinbarungen entschieden, wenn die Regelung schriftlich getroffen werde oder auf einem Spruch der Einigungsstelle beruhe, daneben aber ausführt, da die Schriftform nicht erforderlich sei, könnten Auswahlrichtlinien auch in einer formlosen Regelungsabrede vereinbart werden.

[160] Vgl. auch BT-Drucksache 15/151 S. 32 zu Art. 6 zu Nr. 1 Buchst. c).

[161] *Richardi*, BetrVG, § 95 Rd.Nr. 2.

[162] Vgl. BT-Drucksache 13/4612 Art. 1, 1b.

[163] BT-Drucksache 13/5807.

§ 3 Äußere Kriterien für den Charakter der Auswahlrichtlinien als Betriebsvereinbarungen

1. Keine ausdrückliche Formvorschrift für Auswahlrichtlinien

Da der Gesetzgeber im Zusammenhang mit den Auswahlrichtlinien keine besonderen Bestimmungen hinsichtlich der Form ihres Abschlusses getroffen hat, ergibt sich diese aus der Einordnung der Auswahlrichtlinien. Entweder man ordnet die Auswahlrichtlinien unter die Betriebsvereinbarungen ein, und sie unterliegen damit der Formvorschrift des § 77 Abs. 2 BetrVG, ohne dass es einer besonderen Regelung in § 95 BetrVG bedarf, oder man sieht sie jedenfalls auch als Betriebsabsprachen oder Vereinbarungen sui generis an, und dann sind sie formlos gültig.

Im Ergebnis besteht Einigkeit zwischen nahezu allen Autoren, dass die Auswahlrichtlinien die ihnen zugedachte Funktion nur dann erfüllen, wenn sie schriftlich abgeschlossen sind[164]. Auch dies widerspricht aber direkt der Einordnung der Auswahlrichtlinien als Betriebsabsprache. Es widerspricht aber auch der Betrachtung der Auswahlrichtlinie als einer Vereinbarung sui generis, die durch das BetrVG 1972 neu eingeführt worden sei[165]. Für eine solche Vereinbarung sui generis gäbe es keine Formvorschrift; ein Formzwang im Wege der Analogie scheidet aber in einer freiheitlichen Rechtsordnung, in der Bindungen nur soweit eingreifen, als sie eine gesetzliche Grundlage haben, aus. Will man also an einem Formzwang für die Auswahlrichtlinien festhalten, und es wird zu Recht darauf hingewiesen, dass das für die Erreichung des in der Begründung des Regierungsentwurfes als Ziel genannten "Transparenz der bei personellen Maßnahmen angewandten Grundsätze" notwendig ist[166], spricht dies nicht gegen die Einordnung aller nach § 95 BetrVG vereinbarten Auswahlrichtlinien als Betriebsvereinbarungen, sondern ist ein weiteres Argument für diese Betrachtungsweise.

2. Beendigung von Auswahlrichtlinien

Ihrem Sinn und Zweck entsprechend sollen Auswahlrichtlinien in der Regel über einen längeren Zeitraum die Grundlage für Personalentscheidungen bilden. Die Vereinbarung darüber wird in aller Regel deshalb unbefristet abgeschlossen[167].

---

164 Außer den Autoren, die sie als Betriebsvereinbarung ansehen und für die deshalb die Schriftform selbstverständlich ist, vgl. auch *Kraft* in GK-BetrVG, § 95 Anm. 5; *Hanau,* BB 1972, 452; *Fritz*, Auswahlrichtlinien, S. 23; aber *Zöllner*, FS G. Müller, S. 673.

165 Zum BetrVG 1952 hat man die Auswahlrichtlinien unbestritten als Betriebsvereinbarung angesehen, siehe oben Teil I § 3 Nr. 2.

166 BT-Drucksache VI/1786 S. 50; vgl. auch *Fritz*, Auswahlrichtlinien, S. 23.

167 Auf zwei Umfragen über die Existenz von Auswahlrichtlinien in den Jahren 1974 und 2000 wurden von den 40 bzw. 35 angeschriebenen Großunternehmen, soweit dort Auswahlrichtlinien vorhanden waren, nur unbefristete Vereinbarungen zur Verfügung gestellt.

Daneben können Auswahlrichtlinien wie jede andere Betriebsvereinbarung auch für einen bestimmten Zeitraum vereinbart werden[168]. Die Zulassung abweichender Vereinbarungen in § 77 Abs. 5 BetrVG gilt nicht nur im Hinblick auf eine Abweichung hinsichtlich der Kündigungsfrist. Sie ist Grundlage für jeden anderen Gültigkeitszeitraum oder auch den Ausschluss einer ordentlichen Kündigung für einen bestimmten Zeitraum. Befristungen für Auswahlrichtlinienvereinbarungen lassen sich zum einen damit begründen, dass mit den vereinbarten Richtlinien über einen bestimmten Zeitraum Erfahrungen gesammelt werden sollen. Gerade in kleinen Betrieben, in denen der Betriebsrat die Aufstellung von Richtlinien nicht erzwingen kann, wird durch eine zeitliche Begrenzung ein Arbeitgeber eher bereit sein, Richtlinien zu vereinbaren. Sollten sie sich für die eine oder andere Seite nicht als vorteilhaft erweisen, laufen sie ohne weitere Verhandlungen und ohne Kündigung aus. Eine befristete Auswahlrichtlinie lässt sich auch vorstellen, um die Personalentwicklung anlässlich einer bestimmten zeitlich eingegrenzten betrieblichen Umstrukturierung mitzugestalten. Die Auswahlrichtlinie ist auf den konkreten Fall zugeschnitten und soll nach den in einem bestimmten zeitlichen Rahmen abzuwickelnden Veränderungen wieder außer Kraft treten. So kann möglicherweise eine Einigung mit dem Betriebsrat erreicht werden, die für eine unbefristete Vereinbarung nicht möglich wäre.

In diesem Zusammenhang sind auch Vereinbarungen zu sehen, bei denen zwar eine ausdrückliche zeitliche Befristung fehlt, diese sich aber aus dem in der Vereinbarung verfolgten Zweck ergibt[169]. Dies ist vor allem auch der Fall, wenn Auswahlrichtlinien im Rahmen eines Interessenausgleichs nach § 112 Abs. 1 Satz 1 BetrVG vereinbart werden[170]. Hier kann davon ausgegangen werden, dass die Auswahlrichtlinien auch in ihrer zeitlichen Wirksamkeit auf die Dauer der Durchführung der Betriebsänderung beschränkt sind, auch wenn dies nicht ausdrücklich geregelt ist. Auch wenn der Interessensausgleich als solcher als „Kollektivvereinbarung besonderer Art" gesehen wird[171], behalten die Auswahlrichtlinien ihren Charakter als Betriebsvereinbarung[172].

---

[168] Zur Betriebsvereinbarung allgemein: *Richardi*, BetrVG, § 77 Rd.Nr. 177; *Fitting*, BetrVG, § 77 Rd.Nr. 127, *Wlotzke*, BetrVG, § 77 Anm. 7 a; *Kreutz* in GK-BetrVG, § 77 Rd.Nr. 306; *Berg* in *Däubler/Kittner/Klebe*, BetrVG, § 77 Rd.Nr. 45; *Hess* in *Hess/Schlochauer/Glaubitz*, BetrVG, § 77 Rd.Nr. 205.

[169] Vgl. *Richardi*, BetrVG, § 77 Rd.Nr. 179; *Kreutz* in GK-BetrVG, § 77 Rd.Nr. 306; *Berg* in *Däubler/Kittner/Klebe*, BetrVG, § 77 Rd.Nr. 45; *Hess* in *Hess/Schlochauer/Glaubitz*, BetrVG, § 77 Rd.Nr. 206; *Löwisch* in *Galperin/Löwisch*, BetrVG, § 77 Rd.Nr. 60; BAG vom 20.12.1961 AP Nr. 7 zu § 59 BetrVG.

[170] Vgl. *Richardi*, BetrVG, § 95 Rd.Nr. 52; *Fitting*, BetrVG, §§ 112, 112a Rd.Nr. 20; BAG vom 18.1.1990 AP Nr. 19 zu § 1 KSchG Soziale Auswahl; BAG vom 7.12.1995 AP Nr. 29 zu § 1 KSchG Soziale Auswahl.

[171] *Richardi*, BetrVG, § 112 Rd.Nr. 38; *Fabricius* in GK-BetrVG, §§ 112, 112a Rd.Nr. 22; *Matthes* geht von der Rechtsnatur des Interessenausgleichs als Betriebsvereinbarung aus: FS Wlotzke, S. 393/397; so auch *Ohl*, Sozialplan, S. 68; vgl. *Willemsen/Hohenstatt*, NZA 1997, 345 ff.

[172] So ausdrücklich für Bestimmungen, die eine normative Wirkung für die Einzelarbeitsverhältnisse entfalten: *Richardi*, BetrVG, § 112 Rd.Nr. 39.

Der wichtigste Beendigungsgrund für Betriebsvereinbarungen, die nicht zeitlich befristet abgeschlossen sind, ist unbestritten die Kündigung[173]. Die Kündigungserklärung bedarf, soweit in der Betriebsvereinbarung nichts anderes vereinbart ist, keiner besonderen Form[174]. Die Kündigung einer Betriebsvereinbarung ist auch nicht daran gebunden, dass ein sachlicher Grund vorliegt, sondern Betriebsvereinbarungen sind unter Einhaltung der in § 77 Abs. 5 BetrVG vorgesehenen Frist von 3 Monaten oder einer abweichend vereinbarten Frist frei kündbar[175].

Bis zur 6. Auflage stellte Richardi darauf ab, dass der Betriebsrat für die Kündigung einer Auswahlrichtlinie einen vernünftigen Grund haben müsse[176]. Dies könnte allerdings nur insoweit gelten, als der Betriebsrat nicht völlig mutwillig und nur, um den Arbeitgeber zu schädigen, Auswahlrichtlinien vereinbaren und wieder kündigen kann. Wie die Ausübung jedes Rechts steht auch das Kündigungsrecht des Betriebsrats unter dem Vorbehalt des Rechtsmissbrauchs. Der Betriebsrat muss aber die Möglichkeit haben, unmittelbar nach Abschluss der Auswahlrichtlinien diese zu kündigen, wenn er bemerkt, dass er z.B. wesentliche Punkte übersehen hat oder ihm die Vereinbarung auch nur nicht mehr vorteilhaft erscheint. Dasselbe muss gelten, wenn der Spruch der Einigungsstelle selbst bei einer Initiative des Betriebsrats dessen Erwartungen nicht erfüllt.

Zu einem unbilligen Ergebnis führt es auch, wenn man für Auswahlrichtlinien nach § 95 Abs. 1 BetrVG dem Betriebsrat kein Kündigungsrecht zubilligen will[177]. Der Betriebsrat könnte sich dann von einer einmal geschlossenen Vereinbarung nicht mehr lösen. Hierfür gibt es keine Begründung. Löwisch weist zu Recht darauf hin, dass aus der Tatsache, dass der Betriebsrat nicht initiativ werden kann, nichts dafür hergeleitet werden kann, dass sich der Betriebsrat bei einer Zustimmung zu einer Initiative des Arbeitgebers für alle Zukunft binden muss[178].

---

173 *Richardi*, BetrVG, § 77 Rd.Nrn. 181, 184 ff.; *Fitting*, BetrVG, § 77 Rd.Nrn. 129 ff.; *Kreutz* in GK-BetrVG, § 77 Rd.Nr. 309; *Stege/Weinspach*, BetrVG, § 77 Rd.Nr. 41; *Berg* in *Däubler/Kittner/Klebe*, BetrVG, § 77 Rd.Nr. 53.

174 *Richardi*, BetrVG, § 77 Rd.Nr. 189; *Kreutz* in GK-BetrVG, § 77 Rd.Nr. 315; *Hess* in *Hess/Schlochauer/Glaubitz*, BetrVG, § 77 Rd.Nr. 213; *Stege/Weinspach*, BetrVG, § 77 Rd.Nr. 43a; BAG vom 9.12.1997 AP Nr. 11 zu § 77 BetrVG 1972 Tarifvorbehalt.

175 *Richardi*, BetrVG, § 77 Rd.Nr. 185; *Kreutz* in GK-BetrVG, § 77 Rd.Nr. 309; *Fitting*, BetrVG, § 77 Rd.Nr. 131; *Berg* in *Däubler/Kittner/Klebe*, BetrVG, § 77 Rd.Nr. 53b; *Stege/Weinspach*, BetrVG, § 77 Rd.Nr. 41.

176 *Richardi*, BetrVG (6. Aufl.), § 95 Rd.Nr. 20.

177 *Stege/Weinspach*, BetrVG, 3. Aufl. S. 368; in der 5. Auflage findet eine Behandlung der Kündigungsproblematik von Auswahlrichtlinien nicht statt; *Kammann/Hess/Schlochauer*, BetrVG, § 95 Anm. 32; *Fritz*, Auswahlrichtlinien, S. 113, der allerdings ein in Auswahlrichtlinien vereinbartes beiderseitiges Kündigungsrecht zulässt, S. 115; so auch noch in der 5. Aufl. *Richardi*, BetrVG, § 95 Rd.Nr. 20.

178 *Löwisch* in *Galperin/Löwisch*, BetrVG, § 95 Anm. 18; *Kraft*, in GK-BetrVG, § 95 Anm. 8.

Das Recht zu kündigen gilt sowohl für Betriebsvereinbarungen, deren Abschluss vom Betriebsrat erzwungen werden kann, als auch für „freiwillige" Vereinbarungen[179]. Die Vorschrift über die Kündigung von Betriebsvereinbarungen findet, soweit nichts anderes vereinbart ist, auch dann Anwendung, wenn die Betriebsvereinbarung durch eine bindende Entscheidung der Einigungsstelle ersetzt ist[180].

Betrachtet man die Auswahlrichtlinien nach § 95 BetrVG, wie hier geschehen, grundsätzlich als Betriebsvereinbarungen, so ist damit entschieden, dass im Hinblick auf die Beendigung von Auswahlrichtlinien die in § 77 Abs. 5 BetrVG vorgesehene Kündigungsmöglichkeit und die in Rechtsprechung und Literatur entwickelten Regeln über die Beendigung einer Betriebsvereinbarung unmittelbar Anwendung finden.

Dass diese Lösung zu keinerlei Problemen führt, wird schon daraus deutlich, dass selbst soweit eine solche grundsätzliche dogmatische Einordnung der Auswahlrichtlinien als Betriebsvereinbarung nicht vorgenommen wird, inzwischen unbestritten die Auffassung besteht, dass Auswahlrichtlinien gekündigt werden können[181]. Auch soweit der Abschluss der Auswahlrichtlinienvereinbarung als formlose Regelungsabrede für möglich gehalten wird, sollen die Vorschriften des § 77 BetrVG über die Kündigung entsprechend Anwendung finden[182].

---

179 *Kreutz* in GK-BetrVG, § 77 Rd.Nr. 310; *Fitting*, BetrVG, § 77 Rd.Nr. 129; *Berg* in *Däubler/Kittner/Klebe*, BetrVG, § 77 Rd.Nr. 3 b mit Hinweis auf BAG vom 26.10.1993 AP Nr. 6 zu § 77 BetrVG Nachwirkung.

180 *Richardi*, BetrVG, § 77 Rd.Nr. 192; *Fitting*, BetrVG, § 77 Rd.Nr. 129, *Kreutz* in GK-BetrVG, § 77 Rd.Nr. 310; *Berg* in *Däubler/Kittner/Klebe*, BetrVG, § 77 Rd.Nr. 55; *Löwisch* in *Galperin/Löwisch*, BetrVG, § 77 Rd.Nr. 61; *Hess* in *Hess/Schlochauer/Glaubitz*, BetrVG, § 77 Rd.Nr. 199.

181 *Richardi*, BetrVG, § 95 Rd.Nr. 55, *Fitting*, BetrVG, § 95 Rd.Nr. 12; *Kraft* in GK-BetrVG, § 95 Rd.Nr. 6; *Löwisch* in *Galperin/Löwisch*, BetrVG, § 95 Rd.Nr. 18; *Klebe* in *Däubler/Kittner/Klebe*, BetrVG, § 95 Rd.Nr. 13; *Matthes*, MünchArbR, § 349 Rd.Nrn. 34 f.; *Wlotzke*, BetrVG, § 95. Anm. 1; *Weiss/Weyand*, BetrVG, § 95 Rd.Nr. 19; *Etzel*, Betriebsverfassungsrecht S. 170; *Hanau*, BB 1972, 451/452; *Gemählich*, Auswahlrichtlinien, S. 90 ff.; *Zöllner*, FS G. Müller, S. 665/673 f.; *Heinze*, Personalplanung, Rd.Nr. 66; unklar *Schlochauer* in *Hess/Schlochauer/Glaubitz*, BetrVG, § 95 Rd.Nr. 39 mit der Formulierung: „Ein Kündigungsrecht wird - sofern es sich um eine Regelungsabrede handelt - dem Betriebsrat in entsprechender Anwendung des § 77 Abs. 5 zuzugestehen sein", während im übrigen zur Kündigung von Auswahlrichtlinien, die schriftlich vereinbar sind, nichts gesagt wird. In der 3. Auflage wurde noch die Meinung vertreten, Auswahlrichtlinien könnten nicht gekündigt werden; *Fritz*, Auswahlrichtlinien, S.113 geht von einem eingeschränkten Kündigungsrecht aus, wenn er schreibt: „Wenn aber der Abschluss der Vereinbarung auf der Zustimmung des Betriebsrats beruht, die der Arbeitgeber auf Grund seines Initiativrechts erzwungen hat oder hätte erzwingen können, kann sich der Betriebsrat nicht ohne weiteres, wenn auch unter Einhaltung einer Kündigungsfrist, von der einmal erzwungenen bzw. erzwingbaren Bindung wieder lösen. Andernfalls hätte der Arbeitgeber die Möglichkeit, der erklärten Kündigung durch Ausübung seines Initiativrechts zu begegnen. Dies aber wäre nicht nur widersinnig, sondern führte auch zur überflüssigen Auseinandersetzungen zwischen den Betriebspartnern".

182 *Matthes*, MünchArbR, § 349 Rd.Nr. 33; *Richardi*, BetrVG, § 95 Rd.Nr. 57 und § 77 Rd.Nr. 216; *Kraft* in GK-BetrVG, § 95 Rd.Nr. 7; vgl. auch *Zöllner* in FS G. Müller, S. 665/674.

Die Kündigung darf nicht mit einem Widerruf verwechselt werden, der in der Literatur zu Recht abgelehnt wird[183]. Die Kündigung darf auch nicht verwechselt werden mit der Erklärung des Betriebsrats, dass z.B. wegen eines Gesetzesverstoßes eine Auswahlrichtlinie unwirksam sei. Die Kündigung einer ohnehin unwirksamen Vereinbarung geht ins Leere[184]. Auswahlrichtlinien, die in Widerspruch zu einem Gesetz stehen, sind unbeachtlich[185]. Ob man den formal nicht zutreffenden Weg über die Kündigung gehen muss, damit der Betriebsrat die Korrektur einer unzulässigen Auswahlrichtlinie erzwingen kann[186], soll im Zusammenhang mit der gerichtlichen Überprüfbarkeit des Inhalts von Auswahlrichtlinien behandelt werden[187].

Keiner Kündigung bedarf es, wenn Betriebsrat und Arbeitgeber übereinstimmend von der Durchführung des Einigungsverfahrens Abstand nehmen, ebenso wie bei einer einvernehmlichen Aufhebung der Auswahlrichtlinien.

3. Weitergeltung der Auswahlrichtlinien

Auch die in § 77 Abs. 6 BetrVG geregelte Weitergeltung von Betriebsvereinbarungen bereitet in Bezug auf die Anwendung auf Auswahlrichtlinien keine Schwierigkeiten[188]. Dies gilt auch im Hinblick darauf, dass die Regelung in § 77 Abs. 6 BetrVG in Literatur und Rechtsprechung keineswegs einheitlich verstanden wird.

Neben einer undifferenzierten Bejahung der Fortgeltung der Bestimmungen in einer gekündigten Betriebsvereinbarung, die einen erzwingbaren Mitbestimmungstatbestand regelte[189], steht eine differenzierte Betrachtung von Betriebsvereinbarungen, die Inhalte von Arbeitsverhältnissen regelten und solchen, die nicht unmittelbar den Inhalt von Arbeitsverhältnissen gestalteten. Dabei ist man sich einig, dass die Nachwirkung für beide Arten gilt[190]. Hinsichtlich der erzwingbaren Inhaltsnormen besteht aber insoweit keine Einigkeit, ob von der Nachwirkung nur die Arbeitsverhältnisse

---

183 *Richardi*, BetrVG, § 95 Rd.Nr. 57; *Schlochauer* in *Hess/Schlochauer/Glaubitz*, BetrVG, § 95 Rd. Nr. 32.
184 *Fritz*, Auswahlrichtlinien, S. 114.
185 *Küchenhoff*, BetrVG, § 95 Anm. 1.
186 *Richardi*, BetrVG, § 95 Rd.Nr. 55; *Fritz*, Auswahlrichtlinien, S. 114.
187 S. unten Teil III § 6.
188 Zur Anwendbarkeit des § 77 Abs. 6 BetrVG auf Auswahlrichtlinien: *Richardi*, BetrVG, § 77 Rd.Nr. 149 und § 95 Rd.Nr. 56.
189 *Hess* in *Hess/Schlochauer/Glaubitz*, BetrVG, § 77 Rd.Nr. 229.
190 *Kreutz* in GK-BetrVG, § 77 RdNr. 337; *Fitting*, BetrVG, § 77 Rd.Nr. 152; *Löwisch* in *Galperin/Löwisch*, BetrVG, § 77 Rd.Nrn. 43 f.; *Richardi*, BetrVG, § 77 Rd.Nrn. 149, 151.

betroffen werden, die zum Zeitpunkt der Geltung der Betriebsvereinbarung bereits begründet waren[191] oder auch nachträglich begründete Arbeitsverhältnisse[192].

Richardi grenzt darüber hinaus die Nachwirkung von der Weitergeltung ab. Während die Nachwirkung ausschließlich die Wirkung der abgelaufenen bzw. gekündigten Betriebsvereinbarung auf den Inhalt von Arbeitsverhältnissen bezeichnet[193], beschränkt sich die Weitergeltung nach Ablauf der Betriebsvereinbarung, wie sie in § 77 Abs. 6 BetrVG geregelt ist, nicht auf Betriebsvereinbarungen, die mitbestimmungspflichtige Angelegenheiten für den Inhalt des Arbeitsverhältnisses regeln, sondern sie gilt allgemein für alle Vereinbarungen, in denen ein Spruch der Einigungsstelle die Einigung zwischen Arbeitgeber und Betriebsrat ersetzen kann[194]. Bei freiwilligen Betriebsvereinbarungen zum Inhalt des Arbeitsverhältnisses geht deshalb Richardi davon aus, dass eine Weitergeltung nach § 77 Abs. 6 BetrVG ausscheidet, aber eine Nachwirkung in analoger Anwendung von § 4 Abs. 5 TVG eintritt. Diese erfasse allerdings nicht erst nach Abschluss der Betriebsvereinbarung begründete Arbeitsverhältnisse[195].

Soweit Auswahlrichtlinien als Betriebsnormen angesehen werden, denen eine unmittelbare Wirkung auf das Einzelarbeitsverhältnis fehlt[196], braucht dieser Kontroverse nicht weiter nachgegangen zu werden. Die Weitergeltung unterfällt dann in jedem Fall dem Regelungsbereich von § 77 Abs. 6 BetrVG.

Das bedeutet, dass Auswahlrichtlinien in Betrieben mit mehr als 500 Beschäftigten nach § 77 Abs. 6 BetrVG weitergelten, da hier ein Spruch der Einigungsstelle die Einigung zwischen Arbeitgeber und Betriebsrat ersetzen kann, weil sowohl Arbeitgeber als auch Betriebsrat die Einigungsstelle anrufen können[197].

Für Auswahlrichtlinienvereinbarungen in Betrieben mit weniger als 500 Beschäftigten, bei denen also lediglich der Arbeitgeber die Einigungsstelle anrufen kann, wenn

---

191 *Löwisch* in *Galperin/Löwisch*, BetrVG, § 77 Rd.Nr. 43; *Stege/Weinspach*, BetrVG, § 77 Rd.Nr. 44; so zur Nachwirkung von Inhaltsnormen in einem Tarifvertrag die ständige Rechtsprechung bestätigend BAG vom 22.7.1998 - 4 AZR 403/97, BB 1998, 2366.

192 *Richardi*, BetrVG, § 77 Rd.Nr. 153; *Fitting*, BetrVG, § 77 Rd.Nr. 156; *Kreutz* in GK-BetrVG, § 77 Rd.Nr. 342; *Berg* in *Däubler/Kittner/Klebe*, BetrVG, § 77 Rd.Nr. 61; *Herschel*, ZfA 1976, 89/99; *Gnade/Kehrmann/Schneider/Blanke*, BetrVG, § 77 Rd.Nr. 58.

193 *Richardi*, BetrVG, § 77 Rd.Nr. 152.

194 *Richardi*, BetrVG, § 77 Rd.Nr. 151.

195 *Richardi*, BetrVG, § 77 Rd.Nr. 155; *Blomeyer*, DB 1990, 173/175; *Schwerdtner*, ZfA, 1975, 171/192; *Loritz*, RdA 1991, 65/75; a.A. *Rech*, Nachwirkung, S. 20 ff.; BAG vom 28.4.1998 AP Nr. 11 zu § 77 BetrVG 1972 Nachwirkung mit zustimmender Anmerkung *Rech*.

196 *Richardi*, BetrVG, § 95 Rd.Nr. 8.

197 *Fitting*, BetrVG, § 95 Rd.Nr. 12; *Hanau*, BB 1972, 451/452; *Löwisch* in *Galperin/Löwisch*, BetrVG, § 95 Rd.Nr. 25; a.A. *Kraft*, in GK-BetrVG, § 95 Rd.Nr. 39; *Zöllner* in FS G. Müller, S. 665/674, der es für "nicht glücklich" hält, Erwägungen über eine Nachwirkung gekündigter Auswahlrichtlinien anzustellen; es bestehe "kein nur irgendwie dringendes Bedürfnis" dafür. Die Nachwirkung sei deshalb verfehlt, weil es sich bei den Auswahlrichtlinien nicht um auf das Arbeitsverhältnis einwirkende Normen handle; *Vogt*, Personal-Auswahlrichtlinien, S. 48 f.

es zu keiner Einigung über die Aufstellung von Auswahlrichtlinien kommt, wird eine Weitergeltung gem. § 77 Abs. 6 BetrVG in der Literatur mehrheitlich abgelehnt[198]. Man folgt dabei grundsätzlich der in der Literatur vorgenommenen Gleichsetzung von Angelegenheiten, in denen der Spruch der Einigungsstelle die Einigung zwischen Arbeitgeber und Betriebsrat ersetzen kann, mit der sogenannten notwendigen Mitbestimmung[199].

Der Wortlaut von § 77 Abs. 6 BetrVG stellt allerdings nur darauf ab, ob ein Spruch der Einigungsstelle die Einigung zwischen Arbeitgeber und Betriebsrat ersetzen kann, nicht aber, wer die Einigungsstelle anrufen kann[200]. Zwar gibt es eine Reihe von Angelegenheiten, in denen bei fehlender Einigung nur der Arbeitgeber oder nur der Betriebsrat die Einigungsstelle anrufen kann[201], nur bei den Auswahlrichtlinienvereinbarungen handelt es sich aber um eine auf Dauer angelegte Vereinbarung, so dass insoweit nur dort die Frage der Kündigung und damit auch die Frage der Weitergeltung auftritt. Ob deshalb abweichend vom Wortlaut in § 77 Abs. 6 BetrVG die Nachwirkung auf solche Vereinbarungen zu beschränken ist, in denen sowohl Betriebsrat als auch Arbeitgeber die Einigungsstelle anrufen können, hängt davon ab, ob sonst im Rahmen des § 95 Abs. 1 BetrVG unbillige, vom Gesetzgeber nicht gewollte Ergebnisse auftreten würden. Dies ist jedoch nicht der Fall, wenn man die im Rahmen von § 95 Abs. 1 BetrVG auftretenden Fallgestaltungen betrachtet. Will der Arbeitgeber an den alten Auswahlrichtlinien - nach Kündigung durch den Betriebsrat - festhalten oder will er - nach eigener Kündigung oder nach Kündigung durch den Betriebsrat - neue einführen, so kann auf seinen Antrag hin die Einigungsstelle die Einigung zwischen ihm und dem Betriebsrat ersetzen. Will also der Arbeitgeber bei einer Kündigung der Vereinbarung über die Auswahlrichtlinien durch den Betriebsrat an diesen festhalten, oder kündigt er sie selbst, um sie durch neue zu ersetzen, so bleibt die Nachwirkung so lange bestehen, bis eine neue Vereinbarung geschlossen wurde oder der Arbeitgeber von der Aufstellung von Auswahlrichtlinien Abstand nimmt. Verzichtet der Arbeitgeber in einem Betrieb bis zu 500 Beschäftigte nämlich auf die Aufstellung von Auswahlrichtlinien, so kann die Einigungsstelle nicht mehr

---

198 *Richardi*, BetrVG, § 95 Rd.Nr. 56; *Fitting*, BetrVG, § 95 Rd.Nr. 12; *Löwisch* in *Galperin/Löwisch*, BetrVG, § 95 Rd.Nr. 18; *Meisel*, Mitwirkung, Rd.Nr. 124; *Matthes*, MünchArbR, § 349 Rd.Nrn. 34 f.; *Heinze*, Personalplanung, Rd.Nr. 65; *Schlochauer* in *Hess/Schlochauer/Glaubitz*, BetrVG, § 95 Rd.Nr. 39; *Fritz*, Auswahlrichtlinien, S. 114 f, für den Fall, dass trotz seiner Meinung nach grundsätzlicher Unkündbarkeit einer Auswahlrichtlinie nach § 95 Abs. 1 BetrVG durch den Betriebsrat eine beiderseitige Kündigung vereinbart worden sei, müsse davon ausgegangen werden, dass die Vereinbarung nach dem Willen der Betriebspartner nach Ablauf der Kündigungsfrist enden solle; a.A. *Gemählich*, Auswahlrichtlinien, S. 23 ff.

199 *Fitting*, BetrVG, § 77 Rd.Nr. 152; BAG vom 28.4.1998 AP Nr. 11 zu § 77 BetrVG 1972 Nachwirkung; *Richardi*, BetrVG, § 77 Rd.Nrn. 155 und 150: Für freiwillige Betriebsvereinbarungen sieht das Gesetz dagegen keine Weitergeltung vor.

200 Vgl. aber *Löwisch* in *Galperin/Löwisch*, BetrVG, § 77 Rd.Nr. 42; *Fitting*, BetrVG, § 77 Rd.Nr. 152.

201 Nur Arbeitgeber: § 37 Abs. 6 u. 7, § 38 Abs. 2 und § 95 Abs. 1 BetrVG; nur Betriebsrat: § 85 BetrVG.

entscheiden, und damit liegt die Voraussetzung für eine Nachwirkung nach § 77 Abs. 6 BetrVG nicht bzw. nicht mehr vor.

Stellt man auf die tatsächliche Anrufbarkeit der Einigungsstelle im konkreten Fall ab, dann trifft es nicht zu, dass die Möglichkeit, eine Richtlinienvereinbarung zu kündigen, leer läuft[202], wenn die oben aufgezeigten vom Gesetz in § 77 Abs. 6 BetrVG festgelegte Nachwirkung eintritt. Hierbei wird vor allem auf die Kündigung durch den Betriebsrat abgestellt, denn der Arbeitgeber kann die Nachwirkung, auch wenn er an Auswahlrichtlinien festhalten will, dadurch beseitigen, dass er auf jeden Fall durch den Spruch der Einigungsstelle eine neue Regelung herbeiführt. Wenn der Betriebsrat kündigt, so könnte der Arbeitgeber dadurch, dass nur er die Einigungsstelle anrufen kann, eine Perpetuierung der Nachwirkung eintreten lassen, indem er zwar mit dem Betriebsrat über Auswahlrichtlinien verhandelt, aber die Einigungsstelle nicht anruft. Will der Arbeitgeber überhaupt keine Auswahlrichtlinien mehr, dann entfällt, wie oben gesagt, mangels der Voraussetzung des § 77 Abs. 6 BetrVG sowieso eine Nachwirkung, da in diesem Fall die Einigungsstelle nicht angerufen werden kann. Gleiches gilt für den Fall, dass der Arbeitgeber zwar verhandelt, aber die Einigungsstelle nicht anruft. Hier gibt er zu erkennen, dass er in Wirklichkeit Auswahlrichtlinien nicht anstrebt. Nach dem Prinzip des venire contra factum proprium gilt hier nicht das Gesagte, nämlich, eine neue Vereinbarung abzuschließen, sondern das Erstrebte. Dies ist aber im vorliegenden Fall der Verzicht auf eine neue Vereinbarung, weil sonst der Arbeitgeber die Einigungsstelle anrufen würde. Ruft der Arbeitgeber also in angemessener Zeit die Einigungsstelle nicht an, fällt die Nachwirkung der alten Richtlinienvereinbarung weg, und zwar nicht, weil § 77 Abs. 6 BetrVG grundsätzlich nicht anwendbar wäre. Grund für die fehlende oder wegfallende Nachwirkung ist die Tatsache, dass in einem Betrieb mit bis zu 500 Beschäftigten, wenn der Arbeitgeber es nicht will, die Möglichkeit eines Spruchs der Einigungsstelle entfällt und damit die in § 77 Abs. 6 BetrVG aufgestellte Voraussetzung der Weitergeltung einer Betriebsvereinbarung und damit auch der Auswahlrichtlinien nach § 95 Abs. 1 BetrVG.

Die umfassende Anwendbarkeit von § 77 Abs. 6 BetrVG auf Auswahlrichtlinien bereitet somit im Gegensatz zu der in der Literatur vertretenen Meinung keine Schwierigkeiten. Im Gegenteil wird dadurch das mit der Aufstellung von Auswahlrichtlinien verfolgte Ziel, durch langfristige generelle Regelungen Personalmaßnahmen transparent zu machen, besser erreicht. Auch die Anwendbarkeit von § 77 Abs. 6 BetrVG steht somit der Einordnung der Auswahlrichtlinien unter die Betriebsvereinbarungen nicht entgegen.

---

[202] So aber *Löwisch* in *Galperin/Löwisch*, BetrVG, § 95 Rd.Nr. 18 und § 77 Rd.Nr. 42; *Fitting*, BetrVG, § 77 Rd.Nr. 152; *Kraft* in GK-BetrVG, § 95 Rd.Nr. 8.

§ 4 Auswahlrichtlinien als Normvereinbarungen bei Einstellungen, Versetzungen, Umgruppierungen und Kündigungen

1. Vorüberlegungen

Auch wenn es das Institut von Einstellungsrichtlinien bereits seit über 50 Jahren gibt und es wie aufgezeigt, auch in vielfältiger Weise Gegenstand von Erörterungen war, entsteht der Eindruck, dass Rechtsprechung und Literatur, nachdem Auswahlrichtlinien im Betriebsverfassungsgesetz 1952 nicht mehr ausdrücklich erwähnt waren, sich erst an den Begriff der Auswahlrichtlinien in § 95 BetrVG herantasten mussten[203]. Die fehlende ausdrückliche Einordnung der Auswahlrichtlinien unter die Betriebsvereinbarungen und, soweit dies von der Literatur vollzogen wurde die nach wie vor bestehenden Unklarheiten bezüglich des Rechtscharakters von Betriebsvereinbarungen, bildeten und bilden die eine Seite der Problematik[204]. Auf der anderen Seite werden im Gesetz zwar die personellen Maßnahmen Einstellung, Versetzung, Umgruppierung und Kündigung genannt, aber auch diese Begriffe waren in ihrer bisherigen Verwendung unterschiedlichen Interpretationen ausgesetzt und sind bis heute Gegenstand umfangreicher wissenschaftlicher Erörterungen und obergerichtlicher Entscheidungen[205].

Dazu kommt, dass von ihrer Struktur her sehr unterschiedliche Sachverhalte angesprochen sind, wobei es unklar bleibt, ob dies vom Gesetzgeber beabsichtigt war oder nicht[206]. So steht in § 95 BetrVG der Begriff der Einstellung nicht dem Betriff der Entlassung bzw. dem Begriff der Kündigung nicht der Begriff des Abschlusses des Arbeitsvertrages gegenüber. Da aber nicht zuletzt die Sachverhalte, auf die sie sich beziehen, entscheidend für den Rechtscharakter der Auswahlrichtlinien sind, müssen zunächst die Begriffe der jeweiligen Personalmaßnahmen, für die Auswahlrichtlinien abgeschlossen werden können, kurz behandelt werden.

---

203 Vgl. z.B. die unterschiedlichen Ausführungen von *Richardi*, ZfA 1972, Sonderheft S. 1/7 und FS Stahlhacke, 1995, S. 447/456.

204 Vgl. die grundlegende Arbeit von *G. Hueck*, Die Betriebsvereinbarung, die dennoch manche Frage offen ließ, so wie die Arbeit von *Richardi*, Kollektivgewalt und Individualwille bei der Gestaltung des Arbeitsverhältnisses, die in dieser Arbeit in Teil I § 3 zitierte Literatur.

205 So handelt es sich bei den in AP zu § 95 BetrVG abgedruckten Entscheidungen zu 2/3 nicht um Entscheidungen zu Auswahlrichtlinien, sondern um Entscheidungen zum Versetzungsbegriff, obwohl dieser erstmals im Gesetz definiert ist; vgl. auch BAG AP Nr. 98 zu § 99 BetrVG 1972 zum Einstellungsbegriff und die ablehnende Stellungnahme von *Kraft* in GK-BetrVG, § 99 Rd.Nr. 20.

206 Es ist nicht ausgeschlossen, dass der Gesetzgeber bei dem Begriff der Einstellung entsprechend dem damaligen Meinungsstand von der Begründung des Arbeitsverhältnisses ausgegangen ist.

2. Begriffe Einstellung, Versetzung, Umgruppierung und Kündigung

a) Einstellung

Rechtsdogmatisch ist der Einstellungsbegriff in § 95 BetrVG bedeutungsgleich mit dem Begriff der Einstellung in § 99 Abs. 1 BetrVG[207]. Einstellung liegt nach der Rechtsprechung des Bundesarbeitsgerichts weder in der tatsächlichen Eingliederung in den Betrieb noch im Abschluss eines Arbeitsvertrages[208]. Die Einstellung liegt vielmehr in der Zuweisung eines Arbeitsbereiches an eine betriebsfremde Person, mit der diese in den Betrieb eingegliedert wird[209]. Diese Zuweisung kann ohne Abschluss eines Arbeitsvertrages erfolgen, sie kann aber auch mit dem Abschluss eines Arbeitsvertrages verbunden sein. Selbst wenn zwischen Abschluss des Arbeitsvertrages und Arbeitsaufnahme ein längerer Zeitraum liegt, kann davon ausgegangen werden, dass in aller Regel bereits mit dem Abschluss des Arbeitsvertrages, sollte dieser nicht völlig unbestimmt sein, die Zuweisung eines Arbeitsbereiches verbunden ist. Insoweit bedarf es keiner weiteren Überlegungen bezüglich eines zeitlichen Auseinanderfallens von Arbeitsaufnahme und Arbeitsvertrag, da es weder auf das eine noch auf das andere ankommt. Es kommt auf den Willen des Arbeitgebers an, einen Arbeitsbereich zuzuweisen, sei es mit sofortiger Wirkung, sei es mit Wirkung für einen späteren Zeitpunkt.

Neben der Einstellung bei Beschäftigung als Arbeitnehmer erstreckt sich der Einstellungsbegriff auch auf die Übernahme von Arbeitsaufgaben, deren Erfüllung vom Arbeitgeber organisiert wird, d.h. auf die Aufnahme weisungsgebundener Tätigkeiten, mit denen der arbeitstechnische Zweck des Betriebes verwirklicht wird, ohne dass ein Arbeitsverhältnis begründet wird oder begründet werden soll[210].

Die personelle Maßnahme der Einstellung, für die Auswahlrichtlinien aufgestellt werden können, bezieht sich deshalb u.a. auch auf Mitarbeiter, die auf der Grundlage eines Gestellungsvertrages im Betrieb tätig werden, Leiharbeitnehmer, freie Mitarbeiter und sogar begrenzt auf Mitarbeiter von Fremdfirmen. Entscheidend ist, dass sie - was bei Mitarbeitern von Fremdfirmen nicht unbedingt der Fall ist -, den Weisungen des Betriebsinhabers unterworfen sind, um zusammen mit den im Betrieb schon beschäftigten Arbeitnehmern den arbeitstechnischen Zweck des Betriebs durch weisungsgebundene Tätigkeit zu verwirklichen[211].

---

207 *Richardi*, BetrVG, § 95 Rd.Nr. 22, *Matthes*, MünchArbR, § 349 Rd.Nr. 19, *Stege/Weinspach*, BetrVG, § 95 Rd.Nr. 9a, *Schlochauer* in *Hess/Schlochauer/Glaubitz*, BetrVG, § 95 Rd.Nr. 7, *Fitting*, BetrVG, § 95 Rd.Nr. 9, *Löwisch*, TK-BetrVG, § 95 Rd.Nr. 1, *Kraft* in GK-BetrVG, § 95 Rd.Nr. 29 verweisen zur Begriffsbestimmung auf die Kommentierung bei § 99 BetrVG.

208 BAG vom 28.4.1992 AP Nr. 98 zu § 99 BetrVG 1972.

209 *Richardi*, BetrVG, § 99 Rd.Nr. 30; BAG vom 28. 4.1992 AP Nr. 98 zu § 99 BetrVG 1972.

210 BAG vom 22.4.1997 AP Nr. 18 zu § 99 BetrVG 1972 Einstellung.

211 BAG vom 15.4.1986 AP Nr. 35 zu § 99 BetrVG 1972.

Einstellungsrichtlinien erfassen deshalb, wenn nichts anderes bestimmt ist oder sich aus dem Zusammenhang ergibt, auch solche Einstellungen, bei denen die Begründung eines Arbeitsverhältnisses nicht geplant ist[212]. Da bei den in der Praxis abgeschlossenen Einstellungsrichtlinien eine Bestimmung des Einstellungsbegriffs in aller Regel nicht aufgenommen ist, gelten sie somit für alle Fälle, die nunmehr von der Rechtsprechung unter dem Begriff der Einstellung subsumiert werden.

b) Versetzung

Im Gegensatz zum Einstellungsbegriff enthalten die in der Praxis abgeschlossenen Auswahlrichtlinien in der Regel eine Definition des Begriffs der Versetzung. Fast ausnahmslos wird nämlich die in § 95 Abs. 3 BetrVG enthaltene Definition des Versetzungsbegriffs wiederholt, ohne weitere Ausführungen dazu zu machen. Nach der Legaldefinition in § 95 Abs. 3 Satz 1 BetrVG ist die Versetzung i.S. des Betriebsverfassungsgesetzes die Zuweisung eines anderen Arbeitsbereiches, die voraussichtlich die Dauer von einem Monat überschreitet oder die mit einer erheblichen Änderung der Umstände verbunden ist, unter denen die Arbeit zu leisten ist. Dieser weitgefasste Versetzungsbegriff wird beschränkt durch § 95 Abs. 3 Satz 2 BetrVG. Danach gilt für Arbeitnehmer, die nach der Eigenart ihres Arbeitsverhältnisses üblicherweise nicht ständig an einem bestimmten Arbeitsplatz beschäftigt werden, die Bestimmung des jeweiligen Arbeitsplatzes nicht als Versetzung[213]. Versetzung kann als die durch eine Änderung des Tätigkeitsbereichs oder einen Ortswechsel bewirkte Statusveränderung innerhalb der betrieblichen Organisation beschrieben werden. Soweit aus der gesetzlichen Formulierung oder trotz dieser gesetzlichen Formulierung eine große Zahl von Rechtsstreitigkeiten in Bezug auf die Zuordnung einzelner Sachverhalte zum Versetzungsbegriff entstanden ist[214] und auch in der Literatur sich intensiv damit auseinandergesetzt wird[215], braucht dem im Zusammenhang mit Auswahlrichtlinien nicht weiter nachgegangen zu werden. Entscheidend ist, dass sich der Versetzungsbegriff und damit auch die Versetzungsrichtlinien auf die tatsächliche Zuweisung eines anderen Arbeitsbereichs beziehen. Ob diese Zuweisung auf Grund des Direktionsrechts des Arbeitsgebers erfolgen kann oder ob eine Änderung des Arbeitsvertrags ggf. eine Änderungskündigung auf der individualrechtlichen Ebene erforderlich wird, ist im Rahmen von Versetzungsrichtlinien unerheblich. Die individualrechtliche Ebene spielt bei Versetzungsrichtlinien keine Rolle. Die Zustimmung des

---

212 Vgl. *Richardi*, BetrVG, § 99 Rd.Nrn. 45 ff.; *Kraft* in GK-BetrVG, § 99 Rd.Nrn. 28 ff.; *Kittner* in *Däubler/Kittner/Klebe*, BetrVG, § 99 Rd.Nrn. 38 ff.; *Schlochauer* in *Hess/Schlochauer/Glaubitz*, BetrVG, § 99 Rd.Nrn. 17 ff.

213 Nach *Richardi*, BetrVG, § 99 Rd.Nr. 93 stehen Satz 1 und Satz 2 des § 95 Abs. 3 BetrVG in einem gesetzessystematischen Zusammenhang, der es ermöglicht durch eine abstrakt formulierte Typusbeschreibung festzulegen, was unter Versetzung zu verstehen ist.

214 Vgl. u.a. die Entscheidungen BAG AP Nrn. 4, 6, 8, 9, 11, 12, 13, 14, 15, 16, 17, 18, 20, 22, 23, 25, 26, 28, 30 – 35 zu § 95 BetrVG 1972.

215 Vgl. u.a. *v. Hoyningen-Huene/Boemke*, Die Versetzung; *Steigerwald*, Die personelle Beteiligung des Betriebsrat an der Versetzung von Arbeitnehmern; sowie die umfangreichen Ausführungen in der Kommentarliteratur zum Betriebsverfassungsgesetz.

Betriebsrats berührt deshalb die rechtsgeschäftliche Versetzungsanordnung des Arbeitgebers nicht[216]. Auf der betriebsverfassungsrechtlichen Ebene kommt es nur auf die tatsächliche Zuweisung eines anderen Arbeitsbereichs an[217]. Nur diese ist unwirksam, wenn die Zustimmung des Betriebsrats, weil die Maßnahme gegen eine Versetzungsrichtlinie nach § 95 BetrVG verstoßen würde, nicht erteilt wird und die Zustimmung auch nicht vom Arbeitsgericht ersetzt wird[218].

c) Umgruppierung

Umgruppierung ist die Änderung der Einreihung eines Arbeitnehmers in die Vergütungsgruppenordnung. Sie besteht in der Feststellung des Arbeitgebers, dass die Tätigkeit des Arbeitnehmers nicht - oder nicht mehr - den Merkmalen derjenigen Vergütungsgruppe entspricht, in die der Arbeitnehmer eingruppiert ist[219]. Bei der Umgruppierung handelt es sich um denselben Vorgang wie bei der Eingruppierung. Jedenfalls bei dem Regelfall[220] der Umgruppierung in eine andere Vergütungsgruppe eines Tarifvertrags handelt es sich dabei nicht um eine rechtsgestaltende Entscheidung des Arbeitgebers, sondern um einen Akt des Normvollzugs[221]. Auch wenn ein Entgeltsystem nicht durch Tarifvertrag oder Betriebsvereinbarung festgelegt ist, sondern lediglich der arbeitsvertraglichen Gestaltung zugrunde gelegt wird, ist die Eingruppierung bzw. Umgruppierung nur die Feststellung, welcher Gruppe der Arbeitnehmer zuzuordnen ist[222].

Anlass kann u.a. eine andere Tätigkeit sein oder die Korrektur einer irrtümlichen Eingruppierung aber auch die Änderung der Vergütungsordnung. Keine Rolle spielt, ob es sich um eine Höherstufung oder Herabstufung handelt, ebenso ob es sich bei der

---

216 *Richardi*, BetrVG, § 99 Rd.Nr. 288.

217 Vgl. *v. Hoyningen-Huene/Boemke*, Versetzung, S. 38: *Fitting*, BetrVG, § 99 Rd.Nr. 91; *Schlochauer* in *Hess/Schlochauer/Glaubitz*, BetrVG, § 99 Rd.Nr. 46.

218 BAG vom 26.1.1988 AP Nr. 50 zu § 99 BetrVG 1972; BAG vom 26.1.1993 AP Nr. 102 zu § 99 BetrVG 1972; vgl. *Richardi*, BetrVG, § 99 Rd.Nr. 289; *Fitting*, BetrVG, § 99 Rd.Nr. 206, hier wird nicht zwischen rechtsgeschäftlicher Versetzungsanordnung und tatsächlicher Zuweisung eines anderen Arbeitsbereiches unterschieden, so dass deshalb Richardi unrichtig für die Gegenmeinung zitiert wird; *Kittner* in *Däubler/Kittner/Klebe*, BetrVG, § 99 Rd.Nr. 218; unklar *Kraft* in GK-BetrVG, § 99 Rd.Nr. 124; a.A. *Schlochauer* in *Hess/Schlochauer/Glaubitz*, BetrVG, § 99 Rd.Nr. 9; *v. Hoyningen-Huene/Boemke*, Versetzung, S. 196.

219 BAG vom 20.3.1990 AP Nr. 79 zu § 99 BetrVG; *Richardi*, BetrVG, § 99 Rd.Nr. 77; *Fitting*, BetrVG, § 99 Rd.Nr. 78.

220 *Löwisch* in *Galperin/Löwisch*, BetrVG, § 99 Rd.Nr. 30 bezeichnen dies als „Normalfall".

221 *Richardi*, BetrVG, § 99 Rd.Nrn. 77,70; undifferenziert für alle Ein- bzw. Umgruppierungen: *Kraft* in GK-BetrVG, § 99 Rd.Nr. 20; *Schlochauer* in *Hess/Schlochauer/Glaubitz*, BetrVG, § 99 Rd.Nr. 33; *Kittner* in *Däubler/Kittner/Klebe*, BetrVG, § 99 Rd.Nr. 67; *Matthes*, MünchArbR, § 355 Rd.Nr. 8 i.V.m. Rd.nr. 3; *Löwisch* in *Galperin/Löwisch*, BetrVG, § 99 Rd.Nr. 33; *Fitting*, BetrVG, § 99 Rd. Nr. 73.

222 *Richardi*, BetrVG, § 99 Rd.Nr. 73.

Vergütungsgruppenregelung um einen Tarifvertrag, eine Betriebsvereinbarung oder eine einseitig vom Arbeitgeber aufgestellte Regelung handelt[223].

d) Kündigung

Auswahlrichtlinien nach § 95 BetrVG können auch für Kündigungen aufgestellt werden. Ohne dies ausdrücklich zu sagen, geht § 95 BetrVG ausschließlich von der Kündigung durch den Arbeitgeber aus.

Kündigung ist die einseitig empfangsbedürftige Willenserklärung, durch die das Arbeitsverhältnis für die Zukunft aufgehoben werden soll[224].
Sie ist nicht synonym mit dem Begriff der Entlassung. Die Entlassung ist vielmehr die Folge einer Kündigung, nämlich die durch die Kündigung des Arbeitgebers herbeigeführte Aufhebung des Arbeitsverhältnisses[225].

Die große Unterteilung der Kündigungen geht zunächst in ordentliche und außerordentliche Kündigungen[226].
Die ordentliche Kündigung kann nur unter Einhaltung der gesetzlichen, tarifvertraglich vorgeschriebenen oder einzelvertraglich vereinbarten Kündigungsfrist ausgesprochen werden (§ 622 BGB).
Die außerordentliche Kündigung kann dagegen fristlos erklärt werden, setzt aber einen wichtigen Grund voraus (§ 626 BGB)[227].

Auch für die ordentliche Kündigung werden jedoch, soweit sie vom Arbeitgeber ausgesprochen wird, in der Regel besondere Gründe verlangt (§ 1 KSchG).

Die Gründe für die vom Kündigungsschutzgesetz geforderte soziale Rechtfertigung der ordentlichen Kündigung können sein:
- dringende betriebliche Erfordernisse (betriebsbedingte Kündigung)
- Gründe in der Person des Arbeitnehmers (personenbedingte Kündigung)
- Gründe im Verhalten des Arbeitnehmers (verhaltensbedingte Kündigung).

Keine Rolle spielt daher, ob der Arbeitgeber mit der Kündigung ein Vertragsangebot unterbreitet, das Arbeitsverhältnis mit geändertem Vertragsinhalt fortzusetzen (Änderungskündigung). Für die Mitbestimmung im Rahmen von § 95 BetrVG kommt es ebenso wie für die Mitbestimmung im Rahmen des § 102 BetrVG auf die Kündigung an.

---

223 Die Umgruppierung ist regelmäßig keine konstitutive Maßnahme des Arbeitgebers sondern nur Rechtsanwendung. Die Mitbestimmung, auch durch die Aufstellung von Umgruppierungsrichtlinien, kann nur einer besseren Richtigkeitskontrolle dienen.
224 *A. Hueck* in *Hueck/Nipperdey*, Lehrbuch (7. Aufl.), Bd. I, S. 543 *Schaub*, § 123 Rd.Nr. 1.
225 BAG vom 3.10.1963 AP Nr. 9 zu § 15 KSchG, *Richardi*, BetrVG, § 102 Rd.Nr. 9.
226 *Richardi*, BetrVG, § 102 Rd.Nr. 10; *A. Hueck* in *HueckNipperdey*, Lehrbuch (7. Aufl.), Bd. I, S. 562.
227 *Richardi*, BetrVG, § 102 Rd.Nr. 10.

In § 95 BetrVG wird keine Unterscheidung getroffen, so dass grundsätzlich vom Wortlaut her keine Art der Kündigung ausgeschlossen ist. Inwieweit Kündigungsrichtlinien tatsächlich neben der betriebsbedingten Kündigung auch bei personen- und verhaltensbedingten sowie außerordentlichen Kündigungen in Frage kommen, ist im Rahmen von möglichen Inhalten für Auswahlrichtlinien zu behandeln[228]. Entscheidend ist, dass sich die Mitbestimmung bei Kündigungen auf einen Sachverhalt bezieht, der den Arbeitsvertrag betrifft, also auf der individualrechtlichen Ebene liegt, während bei der Mitbestimmung bei Einstellungen und Versetzungen diese Ebene nicht unmittelbar angesprochen wird.

3. Auswahlrichtlinien als Betriebsnormen.

Auswahlrichtlinien nach § 95 BetrVG sind Betriebsvereinbarungen[229]. Das Bundesarbeitsgericht kann deshalb Auswahlrichtlinien als den „Komplex derjenigen Normen, die - unter anderem - bestimmen, inwieweit Anforderungen fachlicher, persönlicher oder sonstiger Art allein oder neben sonstigen Umständen bei der Entscheidung über eine personelle Einzelmaßnahme zu berücksichtigen sind"[230] bezeichnen.

Als Einstellungsrichtlinien können sie der Gewährleistung der Berufsfreiheit dienen und stellen einen Baustein für den Ausbau des Rechts auf Arbeit dar[231]. Mit der Vereinbarung von Auswahlrichtlinien nach § 95 BetrVG legen die Betriebsparteien allgemeine Grundsätze fest, welche Gesichtspunkte der Arbeitgeber bei personellen Maßnahmen zu berücksichtigen hat[232]. Auswahlrichtlinien schränken den Zugang zum Beruf nicht ein, sondern sie ermöglichen den Zugang zum Arbeitsplatz, weil sie die Auswahlentscheidung an Kriterien binden, die sachgerecht und die Rechte derjenigen, die einen Arbeitsplatz suchen, wahren helfen. Durch die Aufstellung von Auswahlrichtlinien nach § 95 BetrVG wird verhindert, dass die Besetzung von Arbeitsplätzen von Umständen abhängig gemacht wird, die bei objektiver Betrachtung für den Arbeitsplatz keine Bedeutung haben[233]. Bereits im Vorfeld einer personellen Maßnahme sind die Gesichtspunkte, die der Arbeitgeber bei personellen Maßnahmen zu beachten hat, nämlich offenkundig. Dadurch werden aber die Hintergründe für personelle Maßnahmen, anders als bei Entscheidungen in Betrieben ohne Auswahlrichtlinien nach § 95 BetrVG, nicht nur offengelegt, sie werden auch überprüfbar.

---

228 Vgl. unten Teil III § 5
229 Vgl. oben § 2 Nr. 5.
230 BAG vom 31.1.1984 AP Nr. 3 zu § 95 BetrVG 1972.
231 Vgl. *Richardi*, Betriebsverfassung, S. 35, wo diese Aussage zwar hinsichtlich der Mitbestimmung nach § 94 BetrVG gemacht wird, aber auch die Mitbestimmung nach § 95 BetrVG in ihrer „Hilfsfunktion" für ein Recht auf Arbeit, S. 33 f. angeführt wird.
232 BAG vom 27.10.1992 AP Nr. 29 zu § 95 BetrVG 1972.
233 Vgl. *Richardi*, Betriebsverfassung, S. 35, im Hinblick auf die Begrenzung des Fragerechts durch die Mitbestimmung des Betriebsrats bei Personalfragebögen.

Unabhängig von personellen Einzelmaßnahmen besteht nämlich die Möglichkeit, die in Auswahlrichtlinien festgeschriebenen Auswahlgesichtspunkte in einem arbeitsgerichtlichen Verfahren auf ihre Vereinbarkeit mit der Rechtsordnung überprüfen zu lassen[234]. Betrachtet man Auswahlrichtlinien als Instrumentarium, das Funktionsvoraussetzung für Privatautonomie schafft und erhält[235], so stellt die Fragestellung, ob Einstellungsrichtlinien lediglich als Schutzvorschriften für den einzelnen Bewerber oder nur zugunsten der Belegschaft eines Betriebes gelten[236], sich als unzulässig verengte Betrachtungsweise dar.
Die Einstellungsrichtlinien gestalten in für alle Beteiligten - Arbeitgeber, Arbeitnehmer, Betriebsrat - unmittelbar verbindlicher Weise wesentliche Fragen des Verfahrens der Arbeitsplatzvergabe und der materiellen Kriterien hierfür.

Bedenken, dass Einstellungsrichtlinien damit auch einem Personenkreis - nämlich die Bewerber um einen Arbeitsplatz - erfassen, der (noch) nicht zum Betrieb gehört, lassen sich unter zweierlei Aspekten ausräumen.

Zum einen könnte der Gesetzgeber durch die Bestimmung in § 95 BetrVG, Einstellungsrichtlinien vereinbaren zu können, d.h. Regelungen schon im Vorfeld personeller Maßnahmen zu treffen, für diesen Fall die Wirkung von Betriebsvereinbarungen auch auf solche Personen ausgedehnt haben, die erst in den Betrieb eintreten wollen. Für die Rechtslage vor dem BetrVG 1952 wird das von G. Hueck zu Recht abgelehnt[237]. Auch das BetrVG 1952 hat eine solche Ausweitung nicht eingeführt. Es bleibt aber zu prüfen, ob der Gesetzgeber eine solche Erweiterung des Wirkungskreises der Betriebsvereinbarung nicht im BetrVG 1972 vollzogen hat. Eine solche Ausdehnung erscheint nicht willkürlich. So entsteht mit der Aufnahme von Vertragsverhandlungen zwischen den Verhandlungspartnern ein gesetzliches Schuldverhältnis, aus dem eine Reihe von Nebenpflichten erwachsen können. Das ist heute praktisch unbestritten[238]. Es sind dies insbesondere Aufklärungs-, Mitteilungs-, Obhuts- und Sorgfaltspflichten, deren Umfang durch § 242 BGB bestimmt wird. Auch ohne ausdrückliche gesetzliche Grundlage stellt bereits der soziale Kontakt die Verhandlungspartner unter vorvertragliche Verpflichtungen.

Einstellungsrichtlinien können diese vorvertraglichen Pflichten konkretisieren. Mit der Ermächtigung, Einstellungsrichtlinien nach § 95 BetrVG zu vereinbaren, hat der Gesetzgeber die Regelungskompetenz nicht grundsätzlich auf Personen außerhalb des

---

234 Vgl. unten § 6 Nr. 2.
235 Zum Gesamtkomplex der Mitbestimmung in allgemeinen personellen Angelegenheiten vgl. *Richardi*, Betriebsverfassung, S. 38.
236 Vgl. *Richardi*, FS-Stahlhacke, S. 447/449.
237 Vgl. *G. Hueck*, Betriebsvereinbarung, S. 38.
238 Vgl. BGH NJW 1979, 1983, *Heinrichs* in *Palandt*, BGB, § 276 Rd.Nrn. 65 ff. und *Löwisch* in *Staudinger*, BGB, Vorbem. 52 zu §§ 275 ff., die sogar von Gewohnheitsrecht sprechen; vgl. auch *Wolf* in *Larenz/Wolf*, Allgemeiner Teil, § 31; *Canaris* in *Larenz/Canaris*, Lehrbuch, Bd. II/2, § 75 I 4 c; *ders.* in 2. FS Larenz, S. 34 f., 84 ff., 102 ff.

Betriebes erweitert, sondern diese nur insoweit hineingenommen, wie sie als Bewerber in Kontakt mit dem Betrieb treten.

Auf der anderen Seite ist das Bundesarbeitsgericht davon ausgegangen, dass qualitative Besetzungsregelungen in einem Tarifvertrag mit der mit ihnen verbundenen Wirkung auf die Außenseiter ohne ausdrückliche gesetzliche Grundlage insoweit zulässig sind[239]. Kittner stellt zu Recht fest, dass es sich dabei um eine Konstellation handelt, die betriebsverfassungsrechtlich durch § 95 BetrVG geregelt ist. Auch bei den tarifvertraglichen Besetzungsregeln geht es einerseits wie bei Einstellungsrichtlinien um Wirkungen auf Außenstehende. Zum anderen geht es ebenso wie bei Einstellungsrichtlinien nicht um den Abschluss von Arbeitsverträgen, sondern, wie sich aus dem Einstellungsbegriff ergibt, um die Besetzung eines Arbeitsplatzes als objektiver Faktor[240]. Insoweit lassen sich die Aussagen des Bundesarbeitsgerichts auf den Rechtscharakter von Einstellungsrichtlinien übertragen. Auch die Normen der Einstellungsrichtlinien können keine Abschlussnormen sein, weil sie nicht auf das Arbeitsverhältnis abstellen. Die Einordnung der Einstellungsrichtlinien als Abschlussnormen wird heute nur noch vereinzelt vertreten[241]. Für tarifvertragliche Besetzungsregeln hat sie das Bundesarbeitsgericht ausdrücklich verworfen und festgestellt, dass diese Betriebsnormen sind[242]. Dabei hat der Erste Senat in diesem Beschluss unter Bezug auf Entscheidungen des Vierten Senats[243] auch entschieden, dass sich die Erstreckung der Rechtsnormen über betriebliche Fragen auf Außenseiter ohne Allgemeinverbindlichkeitserklärung in begrenztem Rahmen sachlich rechtfertigen lasse. Dies gelte nur insoweit, als entsprechende Bestimmungen in der sozialen Wirklichkeit aus tatsächlichen und rechtlichen Gründen nur einheitlich gelten könnten[244]. Genauso wie der Senat dies für die streitgegenständlichen Besetzungsregeln im tariflichen Bereich annimmt, gilt dies auch für Einstellungsrichtlinien im betriebsverfassungsrechtlichen Rahmen.

Einstellungsrichtlinien nach § 95 BetrVG sind deshalb ebenso wie die tarifvertragliche Besetzungsregeln Betriebsnormen[245]. Sie verpflichten den Arbeitgeber zu einem bestimmten Tun oder Unterlassen bei personellen Einzelmaßnahmen. Unabhängig wie groß der Ermessensspielraum des Arbeitgebers ist, bleibt er in Entscheidungs-

---

239 Vgl. BAG vom 26.4.1990 EzA § 4 TVG Druckindustrie Nr. 20 mit zustimmender Anm. *Kittner*.
240 Vgl. BAG vom 26.4.1990 EzA § 4 TVG Druckindustrie Nr. 20 unter B V 3 a.; vgl. auch *Richardi* mit der Ausführung, dass sich die Mitbestimmung bei Einstellungen nach § 99 BetrVG nicht auf den Abschluss des Arbeitsvertrages bezieht, *Richardi*, BetrVG, § 99 Rd.Nr. 27.
241 *Schaub*, Arbeitsrechts-Handbuch, § 238 Rd.Nr. 29, offensichtlich, weil der Einstellungsbegriff auf das Arbeitsverhältnis bezogen wird; ebenso *Fitting*, BetrVG, § 95 Rd.Nr. 6; früher auch *Adomeit*, BB 1971, 2360/2364; *Richardi*, ZfA 1972, Sonderheft S. 1/7.
242 BAG vom 26.4.1990 EzA § 4 TVG Druckindustrie Nr. 20 unter B V 3 a. mit ausführlicher Erörterung des Begriffs der Betriebsnormen unter B V 2.
243 BAG vom 21.1.1987 AP Nrn. 46 u. 47 zu Art. 9 GG.
244 BAG vom 26.4.1990 EzA § 4 TVG Druckindustrie Nr. 20.
245 So ausdrücklich *Richardi*, BetrVG, § 95 Rd.Nr. 8 und in FS Stahlhacke, S. 447/456; den Normcharakter überhaupt lehnt *Zöllner*, FS G. Müller, S. 665/673 ab.

verfahren und bis zu einem gewissen Grad im Entscheidungsergebnis im Rahmen einer zulässigen Auswahlrichtlinienvereinbarung an diese gebunden. Diese Bindung des Arbeitgebers gilt nicht nur gegenüber dem Betriebsrat[246]. Sie gilt für alle von den Personalmaßnahmen Betroffenen und zwar unabhängig davon, ob der Einzelne einen individualrechtlichen Erfüllungsanspruch geltend machen kann[247]. Die Schutzfunktion für die von personellen Einzelmaßnahmen Betroffenen und für die gesamte Belegschaft hängt nicht davon ab, wie die Einhaltung der Verpflichtungen durchgesetzt werden kann. Sie hängt vielmehr von der Verbindlichkeit einer Regelung ab. In diesem Sinn besteht kein Widerspruch, wenn gesagt wird, dass Auswahlrichtlinienvereinbarungen keine unmittelbare normative Wirkung auf die Arbeitsverhältnisse haben[248], gleichwohl ihnen aber eine normative Wirkung zugesprochen wird[249]. Die Aussage bezieht sich nämlich zum einen auf die individualrechtliche, zum anderen auf die kollektivrechtliche Ebene.

In dieser Arbeit wird grundsätzlich davon ausgegangen, dass es sich bei Auswahlrichtlinien nach § 95 BetrVG um Betriebsvereinbarungen handelt und formlose Absprachen deshalb keine Auswahlrichtlinien nach § 95 BetrVG sein können[250]. Deshalb bedarf es auch keiner Auseinandersetzung mit der Frage, ob formlose Absprachen als Rechtsnormen anzusehen sind, sofern ihr Regelungsinhalt nur einen Drittbezug hat, auch wenn sie keine normative Wirkung entfalten[251]. Betriebsvereinbarungen, wie es die Einstellungsrichtlinien nach § 95 BetrVG sind, haben nicht nur Drittbezüge, sondern sie haben Drittwirkung. Die Betriebsvereinbarung und damit auch Auswahlrichtlinien nach § 95 BetrVG wirken unabhängig vom Willen des Einzelnen. Grundlage dafür ist die gesetzliche Bestimmung in § 77 Abs. 4 BetrVG, durch die die unmittelbare und zwingend Geltung - nichts anderes bezeichnet die normative Wirkung - legitimiert wird[252].

Soweit Versetzungsrichtlinien ebenfalls sich nur auf die Zuweisung - im Gegensatz zur Einstellung nicht eine erstmalige, sondern eine andere - eines Arbeitsbereiches beziehen, können auch Versetzungsrichtlinien auf der individualrechtlichen Vertragsebene keine Wirkungen entfalten, sondern sich nur auf die tatsächliche Stellung des

---

246 A.A. *Richardi*, FS Stahlhacke, S. 447/456 und BetrVG, § 95 Rd.Nr. 8.

247 Vgl. *Richardi*, BetrVG, § 77 Rd.Nrn. 126 f.

248 *Matthes*, MünchArbR, § 349 Rd.Nr. 39; *Richardi*, FS Stahlhacke, S. 447/456; *Richardi*, BetrVG, § 95 Rd.Nr. 8; *Klebe* in *Däubler/Kittner/Klebe*, BetrVG, § 95 Rd.Nr. 3.

249 *Richardi*, BetrVG, § 95 Rd.Nr. 3; *Fitting*, BetrVG, § 95 Rd.Nr. 6; jede normative Wirkung lehnen ab: *Kraft* in GK-BetrVG, § 95 Rd.Nr. 9, *Zöllner*, FS G. Müller, S. 665/673; *Schlochauer* in *Hess/Schlochauer/Glaubitz*, BetrVG, § 95 Rd.Nr. 5 spricht zwar von einer eingeschränkten Normwirkung, die dann aber als lediglich schuldrechtliche Verpflichtung definiert wird.

250 Vgl. oben § 2 Nr. 5; vgl. auch *Richardi*, ZfA 1972, Sonderheft S. 1/8: Da die vom Gesetz her geforderte Einigung zwischen Arbeitgeber und Betriebsrat Rechtsnormen schafft, genügt nicht eine bloß formlose Betriebsabsprache, sondern ist der Abschluss einer Betriebsvereinbarung erforderlich.

251 *Richardi*, FS Stahlhacke, S. 447/456.

252 Vgl. *Waltermann*, Rechtsetzung, S. 99 ff.

Arbeitnehmers im Betrieb beziehen. Auch sie können somit keine unmittelbare Wirkung auf das Arbeitsverhältnis der betroffenen Arbeitnehmer haben, sind gleichzeitig wegen ihrer unmittelbaren und zwingenden Wirkung aber Betriebsnormen, da sie ein betriebsverfassungsrechtliches Beschäftigungsverbot bewirken.

Da die Umgruppierung kein Akt der Rechtsgestaltung, sondern der Rechtsanwendung ist, also von vornherein eine normative Wirkung von Umgruppierungsrichtlinien auf das Arbeitsverhältnis ausscheidet, andererseits aber Verfahrensregeln, wie die turnusmäßige Überprüfung der Eingruppierung eine Verpflichtung des Arbeitgebers gleichermaßen gegenüber allen Betriebsangehörigen begründet, können auch sie als Betriebsnormen angesehen werden.

4. Kündigungsrichtlinien als Beendigungsnormen

Lediglich Kündigungsrichtlinien knüpfen an einen individualrechtlichen Sachverhalt an, nämlich die Beendigung des Arbeitsverhältnisse. Soweit Kündigungsrichtlinien Verfahrensregelungen enthalten, kann wie bei Einstellungs-, Versetzungs- und Umgruppierungsrichtlinien ebenfalls nicht von Inhalts- oder Beendigungsnormen gesprochen werden. Diese Kündigungsrichtlinien wirken nicht unmittelbar auf das Arbeitsverhältnis ein. Sie begründen ebenfalls nur eine Verpflichtung des Arbeitgebers gegenüber allen von einer Kündigung Betroffenen. Auch hierbei handelt es sich um Betriebsnormen.

Etwas anders gilt, soweit Kündigungsrichtlinien materielle Regelungen für Kündigungen enthalten. Wenn in einer Betriebsvereinbarung Bedingungen für eine Kündigung festgelegt sind, dann hat diese Betriebsvereinbarung ihre Rechtsgrundlage in § 95 BetrVG, ist also eine Auswahlrichtlinie[253]. Soweit es um die Festlegung von Kündigungsfristen geht, wird der Inhalt des Einzelarbeitsverhältnisses bestimmt. Dies gilt aber auch, soweit sich Kündigungsrichtlinien auf die Sozialauswahl nach § 1 Abs. 3 KSchG beziehen. § 1 Abs. 4 KSchG eröffnet den Betriebspartnern einen Beurteilungsspielraum, der durch Kündigungsrichtlinien ausgefüllt werden kann[254]. Insoweit haben auch die Festlegungen in Kündigungsrichtlinien, die die Kriterien für die Sozialauswahl betreffen, Auswirkungen auf die soziale Rechtfertigung der Kündigung und damit auf den Inhalt bzw. die Beendigung von Arbeitsverhältnissen.

Ob man auch insoweit von einer unmittelbaren Auswirkung auf den Bestand des Arbeitsverhältnisses ausgeht, ist eine Frage der Beurteilung der Rechtsfolgen, die sich aus der Anwendung der Richtlinien ergeben. Geht man davon aus, dass auch dann eine unmittelbare und zwingende Wirkung auf das Arbeitsverhältnis gegeben ist,

---

[253] Vgl. *Veit*, Zuständigkeit, S. 361 f.
[254] Vgl. unten Teil III § 5 Nr. 2 b und Teil IV § 4 Nr. 3.

wenn die Rechtsfolge nicht die Nichtigkeit der Kündigung ist, kann von einer unmittelbaren und zwingenden Wirkung ausgegangen werden[255]. Es genügt, dass der betroffene Arbeitnehmer in einem Kündigungsschutzprozess eine neue Rechtsposition im Hinblick auf den Bestand seines Arbeitsverhältnisses erwirbt. Neben dem Widerspruch des Betriebsrats ist es die rechtzeitige Erhebung der Kündigungsschutzklage - die im Verfügungsbereich des Arbeitnehmers steht -, die zur Feststellung der fehlenden sozialen Rechtfertigung und damit zur Unwirksamkeit der Kündigung führt. Da diese Voraussetzungen, d.h. auch der Richtlinienverstoß nebeneinander - wenn auch nur miteinander - Auswirkungen auf den Bestand des Arbeitsverhältnisses haben, kann man von der Kündigungsrichtlinie insoweit als Beendigungsnorm sprechen.

Für den Rechtscharakter der Kündigungsrichtlinien nach § 95 BetrVG kommt es deshalb darauf an, ob darin Verfahrensfragen geregelt werden. Insoweit handelt es sich um Betriebsnormen. Bei den Kündigungsrichtlinien oder den Teilen von Kündigungsrichtlinien, die materielle Regelungen im Hinblick auf auszusprechende Kündigungen enthalten, handelt es sich um Beendigungsnormen.

---

[255] Vgl. *Richardi*, ZfA 1972, Sonderheft S. 1/7.

III. Teil

Inhalt der Auswahlrichtlinien

§ 1 Grundsätzliche Vorüberlegungen

1. Unterschiedlicher Mitbestimmungstatbestand in § 95 Abs. 1 und Abs. 2 BetrVG

Nachdem die im Gesetz gebrauchten Begriffe und der Charakter der Auswahlrichtlinien untersucht worden sind, muss nun der mögliche Inhalt von Auswahlrichtlinien abgegrenzt werden. Dabei ist eine grundsätzliche Unterscheidung voranzustellen.

Von seinem Wortlaut her unterscheidet § 95 BetrVG zwischen Richtlinien über die personelle Auswahl bei Einstellungen, Versetzungen, Umgruppierungen und Kündigungen, die der Zustimmung des Betriebsrats bedürfen, in Abs. 1 und zwischen Richtlinien, deren Aufstellung der Betriebsrat in Betrieben mit mehr als 500 Arbeitnehmern verlangen kann, über die bei diesen Maßnahmen zu beachtenden sachlichen und persönlichen Voraussetzungen und sozialen Gesichtspunkte in Abs. 2. Dieser Wortlaut spricht dafür, dass das Initiativrecht des Betriebsrats gegenüber dem Zustimmungsrecht eingeschränkt ist[1]. Geht man jedoch davon aus, dass für Auswahlrichtlinien generell ausschließlich Merkmale in der Person des Arbeitnehmers maßgebend sein sollen, so stellt die Festlegung auf sachliche und persönliche Voraussetzungen und soziale Gesichtspunkte keine Beschränkung, sondern eine Beschreibung dar, die sowohl für das Initiativrecht als auch für das in § 95 Abs. 1 BetrVG enthaltene Zustimmungsrecht gilt[2]. Dass die Präzisierung des Regelungsbereichs erst im Abs. 2 erfolgt, kann man damit erklären, dass eine solche erst wegen des dort enthaltenen Initiativrechts notwendig wird[3].

Das Bundesarbeitsgericht hat die Frage bisher nicht endgültig entschieden. Ausdrücklich dahingestellt lässt das Bundesarbeitsgericht in seiner Entscheidung vom 31.5.1983[4], ob sich der Begriff der Auswahlrichtlinien - und damit ihr Inhalt - von § 95 Abs. 2 BetrVG mit dem des Absatzes 1 dieser Vorschrift deckt. Ein Hinweis darauf, dass das Bundesarbeitsgericht Auswahlrichtlinien nach § 95 BetrVG, die über die in § 95 Abs. 2 BetrVG festgelegten Kriterien hinausgehen, zulässt, kann der Entscheidung vom 31.1.1984[5] entnommen werden. Dort werden Auswahlrichtlinien als „der Komplex derjenigen Normen bezeichnet, die – unter anderem – bestimmen, inwie-

---

1 So z.B. *Richardi*, ZfA 1972, Sonderheft, S. 1/8.
2 *Richardi*, BetrVG, § 95 Rd.Nr. 12.
3 *Richardi*, BetrVG, § 95 Rd.Nr. 13; *Weiss/Weyand*, BetrVG, § 95 Rd.Nr. 5; *Richardi*, FS Stahlhacke, S. 447/450 f.
4 AP Nr. 2 zu § 95 BetrVG 1972.
5 AP Nr. 3 zu § 95 BetrVG.1972.

weit Anforderungen fachlicher, persönlicher oder sonstiger Art allein oder neben sonstigen Umständen bei der Entscheidung über eine personelle Einzelmaßnahme zu berücksichtigen sind“[6]. Diese Umschreibung der Auswahlrichtlinien geht deutlich über den festgesetzten möglichen Inhalt von Auswahlrichtlinien nach § 95 Abs. 2 BetrVG hinaus. Jedenfalls die Formulierung „unter anderem“ lässt weitere Inhalte, die nicht in § 95 Abs. 2 BetrVG aufgeführt sind, zu. Es kann also davon ausgegangen werden, dass das Bundesarbeitsgericht von einer Verschiedenheit des Mitbestimmungstatbestands in § 95 Abs. 1 und § 95 Abs. 2 BetrVG ausgeht. Eine ausdrückliche Beschäftigung mit dieser Frage ist jedoch den Entscheidungen des Bundesarbeitsgerichts bisher nicht zu entnehmen.

In der Literatur wird vor allem von Richardi die Meinung vertreten, bei den Unterschieden in § 95 Abs. 1 und Abs. 2 BetrVG handele es sich nicht um eine Verschiedenheit des Mitbestimmungstatbestands, sondern lediglich um eine Verschiedenheit des Mitbestimmungsrechts[7]. Diese Meinung wird teils mit ähnlicher, teils ohne Begründung von einer Reihe von weiteren Autoren vertreten[8]. Dieses Ergebnis drängt sich insbesondere auch denen auf, die als konstitutiv für die Auswahlrichtlinien eine Auswahlentscheidungen unter mehreren Kandidaten ansehen. Bei dieser Auswahl unter mehreren Bewerbern kann es auf den ersten Blick nur um die Berücksichtigung der in Abs. 2 genannten Gesichtspunkte gehen, da bei dieser Auswahlentscheidung alle anderen Gesichtspunkte nicht sachgerecht und somit willkürlich wären. Bei dieser Auswahlentscheidung geht es nämlich nicht mehr um die Frage, ob und wie eine Personalmaßnahme getroffen wird, sondern wer von ihr betroffen ist.

Unbestritten ist, dass es bei der Regelung in Abs. 1 und Abs. 2 von § 95 BetrVG um eine Verschiedenheit des Mitbestimmungsrechts geht. Die Meinung, die in den Regelungen des § 95 BetrVG auch von einem unterschiedlichen Mitbestimmungstatbestand in Abs. 1 und Abs. 2 ausgeht, findet jedoch immer mehr Anhänger[9]. Zöllner schließt dies aus der Formulierung der beiden Absätze in § 95 BetrVG. Er geht davon aus, dass bei voller Kongruenz des Gegenstandes der Richtlinien in Abs. 2 mit dem in Abs. 1 es „gesetzgeberisch zwingend geboten“ gewesen wäre, in Abs. 2 von „Richtlinien nach Abs. 1“ zu sprechen, statt verengende Merkmale hinzuzufügen[10].

---

6 Unter B II 2 der Entscheidung.

7 *Richardi*, BetrVG, § 95 Rd.Nr. 13; *Richardi*, FS Stahlhacke, S. 447/450 f., 455; von einer Einschränkung für das Initiativrecht zum Erlass von Auswahlrichtlinien geht *Richardi* allerdings in ZfA 1972, Sonderheft, S. 1/8 aus.

8 *Gäde*, Freiheit, S. 135; *Hunold*, DB 1976, 98/102; *Peltzer*, DB 1972, 1164/1166; *Weiss/Weyand*, BetrVG, § 95 Rd.Nr. 5; *Heinze*, Personalplanung, Rd.Nr. 67; *Matthes*, MünchArbR, § 349 Rd.Nr. 5.

9 *Kraft* in GK-BetrVG, § 95 Rd.Nr. 19; *Löwisch* in *Galperin/Löwisch*, BetrVG, § 95 Rd.Nr. 26; *Fitting*, BetrVG, § 95 Rd.Nr. 11; *Schlochauer* in *Hess/Schlochauer/Glaubitz*, BetrVG, § 95 Rd.Nr. 7; *Klebe* in *Däubler/Kittner/Klebe*, BetrVG, § 95 Rd.Nr. 17; *Meisel*, Mitwirkung, Rd.Nr. 125; *Stahlhacke*, BlStSozArbR 1972 51/53; *Weller*, RdA 1986, 222/226; *Fritz*, Auswahlrichtlinien, S. 100 ff.; *Zöllner*, FS G. Müller, S. 665/679 f.

10 *Zöllner*, FS G. Müller, S. 665/679 f.

Viele Autoren, die in Abs. 1 und Abs. 2 von § 95 BetrVG Regelungen über unterschiedliche Mitbestimmungstatbestände sehen, gehen davon aus, dass der Unterschied insbesondere in der Befugnis für die in § 95 BetrVG genannten Personalmaßnahmen Verfahrensregeln aufzustellen liegt[11]. Sie gehen davon aus, dass Verfahrensregelungen nicht von § 95 Abs. 2 BetrVG erfasst werden. Regelungen über das bei Auswahlentscheidungen zu beachtende Verfahren seien „nun einmal nicht Richtlinien über die bei solchen Entscheidungen zu beachtenden fachlichen und persönlichen Voraussetzungen"[12]. Angesichts der Unschärfe der Formulierungen im Betriebsverfassungsgesetz bleibt eine solche Auslegung aus dem Wortlaut immer angreifbar. Allerdings erscheint es sinnvoll, davon auszugehen, dass dem Arbeitgeber nicht eine bestimmte Art und Weise der betrieblichen Personalverwaltung vorgeschrieben werden kann, so dass Verfahrensregeln nicht nach § 95 Abs. 2 BetrVG erzwungen werden können[13].

Soweit von einheitlichen Mitbestimmungstatbeständen in § 95 Abs. 1 und Abs. 2 BetrVG ausgegangen wird, werden Verfahrensregeln für zulässig gehalten. Dies bedeutet, dass insoweit ein erzwingbares Mitbestimmungsrecht des Betriebsrats auch für Verfahrensregeln angenommen wird[14]. Obwohl er unterschiedliche Mitbestimmungstatbestände annimmt, geht Klebe davon aus, dass Verfahrensgrundsätze in Auswahlrichtlinien nach § 95 Abs. 2 BetrVG festgelegt, d.h. vom Betriebsrat erzwungen werden können[15].

Auf der anderen Seite wird auch die Meinung vertreten, Verfahrensregeln könnten überhaupt nicht Gegenstand von Auswahlrichtlinien nach § 95 BetrVG sein[16]. Eine Begründung wird hierfür nicht gegeben.

Es ist somit mit der nahezu einhellig vertretenen Meinung davon auszugehen, dass Verfahrensregeln nach § 95 BetrVG in Auswahlrichtlinien vereinbart werden können. Sie nehmen auch in der Praxis einen breiten Raum ein[17]. Zwar bedürfen Personalfragebogen nach § 94 BetrVG der Zustimmung des Betriebsrats, so dass insoweit eine Regelung auf der Grundlage von § 95 BetrVG ausscheidet, aber die Art und

---

[11] *Kraft* in GK-BetrVG, § 95 Rd.Nr. 19; *Löwisch* in *Galperin/Löwisch*, BetrVG, § 95 Rd.Nr. 26; *Schlochauer* in *Hess/Schlochauer/Glaubitz*, BetrVG, § 95 Rd.Nr. 7; *Zöllner*, FS G. Müller, S. 665/682; *Sahmer*, BetrVG, § 95 Rd.Nr. 1; *Stege/Weinspach*, BetrVG, § 95 Rd.Nr. 9a.

[12] *Zöllner*, FS G. Müller, S. 665/682.

[13] *Löwisch* in *Galperin/Löwisch*, BetrVG, § 95 Rd.Nr. 26; vgl. auch *Lichtwer*, Personal 1974, 210.

[14] So *Richardi*, BetrVG, § 95 Rd.Nr. 14 mit der gegenüber den Ausführungen von *Zöllner* in FS G. Müller, S. 665/682 nicht überzeugenden Argumentation, der Gesetzestext in § 95 Abs. 2 BetrVG gebiete keine Einschränkung in Bezug auf Verfahrensregeln; vgl. auch *Weller*, RdA 1986, 222/227.

[15] In *Däubler/Kittner/Klebe*, BetrVG, § 95 Rd.Nr. 18; undifferenziert gehen von der Zulässigkeit von Verfahrensregeln aus: *Fitting*, BetrVG, § 95 Rd.Nr. 22; *Vogt*, Personal-Auswahlrichtlinien, S. 47.

[16] *Weiss/Weyand*, BetrVG, § 95 Rd.Nr. 4; differenzierend *Matthes*, MünchArbR, § 349 Rd.Nr. 15; *Stoltenberg*, Fragebögen S. 138.

[17] Soweit bei einer Umfrage im Dezember 2000 in deutschen Großunternehmen Auswahlrichtlinien bestanden, enthielten alle auch Verfahrensregeln.

Weise, wie sich der Arbeitgeber zusätzliche Informationen über die fachlichen und persönlichen Eigenschaften eines Kandidaten verschafft, ist nicht geregelt. Schon seit längerer Zeit sind z.B. psychologische Testverfahren und graphologische Gutachten ins Kreuzfeuer der Kritik geraten.

Verfahrensrichtlinien hierzu sind sehr wohl "Richtlinien über die personelle Auswahl" i.S. von § 95 Abs. 1 BetrVG, bei denen ein Zustimmungsrecht des Betriebsrats besteht. Es sind jedoch keine Richtlinien über die zu beachtenden fachlichen und persönlichen Voraussetzungen und sozialen Gesichtspunkte, für die nach § 95 Abs. 2 BetrVG ein Initiativrecht des Betriebsrats besteht. Als erzwingbar umschreibt das Gesetz ausdrücklich nur die zu beachtenden Voraussetzungen, also die Auswahlkriterien, nicht aber das Auswahlverfahren.

Darüber hinaus können Quotenregelungen z.B. im Hinblick auf männliche und weibliche Beschäftigte Gegenstand von freiwilligen Auswahlrichtlinienvereinbarungen nach § 95 Abs. 1 BetrVG sein[18]. Noch deutlicher zeigt sich der Unterschied zwischen dem Regelungsumfang in § 95 Abs. 1 und Abs. 2 BetrVG, wenn man die Auswahlrichtlinien unter Wegfall des Kriteriums der "Auswahl zwischen mehreren Bewerbern" als Entscheidungsrichtlinien für die Durchführung von Personalmaßnahmen schlechthin betrachtet[19]. Dann weitet sich die Möglichkeit, Personalrichtlinien zu vereinbaren, noch über Verfahrensrichtlinien hinaus. Dann ist die Grundlage gegeben, in § 95 Abs. 1 BetrVG eine Kompetenzzuteilung für Vereinbarungen z.B. über Unkündbarkeit, Kündigungsfristen, Versetzungs- und Einstellungsbeschränkungen oder auch Einstellungsgebote zu sehen. Dabei ist jedoch festzuhalten, dass insoweit wegen der Beschränkung des Regelungsgegenstandes in § 95 Abs. 2 BetrVG kein Initiativrecht des Betriebsrats besteht.

Wenn in der Folge untersucht wird, welchen Inhalt Auswahlrichtlinien haben können, so ist deshalb immer deutlich zu unterscheiden der Inhalt von Auswahlrichtlinien, die der Betriebsrat erzwingen kann und der Inhalt von Auswahlrichtlinien, bei denen der Betriebsrat nur ein Zustimmungsrecht hat.

2. Unterschiedlicher Anlass

Die Schwierigkeiten, denen sich die Betriebspartner beim Abschluss von Richtlinienvereinbarungen gegenübersehen, werden aber nicht zuletzt auch dadurch hervorgerufen, dass in e i n e r Vorschrift so verschiedene Vorgänge wie Einstellung, Um-

---

[18] *Klebe* in *Däubler/Kittner/Klebe*, BetrVG, § 95 Rd.Nr. 17.
[19] Vgl. *Löwisch* in *Galperin/Löwisch*, BetrVG, § 95 Rd.Nr. 26.

gruppierung, Versetzung und Kündigung erfasst werden sollen[20]. Bereits aus den Begriffen selbst ergeben sich, wie oben aufgezeigt, eine Reihe von Schwierigkeiten.

3. Unterschiedliche Kriterien

Darüber hinaus taucht für die Praxis die Frage auf, wie man Auswahlrichtlinien gliedern soll. Soll man praktisch für jeden Tatbestand quasi eine eigene Richtlinie aufstellen, oder kann man z.B. für Einstellungen, Versetzungen und Umgruppierungen einheitliche Richtlinien vereinbaren oder ist vielleicht innerhalb der einzelnen Tatbestände noch einmal zwischen verschiedenen Personengruppen zu unterscheiden?

Da aber oben festgestellt wurde, wie verschieden die einzelnen Tatbestände letztlich doch sind, sollen auch die Richtlinien für jeden einzelnen Tatbestand im folgenden gesondert behandelt werden.

Dabei muss weiterhin beachtet werden, dass bestimmte Kriterien, die in Auswahlrichtlinien aufgenommen werden können, sowohl den persönlichen und fachlichen Voraussetzungen als auch den sozialen Gesichtspunkten allein oder gemeinsam zugeordnet werden können[21]. Bei solch schillernden Kriterien sollte also jeweils der Aspekt, unter dem sie zu sehen sind, konkretisiert werden[22].

Als Beispiel für ein solches Kriterium sei die Dauer der Betriebszugehörigkeit angeführt: Unter dem Gesichtspunkt der Schutzwürdigkeit des Arbeitnehmers, der stärkeren Bindung an den Betrieb und der darauf ausgerichteten Lebensgestaltung (z.B. Hausbau, Wohnungswahl) ergibt sich aus ihr ein sozialer Gesichtspunkt. Unter dem Gesichtspunkt, dass sich aus ihr Sesshaftigkeit, Ausgeglichenheit, Verträglichkeit, Zufriedenheit ablesen lassen, kann sie Kriterium für persönliche Voraussetzungen sein. Stellt man in den Vordergrund die Betriebserfahrung und Kenntnisse speziell in und für diesen Betrieb, so ist sie als fachliche Voraussetzung einzuordnen.

Für die folgende Aufstellung über mögliche Inhalte von Auswahlrichtlinien wurden u.a. die bei Umfragen bei jeweils ca. 40 deutschen Großunternehmen im Jahre 1974 und 2000 erhaltenen Richtlinien ausgewertet sowie verschiedene Musterrichtlinien[23]. Soweit Großunternehmen Auswahlrichtlinien zur Verfügung gestellt haben, wurde

---

[20] Wenn *Roemheld*, BB 1972, 1330 hinsichtlich des § 99 BetrVG bereits von einem "Tatbestands-Konglomerat" spricht, so gilt das in noch viel stärkerem Maß für § 95 BetrVG, der zwar die Eingruppierung auslässt, dafür aber noch die Kündigung mit aufnimmt.

[21] *Gnade/Kehrmann/Schneider*, BetrVG, § 95 Rd.Nr. 3.

[22] Dies geschieht in den Auswahlrichtlinien, indem die drei Auswahlgesichtspunkte getrennt werden, wobei es aber auch hier zu offensichtlich falschen Einordnungen kommt, gerade weil sich nicht nur die Kriterien, sondern auch die Voraussetzungen bisweilen, z.B. zwischen Persönlichem und Sachlichem, kaum unterscheiden lassen.

[23] Z.B. in *Vogt*, Personal-Auswahlrichtlinien, S. 151 ff.; Dirx/*Klebe*, AiB 1984, 10 ff.; *Schaub*, Arbeitsrechtliche Formularsammlung, § 27.

häufig nur einer anonymisierten Verwertung zugestimmt, so dass insoweit eine Quellenangabe bei Firmenauswahlrichtlinien, die nicht veröffentlicht sind, in der Regel unterbleibt.

§ 2 Inhalt der Einstellungsrichtlinien

Für die Untersuchung des Inhalts von Einstellungsrichtlinien sollen die einzelnen Aspekte des Einstellungsvorgangs sowie der Einstellungsentscheidung auf die Möglichkeit ihrer Aufnahme bzw. Regelung in Einstellungsrichtlinien untersucht werden.

1. Verfahrensregelungen für Einstellungen

Wenn man in der chronologischen Reihenfolge einer Einstellung vorgeht, dann tauchen zunächst zwei Fragenkomplexe im Zusammenhang mit dem Einstellungsverfahren auf:

Einmal w e r die Einstellungsauswahl vornimmt bzw. gerade in größeren Betrieben, welche Stelle hierfür zuständig ist, zum anderen, nach w e l c h e n U n t e r l a g e n die Bewerber ausgewählt werden, bzw. die geforderten Eigenschaften nachgewiesen bzw. nachgeprüft werden.

a) Vornahme der Einstellung und Durchführung der Auswahl

In der Praxis kaum durchführbar wird der Vorschlag sein, dass Personalabteilung und Betriebsrat eine gleich große Anzahl von Personen benennen, die die Auswahl nach diesen Richtlinien treffen[24]. Darüber hinaus wären Auswahlrichtlinien praktisch überflüssig, wenn die Einstellungsentscheidungen von diesem paritätisch besetzten Gremium getroffen würden.

Etwas anderes gilt, wenn für bestimmte Personengruppen eine stärkere Mitwirkung des Betriebsrats vorgesehen ist. So kann man nur für die Auswahl von Auszubildenden vereinbaren, dass bei ihr ein Vertreter des Betriebsrat teilnimmt[25]. Da in dieser Gruppe ein- bis zweijährige Termine als Einstellungsschwerpunkte in Frage kommen, mag dies praktikabel sein, ohne dass der Betriebsrat ein eigenes Personalbüro eröffnen müsste wie im oben vorgeschlagenen Fall.

Problematisch erscheint eine Regelung in den Auswahlrichtlinien hinsichtlich der Bewerber, die mit "Weisungsbefugnissen ausgestattet werden" oder die "Leitungs-

---

[24] *Rehahn*, BetrR 72, 491/509.
[25] Auswahlrichtlinien der Rosenthal-Porzellan-AG A VI 4, veröffentlicht in Betriebsrat 1974, S. 192.

funktionen" übernehmen sollen[26]. Hier wird es sich zumindest teilweise um leitende Angestellte i.S. von § 5 Abs. 3 BetrVG handeln. Insoweit hat der Betriebsrat bei formellen Entscheidungen kein Mitbestimmungs- bzw. Mitwirkungsrecht[27]. Dies ist in den vereinbarten Auswahlrichtlinien in aller Regel ausdrücklich festgehalten. Soweit vorgesehenen ist, dass den Vertretern des Betriebsrats Gelegenheit gegeben wird, mit dem Bewerber ein ausführliches Gespräch über die Wahrnehmung von Leitungsaufgaben zu führen[28], ist es sicher eine sinnvolle Ergänzung der in § 105 BetrVG festgelegten Informationspflicht. Auch wenn der Arbeitgeber nicht auf Gegenvorstellungen des Betriebsrats einzugehen braucht, schließt das nicht aus, dass dieser Gegenvorstellungen erheben kann[29] und der Arbeitgeber gem. § 74 Abs. 1 BetrVG verpflichtet ist, sachlich hierauf einzugehen[30].

Soweit aber die Auswahlrichtlinien Vorschriften hinsichtlich des Einstellungsmodus für leitende Angestellte enthalten, z.B. dass die Eignung durch ein ausführliches Einstellungsgespräch zu klären ist, dass sie bestimmte Qualifikationen vorweisen oder sich bestimmten Tests unterwerfen müssen[31], kann es sich nicht um eine bindende Betriebsvereinbarung handeln. In § 5 Abs. 3 BetrVG wird nämlich bestimmt, dass das Gesetz keine Anwendung auf leitende Angestellte findet, soweit nicht ausdrücklich etwas anderes bestimmt ist. § 105 BetrVG gibt aber hier nur eine Mitteilungspflicht des Arbeitgebers über geplante Personalmaßnahmen. Da Betriebsvereinbarungen über Fragen abgeschlossen werden können, die nach diesem Gesetz der Zuständigkeit des Betriebsrats unterliegen, ist eine Vereinbarung eines Informationsgesprächs im Zusammenhang mit § 105 BetrVG zulässig. Die Vorschriften über die Einstellung sind aber der Regelungsbefugnis der Betriebsparteien durch Betriebsvereinbarung entzogen. Es kann sich von der Rechtsqualität lediglich um ein Versprechen der Betriebsleitung dem Betriebsrat gegenüber handeln, bei der Einstellung von leitenden Angestellten i.S. des § 5 Abs. 3 BetrVG wie angegeben zu verfahren.

Nicht alle Angestellten, die mit Weisungsbefugnis ausgestattet sind und Leitungsfunktionen inne haben, müsse leitende Angestellte nach § 5 Abs. 3 BetrVG sein[32]. Falls es sich nicht um leitende Angestellte i.S. von § 5 Abs. 3 BetrVG handelt, ist zweifellos eine Festlegung im oben dargelegten umfassenden Sinn zulässig, da sie nicht so ausgeformt ist, dass jegliche Entscheidung des Arbeitgebers vorweggenommen wird.

---

26 Auswahlrichtlinien der Rosenthal-Porzellan-AG A III 4, Betriebsrat 1974, S. 190.

27 *Richardi*, BetrVG, § 105 Rd.Nr. 1; *Fitting*, BetrVG, § 105 Rd.Nr. 1; *Schlochauer* in *Hess/Schlochauer/Glaubitz*, BetrVG, § 105 Rd.Nr. 1; *Kraft* in GK-BetrVG, § 105 Rd.Nr. 2; *Löwisch* in *Galperin/Löwisch*, BetrVG, § 105 Rd.Nr. 1.

28 Auswahlrichtlinien der Rosenthal-Porzellan-AG A III 4, Betriebsrat 1974, S. 190.

29 *Richardi*, BetrVG, § 105 Rd.Nr. 9.

30 *Richardi*, BetrVG, § 105 Rd.Nr. 9; *Fitting*, BetrVG, § 105 Rd.Nr. 5.

31 Ähnliches enthalten die Auswahlrichtlinien der Rosenthal-Porzellan-AG A III 4, Betriebsrat 1974, S. 190.

32 Vgl. zum Problem der Abgrenzung *Richardi*, BetrVG, § 5 Rd.Nrn. 202 ff.; *Fitting*, BetrVG § 5 RdNrn. 119 ff.

Weitere in die Auswahlrichtlinien aufgenommene Verfahrensregelungen kann man noch einmal in zwei Gruppen unterteilen.

Einmal in solche, die die Behandlung von Einstellungsmeldungen an den Betriebsrat vorsehen, z.B., welche Unterlagen normalerweise vorzulegen sind; alle oder nur ein Teil der Bewerbungsunterlagen der Bewerber, die der Arbeitgeber einstellen will, alle oder nur ein Teil der Bewerbungsunterlagen der Bewerber, die der Arbeitgeber nicht einstellen will oder ob diese Unterlagen nur in Ausnahmefällen auf Anforderung des Betriebsrats vorzulegen sind.

Ganz besonders wird die Verzahnung der Auswahlrichtlinien mit den anderer Instituten der personellen Mitbestimmung deutlich, wenn z.B. in den Auswahlrichtlinien festgelegt wird, dass Einstellungen, die über die Personalplanung, über die der Betriebsrat rechtzeitig und umfassend nach § 92 BetrVG informiert ist, hinausgehen, der besonderen Begründung gegenüber dem Betriebsrat bedürfen[33].

Auch die festgelegte Regelung, dass eine über den auf der Jahrespersonalplanung beruhenden Stellen- und Stellenbesetzungsplan ausgewiesene Stelle hinausgehende Errichtung von Stellen der Zustimmung des Arbeitsgebietsleiters bedarf[34], unterstreicht das Bemühen an Entscheidungen der Unternehmensleitung die untere Ebene stärker zu beteiligen, auch wenn es sich hierbei nicht um Mitbestimmung im technischen Sinn handelt.

In diese Richtung scheint auch die zweite Gruppe von Verfahrensregeln zu gehen, die festlegt, von welcher Stelle und wie über die Eignung der Bewerber entschieden werden soll. Neben der Offenlegung der Entscheidungsbefugnisse scheint hier eine "basisnahe" Entscheidung, z.B. durch den jeweiligen Vorgesetzten, bzw. unter Mitsprache des Fachvorgesetzten der betroffenen Betriebsbelegschaft eine größere Objektivität und Berücksichtigung ihrer Interessen zu garantieren als Entscheidungen allein der Personalleitung des Unternehmens.

b) Grundlagen für Einstellungsentscheidungen

Nahezu alle bekannten Richtlinien enthalten Vorschriften hinsichtlich der der Einstellungsentscheidung zugrunde zu legenden Unterlagen. Hierbei ist wiederum zu unterscheiden zwischen den Auswahlrichtlinien, die einen geschlossenen Katalog vereinbaren, eventuell mit dem Hinweis, dass Ausnahmen die Zustimmung des Betriebsrats verlangen und solchen, die zwar bestimmte Nachweise aufzählen oder bestimm-

---

[33] Auswahlrichtlinien der SEL-AG Nr. 1.2 i.V.m. 2.2.
[34] Auswahlrichtlinien der Preussag-AG Nr. 2.2.

te Nachweise ausschließen bzw. beschränken[35], insgesamt aber nicht als abschließend angesehen werden können.

Im folgenden soll zunächst einmal die Liste der in abgeschlossenen Richtlinien oder in der Literatur vorgesehene Nachweise bzw. Unterlagen aufgestellt werden.

- 1. Angaben aus den (vereinbarten) Personalfragebogen (und -soweit vorhanden- Stellenbeschreibungen).

Die Anforderungen des Arbeitsplatzes oder Arbeitsgebietes zusammengefasst in der Stellenbeschreibung gehören nicht in die Auswahlrichtlinien, weil sie der personellen Maßnahme zwingend vorgegeben sind. Eine andere Frage ist die Regelung der Mitbestimmung des Betriebsrats bei der Arbeitsplatzbeschreibung und der Festlegung der Anforderungen, die die Arbeitsplätze an Inhaber oder Bewerber stellen. Dieses Verfahren hat aber mit der Mitbestimmung nach § 95 BetrVG nicht unmittelbar etwas zu tun[36].

Dabei ist aber nicht gesagt, dass Arbeitsplatzbeschreibungen keine Rolle im Rahmen der Auswahlrichtlinien spielen, sondern es wird zu Recht die Meinung vertreten, dass sie eine wesentliche Voraussetzung für das Funktionieren von Auswahlrichtlinien sind[37]. Je exakter die Anforderungen des Arbeitsplatzes in einer Arbeitsplatzbeschreibung definiert sind, umso leichter lässt sich objektiv feststellen, ob ein Bewerber für einen Arbeitsplatz geeignet ist oder nicht.

Soweit das Bundesarbeitsgericht sich mit der Einstellungsproblematik beschäftigt hat, ging es vor allem um diese Abgrenzung von Stellen- und Funktionsbeschreibungen sowie Anforderungsprofilen gegenüber Auswahlrichtlinien nach § 95 BetrVG[38]. Weder Stellen- und Funktionsbeschreibungen noch Anforderungsprofile unterliegen der Mitbestimmung nach § 95 BetrVG[39]. Eine Stellenbeschreibung legt die Funktion einer bestimmten Stelle innerhalb des betrieblichen Geschehens fest. Sie definiert die Aufgabe und die Kompetenz dieser Stelle und beschreibt, welche Tätigkeiten im Einzelnen zur Erfüllung dieser Aufgaben verrichtet werden müssen[40]. Werden Stellenbeschreibungen gruppenweise zusammengefasst und damit vergleichbare Tätig-

---

35 Z.B. psychologische Testverfahren, graphologische Gutachten.
36 So auch *Zöllner*, FS G. Müller, S. 665/677 f.
37 *Rehahn*, BetrR 72, 491/530; vgl. auch die Auswahlrichtlinien der Lufthansa.
38 Vgl. BAG vom 31.5.1983 AP Nr. 2 zu § 95 BetrVG 1972; BAG vom 31.1.1984 AP Nr. 3 zu § 95 BetrVG 1972; BAG vom 14.1.1986 AP Nr. 21 zu § 87 Lohngestaltung.
39 *Kraft* in GK-BetrVG, § 95 Rd.Nr. 30; *Richardi*, BetrVG, § 95 Rd.Nrn. 19 ff.; *Schlochauer* in *Hess/Schlochauer/Glaubitz*, BetrVG, § 95 Rd.Nrn. 11 ff; differenzierend zur Frage der Anforderungsprofile *Klebe* in *Däubler/Kittner/Klebe*, BetrVG, § 95 Rd.Nrn. 5 ff.; unklar *Fitting*, BetrVG, § 95 Rd.Nr. 16.
40 BAG vom 31.1.1984 AP Nr. 3 zu § 95 BetrVG 1972.

keiten und deren Aufgabe allgemein umschrieben, dann handelt es sich um Funktionsbeschreibungen[41].

Auf der Grundlage von Stellenbeschreibungen können Anforderungsprofile festgelegt werden[42]. In ihnen wird ausgewiesen, welche Anforderungen fachlicher, persönlicher und sonstiger Art ein potentieller Stelleninhaber erfüllen muss um die in der Stellenbeschreibung festgelegte Aufgabe erfüllen zu können[43]. Stellen- und Funktionsbeschreibungen sowie Anforderungsprofile sind Festlegungen des Arbeitgebers, die zunächst in keinem unmittelbaren Zusammenhang mit der Entscheidung des Arbeitgebers, ob die Stelle konkret besetzt werden soll und ggf. wie, stehen. Sie sind Teil der Personalplanung, über die nach § 92 BetrVG der Betriebsrat zu unterrichten ist[44]. Erst die generelle Festlegung, inwieweit Anforderungen fachlicher, persönlicher oder sonstiger Art bei der Entscheidung über eine personelle Einzelmaßnahme zu berücksichtigen sind, stellt eine nach § 95 BetrVG mitbestimmungspflichtige Auswahlrichtlinie dar[45]. In Bezug auf die Möglichkeit der Abgrenzung zwischen Anforderungsprofilen und Auswahlrichtlinien sind erhebliche Zweifel geäußert worden[46]. Jedenfalls soweit die in Anforderungsprofilen enthaltenen fachlichen und persönlichen Voraussetzungen vom Arbeitgeber als verbindliche Vorgabe für die Entscheidung über die Personalmaßnahme betrachtet werden, liegen Auswahlrichtlinien vor[47].

Ebenso notwendig wie das Funktionieren von Auswahlrichtlinien ist ein vernünftiger Personalfragebogen[48].

Aber auch dieser ist nicht Gegenstand der Regelung des § 95 BetrVG, sondern der Problemkreis des Personalfragebogens ist in § 94 BetrVG geregelt[49].

Die Auswahlrichtlinien können nur bestimmen, dass bei der Einstellung nur diese nach § 94 BetrVG vereinbarten Fragebogen und keine anderen Fragebogen verwendet werden. Nichtverwendung wäre dann ein Verstoß gegen die Auswahlrichtlinien

---

41 Vgl. BAG vom 14.1.1986 AP Nr. 21 zu § 87 Lohngestaltung.

42 BAG vom 31.1.1984 AP Nr. 3 zu § 95 BetrVG 1972.

43 BAG vom 31.5.1983 AP Nr. 2 zu § 95 BetrVG 1972.

44 BAG vom 31.1.1984 AP Nr. 3 zu § 95 BetrVG 1972; BAG vom 31.5.1983 AP Nr. 2 zu § 95 BetrVG 1972.

45 BAG vom 31.1.1984 AP Nr. 3 zu § 95 BetrVG 1972.

46 *Zachert*, Anm. zu BAG vom 31.5.1983, AuR 1985, 103 f.; *Löwisch*, Anm. zu AP Nr. 2 zu § 95 BetrVG 1972.

47 So ausdrücklich *Richardi*, BetrVG, § 95 Rd.Nr. 21; *Richardi*, FS Stahlhacke, S. 447/451; *Zachert*, Anm. zu BAG vom 31.5.1983, AuR 1985, 103 f.; *Löwisch*, Anm. zu AP Nr. 2 zu § 95 BetrVG 1972; so wohl auch BAG vom 31.5.1983 AP Nr. 2 zu § 95 BetrVG 1972 unter B II 3; allerdings missverständlich die Ausführungen unter B II 2, gleichgültig, ob die Beachtung von Anforderungsprofilen bei Entscheidungen über die Besetzung einer Stelle ausnahmslos vorgeschrieben seien, würden diese nicht zu Auswahlrichtlinien; vgl. *Kraft* in GK-BetrVG, § 95 Rd.Nr. 30.

48 Ebenso *Rehahn*, BetrR 72, 491/530.

49 In seiner Entscheidung vom 9.7.1991 AP Nr. 19 zu § 87 BetrVG 1972 Ordnung des Betriebes unterscheidet das BAG deutlich zwischen einer möglichen Mitbestimmung nach § 94 und § 95 BetrVG, vgl. unter B II 2 u. 3.

mit der Folge, dass der Betriebsrat die Zustimmung zu einer Einstellung verweigern könnte.

- 2. Bewerbungsunterlagen (-schreiben)

Die Bewerbungsunterlagen sind im Begriff so weit gefasst, dass sie kaum etwas für die Auswahlrichtlinien bedeuten. Soweit nicht z.B. vereinbart ist, dass die kompletten Bewerbungsunterlagen aller Bewerber vorgelegt werden sollen, wird sich auch kaum ein Verstoß ergeben können, denn es ist eine Selbstverständlichkeit, dass die Bewerbungsunterlagen oder zumindest Teile davon für eine Entscheidungsfindung verwendet werden können.

- 3. Lebenslauf

Erstaunlich ist, dass nur noch in ganz wenigen Auswahlrichtlinien der Lebenslauf erwähnt wird. Er scheint durch den leichter überschaubaren Personalfragebogen abgelöst zu sein und höchstens noch für leitende Angestellte eine Rolle zu spielen.

- 4. Polizeiliches Führungszeugnis

Hier muss angemerkt werden, dass es sich bei allen Auswahlrichtlinien, die dies vorsehen, um Firmen handelt, die kraft ihrer Geschäftsdefinition mit Geld zu tun haben, bzw. im Ausnahmefall die Vorlage eines polizeilichen Führungszeugnisses nur für die zu besetzenden Stellen vorschreiben, die unmittelbar mit Geld zu tun haben. Selbst bei Banken ist eine Vereinbarung über eine Vorlage eines polizeilichen Führungszeugnisses nicht mehr durchgängig enthalten.

- 5. Schulzeugnisse und Abschlusszeugnisse von Bildungseinrichtungen, Bescheinigungen über Kurse und Lehrgänge

Dass diese je nach den verschiedenen Personengruppen einen unterschiedlichen Stellenwert haben, muss in den Richtlinien berücksichtigt werden. Insoweit ist selbstverständlich eine Differenzierung, ob es sich z.B. um Auszubildende oder Berufsanfänger handelt, für die Abschlusszeugnisse sehr wichtig sind, oder um gehobene mit mehr Entscheidungen betraute Positionen, die bestimmte Kurse oder Lehrgänge voraussetzen oder um einfache manuelle Tätigkeiten, angebracht.

- 6. Unterlagen (Nachweise) über bisherige Tätigkeit (und erworbene Fähigkeiten)

Hier liegt wieder ein Sammelbegriff vor. Einmal kann hiermit gemeint sein, dass es nicht unbedingt Zeugnisse des bisherigen Arbeitgebers sein müssen, die der Bewerber vorlegt, um seine Tätigkeit nachzuweisen[50], zum anderen kann man hierin aber auch das Bestreben sehen, dass neben Zeugnissen über Schulbesuch und Kursteilnahmen und neben den Zeugnissen der bisherigen Arbeitgeber auf andere Art nachgewiesene Fähigkeiten mit in die Auswahl einbezogen werden können[51].

-7. Zeugnisse (Referenzen) von bisherigen Arbeitgebern

Es handelt sich hier eigentlich um eine Selbstverständlichkeit, soweit es sich nicht um Berufsanfänger handelt. Daher fehlen sie wohl auch in einigen Auswahlrichtlinien, auch wenn deutlich spürbar ein gewisses Misstrauen sowohl des Betriebsrats als auch der Betriebsleitung hinsichtlich der Zeugnisse früherer Arbeitgeber mitzuschwingen scheint[52].

- 8. Betriebliche Beurteilungen

Inwieweit betriebliche Beurteilungen neben den Zeugnissen von bisherigen Arbeitgebern eine Rolle spielen sollen, ist nicht ganz klar. Es könnte hier einmal der Fall gemeint sein, dass der Bewerber schon einmal im Betrieb beschäftigt war und deshalb Beurteilungen des eigenen Betriebs vorliegen, es könnte aber auch gemeint sein, dass neben dem Zeugnis des früheren Arbeitgebers eventuell dort durchgeführte betriebliche Beurteilungen, soweit sie im Einstellungsverfahren zur Kenntnis gelangt sind, verwendet werden dürfen. Damit könnten auch gewisse mit der Erteilung von Abschlusszeugnissen verbundene Schwierigkeiten vermieden werden[53].

- 9. Sonstige Referenzen

Dem Bewerber soll die Möglichkeit gegeben werden, durch Angabe bestimmter Referenzen gerade in Zweifelsfällen eine zusätzliche Informationsquelle zu eröffnen, dem Arbeitgeber muss es möglich sein, bzw. er soll sogar verpflichtet werden, vorgelegte Referenzen bei der Einstellungsentscheidung zu berücksichtigen.

---

50 Das scheint bei Eschweiler der Fall zu sein.

51 So wohl bei Hoesch; neben den Zeugnissen von Bildungseinrichtungen etc. und neben den Referenzen von bisherigen Arbeitsstellen wird dieses Kriterium angeführt. Zu denken ist hier besonders an betriebliche Fortbildungsmaßnahmen, die nicht im Rahmen eines Kurses stattfinden.

52 Die sehr starke Betonung der selbst durchgeführten Eignungsprüfungen und Richtlinien der Deutschen Lufthansa z.B. spricht für diese Behauptung. Auf diese Eignungsprüfungen kann sich der Arbeitgeber verlassen, weil er sie selbst durchführt.

53 Die betrieblichen Beurteilungen stehen nicht unter dem Eindruck der Auflösung des Arbeitsverhältnisses und sind eventuell objektiver; nicht eingegangen werden kann in diesem Zusammenhang auf die Frage, auf welchem Weg diese Beurteilungen dem einstellenden Betrieb zur Kenntnis gekommen sind.

- 10. Auskünfte (insbesondere bei angegebenen Referenzen), die der Betriebsrat oder die Personalleitung einholt

Mit der Formel, Auskünfte, die die Personalleitung oder der Betriebsrat eingeholt haben, hat man zwar der Tatsache Rechnung getragen, dass man in den Auswahlrichtlinien eventuell eine Informationsquelle vergessen hat, aber durch diese Formulierung würde jegliche Präzisierung des Einstellungsverfahrens wieder aufgehoben. Es besteht zudem die Gefahr dass auf der Basis dieser Formulierung hinter dem Rücken des Arbeitnehmers bei früheren Arbeitgebern, Parteien oder Gewerkschaften Auskünfte eingeholt werden. Auch wenn diese Auskünfte nicht offen das Ergebnis beeinflussen dürfen, wäre es Aufgabe der Auswahlrichtlinien, gerade solche Auskünfte zu unterbinden. Eine sinnvolle Einschränkung des Ausforschungsrechts könnte nur in der Weise geschehen, dass man eine Vereinbarung in die Auswahlrichtlinien aufnimmt, nach der zusätzliche Auskünfte nur nach jeweiliger Vereinbarung zwischen Betriebsrat und Arbeitgeber bzw. nur mit ausdrücklicher Genehmigung des Bewerbers eingeholt werden dürfen.

- 11. (Betriebs-, amts-)ärztliches Zeugnis

Dem begründeten Interesse, dass eine Stelle nur mit einem körperlich dazu tauglichen Bewerber besetzt wird, steht das Interesse des Bewerbers auf die Wahrung der Intimsphäre entgegen. Dem tragen die Richtlinien dann Rechnung, wenn sie bestimmen, dass das vom Arzt festgestellte Ergebnis sich auf die prinzipielle Geeignetheit für die Stelle beschränkt[54]. Ob es sich hierbei um einen Arzt seiner Wahl, einen Betriebs- oder Amtsarzt handelt, wäre mit dem Betriebsrat zu vereinbaren. So können die speziellen Anforderungen eines Arbeitsplatzes besser vom Betriebsarzt beurteilt werden. Es liegt durchaus auch im Interesse des Bewerbers, nicht auf einen Arbeitsplatz gesetzt zu werden, der ihn gesundheitlich überfordert. Für die Besetzung von Arbeitsplätzen, die einfache Anforderungen in gesundheitlicher Hinsicht stellen, ist häufig wohl gar keine ärztliche Untersuchung notwendig, bzw. es genügt ein ärztliches Gutachten, das der Bewerber selbst vorlegt. Insoweit ist es sinnvoll in den Stellenbeschreibungen das Vorlegen eines ärztlichen Zeugnisses und seine Form zu bestimmen. Gerade in Zeiten hoher Arbeitslosigkeit muss betont werden, dass der Arbeitgeber nicht das Recht hat, ärztliche Untersuchungen mit dem Ziel vorzuschreiben, den gesündesten Bewerber zu finden. Die ärztliche Untersuchung muss sich allein auf die Frage der gesundheitlichen Geeignetheit des Bewerbers für die Stelle beschränken.

---

[54] Damit wird z.B. die Frage hinsichtlich des Bestehens einer Schwangerschaft nicht auf dem Weg über die ärztliche Untersuchung gestellt, soweit dies nicht eine prinzipielle Ungeeignetheit für eine Stelle bedeutet, bei der auch bisher bereits eine Offenbarungspflicht bestand; vgl. *Richardi*, BetrVG, § 94 Rd.Nr. 17.

- 12. Einstellungsprüfung

- 13. Eignungstests (Testverfahren)

Hier ist wohl keine prinzipielle Unterscheidung zu machen. Der Trend im allgemeinen Sprachgebrauch geht dahin, Prüfungen heute Tests zu nennen. Sie sollen Aufschluss über die geistigen Fähigkeiten eines Bewerbers geben. Zu unterscheiden sind Prüfungen und Tests der geistigen Fähigkeiten eines Bewerbers jedoch von psychologischen Eignungstests. Weiterhin finden Prüfungen hier ihre Grenze, wo sie über das Erfordernis der geistigen Geeignetheit für den zu besetzenden Posten hinausgehen. Es sollte auch hier mit dem Betriebsrat vereinbart werden, für welche Stellen solche Prüfungen durchzuführen, bzw. durch welche Unterlagen, z.B. Zeugnisse, sie zu ersetzen sind.

-14. Gutachten aufgrund eines psychologischen Eignungstests

Gerade hier hat der Betriebsrat eine umfassende Aufgabe, einen gefährlichen Missbrauch zu verhindern. Er hat darauf zu achten, dass nicht mehr als für die Besetzung der Stelle unbedingt notwendig in die Intimsphäre des Bewerbers eingedrungen wird. Es ist deshalb unumgänglich, in Auswahlrichtlinien Beschränkungen für die Durchführung dieser Tests aufzunehmen, sowohl hinsichtlich der Durchführung des Tests im Einzelnen als auch hinsichtlich der Frage, welche Bewerber überhaupt einen solchen Test absolvieren müssen.

- 15. Assessment-Center-Verfahren

Zwar unterliegt die Frage, ob ein solches Verfahren überhaupt durchgeführt werden darf, nicht der Mitbestimmung des Betriebsrats. Der Mitbestimmung im Rahmen von Auswahlrichtlinien unterliegt aber die Frage, ob und ggf. wie die im Rahmen des Verfahrens gewonnene Kenntnis in das Auswahlverfahren für eine personelle Einzelmaßnahme einfließt[55].

- 16. Ergebnisse des Vorstellungsgesprächs

In der Regel wird es zu einem Vorstellungsgespräch nur kommen, wenn ein Bewerber in die engere Wahl gezogen ist. Der Betriebsrat kann hier seine Rechte dadurch geltend machen, dass in einer Auswahlrichtlinie vereinbart wird, dass ein Vertreter an diesem Gespräch teilnehmen kann oder dass ein Protokoll dieses Gesprächs erstellt wird, so dass sich Beurteilungen aus diesem Gespräch anhand des Protokolls nachvollziehen lassen.

---

[55] Vgl. *Gennen*, ZfA 1990, 495/520.

- 17. Arbeitsproben

Sollten mehrere Bewerber vorhanden sein, muss der Betriebsrat darauf achten, dass die Arbeitsproben unter gleichen Bedingungen durchgeführt werden (z.B. beim Probeschreiben von Sekretärinnen gleicher Text).

2. Fachliche und persönliche Voraussetzungen der Bewerber

Der Schwerpunkt der Auswahlrichtlinien liegt bei der Festlegung der persönlichen und fachlichen Voraussetzungen und den zu berücksichtigenden sozialen Gesichtspunkten.

Hier sind wiederum zwei Problemkreise zu unterscheiden, nämlich einmal, welche Voraussetzungen grundsätzlich einer Auswahl zugrunde gelegt werden, zum anderen, ob und wie die einzelnen Gesichtspunkte in den Auswahlrichtlinien gewichtet werden sollen.

Bei der Behandlung der Voraussetzungen soll dem Gesetzeswortlaut gefolgt werden.

a) Fachliche Voraussetzungen

In den bekannten vereinbarten Auswahlrichtlinien und Richtlinienmustern und in der Literatur erscheinen hier folgende Kriterien:

- 1. Ausbildung und Vorbildung

    a) allgemein
    b) schulisch
    c) beruflich — im eigenen Betrieb; in einem anderen Betrieb

- 2. Berufliche Kenntnisse

- 3. (Erforderliche) Fachkenntnisse

- 4. (Erforderliche) Spezialkenntnisse

- 5. (Erforderliche) Fähigkeiten/Fertigkeiten

- 6. (Erforderliche) spezielle Fähigkeiten/Fertigkeiten

- 7. Berufliche Erfahrung — extern; intern

- 8. Andere (in der Ausschreibung genannte) fachliche Voraussetzungen

Bei diesen aufgezählten Voraussetzungen handelt es sich insgesamt um fachliche Voraussetzungen. Ob man die fachlichen Voraussetzungen auf einen Katalog beschränken kann, erscheint mir fraglich. Schon die Tatsache, dass eine Generalklausel wie oben unter Ziff. 8 aufgeführt, in Auswahlrichtlinien aufgenommen wird, macht deutlich, dass eine komplette Aufzählung ohne Benutzung einer entsprechenden Generalklausel in Zweifel gezogen wird. Soweit allerdings Kommentierungen, Abhandlungen, Muster oder Vereinbarungen zu § 95 BetrVG vorliegen, enthalten sie nur die oben aufgezählten fachlichen Voraussetzungen oder Unterfälle dieser Voraussetzungen wie z.B. Sprachkenntnisse, die je nach Beruf unter Fach- oder Spezialkenntnisse fallen[56].

Daneben werden in abgeschlossenen Richtlinien auch noch Voraussetzungen aufgezählt, die entweder keine fachlichen Voraussetzungen sind oder nur als Kriterien für fachliche Voraussetzungen gelten können. Dass die Verwendung von solchen Kriterien besondere Schwierigkeiten mit sich bringt, dass eine exakte Zuordnung oft nicht möglich ist, wurde bereits oben gezeigt. Bisweilen wird zwischen Kriterien und Voraussetzungen, die durch diese belegt werden, kein Unterschied gemacht. Solche Kriterien, die in Kommentierungen und Richtlinien genannt werden, sind in Bezug auf die fachlichen Voraussetzungen: beruflicher Werdegang, bis jetzt ausgeübte Tätigkeit, Vorpraxis, Dauer der Betriebszugehörigkeit[57]. Wenn diese Kriterien aufgenommen werden, so sagen sie in Bezug auf die fachliche Geeignetheit eines Bewerbers direkt nichts aus, sondern aus ihnen kann man nur Schlüsse ziehen auf die berufliche Erfahrung, auf gewisse Fachkenntnisse oder Spezialkenntnisse. Systematisch gehören sie zu den Verfahrensregelungen für Einstellungen und können als solche zweifellos in Auswahlrichtlinien aufgenommen werden. Sie können wie die Festlegung der für die Einstellungsentscheidung heranzuziehenden Unterlagen zur Klarheit der Auswahlentscheidung beitragen, da eine Festlegung der Quellen, aus denen eine Information gewonnen werden kann, immer zur Überschaubarkeit der Entscheidung beiträgt.

b) Persönliche Voraussetzungen

Auch in bezug auf die persönlichen Voraussetzungen können die Auswahlrichtlinien einen ganzen Katalog von persönlichen Eigenschaften oder Umständen enthalten.

---

[56] Für eine Fremdsprachenkorrespondentin handelt es sich um Fachkenntnisse, für einen Juristen um Spezialkenntnisse, wenn er Fremdsprachen beherrscht.

[57] Bei den Auswahlrichtlinien für Einstellungen kommt selbstverständlich nur eine eventuelle frühere Betriebszugehörigkeit in Frage.

- 1. Alter

- 2. Geschlecht

- 3. Gesundheitszustand

- 4. Physische Belastbarkeit

- 5. Psychische Belastbarkeit

- 6. Führungsverhalten

- 7. Bereitschaft zu Kooperation und Subordination

- 8. Persönliche Wünsche

Die persönlichen Voraussetzungen sind schwierig zu definieren, denn persönliche Voraussetzungen sind letztlich auch alle fachlichen Kenntnisse. Die in Auswahlrichtlinien aufzunehmenden persönlichen Voraussetzungen kann man deshalb so umschreiben: Inhalt der Auswahlrichtlinien hinsichtlich der persönlichen Voraussetzungen sind nur solche persönlichen Voraussetzungen, die nicht fachliche Voraussetzungen sind. Sie sind Inhalt der Auswahlrichtlinien, soweit sie um ihrer selbst willen als Auswahlkriterium für „Persönlichkeit" herangezogen werden und nicht als Grundlagendaten für die Festlegung der Art und Weise der Berücksichtigung sozialer Gesichtspunkte.

Es ist aber zu beachten, dass bei den persönlichen Voraussetzungen, die in Auswahlrichtlinien aufgenommen werden, ein ganz konkreter Bezug zu den Anforderungen des Arbeitsplatzes enthalten sein muss. Es dürfen nämlich nur solche persönlichen Kriterien bei der Besetzung eines Arbeitsplatzes eine Rolle spielen, die für die Arbeitsleistung, das Arbeitsverhalten und den Arbeitscharakter entscheidend sind. Richtlinien, die dies nicht gewährleisten, verstoßen jedenfalls gegen § 75 BetrVG. Dies gilt insbesondere auch für spezielle persönliche Eigenschaften. So kann in einem Tendenzbetrieb nur von einem Tendenzträger ein tendenzgemäßes Verhalten verlangt werden.

c) Soziale Gesichtspunkte

Betrachtet man die Einstellungspraxis, so wird man zugeben müssen, dass soziale Gesichtspunkte bei Einstellungen keine große Rolle spielen[58]. Dass dies aber nicht unbedingt so sein muss und bei Einstellungen auch soziale Gesichtspunkte berücksichtigt werden können, ergibt sich aus bereits abgeschlossenen Richtlinien. So bestimmt eine Auswahlrichtlinie der Preussag-AG: "Bei der Besetzung von Stellen, die dafür geeignet sind, sollen soziale Gesichtspunkte, wie z.B. die Schwerbeschädigteneigenschaft, vorrangig bewertet werden."

Dieser Passus steht im Abschnitt für Einstellungen, bestimmt also nicht nur, wie dies häufig der Fall ist, dass diese sozialen Gesichtspunkte bei Versetzungen zu beachten sind. Darüber hinaus bestimmt diese Auswahlrichtlinie einen Vorrang der sozialen Gesichtspunkte.

Generell kann man bei der Beachtung der sozialen Gesichtspunkte folgende Vereinbarungsstufen unterscheiden:

1. Bei gleicher fachlicher und persönlicher Eigenschaft können oder sollen soziale Gesichtspunkte berücksichtigt werden.

2. Bei gleicher fachlicher und persönlicher Eigenschaft sollen soziale Gesichtspunkte den Ausschlag geben.

3. Bei geeigneten Stellen soll den sozialen Gesichtspunkten ein Vorrang eingeräumt werden.

Während die Vereinbarung unter 1) nichts anderes als eine Selbstverständlichkeit enthält, da es auch ohne eine solche Vereinbarung dem Arbeitgeber nicht verwehrt wäre, bei gleicher fachlicher und persönlicher Eigenschaft soziale Gesichtspunkte zu berücksichtigen, enthält die Vereinbarung unter 2) zumindest eine gewisse Empfehlung an den Arbeitgeber, dass er soziale Gesichtspunkte auch tatsächlich berücksichtigen soll, allerdings immer noch unter der Voraussetzung gleicher fachlicher und persönlicher Geeignetheit. Erst die Vereinbarung unter 3) bedeutet, dass auch bei schlechterer persönlicher und fachlicher Geeignetheit soziale Gesichtspunkte den Ausschlag für einen Bewerber geben können[59].

---

[58] *Kraft* in GK-BetrVG, § 95 Rd.Nr. 31 sieht sich veranlasst angesichts der geringen Bedeutung sozialer Gesichtspunkte bei Einstellungen darauf hinzuweisen, dass ihre Berücksichtigung in Auswahlrichtlinien keineswegs unzulässig sei.

[59] *Schlochauer* in *Kammann/Hess/Schlochauer*, BetrVG, § 95 Rd.Nr. 18 hält dies für unzulässig; einer Selbstbindung des Arbeitgebers in einer freiwilligen Auswahlrichtlinie steht insoweit jedoch nichts entgegen.

Davon zu trennen sind Vereinbarungen, die festlegen, dass ständig versucht werden müsse, Schwerbehinderte einzustellen, um den gesetzlichen Auflagen Genüge zu tun. Hier handelt es sich um die Erfüllung gesetzlicher Vorschriften und damit eigentlich auch um Selbstverständlichkeiten.

Etwas seltsam nimmt sich unter den sozialen Gesichtspunkten auch eine Vereinbarung aus, es sollten nach Möglichkeit keine Bewerber über 50 bzw. für Führungspositionen über 45 Jahre eingestellt werden. Hier handelt es sich sicher nicht um die Berücksichtigung sozialer Gesichtspunkte, sondern eher um das Gegenteil. Von der Systematik her wäre eine solche Auswahlrichtlinie unter die Vereinbarungen über die persönlichen Voraussetzungen des Bewerbers einzuordnen.

Die Vereinbarung, dass aus der Geschlechtszugehörigkeit kein Nachteil erwachsen darf, ist kein sozialer Gesichtspunkt, sondern sie gehört zu den persönlichen Gesichtspunkten und gibt nur die Rechtslage wieder[60].

Auch die Vereinbarung, dass bei Zweifel über den Gesundheitszustand des Bewerbers ein ärztliches Gutachten einzuholen ist, kann man nicht als Vereinbarung über soziale Gesichtspunkte werten, denn der Arbeitgeber hat nicht vor, einen Genesungsaufenthalt zu vermitteln, sondern hinter dieser Regelung steht das durchaus legitime Bestreben des Arbeitgebers, einen gesunden und für die Arbeit körperlich geeigneten Bewerber einzustellen. Hierbei handelt es sich aber nicht um die Berücksichtigung sozialer Gesichtspunkte, sondern um die Berücksichtigung persönlicher Voraussetzungen.

Im einzelnen sind folgende soziale Gesichtspunkte denkbar:

- 1. Alter

- 2. Familienstand und zu versorgende Angehörige

- 3. Schwerbehinderteneigenschaft

- 4. Sonstige Behinderungen

- 5. Dauer der Arbeitslosigkeit

---

60 Vgl. Richtlinie 76/207/EWG zur Verwirklichung des Grundsatzes der Gleichbehandlung von Männern und Frauen hinsichtlich des Zugangs zur Beschäftigung, zur Berufsbildung und zum beruflichen Aufstieg sowie in bezug auf die Arbeitsbedingungen vom 9. Februar 1976 (ABl. Nr. L 39/40); § 611a BGB.

Dabei ist zu beachten, dass die aufgezählten Gesichtspunkte in diesem Zusammenhang unter dem sozialem Aspekt und nicht unter dem Aspekt der persönlichen oder fachlichen Geeignetheit für die Stelle gesehen werden müssen.

3. Richtlinien über Grundsatzentscheidungen

Neben den Auswahlrichtlinien für Einstellungen, die Verfahrensregelungen enthalten, und solchen, die die zu beachtenden fachlichen und persönlichen Voraussetzungen sowie sozialen Gesichtspunkte festlegen, sind Einstellungsrichtlinien denkbar, die grundsätzliche Fragen regeln. Diese Richtlinien sind wie oben ausgeführt, nur auf der Grundlage von § 95 Abs. 1 BetrVG als freiwillige Vereinbarungen möglich.

Hierbei sind insbesondere folgende Vereinbarungen denkbar:

- 1. Richtlinien, die Einstellungen vorschreiben
  a) z. B. bei einem gewissen Personalschwund und/oder gleichzeitiger Erhöhung der Produktivität des Betriebes;
  b) z.B., wenn eine bestimmte Zahl von Überstunden oder Sonderschichten regelmäßig anfällt.

- 2. Richtlinien, die Einstellungen verbieten
  z.B., solange geeignete Bewerber für Aufstiegspositionen aus dem eigenen Betrieb oder aus einem anderen Betrieb desselben Unternehmens zur Verfügung stehen.

Durch die Vereinbarung dieser Richtlinien wird die Entscheidungsfreiheit des Arbeitgebers, wie oben aufgezeigt, nicht unzulässig eingeschränkt, da diese Richtlinien nicht gegen seinen Willen in Kraft treten können.

§ 3 Inhalt von Versetzungsrichtlinien

Soweit es auch bei der Versetzung um die Neubesetzung eines Arbeitsplatzes geht, besteht eine große Ähnlichkeit mit der Einstellung, die gleichfalls die Neubesetzung eines Arbeitsplatzes zum Ziel hat. Von daher wird es viele Gemeinsamkeiten zwischen Einstellungs- und Versetzungsrichtlinien geben. Wenn man Einstellungsrichtlinien jedoch einfach auf Versetzungen für entsprechend anwendbar erklären würde, würde zum einen ein wesentlicher Gesichtspunkt der Versetzung unberücksichtigt bleiben, nämlich die Tatsache, dass der Bewerber oder die ins Auge gefasste Person bereits Arbeitnehmer des Betriebs ist. Der Anwärter für den neuen Platz ist kein Fremder, sondern kommt aus der Mitte des Betriebs mit möglicherweise stärkeren Rechten als ein Betriebsfremder, die unabhängig von besonderen einheitlichen betrieblichen Regelungen bestehen können. Bereits vor der Versetzungsentscheidung gehört er kollektivrechtlich gesehen zu dem vom Betriebsrat vertretenen Personenkreis, kann er individualrechtlich gesehen Ansprüche aus Vertrag geltend machen. Die Richtlinien müssen aber auch der Tatsache Rechnung tragen, dass nicht nur eine Neubesetzung stattfindet, sondern auch eine Entfernung des Arbeitnehmers von dem bisher innegehabten Platz. Sie müssen in diesem Zusammenhang z.B. die Rechtslage berücksichtigen, die dadurch gegeben sein kann, dass die Entfernung eines Arbeitnehmers vom bisher innegehabten Platz unter Umständen nur mittels einer Änderungskündigung erfolgen kann.

1. Verfahrensfragen bei der Versetzung

Unter Beibehaltung der für Einstellungsrichtlinien gewählten Gliederung können Versetzungsrichtlinien Verfahrensregelungen, die bei einer Versetzung zu beachten sind, zum Inhalt haben.

a) Vornahme der Versetzung und Durchführung der Auswahl

aa) Bei der Vornahme der Versetzung könnte man den für Einstellungsrichtlinien gemachten Vorschlag aufgreifen, dass Personalabteilung und Betriebsrat eine gleich große Anzahl von Personen benennen, die die Auswahlentscheidung für die Versetzung nach den Richtlinien treffen. Zwar bestehen auch hier Bedenken, dass materielle Auswahlrichtlinien überflüssig würden, wenn eine so starke Einengung des Spielraums des Arbeitgebers durch formelle Regelungen vorgenommen wird, doch kann man im Gegensatz zur Einstellung bei der Versetzung einem aus Betriebsrat und Personalabteilung gebildeten Entscheidungsgremium einen gewissen Sinn nicht absprechen. Dieser Sinn ergibt sich daraus, dass der Betriebsrat natürlich den zur Versetzung anstehenden Arbeitnehmer kennt. Auch wird bei einer Versetzung ein noch stärkeres Interesse der übrigen Arbeitnehmer an der Personalentscheidung vorhanden sein, so dass eine möglichst weitgehende Beteiligung des Betriebsrats es auch dem Arbeitgeber zum Beispiel einfacher macht, eine Entscheidung, insbesondere, falls es um eine Verschlechterung geht, gegenüber dem Betroffenen und, falls es um eine Verbesserung geht, gegenüber den nicht ausgewählten Arbeitnehmern zu vertreten.

bb) Bei der Versetzung lässt sich ebenso wie bei der Einstellung an eine abgestufte Beteiligung des Betriebsrats denken, etwa dass nur *ein* Vertreter des Betriebsrats teilnimmt, oder dass diese Beteiligung nur für Versetzungen von bestimmten Personengruppen gilt.

cc) Speziell bei Bewerbern, die nach der Versetzung mit Weisungsbefugnis ausgestattet werden oder die Leitungsfunktionen übernehmen sollen, könnte man sich einerseits vorstellen, dass der Betriebsrat eine verstärkte Mitbestimmung im Versetzungsverfahren in Auswahlrichtlinien vereinbaren möchte. Aber auch hier gilt, was bereits bei den Einstellungsrichtlinien festzuhalten war, dass eine solche Vereinbarung immer dann ausscheidet, wenn es um die Einstellung bzw. Versetzung eines leitenden Angestellten i.S. von § 5 Abs. 3 BetrVG geht.

dd) Auch bezüglich der Versetzung ist eine Regelung denkbar, die festlegt, welche Unterlagen dem Betriebsrat normalerweise im Rahmen seiner Beteiligung im Versetzungsverfahren vorzulegen sind, insbesondere auch, wieweit der Kreis der möglichen Betroffenen gezogen wird, von dem Unterlagen vorgelegt werden müssen.

ee) Gerade auch bei Versetzungen erscheinen Richtlinien, die festlegen, welche Stelle über die Eignung der in Frage kommenden Arbeitnehmer entscheidet, sinnvoll. Sie dienen einer Offenlegung der Entscheidungsstrukturen und können durch die Einbeziehung z.B. des Fachvorgesetzten eine größere Praxisnähe der Entscheidung bewirken.

b) Grundlagen für die Versetzungsentscheidung

Anders als bei der Einstellung werden Vereinbarungen über die dem Versetzungsverfahren zugrunde liegenden Nachweise keine so große Rolle spielen. Dennoch sind Vereinbarungen darüber in Versetzungsrichtlinien denkbar.

aa) Einmal ist denkbar, dass vereinbart wird, dass der Versetzungsentscheidung lediglich die bisherigen betrieblichen Beurteilungen zugrunde gelegt werden dürfen. Damit könnte eine Grenzziehung in zwei Richtungen vollzogen werden. Zum einen kann man damit für die Versetzungsentscheidung alle früheren und nur schlecht nachprüfbaren Beurteilungen und Zeugnisse ausschließen, zum anderen erhält die Bewährung des Kandidaten im Betrieb die ausschlaggebende Rolle und gibt auch den mit einem schlechteren Zeugnis oder einer schlechteren Beurteilung in den Betrieb Eingetretenen eine Chance, auf einen besseren Arbeitsplatz versetzt zu werden. Im umgekehrten Sinn gilt dies selbstverständlich auch für eine Versetzung auf einen schlechteren Arbeitsplatz.

bb) Es lassen sich selbstverständlich auch abgestufte Regelungen denken, insbesondere dergestalt, dass bis zu einer gewissen Dauer der Betriebszugehörigkeit auch Zeugnisse und sonstige Nachweise von früheren Arbeitgebern etc. zur Versetzungsentscheidung herangezogen werden.

cc) Bestehen starke Bedenken des Betriebsrats gegen das betriebliche Beurteilungssystem, so lassen sich auch Vereinbarungen denken, die gerade darauf abzielen, dass frühere Beurteilungen und Zeugnisse in den Entscheidungsvorgang einbezogen werden müssen.

dd) Darüber hinaus können Versetzungsrichtlinien auch Regelungen enthalten, dass bei geplanten Versetzungen ein besonderes Testverfahren mit theoretischen und/oder praktischen Prüfungen vorgenommen und das Prüfungsergebnis der Versetzungsentscheidung zugrunde gelegt werden muss. Dieser Test kann insbesondere dann sinnvoll sein, wenn es um eine Versetzung auf einen Arbeitsplatz geht, der mit dem bisher innegehabten wenig oder gar nichts gemeinsam hat, so dass die Beurteilung der Leistungen auf dem bisher innegehabten Arbeitsplatz wenig aussagekräftig für die Eignung für den vorgesehenen Arbeitsplatz ist. Gleichzeitig kann gerade in größeren Betrieben eine Verobjektivierung erreicht werden gegenüber bisweilen stark voneinander abweichenden Beurteilungsmaßstäben in verschiedenen Abteilungen oder auch verschiedener Vorgesetzter.

ee) Neben den allgemeinen Tests zur Leistungsfähigkeit des Bewerbers kann man hier z.B. auch an psychologische Testverfahren denken. Es könnte in Versetzungsrichtlinien eine Durchführung oder gerade ein Ausschluss solcher Testverfahren bzw. der Verwertung der Ergebnisse im Versetzungsverfahren vereinbart werden.

ff) Auch die Einbeziehung ärztlicher Zeugnisse in die Versetzungsentscheidung kann in Richtlinienvereinbarungen einbezogen werden.

gg) Auch bei Versetzungen i.S. von Beförderungen gehen Unternehmen heute dazu über, ein Assessment-Center einzuschalten. Eine entsprechende Vereinbarung, dass dies zulässig, bei bestimmten Stellen regelmäßig vorgesehen oder gerade nicht zulässig sein soll, kann Gegenstand von Richtlinienvereinbarungen sein.

2. Qualifikation der Bewerber

Auch der Schwerpunkt der Versetzungsrichtlinien liegt bei der Festlegung der persönlichen und fachlichen Voraussetzungen. Mehr als bei den Einstellungsrichtlinien werden jedoch auch die bei der Versetzungsentscheidung zu berücksichtigenden sozialen Gesichtspunkte im Mittelpunkt stehen.

a) Fachliche Voraussetzungen

Bei den fachlichen Voraussetzungen kann man auch bei Versetzungsrichtlinien ähnlich wie bei den Auswahlrichtlinien unterscheiden

- 1. Ausbildung und Vorbildung

    a) allgemein

    b) schulisch

c) beruflich

- 2. berufliche Kenntnisse

a) (erforderliche) Fachkenntnisse

b) (erforderliche) Spezialkenntnisse

- 3. berufliche Fertigkeiten

a) (erforderliche) allgemeine Fähigkeiten/Fertigkeiten

b) (erforderliche) spezielle Fähigkeiten/Fertigkeiten

- 4. berufliche Erfahrung

a) im eigenen Betrieb

b) in fremden Betrieben

- 5. berufliche und allgemeine Fortbildung

a) im eigenen Betrieb

b) außerhalb des Betriebs

Es besteht kein Zweifel, dass die ganze Palette fachlicher Voraussetzungen für eine Versetzungsentscheidung Berücksichtigung finden kann.

b) Persönliche Voraussetzungen

Auch hinsichtlich der persönlichen Voraussetzungen können Versetzungsrichtlinien eine Vielzahl von zu beachtenden Kriterien festlegen.

- 1. Alter

- 2. Geschlecht

- 3. Gesundheitszustand

- 4. physische Belastbarkeit

- 5. psychische Belastbarkeit

- 6. allgemeines Sozialverhalten

  a) Verhalten zu Vorgesetzten

  b) Verhalten zu Kollegen

  c) Verhalten zu Betriebsfremden, z. B. Kunden

- 7. Führungsverhalten

- 8. persönliche Wünsche

- 9. spezielle für den Arbeitsplatz notwendige persönliche Eigenschaften (z.B. Kassierer - Ehrlichkeit)

Auch bei Versetzungsrichtlinien muss natürlich beachtet werden, dass nur diejenigen persönlichen Kriterien eine Rolle spielen dürfen, die für die Ausfüllung des in Aussicht genommenen Arbeitsplatzes von Bedeutung sind. Auch Versetzungsrichtlinien, die dies nicht gewährleisten, würden gegen § 75 BetrVG verstoßen.

c) Soziale Gesichtspunkte

Auch wenn die Versetzungsentscheidung, soweit es sich um die Übertragung eines besseren Arbeitsplatzes handelt, der Einstellungsentscheidung ähnelt und deshalb auch die Versetzungsrichtlinien insoweit Ähnlichkeit mit den Einstellungsrichtlinien haben, ist eine stärkere Berücksichtigung sozialer Gesichtspunkte denkbar, weil der Bewerber aus dem eigenen Betrieb kommt. Die Berücksichtigung sozialer Gesichtspunkte bei einer Versetzung, die mit einer Änderungskündigung verbunden ist, bedarf insoweit keiner weiteren Erwähnung, da hinsichtlich der Änderungskündigung ohnedies die Kündigungsrichtlinien Anwendung finden.

Zu berücksichtigende soziale Gesichtspunkte können in Auswahlrichtlinien festgelegt werden:

- 1. Fortgeschrittenes Lebensalter

- 2. Familienstand

  - insbesondere Zahl der zu unterhaltenden Familienangehörigen und sonstige Unterhaltsverpflichtungen

- 3. sonstige wirtschaftliche Verhältnisse

- 4. Schwerbehinderteneigenschaft

- 5. Gesundheitsschädigungen

    - insbesondere im Betrieb erlittene Gesundheitsschäden, auch wenn sie nicht zur Behinderteneigenschaft geführt haben

- 6. im Betrieb erlittene Nachteile

- 7. sonstige persönliche Verhältnisse

Auch bei diesen Gesichtspunkten ist zu beachten, dass sie unter sozialem Aspekt und nicht unter dem Aspekt der persönlichen oder fachlichen Geeignetheit für die Stelle gesehen werden müssen.

3. Richtlinien über Grundsatzentscheidungen

Auch hinsichtlich von Versetzungen sind Richtlinien mit grundsätzlichem Inhalt nur auf der Grundlage von § 95 Abs. 1 BetrVG als freiwillige Vereinbarungen möglich.

a) Es lassen sich vor allem Richtlinien denken, die eine Versetzung auf Probe vorsehen. Die Versetzung auf einen günstigeren Arbeitsplatz erfolgt zunächst zur Probe, so dass nach einer bestimmten in den Richtlinien zu vereinbarenden Zeit erst die Entscheidung über eine endgültige Versetzung getroffen wird.

b) Besondere Bedeutung könnte auch einer Vereinbarung zukommen, die Versetzungen eine bestimmte Zeit vor Ausscheiden des Arbeitnehmers aus dem Betrieb aus Altersgründen, jedenfalls gegen dessen Willen, untersagt.

c) Praktische Bedeutung könnten auch Richtlinien erlangen, die nach einer bestimmten Betriebszugehörigkeit eine Versetzung gegen den Willen des Arbeitnehmers ausschließen.

4. Punktesysteme bei Versetzungsrichtlinien

Während Bewertungen in Form von Punktesystemen bei Kündigungsrichtlinien häufiger vorkommen, befasst sich das Bundesarbeitsgericht in seiner Entscheidung vom 27.10.1992[61] mit dem eher seltenen Fall, dass die Bewertung für die Auswahl bei Versetzungen sich nach einem Punktesystem bestimmen sollte. Das Bundesarbeits-

---

[61] AP Nr. 29 zu § 95 BetrVG 1972.

gericht geht grundsätzlich von der Zulässigkeit eines Punktesystems auch für Versetzungen aus. Gegenstand des Verfahrens waren durch Spruch der Einigungsstelle zustande gekommene Auswahlrichtlinien. Tragender Grund der Entscheidung ist, dass die Einigungsstelle das ihr gemäß § 76 Abs. 5 BetrVG eingeräumte Ermessen überschritten hatte[62]. Das Ermessen der Einigungsstelle ist dabei durch die Ziele der Auswahlrichtlinien begrenzt, einerseits Effizienz und Transparenz bei der Durchführung personeller Einzelmaßnahme zu gewährleisten andererseits aber auch sicherzustellen, dass die Maßnahmen unter Berücksichtigung persönlicher und sozialer Gesichtspunkte erfolgen „und so als gerecht im Sinn von billig und angemessen empfunden werden können"[63]. Je undifferenzierter ein solches System sowohl in der Verwendung der Auswahlrichtlinien als auch in der unterschiedslosen Erstreckung auf alle Arbeitsbereiche sei, desto größer müsste der dem Arbeitgeber einzuräumende Spielraum zur Korrektur solcher Ergebnisse sein, die als nicht sachgerecht angesehen werden könnten. Je differenzierter das Punktesystem ausgestaltet sei, desto weniger bedürfe es eines solchen Spielraums. Bei der Betrachtung dieser Entscheidung wird leicht übersehen, dass die Forderung eines Spielraumes für den Arbeitgeber sich aus der Beschränkung der Regelungsbefugnis der Einigungsstelle nach § 76 Abs. 5 BetrVG und nicht aus dem Richtlinienbegriff ergibt. Das Gericht trifft nämlich ausdrücklich keine Entscheidung darüber, ob eine freiwillige Richtlinienvereinbarung, die vom gemeinsamen Willen von Arbeitgeber und Betriebsrat getragen ist, so differenziert sein kann, dass dem Arbeitgeber kein Spielraum bei personellen Einzelmaßnahmen mehr bleibt. Das Gericht betont ausdrücklich, dass es sich insoweit nicht festlegt[64]. Wie schon bei Kündigungsrichtlinien lässt auch in der vorliegenden Entscheidung es das Gericht dahinstehen, ob das Belassen eines Ermessensspielraums sich notwendig aus dem Richtlinienbegriff ergibt[65]. Das Gericht macht deutlich, dass im vorliegenden Fall, selbst wenn man von einem solchen Richtlinienbegriff ausgehen würde, der dem Arbeitgeber gelassene Spielraum ausreichend wäre. Die Aussage, eine Richtlinie dürfe das Auswahlermessen nicht ganz beseitigen, wird gerade nicht vorbehaltlos gemacht, sondern unter der Prämisse eines ganz bestimmten Richtlinienbegriffs. Zwar geht das Gericht davon aus, dass vieles für einen solchen Begriff spricht, doch hütet es sich konsequent eine nichtentscheidungsrelevante Frage endgültig zu klären. Damit bleibt auch weiterhin die Möglichkeit bestehen, dass Arbeitgeber und Betriebsrat Versetzungsrichtlinien vereinbaren können, die für einzelne Maßnahmen dazu führen, dass sich die Entscheidung unmittelbar aus der Richtlinie ergibt.

---

[62] Vgl. *Hanau*, FS Beusch, S. 361/366.
[63] BAG vom 27.10.1992 AP Nr. 29 zu § 95 BetrVG 1972 unter C II 1 c.
[64] Unter C I 2 der Entscheidung.
[65] Vgl. *Zöllner*, FS G. Müller, S. 665/668 ff.

§ 4 Inhalt von Umgruppierungsrichtlinien

Auch für den Inhalt der Umgruppierungsrichtlinien kann wieder unterschieden werden zwischen Vorschriften, die sich auf das Verfahren beziehen und Festlegungen bezüglich der Qualifikation der Bewerber sowie grundsätzlichen Bestimmungen.

1. Richtlinien über das Verfahren und die Voraussetzungen

Weder die Herausnahme der Verfahrensregelungen[66], noch die Herausnahme der Qualifikationsmerkmale aus Auswahlrichtlinien zu Umgruppierungen sind gerechtfertigt. Soweit damit argumentiert wird, die Aufnahme von Verfahrensregeln verstoße gegen Wortlaut, Sinn und Zweck des § 95 BetrVG[67], darf auf die Ausführungen zu den Verfahrensregeln bei Einstellungsrichtlinien verwiesen werden.

Soweit die Unvereinbarkeit von Verfahrensregeln mit einer sonst eintretenden Schmälerung des weitergehenden Mitbestimmungsrechts des Betriebsrats nach § 87 Abs. 1 Nr. 10 BetrVG begründet wird[68], kann dem gleichfalls nicht gefolgt werden. Das Mitbestimmungsrecht des Betriebsrats bei Ein- und ebenso bei Umgruppierungen ist kein Mitgestaltungsrecht, sondern ein Mitbeurteilungsrecht[69]. Auch die Möglichkeit der Vereinbarung von Umgruppierungsrichtlinien nach § 95 BetrVG ändert daran nichts. Ebenso wenig wie die Ein- oder Umgruppierung durch die fehlende Zustimmung des Betriebsrats unrichtig wird, ebenso wenig können Auswahlrichtlinien eine Umgruppierung verhindern oder konstitutiv ermöglichen, wenn die Umgruppierung sich nur aus den in aller Regel tarifvertraglich vereinbarten Vergütungsordnungen ergibt. Die Umgruppierungsrichtlinien sind somit nur Durchführungsvorschriften für bestehende tarifvertragliche Regelungen.

Will man die Praktikabilität von Auswahlrichtlinien aufrecht erhalten, so muss man davon ausgehen, dass Umgruppierungsrichtlinien einheitlich für alle Arbeitnehmer im Betrieb Verfahrensbestimmungen und die tarifvertraglichen Regelungen konkretisierende Voraussetzungen enthalten können. Bei nicht tarifgebundenen Arbeitnehmern können sie jedoch nur dann eine Rolle spielen, wenn der Arbeitgeber konkret eine Umgruppierung unter voller Beachtung der tarifvertraglichen Bestimmungen beabsichtigt. Für diesen Fall kommen die Richtlinien zur Anwendung, unabhängig, ob die tarifvertraglichen Regelungen kraft einzelvertraglicher Vereinbarung bzw. betrieblicher Übung angewandt werden oder ob der Arbeitgeber lediglich zu erkennen gibt, dass er im Einzelfall eine Umgruppierung i.S. des Tarifvertrags anstrebt. Auch aus der Tatsache, dass nicht tarifgebundene Arbeitnehmer im Betrieb beschäftigt sind,

---

66 So *Löwisch* in *Galperin/Löwisch*, BetrVG, § 95 Rd.Nr. 14.
67 *Löwisch* in *Galperin/Löwisch*, BetrVG, § 95 Rd.Nr. 14.
68 *Löwisch*, DB 1973, 1749; *Löwisch* in *Galperin/Löwisch*, BetrVG, § 95 Rd.Nr. 14.
69 Vgl. BAG vom 22.3.1983 AP Nr. 6 zu § 101 BetrVG 1972; *Richardi*, BetrVG, § 99 Rd.Nr. 70.

ergibt sich somit keine Einschränkung des zulässigen Inhalts von Umgruppierungsrichtlinien.

Obwohl Umgruppierungsrichtlinien in der Praxis bisher kaum eine Rolle spielen, gibt es für diese Richtlinien durchaus einen sinnvollen Inhalt. Gerade beim Umgruppierungsverfahren kann es von großer Bedeutung sein, dass es nicht vom grünen Tisch des Personalbüros, sondern z.B. nach konkreter Besichtigung des Arbeitsplatzes oder nach Anhörung des unmittelbaren Vorgesetzten erfolgt. Für Umgruppierungen, die sich nach Tarifvertrag ohne Änderung der Tätigkeitsmerkmale nur aus der Tatsache einer Bewährung am Arbeitsplatz ergeben, könnten Auswahlrichtlinien das Verfahren, in dem diese Bewährung festgestellt wird, bestimmen. Wenn es einen bestimmten Zahlenschlüssel für den Bewährungsaufstieg gibt, können Umgruppierungsrichtlinien die Kriterien der Auswahl zwischen mehreren Bewerbern festlegen[70]. So ist das abstrakte Merkmal der Bewährung durchaus einer konkretisierenden Regelung in Auswahlrichtlinien zugänglich, ohne dass damit der Tarifvertrag unterlaufen würde[71]. Ein Personalbüro in einem größeren Betrieb kann ohne Leitlinien in diesem Fall überhaupt nicht auskommen. Da die Richtigkeit dieser Leitlinien für die praktische Handhabung sehr wichtig und bedeutsam für die Arbeitnehmer ist, ist die Vereinbarung dieser Leitlinien als Auswahlrichtlinien sinnvoll. Der Betriebsrat hat somit eine unmittelbare Richtigkeitskontrolle und kann seiner Aufgabe, über die Einhaltung gesetzlicher und tarifvertraglicher Regelungen zu wachen, vorausschauend gerecht werden.

2. Richtlinien über Grundsatzfragen

a) Im engen Zusammenhang mit der Aufgabe des Betriebsrats, die Einhaltung der Tarifverträge zu überwachen, ist auch die Regelung denkbar, dass in gewissen Zeitabständen die Eingruppierung der Arbeitnehmer im Hinblick auf mögliche Umgruppierungen untersucht werden soll. Diese Vereinbarung unterscheidet sich von den oben aufgeführten Verfahrensregelungen bei Umgruppierungen dadurch, dass sie nicht ein vom Arbeitgeber begonnenes Umgruppierungsverfahren regelt, sondern den Arbeitgeber zu einem solchen Verfahren überhaupt verpflichtet. Gleiches gilt für die Vereinbarung, dass der Arbeitgeber auf Antrag des Arbeitnehmers ein solches Verfahren zu beginnen hat und die Ablehnung einer Umgruppierung z.B. gegenüber dem Arbeitnehmer schriftlich zu begründen ist.

b) Es wird die Meinung vertreten, größere Bedeutung komme den Umgruppierungsrichtlinien in den Fällen der Umgruppierung nicht organisierter Arbeitnehmer zu[72], da Normen eines Tarifvertrags, die den Inhalt von Arbeitsverhältnissen ordnen,

---

70 *Löwisch* in *Galperin/Löwisch*, BetrVG, § 95 Rd.Nr. 14.
71 Vgl. *Kraft* in GK-BetrVG, § 95 Rd.Nr. 34.
72 *Gemählich*, Auswahlrichtlinien, S. 67, allerdings ohne nähere Ausführungen.

nach § 4 Abs. 1 TVG nur zwischen beiderseits Tarifgebundenen gelten. Man könnte sich vorstellen, dass damit Umgruppierungsrichtlinien gemeint sind, die z.B. regeln, dass nicht tarifgebundene Arbeitnehmer entsprechend den Voraussetzungen des Tarifvertrags einzugruppieren sind. Selbstverständlich ist, wie oben ausgeführt, ein Arbeitgeber nicht daran gehindert, so zu verfahren. Einer solchen Vereinbarung zwischen Arbeitgeber und Betriebsrat steht jedoch der Tarifvorbehalt in § 77 Abs. 3 BetrVG entgegen. Danach ist eine Regelung, die von der Sperrwirkung des § 77 Abs. 3 BetrVG erfasst wird, generell für die Parteien der Betriebsvereinbarung ausgeschlossen. Damit ist auch eine gleichlautende Regelung, bzw. die Regelung, dass eine tarifvertragliche Vereinbarung auch auf die nicht tarifgebundenen Arbeitnehmer angewandt werden soll, durch Betriebsvereinbarung nicht möglich[73]. Da Auswahlrichtlinien Betriebsvereinbarungen sind, ist auch eine entsprechende Vereinbarung in Auswahlrichtlinien nicht zulässig. Es wird zu Recht darauf hingewiesen, dass im Interesse der Erhaltung der Position der Tarifvertragsparteien auch eine Ausweitung des persönlichen Geltungsbereichs von Tarifverträgen durch Betriebsvereinbarungen verhindert werden soll. Für eine solche Ausweitung steht nur gem. § 5 TVG die Allgemeinverbindlichkeitserklärung unter den dort genannten engen Voraussetzungen, die auf die Funktionsfähigkeit der Tarifautonomie Rücksicht nehmen, sowie nach § 1 Abs. 3 a Arbeitnehmer – Entsendegesetz - AEntG -[74] die Erstreckung durch Rechtsverordnung zur Verfügung.

§ 5 Inhalt von Kündigungsrichtlinien

1. Grundsätzliche Einteilung

Auch Kündigungsrichtlinien kann man nach ihrem Inhalt in drei Kategorien einzuteilen: in erzwingbare Richtlinien nach § 95 Abs. 2 BetrVG über die bei der Kündigung zu beachtenden Qualifikationen der in Frage kommenden Arbeitnehmer und sozialen Gesichtspunkte sowie in freiwillige Richtlinien, in denen darüber hinaus Verfahrensfragen festgelegt und in freiwillige Richtlinien, in denen Grundsatzfragen geregelt werden können.

Weit stärker als von dieser Einteilung wird die Problematik der Auswahlrichtlinien bei der Kündigung jedoch von der Frage bestimmt, ob es sich dabei um Richtlinien für verhaltens-, personen- oder betriebsbedingte Kündigungen handelt.

---

[73] *Brecht*, BetrVG, § 77 Rd.Nr. 24;*Richardi*, BetrVG, § 77 Rd.Nrn. 272 ff.; *Fitting*, BetrVG, § 77 Rd.Nrn. 87f; *Löwisch* in *Galperin/Löwisch*, BetrVG, § 77 Rd.Nr. 85; *Kreutz* in GK-BetrVG, § 77 Rd.Nr. 110; *Weiss/Weyand*, BetrVG, § 77 Rd.Nr. 33; *Berg* in *Däubler/Kittner/Klebe*, BetrVG, § 77 Rd.Nr. 67; *Moll*, Tarifvorrang S. 51 ff.; A.a. *Hess* in *Hess/Schlochauer/Glaubitz*, BetrVG, § 77 Rd.Nr. 162; kritisch *Stege/Weinspach*, BetrVG, § 77 Rd.Nr. 21.

[74] Vom 26.2.1996 (BGBl. I S. 227).

2. Richtlinien bei betriebsbedingten Kündigungen

Während beim Einstellungsvorgang in jedem Fall eine ähnliche Situation zugrunde liegt, nämlich ein Personalbedarf, ist die Situation bei der Kündigung durchaus nicht einheitlich. Es kann sich einmal darum handeln, dass der Betrieb zuviel Personal hat. Dann handelt es sich bei der Kündigung um eine Kündigung aus betrieblichen Erfordernissen. Hierfür enthält bereits § 1 Abs. 3 KSchG die Regelung, man könnte auch gesetzliche Auswahlrichtlinie sagen, dass eine Auswahl nach sozialen Gesichtspunkten vorgenommen werden muss. Wer aus der Auswahl ausgegliedert werden kann, richtet sich nach der gesetzlichen Festlegung in § 1 Abs. 3 S. 2 KSchG nach den betriebstechnischen, wirtschaftlichen oder sonstigen berechtigten betrieblichen Bedürfnissen. Diese Bedürfnisse sind in diesem Zusammenhang jedoch nicht abstrakt bestimmbar, sondern ergeben sich aus der konkreten Betrachtung der fachlichen und persönlichen Voraussetzungen der einzelnen Arbeitnehmer und ihrer daraus resultierenden Einsetzbarkeit im Betrieb. § 1 Abs. 3 S. 2 KSchG ist eine gesetzliche Auswahlrichtlinie auch für die bei der betriebsbedingten Kündigung zu beachtenden persönlichen und fachlichen Voraussetzungen, soweit sie für den Betrieb relevant sind. Sie sind nämlich ein Abgrenzungskriterium dafür, ob ein Arbeitnehmer aus der Sozialauswahl herausgenommen wird oder nicht. Inwieweit darüber hinaus auch im Rahmen der Auswahl fachliche und persönliche Voraussetzungen der Arbeitnehmer im Hinblick auf die damit verbundenen betrieblichen Interessen berücksichtigt werden können, war früher umstritten[75]. Seit der Entscheidung des BAG vom 24.3.1983[76] muss dies als unzulässig betrachtet werden.

Dafür stellt sich seit der Entscheidung des 2. Senats aus dem Jahre 1983 eine neue Problematik. Bisher ging die h.M. davon aus, dass diese Regelung für Auswahlentscheidungen bei betriebsbedingten Kündigungen in § 1 KSchG derart umfassend sei, dass es bei Auswahlrichtlinien für betriebsbedingte Kündigungen nur noch um eine Konkretisierung der im Gesetz enthaltenen unbestimmten Rechtsbegriffe für den jeweiligen Betrieb gehen könne[77]. Jede Regelung in betrieblichen Auswahlrichtlinien, die darüber hinausginge, würde nämlich zu einer Einschränkung des Kündigungsschutzes führen, für die § 95 BetrVG keine Rechtsgrundlage bildet[78]. Dies liegt auf der Hand, wenn bei der Anwendung der Kündigungsrichtlinien ein Arbeitnehmer direkt schlechter gestellt wäre als bei richtiger Anwendung von § 1 Abs. 3 KSchG. Dies trifft aber auch zu, wenn im Rahmen der Auswahl aufgrund einer Richtlinie ein Arbeitnehmer günstiger gestellt wird, weil bei feststehender Zahl der zu kündigenden Arbeitnehmer damit unmittelbar eine Schwächung der Position eines anderen Arbeit-

---

[75] Vgl. *Hueck*, KSchG (10. Aufl.), § 1 Anm. 117 c ff.

[76] AP Nr. 12 zu § 1 KSchG 1969 Betriebsbedingte Kündigung.

[77] Vgl. BAG vom 11.3.1976 AP Nr. 1 zu § 95 BetrVG 1972.

[78] *Galperin*, Leitfaden, S. 116 Fn. 14; *Gumpert*, BB 1972, 47/49; *Hanau*, BB 1972, 451/452; *Wagener*, BB 1972, 1373; zweifelnd *Gamillscheg*, Anm. zu BAG vom 11.3.1976 EzA, § 95 BetrVG 1972 Nr. 1.

nehmers verbunden ist und eine so vorgenommene Auswahl gegen § 1 Abs. 3 KSchG verstoßen würde[79].

a) Die Entscheidungen des BAG vom 24.3.1983 und 20.10.1983

Die beiden Entscheidungen des 2. Senats des BAG aus dem Jahre 1983[80] haben dann eine neue Problematik im Hinblick auf die Vereinbarung von Kündigungsrichtlinien nach § 95 BetrVG für betriebsbedingte Kündigungen aufgeworfen. Während es grundsätzlich dabei bleiben sollte, dass die Arbeitsgerichte in vollem Umfang die vom Arbeitgeber vorgenommene Auswahl überprüfen[81], weil diesem insoweit vom Gesetz kein Ermessensspielraum eingeräumt sei[82], sollte dies bei Auswahlrichtlinien offensichtlich anders sein. Nur so ist der Satz des BAG zu verstehen: "Damit hat der Senat zugleich zum Ausdruck bringen wollen, er sei wegen der Zuweisung der Auswahlrichtlinienkompetenz durch den Gesetzgeber bereit, bei einer sozialen Auswahl, die aufgrund von Arbeitgeber und Betriebsrat vereinbarten Richtlinien erfolgt, einen gewissen Ermessensspielraum zu gewähren"[83]. Die Begründung wird darin gesehen, dass Auswahlrichtlinien geeignet seien, einen sachgerechten Ausgleich zwischen der individuellen Abwägung und der erwünschten Rechtssicherheit zu schaffen[84].

Im konkreten Fall war es jedoch schwierig festzustellen, wo dieser Spielraum liegen sollte; offensichtlich ausschließlich bei der Festlegung der Auswahlrichtlinien, während die Entscheidung über die einzelne Kündigung eine gebundene Entscheidung darstellte. Die ausreichende Berücksichtigung sozialer Gesichtspunkte nach § 1 Abs. 3 S. 1 KSchG wurde nunmehr ersetzt durch die Beachtung der drei Grunddaten, Betriebszugehörigkeit, Lebensalter und Unterhaltsverpflichtungen sowie eine abschließende Berücksichtigung der individuellen Besonderheiten des Einzelfalls, die als Mindestbestandteile in Kündigungsrichtlinien enthalten sein mussten[85]. Da zumindest diese Punkte bei der Sozialauswahl berücksichtigt werden mussten, konnte sich daraus kaum eine größere Rechtssicherheit für Arbeitgeber und Arbeitnehmer ergeben. Damit konnten Auswahlrichtlinien nicht über den oben aufgezeigten Vorteil einer Konkretisierung des unbestimmten Rechtsbegriffs für den jeweiligen Betrieb hinausgehen. Wenn jedoch das BAG feststellte, dass die Gerichte die Wertungen der Betriebspartner nicht antasten würden "sofern jene überhaupt vertretbar erscheinen"[86], so wollte es offensichtlich den Betriebspartnern für die Aufstellung von Aus-

---

79 BAG vom 11.3.1976 AP Nr. 1 zu § 95 BetrVG 1972.
80 BAG vom 24.3.1983 AP Nr. 12 zu § 1 KSchG 1969 Betriebsbedingte Kündigung; BAG vom 20.10.1983 AP Nr. 13 zu § 1 KSchG 1969 Betriebsbedingte Kündigung.
81 AP Nr. 15 zu § 1 KSchG 1969 Betriebsbedingte Kündigung.
82 *Berkowsky*, NJW 1983, 1292/1295.
83 BAG vom 20.10.1983 AP Nr. 13 zu § 1 KSchG 1969 Betriebsbedingte Kündigung unter B II 1.
84 BAG vom 20.10.1983 AP Nr. 13 zu § 1 KSchG 1969 Betriebsbedingte Kündigung unter B II 1.
85 BAG vom 20.10.1983 AP Nr. 13 zu § 1 KSchG 1969 Betriebsbedingte Kündigung unter B II 1.
86 BAG v. 20.10.1983 AP Nr. 13 zu § 1 KSchG 1969 Betriebsbedingte Kündigung unter B II 1 der Gründe.

wahlrichtlinien eine ganz neue Dimension eröffnen. Mit ihnen sollte die Überprüfbarkeit der Sozialauswahl durch die Gerichte zurückgedrängt werden. Ausdrücklich hat deshalb das BAG den Arbeitsgerichten die Kompetenz zur Schaffung generalisierender Regelungen abgesprochen, da der Gesetzgeber dem Arbeitgeber und dem Betriebsrat in § 95 BetrVG die Aufstellung von Auswahlrichtlinien zugewiesen habe. Während jedoch im Einzelfall der Arbeitgeber darauf angewiesen war, dass seine Entscheidung in allen Punkten der Berücksichtigung sozialer Daten i.S. der zu § 1 Abs. 3 S. 1 KSchG entwickelten Grundsätze richtig war, brauchte die Entscheidung eines Arbeitgebers in einem Betrieb mit Auswahlrichtlinien lediglich mit diesen übereinzustimmen. Für die Auswahlrichtlinien selbst sollte nicht der enge Rahmen gelten, den die Rechtsprechung für die einzelne Kündigungsentscheidung entwickelt hatte, soweit nur die vom BAG genannten drei Grunddaten sowie eine "abschließende Berücksichtigung der individuellen Besonderheiten des Einzelfalles" aufgrund der Auswahlrichtlinien beachtet würden. Damit wurden aber Auswahlrichtlinien zu Ermessensentscheidungen[87]. Die Gewichtung und die bei einer betriebsbedingten Kündigung zu beachtenden sozialen Gesichtspunkte, die nach der Literatur wesentlicher Inhalt von Kündigungsrichtlinien waren[88], könnten von den Gerichten nur noch dahin überprüft werden, ob sie einen äußersten Rahmen überschritten[89]. Das hatte aber konkret zur Folge, dass eine Kündigung auf der Grundlage der Wertungen von Kündigungsrichtlinien möglicherweise sozial gerechtfertigt war, die ohne Auswahlrichtlinien und voller Überprüfung der sozialen Gesichtspunkte durch das Gericht nicht sozial gerechtfertigt gewesen wäre. Damit würde im Endeffekt der individuelle gesetzliche Kündigungsschutz für den einen oder anderen Arbeitnehmer verschlechtert, ohne dass es dafür eine gesetzliche Grundlage gegeben hätte. Diese Konsequenz wollte aber weder das BAG noch die Literatur aus den aufgeführten Entscheidungen ziehen[90]. Der Grund für diese Inkonsequenz scheint darin zu liegen, dass sich das BAG keine Gedanken zu machen brauchte, wie Auswahlrichtlinien im konkreten Fall aussehen müssten. Das BAG konnte sich bei allen Entscheidungen zur Problematik von Auswahlrichtlinien mit ganz allgemeinen Hinweisen begnügen, weil die überprüften Richtlinien den äußersten Ermessensrahmen überschritten hatten[91] oder die Er-

---

[87] Ausdrücklich spricht das BAG in seiner Entscheidung v. 20.10.1983 AP Nr. 12 zu § 1 KSchG 1969 Betriebsbedingte Kündigung unter B II 2 von "Ermessensspielraum".

[88] *Neyses*, DB 1983, 2414.

[89] Wie z. B. die Absolutsetzung des Kriteriums der Betriebszugehörigkeit der in der Entscheidung des BAG vom 11.3.1976 AP Nr. 1 zu § 95 BetrVG 1972 verworfenen Auswahlrichtlinien.

[90] So schreibt *Neyses*, DB 1983, 2414: Arbeitgeber und Betriebsrat dürfen durch Auswahlrichtlinien nicht den individuellen gesetzlichen Kündigungsschutz verschlechtern.

[91] BAG vom 20.10.1983 AP Nr. 13 zu § 1 KSchG 1969 Betriebsbedingte Kündigung, B II 3 der Gründe: "Abschließend zur Frage des Inhalts und der Grenzen des Beurteilungsspielraums" (einige Zeilen vorher spricht das Gericht mehrfach von Ermessensspielraum) "Stellung zu nehmen, besteht allerdings vorliegend kein Anlass, weil die Auswahlkriterien für betriebsbedingte Kündigungen im vorliegenden Interessenausgleich schon der Grundwertung des § 1 Abs. 3 S. 1 KSchG nicht entsprechen"; ebenso BAG vom 11.3.1976 AP Nr. 1 zu § 95 BetrVG 1972.

wägungen des BAG hinsichtlich des Ermessensrahmens für Auswahlrichtlinien für den konkreten Fall ohne Bedeutung waren[92].

Keine Frage ist, dass ein solcher Ermessensspielraum des Arbeitgebers, insbesondere, wenn eine Kontrolle durch den Betriebsrat im Rahmen der Aufstellung der Richtlinien erfolgte, wünschenswert gewesen wäre[93]. Ob sich dies jedoch bereits aus der Regelung in § 95 BetrVG ergeben konnte, hätte wohl einer eingehenderen Begründung als der vom BAG mehr beiläufig und die Entscheidung auch nicht tragenden Erwägungen bedurft. Folgt man den Überlegungen des BAG, so konnte es von der Gestaltung der Auswahlrichtlinien abhängen, ob eine Kündigung nach § 1 KSchG sozial gerechtfertigt war. Wenn § 95 BetrVG zuließe, dass aus einer gebundenen Rechtsentscheidung eine Ermessensentscheidung wird, dann hätte man andererseits nicht mehr davon sprechen können, dass Arbeitgeber und Betriebsrat bei Ausübung ihrer betriebsverfassungsrechtlichen Richtlinienkompetenz an das zwingende Gesetzesrecht gebunden sind[94]. Eine solche Auslegung ginge auch über das Ziel der Versachlichung der Personalentscheidung, das der Gesetzgeber mit § 95 BetrVG verfolgt hat, hinaus[95].

Gerade weil es bei allen angeführten Entscheidungen des Bundesarbeitsgerichts auf die Überlegungen zum Ermessensspielraum für die Vereinbarung von Auswahlrichtlinien nicht ankommt, während insbesondere in der Entscheidung vom 20.3.1983 eine Fülle anderer grundsätzlicher kündigungsschutzrechtlicher Fragen zu lösen waren[96], fehlen die notwendigen Überlegungen des Gerichts zu diesem Thema. Von einer anderen Seite meldeten Löwisch/Schüren Bedenken gegen diese Entscheidungen an[97]. Ihrer Meinung nach war die Einräumung eines Ermessensspielraums ohnehin mit § 1 KSchG vereinbar und die Entscheidung des BAG stellte damit einen Schritt in die richtige Richtung dar. Allerdings sei es auf halbem Wege stehen geblieben. Ihnen ist insoweit zuzustimmen, als prinzipiell eine Interpretation der Bestimmung über die Sozialauswahl i.S. einer Ermessensentscheidung wohl möglich gewesen wäre. Nachdem aber die Literatur und insbesondere die Rechtsprechung einen anderen Weg eingeschlagen hatten, der im übrigen vom BAG in seinen Entscheidungen aus dem Jahre 1983 ausdrücklich bestätigt wurde, weshalb auch Löwisch/Schüren vom "halben Versprechen" sprechen, lässt sich eine andere Interpretation bei Auswahlrichtlinien nur durch eine durch § 95 BetrVG eingeführte Änderung des Kündigungsschutzes erklären. Gerade dies wird aber vom BAG nicht einmal ver-

---

92 BAG v. 24.3.1983 AP Nr. 12 zu § 1 KSchG 1969 Betriebsbedingte Kündigung.
93 *Buchner*, DB 1984, 504/509 f.
94 So aber BAG vom 11.3.1976 AP Nr. 1 zu § 95 BetrVG 1972 mit zustimmender Anmerkung von *G. Hueck* = EzA § 95 BetrVG 1972 Nr. 1 mit zustimmender Anmerkung von *Gamillscheg*.
95 BT-Drucks. VI/1786 S. 50.
96 U.a. Schwerbehinderteneigenschaft als Kündigungshemmnis, Berücksichtigung betrieblicher Belange bei der Sozialauswahl, Verteilung der Darlegungs- und Beweislast hinsichtlich der Sozialauswahl.
97 *Löwisch/Schüren*, SAE 1984, 50 ff.

sucht. Dass das BAG sich nicht allzu sehr mit der Problematik beschäftigt hat, zeigt auch der Verweis auf das Auswahlrichtlinienmuster von Neyses[98]. Dort könne man ersehen, wie eine abschließende Berücksichtigung der Besonderheiten des Einzelfalles auszusehen habe[99]. Die zitierten Auswahlrichtlinien stehen aber nicht einmal im Einklang mit der Entscheidung des BAG, in der sie zitiert werden. So werden in den angesprochenen Auswahlrichtlinien zwar im Rahmen der sozialen Auswahl nur soziale Gesichtspunkte berücksichtigt, gleichwohl werden im Rahmen der Auswahlentscheidung auch betriebliche Belange als Gegengewicht zu den sozialen Belangen zugunsten eines Arbeitnehmers berücksichtigt. Das bedeutet, dass ein Arbeitnehmer, dessen Weiterbeschäftigung nicht notwendig i.S. der neuen Rechtsprechung des BAG war, dennoch aufgrund Berücksichtigung betrieblicher Belange ein Plus bei der Sozialauswahl gegenüber sozial schwächeren Arbeitnehmern erreichen sollte. Dies hätte aber die Rechtsprechung des BAG auf den Kopf gestellt und zeigt, dass das Gericht selbst sich über den zulässigen Inhalt und die Konsequenzen von Auswahlrichtlinien keine allzu große Gedanken gemacht hat. Die aufgezeigte Meinung des BAG zu Auswahlrichtlinien muss von daher wohl mehr als Denkanstoß für den Gesetzgeber angesehen werden und nicht als Neuinterpretation des Verhältnisses von Betriebsverfassungsgesetz und Kündigungsschutzgesetz.

b) Neuregelung in § 1 Abs. 4 KSchG.

Rechtsprechung und Literatur war es nicht gelungen, den Spielraum, der Arbeitgeber und Betriebsrat bei der Aufstellung von Richtlinien für die Sozialauswahl bei der betriebsbedingten Kündigung zukommt, so zu definieren, dass Rechtssicherheit hinsichtlich des möglichen Inhalts von Kündigungsrichtlinien geschaffen wurde. Somit war es überfällig, dass der Gesetzgeber tätig wurde, sollten Kündigungsrichtlinien wegen der damit verbundenen Unsicherheiten für die Betriebsparteien nicht uninteressant werden.

Mit der Einfügung des Absatzes 4 in § 1 KSchG durch das arbeitsrechtliche Beschäftigungsförderungsgesetz vom 25.9.1996[100], geändert durch das Gesetz zu Korrekturen in der Sozialversicherung und zur Sicherung der Arbeitnehmerrechte vom 19.12.1998[101], ist der Gesetzgeber dem Ziel einer besseren Berechenbarkeit der Zulässigkeit einer betriebsbedingten Kündigung[102] näher gekommen. Soweit sich die Gesetzesänderung explizit nur auf den veränderten Individualrechtsschutz des Ar-

---

[98] *Neyses*, DB 1983, 2414.

[99] BAG vom 20.10.1983 AP Nr. 13 zu § 1 KSchG 1969 Betriebsbedingte Kündigung unter B II 1.

[100] Art. 1 Nr. 1 Buchst b. Arbeitsrechtliches Beschäftigungsförderungsgesetz vom 25.9.1996, BGBl. I S. 1476.

[101] Art. 6 des Gesetzes zu Korrekturen in der Sozialversicherung und zur Sicherung der Arbeitnehmerrechte vom 19.12.1998, BGBl. I S. 3843.

[102] Vgl. BT-Drucksache 13/4612 S. 9.

beitnehmers bezieht, wird darauf im Rahmen der Ausführungen zu den Rechtsfolgen der Auswahlrichtlinien eingegangen[103].

Hält man sich streng an den Wortlaut von § 1 Abs. 4 KSchG in der zuletzt erhaltenen Fassung, so geht es nur um den Überprüfungsmaßstab der vom Arbeitgeber vorgenommenen Sozialauswahl. Danach kann die soziale Auswahl nur auf grobe Fehlerhaftigkeit überprüft werden, wenn in einer Auswahlrichtlinie nach § 95 BetrVG festgelegt ist, welche sozialen Gesichtspunkte nach § 1 Abs. 3 Satz 1 KSchG zu berücksichtigen und wie diese Gesichtspunkte im Verhältnis zueinander zu bewerten sind. Man könnte daraus schließen, dass somit die Neuregelung in § 1 Abs. 4 KSchG ohne Auswirkungen auf den Inhalt von Kündigungsrichtlinien wäre.

Im Ergebnis kann es aber nicht um eine begrenzte Nachprüfbarkeit, sondern um begrenzte Anforderungen an die Sozialauswahl gehen. Die Formulierung in § 1 Abs. 4 KSchG, dass die soziale Auswahl nur auf grobe Fehlerhaftigkeit überprüft werden darf, kann nur als missglückt bezeichnet werden. Auch wenn man davon ausgeht, der Begriff der groben Fehlerhaftigkeit beziehe sich eindeutig nur auf die Gewichtung der Kriterien, nicht auf die Fehlerhaftigkeit im Rechtssinne, ändert dies nichts an der Problematik. So könnte ein Arbeitnehmer im Urteil, mit dem seine Klage gegen eine betriebsbedingte Kündigung abgewiesen wird, nachlesen, die Gewichtung der sozialen Gesichtspunkte in der Auswahlrichtlinie, die der Kündigung zugrundegelegt worden sei, sei zwar fehlerhaft. Seine Klage könne aber keinen Erfolg haben, da die soziale Auswahl nach den Vorschriften des Kündigungsschutzgesetzes nur auf g r o b e Fehlerhaftigkeit überprüft werden könne. Es ist kaum vorstellbar, dass das Kündigungsschutzgesetz, dessen Sinn und Zweck der Schutz der Arbeitnehmer ist, eine Regelung enthält, die einer fehlerhaften Sozialauswahl gegenüber dem Arbeitnehmer Bestand verleiht, solange nur die Fehlerhaftigkeit keine grobe ist.

Der Gesetzgeber wollte nicht die Betriebsparteien dazu auffordern, in Auswahlrichtlinien fehlerhafte Kriterien für die Sozialauswahl aufzustellen, sondern der Gesetzgeber ist den Weg konsequent weitergegangen, den das Bundesarbeitsgericht mit seinen Entscheidungen aus dem Jahre 1983 aufgezeigt hat. Mit dem Begriff der groben Fehlerhaftigkeit wollte der Gesetzgeber nicht den Überprüfungsmaßstab, sondern den Bewertungsmaßstab ändern. Vom Inhalt her kann § 1 Abs. 4 KSchG nur so verstanden werden, dass die soziale Auswahl nur fehlerhaft ist, wenn sie jede Ausgewogenheit vermissen lässt.

Die Konsequenz für den Inhalt von Auswahlrichtlinien besteht darin, dass eine Festlegung und Bewertung von sozialen Gesichtspunkten in einem gewissen Rahmen geschehen kann. Zwar sind die drei sozialen Grunddaten wieder aus dem Gesetzes-

---

[103] Vgl. unten Teil IV § 4 Nr. 3.

text entfernt worden und damit der Streit beendet, ob n u r diese Daten in einer Auswahlrichtlinie zur Grundlage der Sozialauswahl gemacht werden konnten.

An Klarheit hat das Gesetz nicht unbedingt gewonnen. Wenn in den Gesetzesmaterialien ausgeführt ist, w i e b i s h e r sei von einer groben Fehlerhaftigkeit einer Auswahlrichtlinie insbesondere dann auszugehen, wenn die drei Hauptkriterien der Sozialauswahl, Dauer der Betriebszugehörigkeit, Lebensalter und Unterhaltspflicht nicht oder völlig unausgewogen berücksichtigt seien[104], so bedeutet das wiederum, dass die Betriebsparteien sich nicht allein am Gesetzestext orientieren können, sondern sich durch Motive und Vorstellungen des Gesetzgebers zum Ziel tasten müssen. Hinzu kommt, dass die kurzfristige Abfolge unterschiedlicher Gesetzesfassungen die Frage aufwirft, ob die Rechtsprechung zu dem einen oder anderen Rechtszustand herangezogen werden soll. Insoweit bleibt die alleinige Sozialauswahl durch den Arbeitgeber ein schwer zu kalkulierendes Risiko. Dies führt dazu, dass die Vereinbarungen von Kündigungsrichtlinien auch im Interesse des Arbeitgebers liegt, denn damit gewinnt er, wenn auch keinen Ermessensspielraum, so doch einen genügend großen Entscheidungsspielraum für eine der gerichtlichen Überprüfung standhaltende Sozialauswahl[105].

Für den Inhalt von Auswahlrichtlinien für betriebsbedingte Kündigungen bedeutet dies folgendes:

1. Abgesehen davon, dass die drei Hauptkriterien für eine Sozialauswahl, Dauer der Betriebszugehörigkeit, Lebensalter und Unterhaltspflichten in der Kündigungsrichtlinie enthalten sein müssen, steht es den Betriebsparteien frei, weitere soziale Gesichtspunkte aufzunehmen. Das schließt die Möglichkeit ein, auch auf die Aufnahme weiterer Kriterien zu verzichten[106].
2. Für die Gewichtung der Kriterien ist den Betriebsparteien ein größerer Spielraum eingeräumt, der nur dadurch begrenzt wird, dass die Gewichtung der Hauptkriterien jede Ausgewogenheit vermissen lässt[107], schlechthin nicht vertretbar ist[108].
3. Je nach Regelungsdichte der Kündigungsrichtlinie kann die Sozialauswahl ohne abschließende Einzelfallprüfung vorgenommen werden[109].

---

[104] BT-Drucks. 14/45 S. 23.
[105] Vgl. *Löwisch*, BB 1999, 102/103.
[106] *Löwisch*, BB 1999, 102/103; *Richardi*, BetrVG, § 95 Rd.Nr. 42.
[107] *Etzel* in GK-KSchG, § 1 Rd.Nr. 727.
[108] *Dorndorf* in HK-KSchG, § 1 Rd.Nr. 1137.
[109] *Künzl*, ZTR 1996, 385/396; *Stahlhacke*, Kündigung, Rd.Nr. 678 a; *Richardi*, BetrVG, § 95 Rd.Nr. 42; *Schlochauer* in *Hess/Schlochauer/Glaubitz*, BetrVG, § 95 Rd.Nr. 31; *Etzel* in GK-KSchG, § 1 Rd.Nr. 729; *Hueck/v.Hoyningen-Huene*, KSchG, § 1 Rd.Nr. 484c; *Dorndorf* in HK-KSchG, § 1 Rd.Nr. 1140; *Gallner* in HandK-KSchG, § 1 Rd.Nr. 786; *Fischermeier*, NzA 1997, 1089/1096; in dieselbe Richtung BT Drucksache 13/4612 S. 9.

c) Soziale Gesichtspunkte

Mit der Aufnahme der nach der Rechtsprechung zu beachtenden sozialen Gesichtspunkte in die Richtlinien wird bereits eine größere Transparenz der Kündigungsentscheidung erreicht. Betriebsrat und betroffene Arbeitnehmer müssen sich nicht aus einer Vielzahl von Gerichtsentscheidungen die zu beachtenden Gesichtspunkte heraussuchen, sondern sie finden sie in den Richtlinien gesammelt. Zum anderen können die Gesichtspunkte, die im konkreten Betrieb hinzukommen, aufgenommen werden, z.B., wenn durch eine Teilbetriebsstillegung viele Ehegatten von Arbeitnehmern in der jüngsten Vergangenheit bereits arbeitslos geworden sind etc. Als möglicher Inhalt für soziale Gesichtspunkte in Auswahlrichtlinien sind in der Praxis vereinbart und werden in der Literatur angesprochen:

- 1. Lebensalter

- 2. Dauer der Betriebszugehörigkeit

  und besondere Verdienste um den Betrieb und im Betrieb erlittene Nachteile und Gesundheitsschäden

- 3. Gesundheitszustand, insbesondere Behinderteneigenschaft

- 4. Familiäre Verhältnisse

  a) Familienstand

  b) zu versorgende Angehörige

  c) mitverdienende Angehörige

  d) Unterhaltsverpflichtungen

  e) besondere Belastungen (Krankheit, Pflege, langfristige Ausbildung, Behandlungsbedürftigkeit von Angehörigen)

- 5. Wirtschaftliche Verhältnisse

  a) Nebeneinkünfte

  b) anderweitige soziale Versorgungsansprüche

  c) Eigentum an Grund und Boden

d) Kapitalbesitz

e) Möglichkeit der Verwertung von Immobilien und sonstigem Besitz

f) Schulden

g) allgemeine wirtschaftliche Notlage (unverschuldet)

- 6. Vermittelbarkeit auf dem Arbeitsmarkt

a) Anpassungsfähigkeit

b) Ortsgebundenheit

- 7. Sonstige soziale Gesichtspunkte (z.B. besondere Umstände im Privatleben des Arbeitnehmers)

d) Punktesysteme

Darüber hinaus werden in Rechtsprechung und Literatur Punktesysteme vorgeschlagen, durch die festgelegt werden soll, wie die einzelnen Gesichtspunkte zu gewichten sind[110]. Dies klingt auf den ersten Blick plausibel, weil damit ein sozialer Sachverhalt einer numerischen Darstellung und Quantifizierung zugeführt wird und somit der Eindruck einer exakten Aufnahme erweckt wird. Dass damit jedoch nicht allzu viel gewonnen wird, zeigt sich immer dann, wenn eine nähere Auseinandersetzung mit dem Problem erfolgt. So stellt Fritz[111] fest, dass für viele Gesichtspunkte nicht eine feste Punktzahl, sondern ein Punktrahmen in den Richtlinien vereinbart werden sollte. Damit wird aber schon wieder eine erhebliche Unsicherheit in das System gebracht. Darüber hinaus ist es zweifellos notwendig und wird z.B. auch von Fritz gefordert, dass eine Härteklausel im Punktesystem enthalten sein muss, um auch atypischen Fällen gerecht werden zu können[112]. Ob dies bei Punktesystemen im Hinblick auf § 1 Abs. 4 KSchG überflüssig ist, erscheint zweifelhaft. Der Zweck solcher Härteklauseln im Punktesystem unterscheidet sich nämlich von der grundsätzlich nicht mehr erforderlichen abschließenden Einzelfallprüfung. Dies ergibt eine weitere Reduzierung der mit dem Punktesystem angestrebten strengen Quantifizierungsmöglichkeit. Die Problematik zeigt sich aber auch am konkreten Beispiel: So erreicht nach der von Fritz vorgeschlagenen Tabelle ein älterer Arbeitnehmer mehr Punkte, wenn er einen Kredit hat. Liest man das System richtig, so müssen Alter und Be-

---

[110] LAG Hamm Urt. v. 7.7.1981, DB 1982, 2195; *W. Müller*, DB 1975, 2130; *Fritz*, Auswahlrichtlinien, S. 58 ff.; *Berkowsky*, NJW 1983, 1292.
[111] *Fritz*, Auswahlrichtlinien, S. 61.
[112] *Fritz*, Auswahlrichtlinien, S. 61; *W. Müller*, DB 1975, 2130/2133.

triebszugehörigkeit Pluspunkte sein, Vermögen Minuspunkte, Schulden aber auch wiederum Pluspunkte. Im konkreten Fall ergäbe sich z.B.:

für einen Arbeitnehmer mit 58 Jahren	40 Punkte
mit einer Betriebszugehörigkeit von 19 Jahren	20 Punkte
in einem schuldenfreien großen Einfamilienhaus	- 40 Punkte
	20 Punkte
für einen Arbeitnehmer mit 31 Jahren	20 Punkte
mit einer Betriebszugehörigkeit von sechs Jahren	10 Punkte
ohne Haus	0 Punkte
	30 Punkte

Wenn man von ansonsten gleichen Bedingungen ausgeht, wäre also der jüngere Arbeitnehmer ohne weiteres schutzwürdiger als der ältere Arbeitnehmer. Dieses Beispiel zeigt sehr deutlich die Fragwürdigkeit von Punkteskalen.

Während das BAG in seiner Entscheidung vom 20.10.1983[113] offensichtlich Punkteschemata in Auswahlrichtlinien für günstig hält[114], hat es noch in seiner Entscheidung vom 24.3.1983[115] nicht nur gerichtliche Punkteschemata als unzulässig beurteilt, sondern ganz allgemein große Skepsis gegenüber Schemata für die soziale Auswahl gezeigt[116]. Danach suggeriere das Rechenwerk aufgrund einer solchen Tabelle nur eine objektive, voraussehbare und "gerechtere" Prüfung. Zwar ist der Vorwurf, tatsächlich finde zumeist nur eine oberflächliche Würdigung der sozialen Situation der vergleichbaren Arbeitnehmer statt, weil die individuellen Unterschiede in einem allzu groben Raster unkenntlich würden, zunächst vom BAG nur gegenüber gerichtlichen Punkteschemata erhoben und ließe sich durch eine immer weiter gehende Verfeinerung des Punkteschemas entkräften. Auch trifft zu, dass zwischen den Betriebsparteien vereinbarte Punkteschemata in ganz anderer Weise als gerichtliche Schemata auf die Besonderheiten des einzelnen Betriebs eingehen können[117]. Die vom BAG ausgesprochene Problematik, dass Punkteschemata heute deshalb ungeeignet seien, weil sie das Gewicht der Auswahlkriterien festschrieben, während das Gewicht der verschiedenen Sozialdaten nicht unveränderlich feststehe, sondern u.a. von der industriellen, arbeitsmarktpolitischen, wirtschaftlichen und sozialpolitischen Entwick-

113 AP Nr. 13 zu § 1 KSchG 1969 Betriebsbedingte Kündigung; vgl. auch BAG vom 18.1.1990 AP Nr. 19 zu § 1 KSchG 1969 Soziale Auswahl.

114 Es bezieht sich ausdrücklich auf *Neyses*, NJW 1983, 2414; *Berkowsky*, BB 1983, 2057/2062 geht davon aus, dass auf der Grundlage der Rechtsprechung des BAG die vermehrte Anwendung von Punkteschemata in der Praxis aus Gründen der Transparenz ausdrücklich zu empfehlen sei.

115 AP Nr. 12 zu § 1 KSchG 1969 Betriebsbedingte Kündigung.

116 Unter B IV 2 a der Entscheidungsgründe.

117 Vgl. BAG vom 20.10.1983 AP Nr. 13 zu § 1 KSchG Betriebsbedingte Kündigung.

lung abhängig sei[118], bezieht sich jedoch gleichermaßen auf gerichtliche wie auf für einen längeren Zeitraum gedachte betriebliche Schemata. Sie bezieht sich auf Schemata mit einem feinen Raster mehr noch als auf Schemata mit grobem Raster. Wenn man Punktesystemen überhaupt eine sinnvolle Funktion zusprechen kann, dann allenfalls als Leitlinien für eine gewisse Vorauswahl[119]. Darüber hinaus haben Punkteschemata in Auswahlrichtlinien im Zusammenhang mit einem Interessenausgleich nach § 112 BetrVG, die von der Natur der Sache her nur für einen begrenzten Zeitraum gelten, die größte Bedeutung gewonnen.

e) Fachliche und persönliche Voraussetzungen

§ 95 BetrVG lässt für Auswahlrichtlinien für Kündigungen ebenso wie für Auswahlrichtlinien für Einstellungen, Versetzungen und Umgruppierungen auch Festlegungen bezüglich der zu beachtenden fachlichen und persönlichen Voraussetzungen zu. Auswahlrichtlinien für Kündigungen müssen sich zwar in die Systematik des Kündigungsschutzgesetzes einpassen; sie sind jedoch nicht auf die sozialen Gesichtspunkte nach § 1 Abs. 3 S. 1 KSchG beschränkt[120]. Auch insoweit dürfen Auswahlrichtlinien allerdings nicht zu einer Einschränkung des Kündigungsschutzes für die Arbeitnehmer führen[121].

Im Rahmen der betriebsbedingten Kündigung können die Vereinbarungen über die bei der Kündigung zu beachtenden fachlichen und persönlichen Voraussetzungen deshalb nur dort anknüpfen, wo diese im Rahmen von § 1 Abs. 2 und 3 KSchG Berücksichtigung finden können. Der Entscheidungsvorgang bei der betriebsbedingten Kündigung besteht aus drei Stufen. Auf der ersten Stufe ist festzulegen, welche Arbeitnehmer für eine Sozialauswahl überhaupt in Betracht kommen. Auf der zweiten Stufe ist gem. § 1 Abs. 3 S. 1 KSchG nach sozialen Gesichtspunkten eine Rangfolge unter den auf der ersten Stufe ermittelten Arbeitnehmern herzustellen. Auf der dritten Stufe sind nach § 1 Abs. 3 S. 2 KSchG die Arbeitnehmer von der Rangfolge und damit von der Kündigung auszunehmen, deren Weiterbeschäftigung durch betriebstechnische, wirtschaftliche oder sonstige berechtigte betriebliche Bedürfnisse bedingt ist[122]. Sowohl auf der ersten als auch im stärkeren Maß auf der dritten Stufe spielen die fachlichen und persönlichen Voraussetzungen eine Rolle, ist also auch Raum für Vereinbarungen über diese Voraussetzungen in Auswahlrichtlinien, nicht aber auf der zweiten Stufe.

---

118 Vgl. BAG vom 24.3.1983 AP Nr. 12 zu § 1 KSchG 1969 Betriebsbedingte Kündigung unter B IV 2 b.

119 *W. Müller*, DB 1975, 2130/2133; *Gift*, ZfA 1974, 123/141.

120 A.A. *Löwisch*, KSchG, § 1 Rd.Nr. 383.

121 Vgl. BAG vom 11.3.1976 AP Nr. 1 zu § 95 BetrVG 1972; *Kiel* in *Ascheid/Preis/ Schmidt*, GroßK-KR, § 1 KSchG Rd.Nr. 655..

122 Vgl. *Kiel* in *Ascheid/Preis/Schmidt*, GroßK-KR, § 1 KSchG Rd.Nr. 655; BAG vom 24.3.1983 AP Nr. 12 zu § 1 KSchG 1969 Betriebsbedingte Kündigung.

aa) Die Entscheidung, welche Arbeitnehmer für eine betriebsbedingte Kündigung in Frage kommen, richtet sich vor allem nach der Vergleichbarkeit der weggefallenen Arbeitsplätze. Die fachlichen und persönlichen Voraussetzungen der einzelnen Arbeitnehmer spielen aber bereits auf dieser Stufe eine gewisse Rolle. So scheiden alle Arbeitnehmer bereits auf dieser Stufe der Sozialauswahl aus, bei denen eine ordentliche Kündigung durch den Arbeitgeber ausgeschlossen ist. Dies gilt sowohl für den Ausschluss aufgrund gesetzlicher Bestimmungen (z.B. §§ 9 f. MuSchG; §§ 12 ff. SchwbG; § 15 KSchG; §§ 2, 10 ArbPlSchG, § 2 EignungsÜbungsG und § 78 Abs. 1 Nr. 1 ZivildienstG) als auch aufgrund eines Tarifvertrages oder einer einzelarbeitsvertraglichen Vereinbarung[123]. Die Aufnahme dieser Tatbestände in die Auswahlrichtlinien ändert zwar nichts an der Rechtslage, führt aber für den einzelnen Arbeitnehmer zu einer größeren Vorhersehbarkeit bei einer notwendigen betrieblichen Einschränkung. Insgesamt gilt, dass die Gruppe der vergleichbaren Arbeitnehmer durch Auswahlrichtlinien gegenüber der Gesetzeslage nicht enger gezogen werden darf. Allerdings bleibt dem Arbeitgeber ein Beurteilungsspielraum. In diesem Rahmen sind auf den Betrieb bezogene Konkretisierungen in Auswahlrichtlinien möglich, in die die Erfahrungen der Betriebspartner einfließen können[124]. Allerdings erstreckt sich darauf nicht der Prüfungsmaßstab nach § 1 Abs. 4 KSchG[125].

bb) Nachdem im Rahmen der Sozialauswahl lediglich eine Rangordnung im Hinblick auf die sozialen Belange aufgestellt wird, eine Berücksichtigung oder gar eine Abwägung der betrieblichen Belange aber nicht stattfindet, kommt der Überlegung, ob die Weiterbeschäftigung eines in die Sozialauswahl einbezogenen Arbeitnehmers aus betrieblichen Gründen bedingt ist, eine sehr viel stärkere Bedeutung zu. § 1 Abs. 3 S. 2 KSchG soll verhindern, dass ein Betrieb, dessen Personalbestand verkleinert werden muss, nur noch sozial schutzbedürftiges, aber unter Leistungsgesichtspunkten nicht mehr vergleichbares Personal hat. Das Kündigungsschutzgesetz gibt dem Arbeitgeber die Möglichkeit, zu dem Zweck und in dem Umfang Arbeitnehmer aus der Sozialauswahl herauszunehmen und im Betrieb zu behalten, soweit es erforderlich ist, damit die Belegschaft nach betriebsbedingter Kündigung unter Leistungs- und Personalkostengesichtspunkten der Belegschaft entspricht, die er zuvor gehabt hat. Auswahlrichtlinien über die bei der betriebsbedingten Kündigung zu beachtenden fachlichen und persönlichen Voraussetzungen können diese Auswahlvorgänge zur Wahrung betrieblicher Belange durchschaubarer machen und dem Arbeitnehmer eine Möglichkeit einer besseren Vorhersehbarkeit und Überprüfbarkeit einer möglichen Kündigung geben. So wird in der Literatur angeführt, dass bei Ein-

---

[123] Vgl. *Kiel* in *Ascheid/Preis/Schmidt*, GroßK-KR, § 1 KSchG Rd.Nr. 691, 693, 699; *Etzel* in GK-KSchG, § 1 Rd.Nr. 679; *Stahlhacke*, Kündigung, Rd.Nr. 662; *Gift*, RdA 1979, 72/77; a.A. für Tarifvertrag und Einzelvertrag *Löwisch*, KSchG, § 1 Rd.Nr. 323; *Hueck/v. Hoyningen-Huene*, KSchG, § 1 Rd.Nrn. 456 ff.

[124] Vgl. *Etzel* in GK-KSchG, § 1 Rd.Nr. 726; *Löwisch*, KSchG, § 1 Rd.Nr. 342; *Hueck/v.Hoyningen-Huene*, KSchG, § 1 Rd.Nr. 481; *Höland*, HK-KSchG, § 1 Rd.Nr. 1205; *Dorndorf* in HK-KSchG, § 1 Rd.Nr. 1145; BAG vom 15.6.1989 AP Nr. 18 zu § 1 KSchG 1969 Soziale Auswahl.

[125] *Löwisch*, KSchG, § 1 Rd.Nr. 342.

sparung von Arbeitsplätzen für Schreibkräfte es z.B. erforderlich ist, die einzige Schreibkraft, die gelegentlich anfallende Fremdsprachenkorrespondenz erledigen kann, im Betrieb zu belassen und sie deshalb aus der Sozialauswahl herauszunehmen ist[126]. Während bei diesem Beispiel keine Bedenken bestehen, könnte man sich vorstellen, dass es ein Bedürfnis gibt, die besonderen fachlichen und persönlichen Voraussetzungen, die dazu führen, dass ein Arbeitnehmer aus der Sozialauswahl herausgenommen wird, eng an die jeweiligen bestehen bleibenden Arbeitsplätze zu binden. Zu einer Zeit, in der die Gefahr der Überqualifikation und damit der Verdrängung der lediglich normal qualifizierten Arbeitnehmer besteht, kann hier ein besonderes Bedürfnis für Auswahlrichtlinien gesehen werden. So kann in Auswahlrichtlinien z.B. ausgeschlossen werden, dass bei Einsparung von Schreibkräften aus betrieblichen Gründen weit unter ihrer Qualifikation eingesetzte Fachkräfte aus der Sozialauswahl herausgenommen werden, damit der Betrieb sich eine Personalreserve für einen ganz anderen Arbeitsbereich vorhalten kann. Auswahlrichtlinien können hier konkretisieren, welche fachlichen und persönlichen Voraussetzungen im Zusammenhang mit den einzusparenden Stellen stehen. So können im Rahmen des Wegfalls von Arbeitsplätzen für Schreibkräfte wohl in aller Regel eine juristische oder betriebswirtschaftliche Ausbildung nicht zugunsten der betrieblichen Erforderlichkeit berücksichtigt werden. Auswahlrichtlinien können auch festlegen, welche Leistungsunterschiede es rechtfertigen, einen Arbeitnehmer aus der Sozialauswahl herauszunehmen, um dem Betrieb eine leistungsfähige Belegschaft zu erhalten. In Auswahlrichtlinien könnte insoweit auch festgehalten werden, welche persönlichen Voraussetzungen im Rahmen der Auswahl bei einer betriebsbedingten Kündigung berücksichtigt werden können. So dürfen häufige Krankheit und Abkehrwille, soweit sich daraus nicht ausnahmsweise ein Grund für eine ordentliche personen- oder verhaltensbedingte Kündigung ergeben würde, weder im Rahmen der Sozialauswahl noch im Rahmen der Berücksichtigung betrieblicher Erfordernisse direkt zu Lasten eines Arbeitnehmers herangezogen werden. Es kann aber in Auswahlrichtlinien vereinbart werden, welcher Prozentsatz gesunder Mitarbeiter dem Betrieb durchschnittlich entspricht und welcher Prozentsatz von gesunden Mitarbeitern deshalb gegebenenfalls aus der Sozialauswahl herausgenommen werden muss, damit die Personalstruktur nicht für den Betrieb in unzumutbarer Weise verschlechtert wird. Dabei ist unstreitig, dass Auswahlrichtlinien auch insoweit nicht konstitutiv sind, sondern lediglich einer Konkretisierung der in § 1 Abs. 3 S. 2 KSchG enthaltenen unbestimmten Rechtsbegriffe dienen. Je nach dem ob man dem Arbeitgeber auch insoweit einen Beurteilungsspielraum einräumt[127], oder einen solchen nicht für gegeben hält[128], können Auswahlrichtlinien, die sich mit den Voraussetzungen von § 1 Abs. 3 S. 2 KSchG befassen, für mehr oder weniger sinnvoll gehalten werden[129].

---

126 *Löwisch/Schüren*, SAE 1984, 58/51.
127 *Etzel*, GK-KSchG, § 1 Rd.Nr. 644.
128 *Dorndorf* in HK-KSchG, § 1 Rd.Nr. 1147.
129 *Etzel*, GK-KSchG, § 1 Rd.Nr. 726.

f) Verfahrensregelungen

Wie bei Einstellung, Versetzung und Umgruppierung können auch bei der Kündigung Verfahrensvorschriften in Auswahlrichtlinien aufgenommen werden.

Gerade der sehr komplizierte Entscheidungsvorgang bei der betriebsbedingten Kündigung kann durch die Vereinbarung von Verfahrensvorschriften zwischen Betriebsrat und Arbeitgeber durchschaubarer gemacht werden. In der Literatur wird angesichts der im Kündigungsschutzgesetz festgelegten Sozialauswahl und des deshalb fehlenden oder jedenfalls geringen Spielraums für die Vereinbarung sozialer Gesichtspunkte in Auswahlrichtlinien der Vereinbarung von Verfahrensbestimmungen die eigentliche Bedeutung beigemessen[130].

Ebenso wie bei der Einstellung können auch bei der Kündigung Richtlinien vereinbart werden, wer bzw. welche Stelle im Betrieb für die Auswahl der zu kündigenden Arbeitnehmer zuständig ist. Da es bei betriebsbedingten Kündigungen anders als bei Einstellungen nicht um Entscheidungen geht, die fortlaufend anfallen, sondern um Entscheidungen, die schwerpunktmäßig zu treffen sind, ist eine Beteiligung des Betriebsrats an der personellen Auswahl durchaus vorstellbar. Da letztlich aber der Arbeitgeber allein die Konsequenz seiner fehlerhaften Sozialauswahl zu tragen hat, muss sichergestellt bleiben, dass er durch die Mitwirkung des Betriebsrats nicht in seiner Entscheidungsmöglichkeit so gebunden wird, dass er § 1 KSchG nicht mehr Rechnung tragen kann. In der Praxis wird sich der Betriebsrat allerdings ohnehin nicht in diesen wenig populären Entscheidungsvorgang drängen. Die Vereinbarung einer gewissen Abklärung der Auswahl mit dem Betriebsrat, noch bevor ein Ergebnis feststeht, kann jedoch sehr sinnvoll sein.

Gemäß den unterschiedlichen Anforderungen und Prüfungen der Zulässigkeit der betriebsbedingten Kündigung kommen unterschiedliche Beteiligungen in Betracht. Eine Verfahrensbeteiligung des Betriebsrats ist bereits bei der Konkretisierung der betrieblichen Erfordernisse, die eine Kündigung rechtfertigen, möglich. Es soll aber nicht verkannt werden, dass Beteiligungen des Betriebsrats im Zusammenhang mit unternehmerischen Entscheidungen des Arbeitgebers nicht zu einer Unternehmensmitbestimmung des Betriebsrats ausgebaut werden dürfen. Das Betriebsverfassungsgesetz gewährt in wirtschaftlichen Angelegenheiten ganz generell lediglich in den §§ 106 ff. BetrVG in begrenztem Rahmen Unterrichtungsrechte und nur für den speziellen Fall einer Betriebsänderung die in § 111 ff. BetrVG niedergelegten weitergehenden Rechte. Dies muss aber nicht zur generellen Unzulässigkeit von Vereinbarungen zwischen Arbeitgeber und Betriebsrat führen, soweit diese sich auf wirtschaftliche Angelegenheiten beziehen[131]. In den §§ 106 ff. BetrVG kann keine Negativab-

---

[130] *Löwisch*, KSchG, § 1 Rd.Nr. 383.
[131] A.A. *Fritz*, Auswahlrichtlinien, S. 35.

grenzung gesehen werden, sondern lediglich eine positive Grundlage für besondere Rechte von Belegschaft und Betriebsrat. Soweit im Zusammenhang mit Kompetenzen des Betriebsrats in sozialen und personellen Angelegenheiten auch wirtschaftliche Angelegenheiten berührt werden, wird diese in den jeweiligen Bestimmungen des BetrVG angelegte Kompetenz nicht durch § 106 BetrVG beschränkt[132].

Die freiwillige Vereinbarung in einer Auswahlrichtlinie, im Zusammenhang mit Kündigungen ein bestimmtes Verfahren einzuhalten, kann nicht als Eingriff in die Eigentumsrechte und die unternehmerische Freiheit angesehen werden. Umgekehrt kann die Vereinbarung, dass ein Mitglied des Betriebsrats zur Ermittlung des Einflusses einer betrieblichen Einschränkung oder Umorganisation auf den Bestand von Arbeitsplätzen herangezogen wird, zu einer größeren Transparenz und Akzeptanz personeller Maßnahmen führen. Im Rahmen von Auswahlrichtlinien können ebenso Vereinbarungen getroffen werden über das Verfahren, insbesondere über eine Beteiligung des Betriebsrats:

a) Bei der Ermittlung, welche Arbeitnehmer für die Sozialauswahl in Betracht kommen,

b) bei der Erstellung einer Rangfolge nach sozialen Gesichtspunkten,

c) bei der Ermittlung, welche Arbeitnehmer aus betriebstechnischen, wirtschaftlichen oder sonstigen berechtigten betrieblichen Bedürfnissen i.S. von § 1 Abs. 3 S. 2 KSchG weiterbeschäftigt werden,

d) bei der Feststellung von Weiterbeschäftigungsmöglichkeiten i.S. von § 1 Abs. 2 S. 1 und S. 3 KSchG[133].

Im Rahmen von Auswahlrichtlinien für Kündigungen kann ebenfalls vereinbart werden, welche Unterlagen der Kündigungsentscheidung zugrunde zu legen sind. Soweit die im Betrieb geführten Personalunterlagen herangezogen werden, sind Meinungsverschiedenheiten zwischen Betriebsrat und Arbeitgeber kaum vorstellbar. Es könnte aber z.B. vereinbart werden, dass sich die Ermittlung von Sozialdaten nicht auf die im Personalakt befindlichen Angaben allein stützt, sondern dass alle in die Sozialauswahl einzubeziehenden Arbeitnehmer einen Fragebogen erhalten. Dies wäre besonders wichtig zur Ermittlung außerordentlicher Belastungen oder zur Ermittlung besonders günstiger wirtschaftlicher Bedingungen, unter denen ein Arbeitnehmer lebt. Der Betriebsrat könnte hier z.B. auch den Umfang der zulässigen Fragen mit dem Arbeitgeber festlegen, z.B. inwieweit nach der Verdiensthöhe der Ehefrau oder Privatvermögen gefragt werden darf. In Auswahlrichtlinien kann auch ver-

---

[132] A.A. *Fritz*, Auswahlrichtlinien, S. 35.
[133] Vgl. *Fritz*, Auswahlrichtlinien, S. 34 f.

einbart werden, welche Unterlagen der Arbeitgeber zum Nachweis der die Kündigung rechtfertigenden Gründe vorlegen muss (z.B. Teilbilanzen, Wirtschaftlichkeitsberechnungen, ggf. sogar Gutachten eines unabhängigen Sachverständigen).

In Auswahlrichtlinien für betriebsbedingte Kündigungen kann auch aufgenommen werden, dass der Arbeitnehmer schon vor der Kündigung zur sozialen Auswahl zu hören ist oder dass ihm die Gründe für die Auswahl auch ohne ein entsprechendes Verlangen mitzuteilen sind.

3. Richtlinien bei verhaltens- und personenbedingten ordentlichen Kündigungen sowie bei außerordentlichen Kündigungen

Auch für verhaltens- und personenbedingte ordentliche Kündigungen können Auswahlrichtlinien nach § 95 BetrVG vereinbart werden[134]. Soweit in der Literatur Auswahlrichtlinien nach § 95 BetrVG nur für betriebsbedingte Kündigungen als zulässig erachtet werden[135], beruht diese Einschränkung in aller Regel auf einem zu engen Begriff der Auswahl in dem Auswahlrichtlinienbegriff, der nach der Rechtsprechung des BAG nicht mehr aufrecht erhalten werden kann[136].

a) Persönliche und fachliche Voraussetzungen sowie soziale Gesichtspunkte bei ordentlichen Kündigungen

Auch für Kündigungen, die ausgesprochen werden sollen, weil sich der Betrieb von Arbeitnehmern trennen möchte, die in ihrem Verhalten oder in ihren Leistungen nicht den Anforderungen des Betriebs entsprechen, enthält § 1 Abs. 2 KSchG bereits eine Regelung. Die Kündigung ist sozial nur gerechtfertigt, wenn sie durch Gründe, die im Verhalten oder in der Person des Arbeitnehmers liegen, bedingt ist. Ebenso wie beim Begriff der Betriebsbedingtheit handelt es sich auch hierbei um einen unbestimmten

---

[134] *Heinze*, Personalplanung, Rd.Nr. 73; *Richardi*, BetrVG (6. Aufl.), § 95 Rd.Nrn. 36 ff und § 102 Rd.Nr. 131; *Dietz/Richardi*, BPersG, § 76 Rd.Nr. 145; *Frauenkron*, BetrVG, § 95 Rd.Nr. 9; *Gnade/Kehrmann/Schneider/Blanke/Klebe*, BetrVG, § 95 Rd.Nr. 8; *Fitting*, BetrVG, § 95 Rd.Nr. 20; *Klebe* in *Däubler/Kittner/Klebe*, BetrVG, § 95 Rd.Nr. 24; *Gester/Zachert*, Arbeitsrecht der Gegenwart 12, S. 87/98; *Klebe*, BB 1980, 838/840; *Klebe/Schumann*, Recht, S. 144 f.; *Niederalt*, Individualrechte, S. 190; *Schaub* § 133 Rd.Nr. 7; *Fritz*, Auswahlrichtlinien, S. 65 ff.; *Rehan*, BetrR 1972, 491/540 nicht für verhaltensbedingte Kündigung.

[135] *Richardi*, BetrVG, § 95 Rd.Nr. 37; *Richardi*, FS Stahlhacke, S. 447/452; *Löwisch* in *Galperin/Löwisch*, BetrVG, § 95 Rd.Nr. 12; *Schlochauer* in *Hess/Schlochauer/Glaubitz*, BetrVG, § 95 Rd.Nr. 29; *Kraft* in GK-BetrVG, § 95 Rd.Nr. 35; *Stahlhacke*, Kündigung Rd.Nr. 759; *Löwisch*, KSchG, § 1 Rd.Nr. 383; *Höland*, HK-KSchG, § 1 Rd.Nr. 1200; *Etzel*, in GK-KSchG, § 102 BetrVG, Rd.Nr. 158; *Hueck/v.Hoyningen-Huene*, KSchG, § 1 Rd.Nr. 525; *Koch* in *Ascheid/ Preis/Schmidt*, GroßK-KR, § 102 BetrVG Rd.Nr. 195; *Zöllner*, FS G.Müller, S. 665/676; *Gemählich*, Auswahlrichtlinien, S. 77 f.; *Blank*, BB 1972, 536; *Boewer P.*, DB 1978, 251; *Brede*, BlStSozArbR 1973, 1718; *Gumpert*, BB 1972, 47/49; *Hautmann/Schmitt*, BetrVG, S.166; *Heeser*, Mitbestimmung, S.266; *Hoechst*, AuR 1973, 328/331; *Hunold*, DB 1976, 98/103; *Jäcker*, Einigungsstelle, S. 117 f.; *Maus*, KSchG, § 1 Rd.Nr. 258; *Meisel*, Mitwirkung, Rd.Nr. 134; *H.-P. Müller*, Kündigung, S. 124; *Stahlhacke*, BlStSozArbR 1972, 51/54; *Peterek*, SAE 1977, 147/148; *Weiler*, Problem, S.214.

[136] Vgl. BAG vom 31.5.1983 AP Nr. 2 zu § 95 BetrVG 1972.

Rechtsbegriff. Wenn in Auswahlrichtlinien persönliche und fachliche Voraussetzungen für verhaltens- und betriebsbedingte Kündigungen aufgenommen werden, handelt es sich in erster Linie deshalb um eine Konkretisierung der unbestimmten Rechtsbegriffe im Hinblick auf die Besonderheiten des einzelnen Betriebs. Dabei haben sich Auswahlrichtlinien ebenso wie die Rechtsprechung an Sinn und Ziel des Kündigungsschutzgesetzes und dem Gesamtzusammenhang der Rechtsordnung zu orientieren. Dies gilt jedenfalls insoweit, als auch bei personen- und verhaltensbedingten Kündigungen Auswahlrichtlinien nicht zu einer Einschränkung des auf dem Kündigungsschutzgesetz aufbauenden sozialen Schutzes des Arbeitnehmers führen dürfen[137]. Umgekehrt werden erzwingbare Richtlinien bzw. Betriebsvereinbarungen, durch die das Kündigungsrecht des Arbeitgebers eingeschränkt wird, abgelehnt[138]. Eine über § 1 Abs. 2 S. 1 KSchG hinausgehende Einschränkung des Kündigungsrechts des Arbeitgebers durch die in Auswahlrichtlinien enthaltenen Regelungen über die zu beachtenden fachlichen und persönlichen Voraussetzungen und sozialen Gesichtspunkte entspräche dem Wortlaut von § 1 Abs. 2 S. 2 KSchG. Dort heißt es, dass eine Kündigung "auch" - früher hieß es "ferner"[139] - sozial ungerechtfertigt ist, wenn sie gegen eine Richtlinie nach § 95 BetrVG verstößt. Vom Wortlaut her bedeutet dies aber eindeutig, dass über die im Gesetz nach § 1 Abs. 2 S. 1 KSchG gezogene Grenze hinaus Auswahlrichtlinien weitere Einschränkungen enthalten können[140]. Eine eindeutige Besserstellung eines Arbeitnehmers wäre nur dann problematisch, wenn, wie in aller Regel bei betriebsbedingten Kündigungen, dadurch direkt oder indirekt ein anderer Mitarbeiter schlechter gestellt würde. Bei der personen- oder verhaltensbedingten Kündigung scheidet eine solche Konsequenz jedoch von vornherein aus, so dass von hierher keine Bedenken gegen eine Besserstellung eines Arbeitnehmers durch Auswahlrichtlinien bestehen können. Man kann auch nicht damit argumentieren, Richtlinien, die eine Beschränkung des Kündigungsrechts des Arbeitgebers über § 1 Abs. 2 S. 1 KSchG hinaus bewirkten, sprengten den Rahmen des Kündigungsschutzgesetzes[141]. Sinn und Zweck des Kündigungsschutzgesetzes ist es, dem Arbeitnehmer ein bestimmtes Maß an Schutz zu gewähren, nicht aber ein darüber hinausgehendes Maß an Schutz zu verhindern.

Für eine solche Einschränkung der Kündigungsmöglichkeit bedarf es jedoch einer gesetzlichen Grundlage. Für einzelvertragliche Regelungen ist Grundlage die Privatautonomie, für tarifvertragliche Regelungen ist Grundlage § 1 TVG, der den Tarifvertragsparteien eine umfassende Kompetenz zur Ordnung der Arbeitsbedingungen zuweist, für Betriebsvereinbarungen ist dies in bezug auf personelle Maßnahmen § 95 BetrVG, der die Vereinbarung von Richtlinien auch für Kündigungen zulässt.

---

137 *Richardi*, BetrVG (6. Aufl.), § 95 Rd.Nr. 39.

138 *Richardi*, BetrVG (6. Aufl.), § 95 Rd.Nr. 39; *Löwisch* in *Galperin/Löwisch*, BetrVG, § 95 Rd.Nr. 13; *Kraft*, GK-BetrVG, § 95 Rd.Nr. 35.

139 Kündigungsschutzgesetz in der Fassung der Bekanntmachung vom 25. August 1969, (BGBl. I S. 1317).

140 *Schaub*, Arbeitsrechts-Handbuch, § 123 Rd.Nr. 88, allgemein für Betriebsvereinbarungen.

141 *Fritz*, Auswahlrichtlinien, S. 38 f.

Den Rahmen für erzwingbare Auswahlrichtlinien, soweit lediglich eine Besserstellung der Position von Arbeitnehmern bewirkt wird, bildet zum einen die in § 95 Abs. 2 BetrVG enthaltene Beschränkung auf persönliche und fachliche Voraussetzungen sowie soziale Gesichtspunkte und selbstverständlich die verfassungsmäßig garantierten Grundrechte des Arbeitgebers. Darüber hinaus können dem Arbeitgeber keine Kündigungsrichtlinien aufgezwungen werden, die über den in § 1 Abs. 2 S. 1 KSchG enthaltenen Kündigungsschutz hinausgehen. Insoweit bilden die Vorschriften des Kündigungsschutzgesetzes eine Grenze dessen, was dem Arbeitgeber auferlegt wird.

Für freiwillige Vereinbarungen enthält das Kündigungsschutzgesetz jedoch keine Schranken[142].

Es lassen sich auch Auswahlrichtlinien denken, die über die Beschränkung der Kündigungsmöglichkeiten im Kündigungsschutzgesetz hinausgehen. So ist anerkannt, dass häufige oder langandauernde Krankheit ein in der Person des Arbeitnehmers liegender Grund sein kann, der eine ordentliche Kündigung rechtfertigt. Hier könnte man sich vorstellen, dass Auswahlrichtlinien z.B. soziale Gesichtspunkte enthalten, die eine an sich mögliche ordentliche Kündigung ausschließen. Dabei ist jedoch zu beachten, dass die Rechtsprechung auch für die Kündigung aus personenbedingten Gründen immer stärker darauf abstellt, dass eine Abwägung zwischen den Interessen des Arbeitnehmers und des Arbeitgebers vorgenommen wird. So genügt bei der Kündigung wegen Krankheit nicht nur der Tatbestand häufiger Krankheit in der Vergangenheit und eine vom Arbeitgeber zu beweisende erhebliche Störung des Betriebsablaufs, sondern es bedarf darüber hinaus einer Interessenabwägung zwischen den Interessen des Arbeitgebers und des Arbeitnehmers. Diese Überlegungen gelten ähnlich, auch wenn sie dort nicht so scharf von der Rechtsprechung herausgearbeitet sind, für die Kündigung aus anderen personenbedingten und aus verhaltensbedingten Gründen. Nachdem in Entfaltung des Sozialstaatsprinzips sehr hohe Anforderungen an das Vorliegen personen- oder verhaltensbedingter Gründe zu stellen sind, muss der Rahmen für eine darüber hinausgehende Beschränkung der Rechte des Arbeitgebers gegen dessen Willen in Auswahlrichtlinien sehr eng gezogen werden.

b) Persönliche und fachliche Voraussetzungen sowie soziale Gesichtspunkte bei außerordentlichen Kündigungen

Die grundsätzliche Möglichkeit der Vereinbarung persönlicher und fachlicher Voraussetzungen sowie sozialer Gesichtspunkte für außerordentliche Kündigungen in Aus-

---

[142] Vgl. *Klebe* in *Däubler/Kittner/Klebe*, BetrVG, § 95 Rd.Nr. 28; *Schaub*, Arbeitsrechts-Handbuch, § 123 Rd.Nr. 88, der zwar einerseits dafür § 95 BetrVG als Rechtsgrundlage sieht, andererseits auf § 77 Abs. 3 BetrVG als Rechtsgrund verweist; für kollektivrechtliche Regelungen allgemein *Hueck/v.Hoyningen-Huene*, KSchG, § 1 Rd.Nr. 9.

wahlrichtlinien wird bisher nur von Fritz befürwortet[143]. Soweit es dabei nur um die Konkretisierung der im Gesetz enthaltenen unbestimmten Rechtsbegriffe geht, entspricht die Problematik den im Zusammenhang mit der ordentlichen verhaltens- und personenbedingten Kündigung erörterten Fragen. Wie dort die im Kündigungsschutzgesetz enthaltenen unbestimmten Rechtsbegriffe, können hier die in § 626 Abs. 1 BGB enthaltenen Begriffe eine Konkretisierung erfahren[144]. Über § 626 Abs. 1 BGB hinausgehende Kündigungsbeschränkungen können jedenfalls dem Arbeitgeber nicht aufgezwungen werden. Zwar ist die Erschwerung einer außerordentlichen Kündigung nicht ausgeschlossen, sie ist aber - wenn überhaupt - nur in ganz engen Grenzen zulässig. Das Gesetz fordert nämlich bereits unter Berücksichtigung der Interessen des Arbeitnehmers die Unzumutbarkeit der Weiterbeschäftigung[145].

c) Verfahrensregelungen

Wie für betriebsbedingte Kündigungen können auch für verhaltens- und personenbedingte Kündigungen Verfahrensregelungen in Auswahlrichtlinien aufgenommen werden. Nach dem oben Gesagten bedarf es keiner weiteren Erörterung, dass es sich dabei um freiwillige Auswahlrichtlinien im Sinne von § 95 Abs. 1 BetrVG handelt. Es lassen sich entsprechende Verfahrensregelungen wie für betriebsbedingte Kündigungen denken, wobei in aller Regel die Auswahlrichtlinien bei Verfahrensregelungen für Kündigungen wohl kaum zwischen Richtlinien für betriebsbedingte sowie verhaltens- und personenbedingte Kündigungen unterscheiden werden. Auch für außerordentliche Kündigungen können Auswahlrichtlinien, die Verfahrensfragen regeln, vereinbart werden. In der Praxis gibt es so z.B. die Richtlinienvereinbarung, dass vor einer außerordentlichen Kündigung ein abschließendes Gespräch mit dem Betroffenen in Anwesenheit von einem oder höchstens zwei Betriebsratsmitgliedern geführt werden soll. Diese Verfahrensregelung erscheint sehr sinnvoll. Sie ermöglicht auf der einen Seite dem Betriebsrat eine schnelle Entscheidung aufgrund des Berichts der bei dem Gespräch zugezogenen Mitglieder. Auf der anderen Seite werden dem Arbeitgeber bereits erste Bedenken des Betriebsrats bekannt, so dass er sich überlegen kann, ob er die Kündigung vielleicht zusätzlich auf andere Gründe stützen muss oder ob er von einer außerordentlichen Kündigung überhaupt Abstand nimmt. Der betroffene Arbeitnehmer wird in der Regel einen Einblick in die Bedenken des Betriebsrats erhalten und kann sich bereits im Vorfeld einer Kündigung besser verteidigen. Umgekehrt wird er möglicherweise den Eindruck gewinnen können, dass er sich gegen eine außerordentliche Kündigung nicht erfolgreich zur Wehr setzen kann. Mit einer eigenen Kündigung oder einer einvernehmlichen Auflösung des Arbeitsver-

---

[143] *Fritz*, Auswahlrichtlinien, S. 71 ff.

[144] *Gemählich*, Auswahlrichtlinien, S. 80, verwechselt Konkretisierung und Erweiterung von § 626 Abs. 1 BGB.

[145] Vgl. zwar BAG vom 18.12.1961 AP Nr. 1 zu § 626 BGB Kündigungserschwerung mit zustimmender Anm. *Nikisch*; aber auch BAG vom 8.8.1963 AP Nr. 2 zu § 626 BGB Kündigungserschwerung mit zustimmender Anm. *Bötticher*.

hältnisses kann der Arbeitnehmer dem Makel einer außerordentlichen Kündigung entgehen, sofern sie noch nicht ausgesprochen ist.

4. Kündigungsrichtlinien über Grundsatzfragen

Wie bereits ausgeführt, können in freiwilligen Auswahlrichtlinien nach § 95 Abs. 1 BetrVG auch Grundsatzfragen geregelt werden. Im Rahmen der Kündigungsproblematik sind dies insbesondere Vereinbarungen über den Ausschluss der ordentlichen Kündigung. Die Vereinbarung von Unkündbarkeit insbesondere für ältere Mitarbeiter wird in der Literatur mit unterschiedlichen Begründungen allgemein für zulässig gehalten[146]. Demgegenüber wird die Vereinbarung von Betriebsvereinbarungen, die Unkündbarkeit zum Gegenstand haben, ebenfalls mit unterschiedlichen Argumenten abgelehnt[147]. Die Möglichkeit freiwillige Auswahlrichtlinien zu vereinbaren, die die Kündigung unter bestimmten Voraussetzungen ausschließt, findet inzwischen mehr Anerkennung[148]. Auch unter den Befürwortern von Unkündbarkeitsvereinbarungen werden diese jedoch nicht unbedingt als Auswahlrichtlinien gesehen[149].

Soweit die Ausweitung des Kündigungsschutzes auf § 88 BetrVG gestützt wird, kann dem wegen der oben aufgezeigten Abgrenzung zwischen sozialen und personellen Angelegenheiten im BetrVG 1972 nicht gefolgt werden. § 88 BetrVG kann nicht Rechtsgrundlage für Betriebsvereinbarungen in personellen Angelegenheiten sein[150]. Soweit damit argumentiert wird, Unkündbarkeitsregelungen in Betriebsvereinbarungen seien auf der Grundlage der allgemeinen Vertragsfreiheit zulässig[151], wird der Rechtscharakter der Betriebsvereinbarung verkannt[152]. Die Festlegung der Unkündbarkeit ist, wie oben ausgeführt, eine der Inhaltsnorm vergleichbare Beendigungsnorm, für deren Festlegung es einer gesonderten gesetzlichen Grundlage bedarf[153].

---

146 *Weiler*, Problem, S. 210; *Fritz*, Auswahlrichtlinien, S. 89 f.; *Hueck/v.Hoyningen-Huene*, KSchG, § 1 Rd.Nr. 9; *Löwisch* in *Galperin/Löwisch*, BetrVG, § 95 Rd.Nr. 28; *Gnade/Kehrmann/Schneider/Blanke/Klebe*, BetrVG, § 95 Rd.Nr. 9; *Hanau* BB 1972, 451/452; *Fitting*, BetrVG, § 95 Rd.Nr. 20; für Tarifverträge ist dies ganz unbestritten vgl. *Stahlhacke*, Kündigung, Rd.Nr. 131.

147 *Gemählich*, Auswahlrichtlinien, S. 69 lehnt jede Modifikation des Kündigungsschutzes durch Auswahlrichtlinien ab; für erzwingbare Vereinbarung: *Richardi*, BetrVG (6. Aufl.), § 95 Rd.Nr. 40; darüber hinaus geht Richardi davon aus, dass der Betriebsrat insoweit kein Mitbestimmungsrecht habe.

148 *Schlochauer* in *Hess/Schlochauer/Glaubitz*, BetrVG, § 95 Rd.Nr. 34; bei *Fitting*, BetrVG, Rd.Nr. 20 wird der Ausschluss einer ordentlichen Kündigung unter § 95 BetrVG abgehandelt, so auch *Gnade/Kehrmann/Schneider/Blanke/Klebe*, BetrVG, § 95 Rd.Nr. 9. *Richardi* hält freiwillige Betriebsvereinbarungen nicht als Auswahlrichtlinien für zulässig, da es sich insoweit um Inhaltsnormen handele; *Richardi*, BetrVG (6. Aufl.), § 95 Rd.Nr. 40.

149 *Löwisch* in *Galperin/Löwisch*, BetrVG, § 95 Rd.Nr. 28, der zwar grundsätzlich von tarifvertraglichen Regelungen ausgeht, aber mit dem Hinweis auf die Sperrwirkung in § 77 Abs. 3 BetrVG zeigt, dass er solche Betriebsvereinbarungen nicht grundsätzlich für unmöglich hält.

150 S. oben Teil II § 1.

151 *Weiler*, Problem, S. 209.

152 Vgl. ausführlich oben Teil II § 1.

153 *Richardi*, BetrVG (6.Aufl.), § 95 Rd.Nr. 40.

Da Auswahlrichtlinien jedoch Inhalts- und Beendigungsnormen sein können[154], kann aus dem Charakter von Inhaltsnormen nicht auf die Unzulässigkeit von Unkündbarkeitsvereinbarungen als Auswahlrichtlinien geschlossen werden[155]. Im Rahmen der Mitbestimmung in personellen Angelegenheiten enthält § 95 BetrVG eine weit gefasste Grundlage für die Vereinbarung von Personalnormen. Dabei gilt allerdings die aufgezeigte Abgrenzung zwischen erzwingbaren Auswahlrichtlinien gem. § 95 Abs. 2 BetrVG und freiwilligen Auswahlrichtlinien gem. § 95 Abs. 1 BetrVG. Unkündbarkeitsvereinbarungen können ihre Grundlage nicht in § 95 Abs. 2 BetrVG haben. Es handelt sich dabei nämlich nicht um die Festlegung der bei der Kündigung zu beachtenden fachlichen und persönlichen Voraussetzungen und sozialen Gesichtspunkte[156]. Gegenstand von Unkündbarkeitsvereinbarungen zwischen Arbeitgeber und Betriebsrat ist nicht, wie bei einer Kündigung Personal- und Sozialdaten berücksichtigt werden, sondern zentraler Gegenstand der Vereinbarung ist, dass bei gegebenen persönlichen und sozialen Voraussetzungen die ordentliche Kündigung ausgeschlossen wird. Unkündbarkeitsvereinbarungen werden deshalb zu Recht als "Nicht-Auswahlrichtlinie" bezeichnet[157]. Grundlage kann deshalb nur § 95 Abs. 1 BetrVG sein, der Auswahlrichtlinien für Kündigungen schlechthin zulässt und nicht wie § 95 Abs. 2 BetrVG auf die Beachtung fachlicher und persönlicher Voraussetzungen und sozialer Gesichtspunkte beschränkt ist. Dies bedeutet, dass Auswahlrichtlinien, die den Ausschluss der ordentlichen Kündigung zum Gegenstand haben, nicht erzwungen werden können[158]. Die Bedenken, die sich wegen der Erzwingbarkeit gegen die Vereinbarung von Unkündbarkeitsauswahlrichtlinien richten, sind von daher gegenstandslos.

Ein anderes Problem stellt das Verhältnis zwischen diesen Auswahlrichtlinien auf der Grundlage von § 95 BetrVG und der Ausgestaltung des Kündigungsschutzes durch kündigungsschutzrechtliche Bestimmungen, insbesondere durch das Kündigungsschutzgesetz dar. Wie ausgeführt, begegnet generell die Erweiterung des Kündigungsschutzes, soweit dadurch nicht in die einfach- bzw. verfassungsrechtlich geschützte Rechtsposition des Arbeitgebers eingegriffen wird, keinen Bedenken. Bei einer freiwilligen Einschränkung des Kündigungsrechts z. B. gegenüber älteren Arbeitnehmern besteht insoweit keine Gefahr, wie auch die zahlreichen tarifvertraglichen Unkündbarkeitsvereinbarungen zeigen. Der Ausschluss der ordentlichen Kündigung aus Gründen in der Person oder im Verhalten des Arbeitnehmers kann deshalb ohne weitere Erörterung als zulässig angesehen werden.

---

154 S. oben Teil II § 4 Nr. 4.

155 *Richardi*, BetrVG (6. Aufl.), § 95 Rd.Nr. 40; vgl. aber auch § 77 Rd.Nr. 55.

156 A. A. *Fritz*, Auswahlrichtlinien, S. 90.

157 *Hanau*, BB 1972, 451/452.

158 Im Ergebnis ebenso *Fritz*, Auswahlrichtlinien, S. 92. Es bedarf insoweit aber nicht des von *Fritz* aufgeführten Rückgriffs auf die zusätzliche Begrenzung des Initiativrechts des Betriebsrats, da diese bereits im Wortlaut von § 95 Abs. 2 BetrVG enthalten ist.

Problematisch ist jedoch eine Beschränkung des Kündigungsrechts des Arbeitgebers im Hinblick auf § 1 Abs. 3 Satz 1 KSchG. Eine solche Beschränkung bedeutet nämlich, dass die unkündbaren Arbeitnehmer aus der Sozialauswahl herausgenommen werden müssen, wenn eine solche Unkündbarkeitsvereinbarung überhaupt sinnvoll sein soll. Wenn ein Betrieb eine bestimmte Anzahl von Arbeitskräften entlassen muss, dann bedeutet das damit notwendig, dass jede Entscheidung zugunsten eines Arbeitnehmers auf der einen Seite, auf der anderen Seite eine Entscheidung zum Nachteil eines anderen Arbeitnehmers ist. Geht man davon aus, dass Auswahlrichtlinien ausschließlich nur für betriebsbedingte Kündigungen vereinbart werden können, dann beschränken sich solche Unkündbarkeitsvereinbarungen im Grunde darauf, gezielt die Position einzelner Arbeitnehmer zulasten anderer Arbeitnehmer zu verändern. Eine solche gezielte Unterlaufung der Schutzbestimmung des § 1 Abs. 3 Satz 1 KSchG wäre der Absolutsetzung eines sozialen Datums, wie etwa des Lebensalters oder der Betriebszugehörigkeit vergleichbar. Dies hat das BAG aber ausdrücklich für unzulässig erklärt[159]. Unabhängig davon, ob man bei der Frage der Vereinbarkeit von Unkündbarkeitsvereinbarungen mit § 1 Abs. 3 Satz 1 KSchG darauf abstellt, dass der Kündigungsschutz für andere Arbeitnehmer nicht sach- und zielgerichtet eingeschränkt wird[160], oder darauf, dass sachliche und soziale Gründe die Befristung rechtfertigen[161], könnte eine Unkündbarkeitsregelung ausschließlich für betriebsbedingte Kündigungen keinen Bestand haben. Auch wenn die Unkündbarkeitsvereinbarung auf den Schutz von Arbeitnehmern gerichtet wäre, hätte sie nämlich bei jedem Fall, bei dem sie für die Kündigung entscheidend würde, zur Folge, dass dann einem anderen Arbeitnehmer, der unter dem Gesichtspunkt des § 1 Abs. 3 KSchG sonst nicht gekündigt worden wäre, gekündigt wird. Bei dieser zwangsläufigen Verbindung von Vorteil für den einen und Nachteil für den anderen Arbeitnehmer kann eine gewisse Zielgerichtetheit nicht mehr abgestritten werden. Es wäre darüber hinaus aber auch nicht sachgerecht, Unkündbarkeitsvereinbarungen zu treffen, die lediglich für die betriebsbedingte Kündigung, nicht aber auch für die Kündigungen aus Gründen in der Person oder in dem Verhalten des Arbeitnehmers die ordentliche Kündigung ausschließen würden. Geht man jedoch richtigerweise davon aus, dass Auswahlrichtlinien für Kündigungen sowohl für betriebsbedingte als auch für verhaltens- und personenbedingte Kündigungen vereinbart werden können, gibt es gute Gründe dafür, auch Unkündbarkeitsrichtlinien, die auf alle ordentlichen Kündigungen Anwendung finden, für zulässig zu halten. Es besteht dann insoweit lediglich dieselbe Problematik, wie sie auch bei Unkündbarkeitsvereinbarungen in Tarifverträgen und Einzelarbeitsverträgen besteht[162]. Insoweit lässt sich eine Ein-

---

[159] BAG vom 11.3.1976 AP Nr. 1 zu § 95 BetrVG 1972.

[160] *Gift*, RdA 1969, 72/77; *Weiler*, Problem, S. 210.

[161] *Fritz*, Auswahlrichtlinien, S. 92.

[162] Vgl. zur dennoch bestehenden großen Problematik insbesondere *Gamillscheg*, Anm. zu BAG vom 11.3.1976 EzA, § 95 BetrVG 1972, Nr. 1.

engung des Kündigungsschutzes in § 1 Abs. 3 Satz 1 KSchG sowohl unter dem Aspekt der Sachgerechtigkeit als auch der fehlenden Ziel- und Zweckgerichtetheit vertreten[163].

Auswahlrichtlinien, die den Ausschluss der ordentlichen Kündigung für bestimmte Mitarbeiter enthalten, sind deshalb auf der Grundlage von § 95 Abs. 1 BetrVG zulässig. In Anbetracht des Schrankenvorbehalts in § 77 Abs. 3 BetrVG, der auch für Auswahlrichtlinien gilt, da sie wie ausgeführt Betriebsvereinbarungen sind[164], und der großen Zahl von Tarifverträgen mit Unkündbarkeitsregelungen, ist die praktische Bedeutung solcher Auswahlrichtlinien jedoch nicht groß.

§ 6 Gerichtliche Kontrolle des Inhalts von Richtlinienvereinbarungen

Die Rechtmäßigkeit von Auswahlrichtlinien unterliegt in unterschiedlichen Verfahren der gerichtlichen Überprüfung.

1. Urteilsverfahren

Im Rahmen eines Kündigungsschutzverfahrens kann die Rechtmäßigkeit und damit der Bestand[165] der Auswahlrichtlinie Vorfrage sein, wenn die Sozialwidrigkeit der Kündigung auf einen Verstoß gegen eine Auswahlrichtlinie gestützt wird (§ 1 Abs. 2 Satz 2 Nr. 1 a KSchG)[166]. Die gerichtliche Kontrolle erfolgt hier im Rahmen des für den Kündigungsrechtsstreit vorgesehenen Urteilsverfahrens (§ 2 Abs. 1 Nr. 3 b, Abs. 5 i.V.m. §§ 46 ff. ArbGG).

Eine darüber hinausgehende Inzidentkontrolle von Auswahlrichtlinien im Urteilsverfahren wird von der Literatur generell nicht gesehen[167]. Eine solche Kontrolle ist jedoch auch im Rahmen eines Urteilsverfahrens denkbar, soweit es einem Arbeitnehmer um die Durchsetzung einer Einstellung, Versetzung und Umgruppierung, um deren Verhinderung oder um die Verhinderung einer Kündigung geht und der Arbeit-

---

[163] Vgl. *Fritz*, Auswahlrichtlinien, S. 91 f.
[164] Im Ergebnis wohl *Schaub*, Arbeitsrechts-Handbuch, § 123 Rd.Nr. 88
[165] BAG AP Nr. 1 zu § 95 BetrVG 1972 II 3 stellt für den Spruch der Einigungsstelle fest, dass dieser nichtig ist, wenn er gegen das Gesetz verstößt. *Löwisch* in *Galperin/Löwisch*, BetrVG, § 77Rd.Nr. 17: Jeder Gesetzesverstoß führt zur Nichtigkeit einer Betriebsvereinbarung; ebenso *Richardi*, BetrVG, § 77 Rd.Nr. 43.
[166] Vgl. *Richardi*, BetrVG, § 95 Rd.Nr. 73.
[167] Vgl. *Schaub*, Arbeitsrechts-Handbuch, § 238 Rd.Nr. 34; *Richardi*, BetrVG, § 95 Rd.Nr. 73.

geber sich für seine Entscheidung auf eine Auswahlrichtlinie beruft (§ 2 Abs. 1 Nr. 3, Abs. 5 i.V.m. §§ 46 ff. ArbGG)[168].

2. Beschlussverfahren

§ 2 a Abs. 1 Nr. 1, Abs. 2 i.V.m. §§ 80 ff. ArbGG sichern darüber hinaus eine unmittelbare Überprüfung des Inhalts von Auswahlrichtlinien im Rahmen einer abstrakten Kontrolle im Beschlussverfahren[169]. Antragsbefugt[170] nach § 81 ArbGG für dieses Verfahren als materiell Betroffene[171] sind Arbeitgeber und Betriebsrat[172], der Arbeitgeber, weil er bei seinen Entscheidungen zur Beachtung der Richtlinie verpflichtet ist, der Betriebsrat, weil er bei seiner Entscheidung über die Zustimmungsverweigerung zu einer personellen Maßnahme nach § 99 Abs. 2 Nr. 2 BetrVG ebenfalls an die Richtlinie gebunden ist. Eine darüber hinausgehende Antragsbefugnis für den einzelnen Arbeitnehmer wird von der ganz herrschenden Meinung abgelehnt[173].

Bei Auswahlrichtlinien, die auf einer Entscheidung der Einigungsstelle beruhen, ist in verfahrensmäßiger Hinsicht die Zwei-Wochen-Frist in § 76 Abs. 5 Satz 4 BetrVG zu beachten, soweit es sich bei der Entscheidung der Einigungsstelle um eine Regelungsentscheidung handelt[174]. Hinsichtlich der Unterscheidung zwischen Rechtsstreitigkeiten, für die die genannte Frist nicht gilt, und Regelungsstreitigkeiten, die in ihren Anwendungsbereich fallen, ist im Bereich der Auswahlrichtlinien wie folgt zu differenzieren:
Eine Rechtsstreitigkeit liegt immer dann vor, wenn der Betriebsrat seine Zustimmung zu den vom Arbeitgeber vorgelegten Auswahlrichtlinien wegen deren rechtlicher Unzulässigkeit verweigert und die Einigungsstelle diese Auffassung teilt[175].

---

168 *Gemählich*, Auswahlrichtlinien, S. 96, allerdings unter unzutreffender Bezugnahme auf §§ 2 Abs. 1 Nr. 2, 8 Abs. 1 ArbGG; es kann sich dabei nur um die bis zum 30.6.1979 geltende Fassung des ArbGG handeln. Für die Kündigungsschutzklage ist hinsichtlich der Geltendmachung fehlerhafter Sozialauswahl wiederum die Präklusionsfrist des § 4 KSchG zu beachten.

169 Vgl. *Richardi*, BetrVG, § 95 Rd.Nr. 73; *Gemählich*, Auswahlrichtlinien, S. 93, jedoch mit unzutreffendem Hinweis auf §§ 2 Abs. 1 Nr. 4, 8 Abs. 1, 80 ff. ArbGG; vgl. auch *Löwisch* in *Galperin/Löwisch*, BetrVG § 77 Rd.Nr. 19.

170 Die h. M. verlangt eine Antragsbefugnis als Sachurteilsvoraussetzung, vgl. BAG vom 27.11.1973, AP Nr. 4 zu § 40 BetrVG1972; BAG vom 25.8.1981, AP Nr. 2 zu § 83 ArbGG 1979; *Matthes* in *Germelmann/Matthes/Prütting*, ArbGG, § 81 Rd.Nrn. 52 ff.; *Hauck*, ArbGG, § 81 Rd.Nr. 8.

171 BAG vom 15.8.1978, AP Nr. 3 zu § 47 BetrVG 1972; *Matthes* in *Germelmann/Matthes/Prütting*, ArbGG, § 81 Rd.Nr. 53.

172 *Matthes* in *Germelmann/Matthes/Prütting*, ArbGG, § 81 Rd.Nr. 63.

173 OVG Hamburg vom 23.8.1966, AP Nr. 17 zu § 76 PersVG; *Matthes* in *Germelmann/Matthes/Prütting*, ArbGG, § 81 Rd.Nr. 67; *Fitting*, BetrVG, § 76 Rd.Nr. 72; für den Regelfall auch *Berg* in *Däubler/Kittner/Klebe*, BetrVG, § 76 Rd.Nr. 103. A. A. *Kreutz* in GK-BetrVG, § 76 Rd.Nr. 118.

174 Vgl. *Richardi*, BetrVG, § 95 Rd.Nr. 69, § 76 Anm. 104 ff.; *Schaub*, Arbeitsrechts-Handbuch, § 238 Rd.Nr. 34.

175 *Richardi*, BetrVG, § 95 Rd.Nr. 66.

Ersetzt dagegen die Einigungsstelle die Zustimmung des Betriebsrats oder stellt sie Auswahlrichtlinien auf, so hängt die Qualifizierung ihres Spruchs als Rechts- oder Regelungsstreitigkeit vom Inhalt der Auswahlrichtlinie ab:
Bei Umgruppierungsrichtlinien geht es um eine reine Rechtsstreitigkeit, da solche Richtlinien lediglich die rechtlich korrekte Einordnung eines Arbeitnehmers in ein feststehendes Entlohnungssystem betreffen und damit die bereits bestehende Rechtsbindung des Arbeitgebers konkretisieren.

Bei Kündigungsrichtlinien handelt es sich hinsichtlich der Konkretisierung der Sozialauswahl um eine Rechtsstreitigkeit[176], da die Richtlinie insoweit § 1 Abs. 3 KSchG entsprechen muss. Daran ändert auch die neue Fassung des § 1 Abs. 4 KSchG nichts, da trotz der neuerdings eingeschränkten gerichtlichen Überprüfbarkeit im Kündigungsschutzprozess jede Art von Fehlerhaftigkeit die Richtlinie unzulässig macht, so dass auch hier kein neuer Ermessensspielraum eröffnet wird[177].

Die Kontrolle von Einstellungsrichtlinien sowie von Versetzungsrichtlinien stellt immer eine Regelungsstreitigkeit dar[178]. Denn insoweit ist der Arbeitnehmer in seiner Entscheidung weitgehend frei, so dass entsprechende Ermessensspielräume für die Regelung durch die Betriebspartner bestehen.

---

[176] BAG vom 11.3.1976, AP Nr. 1 zu § 95 BetrVG 1972; *Richardi*, BetrVG, § 95 Rd.Nr. 67.
[177] S. oben Teil III § 5 Nr. 2 c.
[178] *Richardi*, BetrVG, § 95 Rd.Nr. 69.

IV. Teil

Funktionen und Rechtsfolgen der Auswahlrichtlinien

§ 1 Vorüberlegungen

1. Bedeutung der Rechtsfolgen

Wie das Beispiel der Auswahlrichtlinien nach dem BRG 1920 zeigt, hängt die Effizienz einer Vorschrift wesentlich von den mit ihr verbundenen Rechtsfolgen ab. Sind die Rechtsfolgen unklar oder kann ein Verstoß gegen die Vorschriften nicht durch entsprechende Sanktionen verhindert werden, dann wird eine Norm, die nicht ohnehin anerkannt ist, in der Praxis nicht verwirklicht werden.

2. Verstöße des Arbeitgebers im Zusammenhang mit Auswahlrichtlinien

Im Zusammenhang mit dem in § 95 BetrVG eingeräumten Mitbestimmungsrecht kann es zu unterschiedlichen Verstößen des Arbeitgebers kommen. Im wesentlichen geht es um zwei Fallgestaltungen: 1. Der Arbeitgeber verwendet bei den Einzelmaßnahmen der Einstellung, Versetzung, Umgruppierung und Kündigung Auswahlrichtlinien, ohne darüber eine Einigung mit dem Betriebsrat herbeizuführen. 2. Der Arbeitgeber verstößt bei der Durchführung dieser Einzelmaßnahmen gegen die mit dem Betriebsrat vereinbarten Auswahlrichtlinien. Gleichwohl sollen diese beiden Arten von Verstößen nicht getrennt behandelt werden, sondern es muss nur im Rahmen der Sanktionsnormen die unterschiedliche Art des Verstoßes berücksichtigt werden.

§ 2 Sanktionen

1. Sanktionen nach § 119 Abs. 1 Nr. 2 BetrVG

Die stärkste Form, die Tätigkeit des Betriebsrats zu schützen ist die in § 119 Abs. 1 Nr. 2 BetrVG enthaltene Strafandrohung. Dabei muss wie folgt differenziert werden:

Eine personelle Einzelmaßnahme, die gegen eine Auswahlrichtlinie verstößt, erfüllt nicht die Voraussetzungen des § 119 Abs. 1 Nr. 2 BetrVG, denn dadurch wird die Tätigkeit des Betriebsrats weder behindert noch gestört, denn es bleiben die dem Betriebsrat vom Gesetz gegebenen Möglichkeiten in §§ 99 ff. BetrVG unangetastet. Selbst der dauernde Verstoß wird eher zu einer unangenehmen Situation im Personalwesen für den Arbeitgeber führen, als die Rechte des Betriebsrats zu tangieren.

Anders ist die Situation, wenn der Arbeitgeber einseitig Auswahlrichtlinien aufstellt und dem Betriebsrat die Beteiligung verweigert. Hierbei ist jedoch zu beachten, dass der Straftatbestand des § 119 Abs. 1 Nr. 2 BetrVG in der Regel nicht schon bei einmaliger Nichtbeteiligung des Betriebsrats gegeben ist. Es muss vielmehr ein „bewusstes Beiseiteschieben"[1] des Betriebsrats durch den Arbeitgeber vorliegen. Er muss sich beharrlich weigern, mit dem Betriebsrat zusammenzuarbeiten[2]. Ob demgegenüber die Forderung, der Arbeitgeber müsse die Absicht haben, den Betriebsrat zu umgehen[3], sich davon wirklich abhebt, erscheint zweifelhaft[4]. Soweit Absicht gefordert wird, trägt dies vor allem der Tatsache Rechnung, dass die in § 119 BetrVG genannten Taten nach § 15 StGB nur bei vorsätzlichem Handeln strafbar sind, weil das Betriebsverfassungsgesetz keine Strafandrohung für fahrlässiges Handeln enthält[5]. Es genügt allerdings bedingter Vorsatz, d.h. der Arbeitgeber muss billigend in Kauf nehmen, dass er die Arbeit des Betriebsrats behindert oder stört. Dass dies gerade bei einer Norm wie § 95 BetrVG, die die Grundlagen für die Entscheidungen bei personellen Einzelmaßnahmen und auch die spezifischen Möglichkeiten der Rechte des Betriebsrats nach §§ 99 ff. BetrVG im Zusammenhang mit der Nichtbeachtung von Auswahlrichtlinienvereinbarungen eröffnet, der Fall sein kann, liegt auf der Hand. Bei einer dauernden Anwendung von Auswahlrichtlinien, die der Arbeitgeber ohne oder gegen den Betriebsrat eingeführt hat, ist die Verwirklichung des Straftatbestandes in § 119 Abs. 1 Nr. 2 BetrVG mindestens ebenso gegeben wie bei andauernden gegen den Betriebsrat gerichteten Handlungen[6].

2. Sanktionen nach § 121 BetrVG

Eine im übrigen korrekt vorgenommene personelle Maßnahme, die gegen eine Auswahlrichtlinie verstößt, fällt auch nicht unter die Ordnungswidrigkeiten des § 121 BetrVG. Gleiches gilt für die einseitige Aufstellung von Auswahlrichtlinien durch den Arbeitgeber, da § 121 BetrVG der Durchsetzung von im Einzelnen bezeichneten Informationsrechten des Betriebsrats dient. Eine Verletzung der Vorschriften im Zusammenhang mit § 95 BetrVG stellt keine Ordnungswidrigkeit nach § 121 BetrVG dar, da § 95 BetrVG nicht in der Vorschrift genannt ist. Die Aufzählung ist aber ab-

---

1 BAG vom 20.9.1957 AP Nr. 34 zu § 1 KSchG; *Richardi*, BetrVG, § 119 Rd.Nr. 19; vgl. auch *Löwisch* in *Galperin/Löwisch*, BetrVG, § 119 Rd.Nr. 13; a.A. *Dannecker* in FS Gitter, S. 167/182, der darin eine unzulässige Einengung des Straftatbestandes sieht.

2 *Fitting*, BetrVG, § 119 Rd.Nr. 6; *Trümmer* in *Däubler/Kittner/Klebe*, BetrVG, § 119 Rd.Nr. 12, *Oetker* in GK-BetrVG, § 119 Rd.Nr. 20.

3 *Hess* in *Hess/Schlochauer/Glaubitz*, BetrVG, § 119 Rd.Nr. 27; *Stege/Weinspach*, BetrVG, § 119 Rd.Nr. 11.

4 Vgl. *Oetker* in GK-BetrVG, § 119 Rd.Nr. 20; *Dannecker*, FS Gitter, S. 167/182.

5 Vgl. *Richardi*, BetrVG, § 119 Rd.Nr. 4; *Fitting*, BetrVG, § 119 Rd.Nr. 8; *Löwisch* in *Galperin/Löwisch*, BetrVG, § 119 Rd.Nr. 5; *Trümmer* in GK-BetrVG, § 119 Rd.Nr. 29; *Hess* in *Hess/Schlochauer/Glaubitz*, BetrVG, § 119 Rd.Nr. 9; *Stege/Weinspach*, BetrVG, § 119 Rd.Nr. 4.

6 BAG vom 20.9.1957 AP Nr. 34 zu § 1 KSchG.

schließend[7]. Wegen des strafrechtlichen Analogieverbots, das auch im Ordnungswidrigkeitenrecht gilt, scheidet eine Ausweitung auf nicht genannte Pflichten aus[8].

3. Sanktionen nach § 23 Abs. 3 BetrVG

Keine einheitliche Antwort kann bei der Frage, ob eine grobe Pflichtverletzung des Arbeitgebers nach § 23 Abs. 3 BetrVG vorliegt, gegeben werden. Eine im Gegensatz zu ordnungsgemäß zustande gekommenen Auswahlrichtlinien vorgenommene personelle Einzelmaßnahme stellt im Einzelfall keine solche Pflichtverletzung dar, sondern führt nur zu den unten eingehend erläuterten Rechten des Betriebsrats. Allerdings stellt § 101 BetrVG keine Sondervorschrift gegenüber § 23 Abs. 3 BetrVG dar[9]. Soweit es um die Rückgängigmachung von Maßnahmen geht, ergeben sich die Rechte des Betriebsrat aus § 101 BetrVG. Bereits begangene Verstöße können nicht selbst Gegenstand einer Verurteilung zu einem Ordnungs- oder Zwangsgeld nach § 23 Abs. 3 Satz 2 und 3 BetrVG sein[10]. § 23 Abs. 3 BetrVG gibt dem Betriebsrat aber einen Anspruch auf künftige Beachtung seiner Mitbestimmungsrechte[11]. Voraussetzung ist jedoch, dass ein grober Verstoß des Arbeitgebers vorliegt, etwa wenn regelmäßig personelle Einzelmaßnahmen im Widerspruch zu Auswahlrichtlinien durchgeführt werden.

Die Verwendung von Auswahlrichtlinien ohne Zustimmung des Betriebsrats oder die Weigerung, diesen zu beteiligen, führt in Betrieben bis 500 Arbeitnehmern zu einer unbefriedigenden Situation, da der Betriebsrat keine Möglichkeit zur Anrufung der Einigungsstelle hat. Die weitere Verwendung dieser Richtlinien verstößt gegen die betriebsverfassungsrechtlichen Pflichten des Arbeitgebers. Angesichts der Bedeutung für eine Vielzahl personeller Einzelmaßnahmen und der Bedeutung des Mitbestimmungsrechts des Betriebsrats bei der Aufstellung von Auswahlrichtlinien kann auch in aller Regel von einem groben Verstoß ausgegangen werden, so dass der Betriebsrat nach § 23 Abs. 3 BetrVG verlangen kann, dass der Arbeitgeber dies unterlässt[12].

---

7 *Richardi*, BetrVG, § 121 Rd.Nr. 2; *Fitting*, BetrVG, § 121 Rd.Nr. 2; *Löwisch* in *Galperin/Löwisch*, BetrVG, § 121 Rd.Nr. 5; *Kreutz* in GK-BetrVG, § 121 Rd.Nr. 10; *Hess* in *Hess/Schlochauer/Glaubitz*, BetrVG, § 121 Rd.Nr. 2; *Stege/Weinspach*, BetrVG, § 121 Rd.Nr. 2.

8 Vgl. *Oetker* in GK-BetrVG, § 121 Rd.Nr. 10; *Küchenhoff*, BetrVG, § 121 Rd.Nr. 2; *Trümmer* in *Däubler/Kittner/Klebe*, BetrVG, § 121 Rd.Nr. 2; *Schmidt-Aßmann* in *Maunz/Dürig*, GG, Art. 103 Rd.Nr. 195; BVerfGE 38, 348/371.

9 *Richardi*, BetrVG, § 23 Rd.Nrn. 78 f.; BAG vom 17.3.1987 AP Nr. 7 zu § 23 BetrVG 1972; a.A. LAG Hamm vom 30.7.1976 EzA § 23 BetrVG 1972 Nr. 4 unter Berufung auf die damals noch einhellige Meinung; vgl. auch BT-Drucksache zu VI/2729 S. 21 sowie BAG vom 5.12.1978 AP Nr. 4 zu § 101 BetrVG 1972.

10 *Fitting*, BetrVG, § 23 Rd.Nr. 76; *Richardi*, BetrVG, § 23 Rd.Nr. 98; *Schlochauer* in *Hess/Schlochauer/Glaubitz*, BetrVG, § 23 Rd.Nr. 67; *Trittin* in *Däubler/Kittner/Klebe*, BetrVG, § 23 Rd.Nr. 85.

11 *Richardi*, BetrVG, § 23 Rd.Nr. 79; *Fitting*, BetrVG, § 23 Rd.Nr. 76.

12 *Matthes*, MünchArbR, § 349 Rd.Nr. 36; *Kraft* in GK-BetrVG, § 95 Rd.Nr. 20; *Heinze*, Personalplanung, Rd.Nr. 78; *Löwisch* in *Galperin/Löwisch*, BetrVG, § 95 Rd.Nr. 16; vgl. auch *Stoltenberg*, Fragebögen, S. 124 Fußnote 2.

In Betrieben mit mehr als 500 Arbeitnehmern hat zwar der Betriebsrat ein Initiativrecht, so dass er die einseitige Verwendung von Auswahlrichtlinien durch den Arbeitgeber mit der Aufstellung eigener Richtlinien und der Möglichkeit bei fehlender Einigung durch den Spruch der Einigungsstelle eine verbindliche Regelung herbeiführen zu lassen, konterkarieren kann. Der Betriebsrat ist jedoch nicht gezwungen diesen Weg einzuschlagen. Er kann vielmehr auch im Wege der Verurteilung nach § 23 Abs. 3 BetrVG die Nichtanwendung der ohne seine Zustimmung zustande gekommenen Richtlinien durchsetzen. Umgekehrt kann der Betriebsrat bei dauerhafter Nichtanwendung der vereinbarten Richtlinien, ohne dass der Arbeitgerber diese kündigt, nicht aber bei Verstößen im Einzelfall, gem. § 23 Abs. 3 BetrVG deren Anwendung durchsetzen[13].

§ 3 Zustimmungsverweigerung nach § 99 Abs. 2 Nr. 2 BetrVG und die Rechtsfolgen

1. Zustimmungsverweigerung

Die eigentlichen Rechtsfolgen eines Verstoßes gegen die Auswahlrichtlinien sind von einem Tätigwerden des Betriebsrats abhängig[14]. Bei Einstellungen, Versetzungen und Umgruppierungen kann der Betriebsrat unter Berufung auf einen Richtlinienverstoß (§ 99 Abs. 2 Nr. 2 BetrVG) die Zustimmung zur personellen Einzelmaßnahme verweigern. Das Zustimmungsverweigerungsrecht sichert hier die betriebsverfassungsrechtliche Richtlinienkompetenz[15].

Der Betriebsrat kann seine Zustimmung in allen Fällen verweigern, in denen eine der in § 99 BetrVG genannten personellen Einzelmaßnahmen gegen Auswahlrichtlinien nach § 95 BetrVG verstoßen würde, ohne dass eine weitere Voraussetzung gegeben sein muss. Insbesondere kann eine Zustimmungsverweigerung in diesen Fällen nicht als „unangemessen" bezeichnet werden, so dass der Betriebsrat ggfs. an einer Verweigerung der Zustimmung gehindert wäre[16].

Eine solche Beschränkung ist auch nicht erforderlich, da die Zustimmungsverweigerung nur Bestand hat, wenn sie sich auf Auswahlrichtlinien bezieht, die nicht wegen Verstoßes gegen zwingendes Recht nichtig sind. Insoweit wird im Zustimmungser-

---

13 Vgl. *Klebe* in *Däubler/Kittner/Klebe*, BetrVG, § 95 Rd.Nr. 3.

14 Bei Zustimmung bzw. Untätigkeit des Betriebsrats bei einer personellen Einzelmaßnahme, die im Widerspruch zu Auswahlrichtlinien steht, bleibt der Verstoß ohne Folgen für das Arbeitsverhältnis: *Löwisch* in *Galperin/Löwisch*, BetrVG, § 99 Rd.Nr. 82.

15 *Richardi*, BetrVG, § 99 Rd.Nrn. 179, 199.

16 *Richardi*, BetrVG, § 99 Rd.Nr. 200; *Fitting*, BetrVG, § 99 Rd.Nr. 167; *Kraft* in GK-BetrVG, § 99 Rd.Nr. 136; *Schlochauer* in *Hess/Schlochauer/Glaubitz*, BetrVG, § 99 Rd.Nr. 119; *Löwisch* in *Galperin/Löwisch*, BetrVG, § 99 Rd.Nr. 81; a.A. *Blomeyer*, GedS Dietz, S. 147/165 f.

setzungsverfahren nach § 99 Abs. 4 BetrVG nicht nur überprüft, ob die personelle Maßnahme gegen die Richtlinie nach § 95 BetrVG verstößt, sondern auch ob diese Richtlinie wirksam ist. Insbesondere eine Richtlinie, die gegen die in § 75 BetrVG niedergelegten Grundsätze verstößt, ist unbeachtlich. Die Zustimmung wird ersetzt[17].

An den Inhalt der Richtlinien gebunden ist das Arbeitsgericht im Hinblick auf eine mögliche Ermessensfehlerhaftigkeit einer durch Spruch der Einigungsstelle zustande gekommenen Richtlinie. Der Arbeitgeber hat nur die Möglichkeit, dies zu vermeiden, wenn er das Arbeitsgericht innerhalb der Zwei-Wochen-Frist nach § 76 Abs. 5 Satz 4 BetrVG anruft[18]. Andernfalls beschränkt sich die Prüfung des Arbeitsgerichts im Zustimmungsersetzungsverfahren nur darauf, ob die personelle Maßnahme gegen die Auswahlrichtlinie verstößt.

Entscheidend für die Sicherung des Mitbestimmungsrechts des Betriebsrats zur Aufstellung von Auswahlrichtlinien sind die Rechtsfolgen, die sich aus der Zustimmungsverweigerung des Betriebsrats ergeben.

2. Rechte des Betriebsrats aus § 101 BetrVG

Hat der Betriebsrat seine Zustimmung zu einer Einstellung, Versetzung oder Umgruppierung unter Bezug auf einen Richtlinienverstoß verweigert, so kann er sich gegen eine vom Arbeitgeber dennoch durchgeführte Maßnahme mit dem ihm in § 101 BetrVG zur Verfügung gestellten Instrumentarium zur Wehr setzen. Der Betriebsrat kann zunächst beim Arbeitsgericht beantragen, dem Arbeitgeber aufzugeben, die personelle Maßnahme aufzuheben. In einer zweiten Stufe kann der Betriebsrat nach Rechtskraft dieser Entscheidung bei Gericht beantragen, dass der Arbeitgeber, der die personelle Maßnahme nicht entsprechend der Entscheidung des Arbeitungsgerichts aufhebt, durch Zwangsgeld dazu anzuhalten ist[19]. Der Betriebsrat hat so die Möglichkeit, den Arbeitgeber zur Einhaltung des in den Richtlinien vereinbarten Vorgehens anhalten zu lassen. Ein Vergleich mit den Rechtsfolgen eines Richtlinienverstoßes gegen Richtlinien nach dem BRG 1920 macht deutlich, dass insbesondere von den Rechtsfolgen her die Voraussetzungen für die Durchsetzbarkeit der Vereinbarungen in den Auswahlrichtlinien besser als damals gegeben sind.

---

[17] *Richardi*, BetrVG, § 99 Rd.Nr. 201; *Löwisch* in *Galperin/Löwisch*, BetrVG, § 99 Rd.Nr. 81; *Schlochauer* in *Hess/Schlochauer/Glaubitz*, BetrVG, § 99 Rd.Nr. 121; *Stege/Weinspach*, BetrVG, §§ 99 - 101 Rd.Nr. 66; *Kraft* in GK-BetrVG, § 99 Rd.Nr. 136.

[18] *Richardi*, BetrVG, § 99 Rd.Nr. 201; *Schlochauer* in *Hess/Schlochauer/Glaubitz*, BetrVG, § 99 Rd.Nr. 121; *Kraft* in GK-BetrVG, § 99 Rd.Nr. 136; *Stege/Weinspach*, BetrVG, §§ 99 - 101 Rd.Nr. 67; *Kittner* in *Däubler/Kittner/Klebe*, BetrVG, § 99 Rd.Nr. 181.

[19] *Richardi*, BetrVG, § 101 Rd.Nr. 1.

3. Möglichkeiten nach § 100 Abs. 3 BetrVG

Auch wenn der Arbeitgeber unter den Voraussetzungen des § 100 Abs. 1 Satz 1 BetrVG eine Maßnahme[20] vorläufig durchführen kann, wenn der Betriebsrat wegen eines Verstoßes gegen eine Auswahlrichtlinie nach § 95 BetrVG die Zustimmung hierzu verweigert, hat der Betriebsrat die Möglichkeit, die Aufrechterhaltung dieser Maßnahme zu verhindern. Falls der Betriebsrat bestreitet, dass diese Maßnahme aus sachlichen Gründen dringend erforderlich ist, darf der Arbeitgeber die Maßnahme nur aufrecht erhalten, wenn er innerhalb von drei Tagen beim Arbeitsgericht die Ersetzung der Zustimmung und die Feststellung beantragt, dass die Maßnahme aus sachlichen Gründen dringend erforderlich war (§ 100 Abs. 2 BetrVG). Kommt es zur rechtskräftigen Ablehnung der Ersetzung der Zustimmung bzw. rechtskräftigen Feststellung, dass die Maßnahme offensichtlich aus sachlichen Gründen nicht dringend erforderlich war, so endet die vorläufige personelle Maßnahme mit Ablauf von zwei Wochen nach Rechtskraft der Entscheidung (§ 100 Abs. 3 Satz 1 BetrVG). Von diesem Zeitpunkt an darf die personelle Maßnahme nicht aufrechterhalten werden (§ 100 Abs. 3 Satz 2 BetrVG). Da die personellen Maßnahmen Einstellung und Versetzung und nicht der Abschluss des Arbeitsvertrages Gegenstand der Entscheidung sind, bezieht sich diese Entscheidung auf die Aufhebung der betrieblichen Eingliederung und nicht auf die Aufhebung des Arbeitsvertrags, bei Einstellung bzw. falls die Versetzung auf einer Vertragsänderung beruht, auf die Aufhebung der Vertragsänderung[21]. Aber auch ohne eine individuellrechtliche Auswirkung auf das Arbeitsverhältnis, die im folgenden behandelt werden soll, stellt § 100 BetrVG einen wichtigen Baustein im System der Vorschriften dar, die die Beachtung der Auswahlrichtlinien nach § 95 BetrVG sicherstellen.

4. Auswirkungen der Zustimmungsverweigerung auf das Arbeitsverhältnis

Das Gesetz enthält keine Regelung wie sich die Zustimmungsverweigerung des Betriebsrats bei Vorliegen der Gründe in § 99 Abs. 2 BetrVG und damit auch bei einem Verstoß gegen eine Auswahlrichtlinie nach § 95 BetrVG auf das Arbeitsverhältnis

---

[20] Unstreitig werden von § 100 BetrVG Einstellungen und Versetzungen erfasst. Da Richtlinien über Eingruppierungen nicht zulässig sind, spielt die Frage, ob § 100 BetrVG auf Eingruppierungen anwendbar ist, im vorliegenden Zusammenhang keine Rolle. Da wie Eingruppierungen auch Umgruppierungen Akte des Normvollzugs sind, auf die ein Rechtsanspruch des Arbeitnehmers unabhängig von der Entscheidung des Arbeitgebers und von einer möglichen Zustimmungsverweigerung des Betriebsrats besteht, wird die Meinung vertreten, § 100 BetrVG könne darauf nicht angewendet werden: *Matthes*, MünchArbR, § 355 Rd.Nr. 22; so auch *Richardi*, BetrVG, § 100 Rd.Nr. 3; Bedenken gegen eine Anwendung in BAG vom 27.1.1987 AP Nr. 42 zu § 99 BetrVG 1972.

[21] *Kittner* in *Däubler/Kittner/Klebe*, BetrVG, § 100 Rd.Nr. 40; *Kraft* in GK-BetrVG, § 100 Rd.Nr. 47; *Löwisch* in *Galperin/Löwisch*, BetrVG, § 100 Rd.Nr. 26; *Matthes*, MünchArbR, § 354 Rd.Nr. 35; *Raab*, ZfA 1995, 479/490; *Heinze*, Personalplanung, Rd.Nr. 391; a.A. *Fitting*, BetrVG, § 100 Rd.Nr. 10; *Richardi*, BetrVG, § 100 Rd.Nr. 50, wenn auch kritisch referierend.

auswirkt[22]. Die Rechtsfolgen lassen sich deshalb nur im Wege der Auslegung ermitteln[23]. Dabei ist die Verschiedenheit der personellen Maßnahmen zu beachten.

a) Zustimmungsverweigerung bei Einstellung

Gegenstand der Mitbestimmung ist die Einstellung, d.h. die Zuweisung eines Arbeitsbereichs und nicht der Abschluss des Arbeitsvertrags. Deshalb geht die nahezu einhellige Meinung in Literatur und Rechtsprechung davon aus, dass trotz Zustimmungsverweigerung des Betriebsrats der Arbeitsvertrag wirksam bleibt[24]. Da der Betriebsrat aber verlangen kann, dass der Arbeitnehmer nicht im Betrieb beschäftigt wird und dieses Verbot auch im Wege des § 101 BetrVG durchsetzen kann, entstehen daraus keine Schwierigkeiten für die Durchsetzung der Mitbestimmung nach § 95 BetrVG. Man kann davon ausgehen, dass die Wirksamkeit des Arbeitsvertrages sogar zu einer effektiveren Sicherung der Mitbestimmung führt[25]. Einerseits bleibt der Arbeitgeber dem Einzustellenden gegenüber aus dem Arbeitsvertrag verpflichtet. Andererseits kann er diesen wegen der Zustimmungsverweigerung des Betriebsrats nicht beschäftigen. Bei endgültiger Verweigerung der Zustimmung des Betriebsrats kann sich der Arbeitgeber nur durch ordentliche Kündigung von dem betroffenen Arbeitnehmer trennen[26]. Dabei sind alle einschlägigen Vorschriften des Kündigungsschutzes zu beachten[27].

b) Zustimmungsverweigerung bei Versetzung

Unabhängig davon, ob eine Versetzung kraft Direktionsrechts des Arbeitgebers erfolgen kann oder einer Änderung des Arbeitsvertrages bedarf, ist zwischen der rechtsgeschäftlichen Versetzungsanordnung und der tatsächlichen Vornahme der neuen Eingliederung zu unterscheiden. Die Versetzung wird in § 95 Abs. 3 BetrVG als Zuweisung eines anderen Arbeitsbereiches definiert. Nur darauf bezieht sich das Mitbestimmungsrecht bei der Aufstellung von Auswahlrichtlinien nach § 95 BetrVG. Nur darauf kann sich deshalb die Zustimmungsverweigerung nach § 99 BetrVG beziehen und nur insoweit besteht ein Anspruch des Betriebsrats auf Unterlassung.

---

22 *Richardi*, BetrVG, § 99 Rd.Nr. 271; *Raab*, ZfA 1995, 479/483 f.

23 *Raab*, ZfA 1995, 479/483 f.

24 So schon *Stahlhacke*, BlStSozArbR 1972, 51/55; *Richardi*, BetrVG, § 99 Rd.Nr. 282; *Kraft* in GK-BetrVG, § 99 Rd.Nr. 123; *Löwisch* in *Galperin/Löwisch*, BetrVG, § 99 Rd.Nr. 11; *Schlochauer* in *Hess/Schlochauer/Glaubitz*, BetrVG, § 99 Rd.Nr. 9; *Kittner* in *Däubler/Kittner/Klebe*, BetrVG, § 99 Rd.Nr. 216; *Heinze*, Personalplanung, Rd.Nr. 340; *Matthes*, MünchArbR, § 354 Rd.Nr. 26; *Wlotzke*, BetrVG, § 99, Anm. II1; so ausdrücklich BAG vom 2.7.1980 AP Nr. 5 zu § 101 BetrVG 1972; a.A. *Boewer*, RdA 1974, 72/74, *Hanau*, RdA 1973, 281/289; *Brecht*, BetrVG, § 99 Rd.Nr. 9.

25 Vgl. BAG vom 2.7.1980 AP Nr. 5 zu § 101 BetrVG 1972; *Raab*, ZfA 1995, 479/491 f.

26 *Kraft* in GK-BetrVG, § 99 Rd.Nr. 123.

27 Dies gilt insbesondere für die besonderen Kündigungsschutzvorschriften des Schwerbehindertengesetzes und Mutterschutzgesetzes: *Kraft* in GK-BetrVG, § 99 Rd.Nr. 123; vgl. zum Kündigungsschutzgesetz: *Kraft* in GK-BetrVG, § 99 Rd.Nr. 123; *Richardi*, BetrVG, § 99 Rd.Nr. 284; *Raab*, ZfA 1995, 479/492.

Weder die rechtsgeschäftliche Versetzungsanordnung noch die evt. vorliegende Vertragsänderung sind in ihrer Wirksamkeit davon betroffen[28]. Da der Arbeitnehmer wegen der Unwirksamkeit der tatsächlichen Zuweisung eines anderen Arbeitsbereiches nicht verpflichtet ist, der Versetzungsanordnung Folge zu leisten[29], wird die Einhaltung der Richtlinienvereinbarung nach § 95 BetrVG auch im Falle der Versetzung effektiv sicher gestellt.

c) Zustimmungsverweigerung bei Umgruppierung

Der Vorgang der Umgruppierung hat keinen gestaltenden, sondern lediglich feststellenden Charakter. Entsprechend gering ist auch die Bedeutung von Auswahlrichtlinien nach § 95 BetrVG. Der Arbeitgeber ist unabhängig von der Beteiligung des Betriebsrats verpflichtet, eine Umgruppierung vorzunehmen wenn die Voraussetzungen vorliegen. Das Fehlen der Zustimmung des Betriebsrats hat nach einhelliger Meinung keinerlei Konsequenzen für die individualrechtliche Stellung von Arbeitgeber und Arbeitnehmer[30].

§ 4 Rechtsfolgen des Widerspruchs nach § 102 Abs. 3 Nr. 2 BetrVG

1. Kollektivrechtliche Bedeutung

Kündigt der Arbeitgeber einem Arbeitnehmer unter Verstoß gegen eine Auswahlrichtlinie nach § 95 BetrVG, so bestimmen sich die Rechte des Betriebsrats nach § 102 BetrVG. Der Betriebsrat kann der Kündigung nach § 102 Abs. 3 Nr. 2 BetrVG widersprechen[31]. Der Widerspruch des Betriebsrats allein führt nicht zur Unwirksamkeit der Kündigung. § 102 Abs. 6 BetrVG stellt klar, dass hierfür eine eigene Vereinbarung über die Zustimmungsbedürftigkeit der Kündigung vorliegen muss, während im Übrigen nur eine ohne Anhörung des Betriebsrats ausgesprochene Kündigung nach § 102 Abs. 1 S. 2 BetrVG unwirksam ist. Da der Gesetzgeber die Entscheidungsfreiheit des Arbeitgebers also nicht von sich aus einschränken möchte, kommt auch ein Verstoß gegen § 23 Abs. 3 BetrVG nicht in Frage, wenn der Arbeitgeber trotz Widerspruchs des Betriebsrats eine Kündigung ausspricht. Der Betriebsrat kann nur ver-

---

28 *Richardi*, BetrVG, § 99 Rd.Nrn. 287 ff.; *Kraft* in GK-BetrVG, § 99 Rd.Nr. 124; *Schlochauer* in *Hess/Schlochauer/Glaubitz*, BetrVG, § 99 Rd.Nr. 9; a.A. BAG vom 26.1.1988 AP Nr. 50 zu § 99 BetrVG 1972: Verstoß der Versetzungsanordnung gegen § 99 BetrVG als Verbotsgesetz i.S. von § 134 BGB; vgl. auch *Raab*, ZfA, 1995, 479/496 ff. für schwebende Unwirksamkeit bei für den Arbeitnehmer objektiv nachteiliger Versetzung.

29 *Richardi*, BetrVG, § 99 Rd.Nr. 289.

30 *Raab*, ZfA, 1995, 479/493 ff.; *Richardi*, BetrVG, § 99 Rd.Nr. 292; *Kraft* in GK-BetrVG, § 99 Rd.Nr. 126; BAG vom 22.3.1983 AP Nr. 6 zu § 101 BetrVG 1972.

31 In der Folge wird nur die ordentliche Kündigung behandelt, denn nur hier kommt ein Widerspruchsrecht bei einem Richtlinienverstoß in Frage.

langen, dass dem gekündigten Arbeitnehmer nach § 102 Abs. 4 BetrVG eine Abschrift der Stellungnahme des Betriebsrats zu der Kündigung zugeleitet wird. Die Kündigung bleibt jedoch wirksam[32].

Damit sind die Rechte des Betriebsrats bei einer unter Verstoß gegen eine Auswahlrichtlinie ausgesprochenen Kündigung erschöpft. Weitere Rechtsfolgen erfordern das Tätigwerden des betroffenen Arbeitnehmers, da es eine § 101 BetrVG entsprechende Vorschrift für Kündigungen nicht gibt. Das Betriebsverfassungsgesetz sieht keine Sanktionen auf der kollektiven Ebene vor, wenn der Arbeitgeber sich über den Widerspruch des Betriebsrats hinwegsetzt. Das ist in erster Linie darauf zurückzuführen, dass § 102 BetrVG i.V.m. § 95 BetrVG zwar auch eine kollektive Zwecksetzung verfolgt, aber bei Kündigungen anders als bei Einstellungen und Versetzungen der Individualschutz des betroffenen Arbeitnehmers im Vordergrund steht[33]. Im übrigen wird zu Recht darauf hingewiesen, dass gerade die mit dem Beteiligungsrecht des Betriebsrats verbundenen Rechte des einzelnen Arbeitnehmers so gestärkt werden, dass dieser effektiv gegen eine Kündigung vorgehen kann. Soweit der Arbeitnehmer ein Interesse an der Aufrechterhaltung des Arbeitsverhältnisses hat[34], geben ihm die Vorschriften in § 102 BetrVG und § 1 KSchG Instrumente in die Hand, mit der er sich wirksam gegen eine unberechtigte Kündigung, die insbesondere auch unter Verstoß gegen eine Richtlinienvereinbarung nach § 95 BetrVG erfolgte, zur Wehr setzen kann[35].

2. Kündigungsschutz des einzelnen Arbeitnehmers

Nach dem Wortlaut von § 1 Abs. 2 Satz 2 KSchG ist die Kündigung sozial ungerechtfertigt, wenn sie gegen eine Richtlinie nach § 95 BetrVG verstößt und der Betriebsrat[36] deshalb der Kündigung innerhalb der Frist des § 102 Abs. 2 Satz 1 BetrVG schriftlich widersprochen hat. Die Tatsache, dass eine Kündigung nicht sozial gerechtfertigt ist, hat aber Rechtsfolgen nur für den Fall, dass der Arbeitnehmer nach § 1 Abs. 1 KSchG Kündigungsschutz genießt, d.h. er muss insbesondere mindestens sechs Monate im selben Betrieb oder Unternehmen beschäftigt sein[37]. Da sich die

---

32 *Löwisch* in *Galperin/Löwisch*, BetrVG, § 102 Rd.Nr. 84.

33 So *Raab*, ZfA, 1995, 479/520; weitergehend *Richardi*, FS Stahlhacke, S. 447/450, der davon ausgeht, dass der Betriebsrat ausschließlich im Individualinteresse des betroffenen Arbeitnehmers in die Entscheidungsfindung des Arbeitgebers eingeschaltet ist; a.A. *Heinze*, Personalplanung, Rd.Nr. 458.

34 *Raab* weist zu Recht darauf hin, dass alle Maßnahmen des Betriebsrats leer laufen, wenn der Arbeitnehmer kein Interesse an einer weiteren Tätigkeit im Betrieb hat, ZfA 1995, 479/519 f.

35 Vgl. *Raab*, ZfA, 1995, 479/519.

36 Oder eine andere vom Betriebsrat insoweit ermächtigte Vertretung der Arbeitnehmer, etwa ein Betriebsausschuss oder Personalausschuss nach §§ 27 f BetrVG; *Richardi*, BetrVG, § 102 Rd.Nr. 80.; *Löwisch* in *Galperin/Löwisch*, BetrVG, § 102 Rd.Nr. 22; *Kraft* in GK-BetrVG, § 102 Rd.Nr. 43; *Schlochauer* in *Hess/Schlochauer/Glaubitz*, BetrVG, § 102 Rd.Nrn. 55 f.; *Kittner* in *Däubler/Kittner/Klebe*, BetrVG, § 102 Rd.Nr. 124; vgl. BAG vom 4.8.1975, AP Nr. 4 zu § 102 BetrVG 1972.

37 Vgl. BAG vom 13.7.1978 AP Nr. 18 zu § 102 BetrVG 1972; *Richardi*, BetrVG, § 102 Rd.Nr. 205; *Fitting*, BetrVG § 102 Rd.Nr. 59; *Löwisch* in *Galperin/Löwisch*, BetrVG, § 102 Rd.Nr. 107.

individualrechtlichen Folgen allein aus dem Kündigungsschutzgesetz ergeben, würde auch eine Richtlinie, selbst wenn man sie für denkbar hält, die den Kündigungsschutz auf solche Arbeitnehmer ausweitet, die noch nicht sechs Monate im Betrieb sind, ohne praktische Auswirkung bleiben. Der ordnungsgemäße Widerspruch des Betriebsrats führt nämlich nur zur Sozialwidrigkeit der Kündigung. Diese hat Rechtsfolgen aber nur in Verbindung mit den in § 1 Abs. 1 KSchG aufgezählten Voraussetzungen. Aber selbst hier sind Rechtsfolgen für den Arbeitnehmer davon abhängig, dass er innerhalb der im Kündigungsschutzgesetz vorgesehenen Fristen (§ 4 S. 1 §§ 5 und 6 KSchG) die Rechtsunwirksamkeit der sozial nicht gerechtfertigten Kündigung geltend macht. Andernfalls ist diese von Anfang an als rechtswirksam zu betrachten.

Damit es wirklich zur Unwirksamkeit einer Kündigung, die unter Verstoß gegen die Auswahlrichtlinien ausgesprochen wurde, kommt, muss also auf den Widerspruch des Betriebsrats die rechtzeitige Kündigungsschutzklage des Arbeitnehmers folgen[38]. Diese ist allerdings erfolgreich, wenn die Kündigung unter Verstoß gegen eine wirksame Auswahlrichtlinie nach § 95 BetrVG erfolgt ist. Das objektive Vorliegen des Verstoßes führt unmittelbar zur Sozialwidrigkeit der Kündigung ohne dass eine weitergehende Abwägung der beiderseitigen Interessen stattfindet[39].

3. Eingeschränkte Überprüfung der Auswahlrichtlinien im Kündigungsschutzprozess (§ 1 Abs. 4 KSchG)

Mit dem Arbeitsrechtlichen Beschäftigungsförderungsgesetz vom 25.9.1996[40] und dem Gesetz zu Korrekturen in der Sozialversicherung und zur Sicherung der Arbeitnehmerrechte[41] haben Auswahlrichtlinien nach § 95 BetrVG bei Kündigungen eine größere Bedeutung erhalten. Mit der Einfügung des Absatzes 4 in § 1 KSchG durch das Arbeitsrechtliche Beschäftigungsförderungsgesetz[42] wurde die Überprüfung der Fehlerhaftigkeit der sozialen Auswahl, soweit entsprechende Auswahlrichtlinienvereinbarungen nach § 95 BetrVG bestehen, reduziert. Nach der derzeit gültigen Fassung von § 1 Abs. 4 KSchG[43] kann die soziale Auswahl der Arbeitnehmer u.a. wenn in einer Auswahlrichtlinie nach § 95 des Betriebsverfassungsgesetzes oder den Personalvertretungsgesetzen festgelegt ist, welche sozialen Gesichtspunkte nach § 1 Abs. 1 Satz 1 KSchG zu berücksichtigen und wie diese Gesichtspunkte im Verhältnis zueinander zu bewerten sind, nur auf grobe Fehlerhaftigkeit überprüft werden. Mit dieser Reduzierung der gerichtlichen Überprüfung wird zum einen das kollektive

---

[38] *Richardi*, BetrVG, § 102 Rd.Nr. 206.
[39] Absoluter Grund der Sozialwidrigkeit vgl. *Dörner* in *Ascheid/Preis/Schmidt*, GroßK-KR, § 1 KSchG, Rd.Nr. 92; *Hueck/v Hoyningen-Huene*, KSchG, § 1, Rd.Nr. 508.
[40] BGBl. I S. 1476.
[41] BGBl. I S. 3843.
[42] Art. 1 Nr. 1 Buchst. b ArbRBeschFG.
[43] Art. 6 des Gesetzes zu Korrekturen in der Sozialversicherung und zur Sicherung der Arbeitnehmerrechte. Im Folgenden wird nur auf den derzeitigen Rechtszustand abgestellt.

Element der Betriebsverfassung gestärkt auf der andren Seite führt dies zu einer besseren Berechenbarkeit der Zulässigkeit einer Kündigung[44] und liegt somit im Interesse von Arbeitgeber und Arbeitnehmer.

Schlüsselbegriff für die Bedeutung der Regelung in § 1 Abs. 4 KSchG ist der Begriff der groben Fehlerhaftigkeit. Nur mit einer klaren Umgrenzung dieses Begriffs führen Auswahlrichtlinien nach § 95 BetrVG wirklich zu einer besseren Berechenbarkeit der Kündigungen.

Dabei ist zunächst zu beachten, dass sich der eingeschränkte Prüfungsmaßstab nur auf die Sozialauswahl gemäß § 1 Abs. 3 KSchG nicht aber auf die bei einer betriebsbedingten Kündigung in einem ersten Schritt zu prüfende Frage der Festlegung des Kreises der vergleichbaren Arbeitnehmer und auch nicht auf die Bestimmung der nach § 1 Abs. 3 Satz 2 KSchG aus der Auswahl herauszunehmenden Arbeitnehmer bezieht[45].

Keine Anwendung findet dieser Maßstab auch bei der Rechtskontrolle[46]. Richtlinien dürfen nicht gegen zwingendes Recht verstoßen. Der eingeschränkte Maßstab der gerichtlichen Überprüfung bezieht sich nur auf den Spielraum, der bei der Auslegung des Begriffs der ausreichenden Berücksichtigung sozialer Gesichtspunkte in § 1 Abs. 3 Satz 1 KSchG besteht [47].

Eine Umschreibung des unbestimmten Rechtsbegriffs der groben Fehlerhaftigkeit in § 1 Abs. 4 KSchG wird auf vielfältige Weise versucht. Grobe Fehlerhaftigkeit besteht nach der Begründung des Gesetzentwurfes insbesondere, wenn die drei Hauptkriterien der Sozialauswahl, Dauer der Betriebszugehörigkeit, Lebensalter und Unterhaltspflichten, nicht oder völlig unausgewogen berücksichtigt sind[48]. Grob fehlerhaft ist die Gewichtung der Sozialdaten, die jede Ausgewogenheit vermissen lässt[49], schlechthin nicht vertretbar ist[50], mit einem ins Auge springenden Fehler behaftet ist[51].

---

44 Vgl. BT-Drucksache 13/4612 S. 9.

45 Vgl. *Gallner* in HandK-KSchG, § 1 Rd.Nr. 787; *Dorndorf* in HK-KSchG, § 1 Rd.Nrn. 1145 f.; *Kiel* in *Ascheid/Preis/Schmidt*, GroßK-KR, § 1 KSchG Rd.Nr. 759; *Bader*, NZA 1999, 64/69; *Schiefer*, DB 1997, 1518/1519; a.A. *Löwisch*, BB 1999, 102/103.

46 *Dorndorf* in HK-KSchG, § 1 Rd.Nr. 1135; *Bader*, NZA 1999, 64/69; *Etzel* in GK-KSchG, § 1 Rd. Nr. 726.

47 *Dorndorf* in HK-KSchG, § 1 Rd.Nr. 1136.

48 BT-Drucksache 14/45 S. 23 mit dem ausdrücklichen Zusatz, dass dies wie bisher gilt, also insoweit gegenüber dem arbeitsrechtlichen Beschäftigungsförderungsgesetz keine Änderung eintreten solle.

49 *Etzel* in GK-KSchG, § 1 Rd.Nr. 727.

50 *Dorndorf* in HK-KSchG, § 1 Rd.Nr. 1137.

51 *Kittner*, AuR 1997, 182/186.

Die Prüfung der groben Fehlerhaftigkeit bezieht sich zum einen auf die soziale Auswahl, also auf Auswahlergebnis mit Auswahlvorgang, d.h. auf die konkrete Einzelfallentscheidung des Arbeitgebers. Zum anderen auf die Auswahl der zu beachtenden Sozialdaten und/oder ihre Bewertung in der Auswahlrichtlinie[52]. Diese beiden Sachverhalte lassen sich noch einmal untergliedern. Eine grobe Fehlerhaftigkeit der Auswahlrichtlinien kann vorliegen[53],

- weil eine der drei genannten Hauptkriterien nicht berücksichtigt ist,
- weil die Gewichtung der drei Kriterien jede Ausgewogenheit vermissen lässt,

Daneben soll eine grobe Fehlerhaftigkeit vorliegen,

- weil die Pauschalierung eines Kriteriums jegliche individuelle Berücksichtigung ausschließt[54]
- weil die mögliche Berücksichtigung weiterer sozialer Gesichtspunkte, die nicht zu den drei Hauptkriterien gehören, ausgeschlossen ist[55].

Auch wenn die zugrundeliegenden Auswahlrichtlinien keine grobe Fehlerhaftigkeit aufweisen, kann die auf ihrer Grundlage vorgenommene Sozialauswahl grob fehlerhaft sein,

- weil der Arbeitgeber die Richtlinien bei seiner Entscheidung nicht beachtet
- weil die Richtlinie dem Arbeitgeber einen so großen Spielraum lässt, dass in diesem Rahmen eine grob fehlerhafte Sozialauswahl möglich ist[56].

Soweit Auswahlrichtlinien für Kündigungen andere Regelungen als die bei der Sozialauswahl zu berücksichtigenden Kriterien zum Gegenstand haben, greift die Beschränkung der Überprüfbarkeit nach § 1 Abs. 4 KSchG nicht ein[57]. Insoweit ist aber durch § 1 Abs. 4 KSchG keine Beschränkung des Inhalts von Auswahlrichtlinien gegeben. Diese sind allerdings im Kündigungsschutzprozess in unbeschränktem Umfang zu überprüfen.

In der Literatur wird darauf hingewiesen, das Gesetz habe eine offensichtliche Lücke, weil Auswahlrichtlinien in einem Interessenausgleich in § 1 Abs. 4 KSchG nicht erwähnt seien[58]. Dies ist nicht zutreffend. Soweit in einem Interessenausgleich nach

---

52 *Bader*, NZA 1999, 64/69 f.

53 Vgl. ausführlich *Dorndorf* in HK-KSchG, § 1 Rd.Nrn. 1137 ff.

54 *Dorndorf* in HK-KSchG, § 1 Rd.Nr. 1138 erwähnt in diesem Zusammenhang eine fehlende Differenzierung im Zusammenhang mit der Unterhaltspflicht, so dass die Höhe und die zu erwartende Dauer der Verpflichtung überhaupt nicht berücksichtigt werden können. Ob dies zu einer g r o b e n Fehlerhaftigkeit führt, erscheint zweifelhaft.

55 *Dorndorf* in HK-KSchG, § 1 Rd.Nr. 1139 stellt hier z.B. auf einen im Betrieb erlittenen Unfall oder eine im Betrieb verursachte erhebliche Berufskrankheit ab; vgl. aber *Löwisch*, BB 1999, 102/103.

56 Vgl. *Bader*, NZA 1999, 64/70; vgl. auch *Gallner* in HandK-KSchG, § 1 Rd.Nr. 788.

57 Z. B. im Hinblick auf die Festlegung der Vergleichsgruppe und die Korrektur des Ergebnisses der Sozialauswahl wegen berechtigter betrieblicher Bedürfnisse gem. § 1 Abs. 3 Satz 2 KSchG: *Richardi*, BetrVG, § 95 Rd.Nr. 41. A. A. *Löwisch*, BB 1999, 102/103.

58 *Bader*, NZA 1999, 64/70 spricht von einem Redaktionsversehen; so auch *Kiel* in *Ascheid/Preis/Schmidt*, GroßK-KR, § 1 KSchG, Rd.Nr. 761; *Preis*, RdA 1997, 311/320.

§ 112 BetrVG Richtlinien für die soziale Auswahl für den durch die geplante Betriebsänderung verursachten Personalabbau vereinbart werden, handelt es sich dabei nämlich um Auswahlrichtlinien nach § 95 BetrVG[59]. Diese können zusätzlich zu einem Interessenausgleich vereinbart werden. Es kann aber für die Einordnung als Auswahlrichtlinie nach § 95 BetrVG nicht schädlich sein, wenn dies innerhalb eines gemeinsamen Textes geschieht. Soweit das BAG in seiner Entscheidung vom 20.10.1983[60] Auswahlrichtlinien in einem Interessenausgleich und Auswahlrichtlinien nach § 95 BetrVG ausdrücklich unterscheidet, fehlt eine Begründung. Soweit ein Unterschied darin gesehen wird, dass ein Interessenausgleich nicht erzwungen werden kann, ist dies für eine Abgrenzung nicht geeignet, da auch Auswahlrichtlinien nach § 95 Abs. 1 BetrVG nicht erzwungen werden können. Da Auswahlrichtlinien weder in § 112 BetrVG erwähnt werden, noch zwingender Bestandteil eines Interessenausgleichs sind, besteht kein Grund, die Rechtsgrundlage für in einem Interessenausgleich vereinbarte Auswahlrichtlinien nicht in § 95 BetrVG zu sehen. Da Auswahlrichtlinien nach § 95 BetrVG, wie ausgeführt, Betriebsvereinbarungen sind, besteht insoweit keine Regelungslücke durch die Nichterwähnung des Interessensausgleichs. Soweit nämlich ein Interessenausgleich im Rahmen des Kündigungsschutzgesetzes von Interesse ist, handelt es sich dann um Betriebsvereinbarungen nach § 95 BetrVG[61]. Die weiteren in einem Interessenausgleich vereinbarten Angelegenheiten haben mit dem Kündigungsschutz nichts zu tun, so dass es sachgerecht ist, den Interessenausgleich in § 1 Abs. 4 KSchG nicht zu erwähnen.

4. Fehlender Widerspruch des Betriebsrats

Nach dem Wortlaut des Kündigungsschutzgesetzes kann ein Arbeitnehmer, dem unter Verstoß gegen vereinbarte Auswahlrichtlinien gekündigt wurde, nur dann die Sozialwidrigkeit der Kündigung geltend machen, wenn der Betriebsrat der Kündigung widersprochen hat. Vom Wortlaut gleich ist die Situation, wenn einer der in § 102 Abs. 3 Nr. 3-5 BetrVG genannten Gründe vorliegt (§ 1 Abs. 2 S. 2 und S. 3 KSchG). An dieser wörtlichen Interpretation wurde in der Literatur teilweise in dem Sinn festgehalten, dass hier eine Sozialwidrigkeit ausschließlich bei Vorliegen eines Widerspruchs des Betriebsrats geltend gemacht werden könnte[62]. Hierbei wurde eine Einschränkung des individuellen Kündigungsschutzes zugunsten einer Ausweitung kol-

---

[59] Offengelassen in BAG vom 18.1.1990 AP Nr. 19 zu § 1 KSchG 1969 Soziale Auswahl; BAG vom 7.12.1995 AP Nr. 29 zu § 1 KSchG 1969 Soziale Auswahl.

[60] BAG AP Nr. 13 zu § 1 KSchG 1969 Betriebsbedingte Kündigung. Dabei ist zu beachten, dass die Problematik zum damaligen Zeitpunkt nicht besonders groß war, da es die Vorschrift in § 1 Abs. 4 KSchG noch nicht gab.

[61] Einer e n t s p r e c h e n d e n Anwendung der Vorschrift in § 1 Abs. 4 KSchG auf den Interessenausgleich bedarf es dann nicht; vgl. aber *Bader*, NZA 1999, 64/70; *Kiel* in *Ascheid/Preis/Schmidt*, GroßK-KR, § 1 KSchG Rd.Nr. 761.

[62] Vgl. *Blomeyer*, GedS Dietz, S. 152 f.; *Gumpert*, BB 1972, 47/49 und 50; *Meisel*, DB 1972, 1675/1679; *Wagener*, BB 1972, 1373/1374. In der Rechtsprechung wurde diese Meinung vertreten: LAG Hamm vom 8.11.1972, DB 1973, 483 f. und LAG Frankfurt/Main vom 27.2.1973, DB 1973, 1607.

lektiver Rechte für zulässig gehalten[63]. Von Anfang an wurde aber auch die Meinung vertreten, dass es sich bei § 1 Abs. 2 S. 2 KSchG um eine unglückliche Formulierung handle, die den individuellen Schutz des Arbeitnehmers nicht habe verschlechtern wollen[64].

Hinsichtlich der bereits nach bisherigem Recht einer sozialen Rechtfertigung der Kündigung entgegenstehenden Tatbestände hat das BAG entschieden, dass der Arbeitnehmer auch ohne Widerspruch des Betriebsrats die Sozialwidrigkeit der Kündigung geltend machen kann[65]. Begründet wird dies mit der sich bereits aus der Generalklausel des § 1 Abs. 2 Satz 1 KSchG ergebenden Sozialwidrigkeit der Kündigung. Die insoweit maßgeblichen Umstände können also im Rahmen der Prüfung der Sozialwidrigkeit als sog. relative Gründe der Sozialwidrigkeit berücksichtigt werden[66].

Ausdrücklich offen lässt diese Entscheidung "ob nicht auch die in § 1 Abs. 2 Satz 2 KSchG enthaltenen echt neuen Gründe für die Sozialwidrigkeit ohne Widerspruch des Betriebsrats ebenfalls bei der Anwendung der Generalklausel berücksichtigt werden können"[67]. Als einen solchen "echt neuen Grund" muss man auf jeden Fall den Verstoß gegen eine Richtlinie nach § 95 BetrVG ansehen, soweit damit der Kündigungsschutz erweitert wird. Somit ist also die Frage nach der Bedeutung des Widerspruchs im Kündigungsschutzprozess bei einer unter Verstoß gegen eine Auswahlrichtlinie ausgesprochenen Kündigung noch offen.

Geht man mit einem Teil der Literatur davon aus, dass Kündigungsrichtlinien nur bei betriebsbedingten Kündigungen und hier nur als Konkretisierung der sozialen Auswahlprinzipien vorkommen können[68], dann kann der Arbeitnehmer in jedem Fall auch ohne Widerspruch des Betriebsrats die Sozialwidrigkeit der Kündigung geltend machen[69]. Dem ist im Ergebnis zuzustimmen. Eine Erweiterung des Kündigungsschut-

---

63 Vgl. *Blomeyer*, GedS Dietz, S. 147/152 f.

64 Vgl. *Richardi*, ZfA 1972, Sonderheft, S. 1/31 f.; *Richardi*, BetrVG, § 102 Rd.Nrn. 181 f.; *Schlochauer* in *Hess/Schlochauer/Glaubitz*, BetrVG, § 102 Rd.Nr. 143; *Fitting*, BetrVG, § 102 Rd.Nr. 40; *Gnade/Kehrmann/Schneider*, BetrVG, § 102 Rd.Nr. 11; *Kraft* in GK-BetrVG, § 102 Rd.Nr. 146; *Löwisch* in *Galperin/Löwisch*, BetrVG, § 102 Rd.Nr. 93; *Kittner* in *Däubler/Kittner/Klebe*, BetrVG, § 102 Rd.Nr. 185; *Weiss/Weyand*, BetrVG, § 102 Rd.Nr. 31; vgl. auch *Brede*, BlStsozArbR 1973, 17/18; *Gift*, ZfA 1974, 123/136 ff.; *Göttling/Hoentges/Zepp*, RdA 1972, 285; *Hanau*, BB 1972, 451/454; *Kitzelmann*, BUV 1972, 209/217 und AuR 1973, 302/304 ff.; *Otto*, DB 1972, 731, *ders.* DB 1973, 671 f.; *ders.* SAE 1975, 5 ff.

65 BAG vom 13.9.1973, AP Nr. 2 zu § 1 KSchG 1969; die Entscheidung beruhte noch auf der Fassung des § 1 Abs. 1 S. 1 KSchG, den dieser durch § 123 Nr. 1 BetrVG 1972 erhalten hatte. Der Gesetzgeber hat aber insoweit offensichtlich keine Veranlassung gesehen, bei der Neufassung durch § 114 Nr. 1 BPersVG den Gesetzestext auch insoweit zu revidieren, wie die Ersetzung des Wortes "ferner", das in vielen Interpretationen eine Rolle spielt, durch das Wort "auch" zeigt.

66 Vgl. *Dörner* in *Ascheid/Preis/Schmidt*, GroßK-KR, § 1 KSchG, Rd.Nr. 187; weitergehend *Etzel* in GK-KSchG, § 1 Rd.Nrn. 221f, 749 mit der Begründung, eine Differenzierung verstoße gegen Art. 3 GG.

67 BAG vom 13.9.1973 AP Nr. 2 zu § 1 KSchG 1969 unter II 6.

68 Vgl. *Richardi*, BetrVG, § 102 Rd.Nr. 137.

69 Vgl. *Löwisch* in *Galperin/Löwisch*, BetrVG, § 102 Rd.Nr. 90.

zes enthalten Auswahlrichtlinien aber bei Verfahrensvorschriften[70] sowie bei weiteren Kündigungsbeschränkungen, wie sie in dieser Arbeit für zulässig gehalten werden[71]. Die Aussage, dass nach dem Grundsatz des § 75 Abs. 1 BetrVG eine Verfahrensvorschrift in Auswahlrichtlinien auch dem Arbeitnehmer zugute kommt, bei dessen Kündigung der Betriebsrat keinen Widerspruch eingelegt hat[72], befriedigt nicht. Einmal gibt diese Aussage keine Antwort, was gelten soll, wenn kein Betriebsrat besteht, also alle Arbeitnehmer gleichermaßen sich nicht darauf berufen können. Zum anderen ergibt sich aus § 75 BetrVG lediglich ein Anspruch des betroffenen Arbeitnehmers gegenüber dem Betriebsrat. Ein Verstoß des Betriebsrats gegen § 75 BetrVG verändert im Übrigen nicht die individualrechtliche Position des Arbeitnehmers gegenüber dem Arbeitgeber, sondern gibt dem Arbeitnehmer allenfalls einen Schadensersatzanspruch gegenüber dem einzelnen Betriebsratsmitglied[73].

Auf der anderen Seite wäre z.B. auch eine Kündigung sozialwidrig, die wegen eines Verfahrensverstoßes nicht mit Auswahlrichtlinien im Einklang steht, obwohl z.B. der Betriebsrat ausdrücklich auf den Widerspruch verzichtet hat, weil er vom Ergebnis her in diesem Ausnahmefall die Einhaltung des vereinbarten Verfahrens für völlig überflüssig ansieht. Auch wenn festzuhalten ist, dass § 75 BetrVG den allgemeinen arbeitsrechtlichen Gleichbehandlungsgrundsatz insoweit erweitert, als er nicht nur gemeinschaftsbezogene, d.h. Maßnahmen mit kollektivem Charakter erfasst[74], sondern auch auf einzelvertragliche Tatbestände sich erstreckt[75], kann ein Verstoß nicht positiv die Sozialwidrigkeit einer solchen Maßnahme zur Folge haben, ohne dass dies im Gesetz ausdrücklich vorgesehen ist. Ausdrücklich vorgesehen ist dies aber nur, wenn der Betriebsrat der Kündigung widersprochen hat. Eine kollektivrechtliche Erweiterung des Kündigungsschutzes setzt nach dem erklärten Willen des Gesetzgebers nicht nur eine entsprechende Auswahlrichtlinie, sondern auch den Widerspruch des Betriebsrates voraus. Für diesen Fall, dass also die Kündigung lediglich einer den Kündigungsschutz des Arbeitnehmers erweiternden Auswahlrichtlinie widerspricht, entfällt bei fehlendem Widerspruch des Betriebsrates damit die Sozialwidrigkeit der Kündigung.

---

[70] Vgl. *Löwisch* in *Galperin/Löwisch*, BetrVG, § 102 Rd.Nr. 91 und *Löwisch* in DB 1975, 349/352; *Gift*, ZfA 1974, 123/141 f.
[71] Vgl. oben Teil III, § 5 Nr. 4.
[72] So *Löwisch* in *Galperin/Löwisch*, BetrVG, § 102 Rd.Nr. 91 und DB 1975, 349/352; *Löwisch*, KSchG, § 1 Rd.Nr. 383; a. A. offensichtlich *Gift*, ZfA 1974, 123/141 f.
[73] Vgl. auch *Richardi*, BetrVG, § 75 Rd.Nr. 42.
[74] Vgl. *Zöllner/Loritz*, Arbeitsrecht, § 17 III 2.
[75] Vgl. *Zöllner/Loritz*, Arbeitsrecht, § 44 VII 3 a.

5. Weiterbeschäftigung

a) Weiterbeschäftigungsanspruch nach § 102 Abs. 5 BetrVG

Der Betriebsrat kann seinen Widerspruch u.a. darauf stützen, dass die Kündigung gegen eine Richtlinie nach § 95 BetrVG verstößt. Dann bildet § 102 Abs. 5 BetrVG einen selbständigen gesetzlichen Weiterbeschäftigungsanspruch[76]. Voraussetzung hierfür ist, dass der Betriebsrat der ordentlichen Kündigung frist- und ordnungsgemäß widersprochen hat, der Arbeitnehmer innerhalb von 3 Wochen nach Zugang der Kündigung die Kündigungsschutzklage nach § 4 KSchG erhoben und die Weiterbeschäftigung verlangt hat. Soweit dies im Bereich des Arbeitnehmers liegt, kann er diese Voraussetzungen unschwer erfüllen. Zum Problem wird die Frage des Weiterbeschäftigungsanspruchs jedoch dann, wenn die Kündigung unter Verstoß gegen eine Auswahlrichtlinie ausgesprochen wurde, der Betriebsrat der Kündigung aber nicht widerspricht.

Für diesen Fall scheidet ein betriebsverfassungsrechtlicher Weiterbeschäftigungsanspruch des Arbeitnehmers aus[77].

b) Beschäftigungsanspruch aus dem Arbeitsvertrag

Neben dem vorläufigen Bestandsschutz des Arbeitsverhältnisses durch § 102 Abs. 5 BetrVG bleibt aber der grundsätzliche Beschäftigungsanspruch aus dem Arbeitsvertrag weiterhin bestehen[78]. Unter welchen Voraussetzungen dieser Anspruch sich während des Kündigungsschutzprozesses zu einem Weiterbeschäftigungsanspruch verdichtet, hat der Große Senat in seiner Grundsatzentscheidung vom 27.2.1985 ausgeführt. Ist die Kündigung offensichtlich unwirksam, so ist der Weiterbeschäftigungsanspruch nicht anders zu beurteilen als der Beschäftigungsanspruch bei unangefochtenem Bestand des Arbeitsverhältnisses[79]. Ohne Beweiserhebung wird sich die Fehlerhaftigkeit der Sozialauswahl nach § 1 Abs. 3 Satz 1 KSchG jedoch kaum aufdrängen, so dass von daher eine betriebsbedingte Kündigung in aller Regel nicht offensichtlich unwirksam sein wird. Die Konkretisierung der sozialen Auswahlgrundsätze in Kündigungsrichtlinien nach § 95 BetrVG, deren Ziel eine größere Transpa-

---

[76] *Schaub*, Arbeitsrechts-Handbuch, § 123 Rd.Nrn. 121 f.; BAG Urt. v. 27.2.1985 AP Nr. 14 zu § 611 BGB Beschäftigungspflicht; *Richardi*, BetrVG, § 102 Rd.Nr. 192 ff; *Etzel* in GK-KSchG, § 102 BetrVG, Rd.Nr. 214.

[77] *Richardi*, BetrVG, § 102 Rd.Nr. 202; *Kraft* in GK-BetrVG, § 102 Rd.Nr. 161; *Fitting*, BetrVG, § 102 Rd.Nr. 58; *Löwisch* in *Galperin/Löwisch*, BetrVG, § 102 Rd.Nr. 98; *Kittner* in *Däubler/Kittner/Klebe*, BetrVG, § 102 Rd.Nr. 252; *Matthes*, MünchArbR, § 357 Rd.Nr. 1; *Stege/Weinspach*, BetrVG, § 102 Rd.Nr. 165; *Etzel* in GK-KSchG, § 102 BetrVG Rd.Nr. 202; *Koch* in *Ascheid/Preis/Schmidt*, GroßK-KR, § 102 BetrVG Rd.Nr. 188; kritisch *Schlochauer* in *Hess/Schlochauer/Glaubitz*, BetrVG, § 102 Rd.Nr. 156.

[78] *Schaub*, Arbeitsrechts-Handbuch, § 110 Rd.Nrn. 10 ff.; BAG Urt. v 27.2.1985 AP Nr. 14 zu § 611 BGB Beschäftigungspflicht.

[79] BAG-Urt. vom 27.2.1985 AP Nr. 14 zu § 611 BGB Beschäftigungspflicht.

renz der Arbeitgeberentscheidung ist, kann hier dazu führen, dass die Fehlerhaftigkeit der Sozialauswahl sehr viel klarer erkennbar wird, sich möglicherweise sogar als offensichtlich erweist. In diesem Fall besteht bei einem Verstoß gegen eine Auswahlrichtlinie ein Weiterbeschäftigungsanspruch während des Kündigungsschutzprozesses. Dasselbe ergibt sich, wenn eine personen- oder verhaltensbedingte Kündigung aufgrund der Konkretisierungen in Auswahlrichtlinien sich als offensichtlich unwirksam erweist. Die Funktion der Auswahlrichtlinien im Hinblick auf einen Weiterbeschäftigungsanspruch kann also darin gesehen werden, die Kriterien für die Wirksamkeit einer Kündigung so aufzuzeigen, dass ihre Unwirksamkeit oder Wirksamkeit sich leichter feststellen lässt bis hin zur Offenkundigkeit.

Ist die Frage des Verstoßes gegen eine rechtmäßige Richtlinie und damit die Frage der Unwirksamkeit nicht vor Beendigung des Kündigungsschutzstreites so klar zu beurteilen, liegt ein Weiterbeschäftigungsanspruch im Rahmen der vom Großen Senat des BAG aufgestellten Kriterien vor. Danach erscheint in aller Regel das Interesse des Arbeitgebers, den Arbeitnehmer während des Kündigungsschutzstreites nicht zu beschäftigen, stärker und dringender. Ergeht jedoch im Kündigungsschutzprozess ein die Unwirksamkeit der Kündigung feststellendes Urteil, kann die Ungewissheit des Prozessausgangs für sich allein ein überwiegendes der Weiterbeschäftigung entgegenstehendes Interesse des Arbeitgebers nicht mehr begründen. Obwohl die logische Konsequenz wäre, dass nunmehr das allgemeine Interesse des Arbeitnehmers an der Weiterbeschäftigung und die Gegeninteressen des Arbeitgebers im Gleichgewicht sind, so dass eine Weiterbeschäftigung nur bei zusätzlichen Gründen auf Arbeitnehmerseite gerechtfertigt wäre, geht das BAG bei dieser Interessenlage ganz allgemein von einem Weiterbeschäftigungsanspruch des Arbeitnehmers aus. Dieser soll nur dann entfallen, wenn zusätzliche Umstände vorliegen, aus denen sich im Einzelfall ein überwiegendes Interesse des Arbeitgebers ergibt, den Arbeitnehmer nicht zu beschäftigen[80].

Festzuhalten bleibt, dass der richterliche Weiterbeschäftigungsanspruch gegenüber dem betriebsverfassungsrechtlichen Weiterbeschäftigungsanspruch nach § 102 Abs. 5 BetrVG wesensverschieden ist und in seinen Wirkungen deutlich hinter diesem zurückbleibt. Während der Weiterbeschäftigungsanspruch nach § 102 BetrVG einen vorläufigen Bestandsschutz begründet, ist dies bei einem allgemeinen Beschäftigungsanspruch gerade nicht der Fall[81]. Insoweit besteht auch bei einem Verstoß des Arbeitgebers gegen Auswahlrichtlinien ein besonderes Interesse des Arbeitnehmers am frist- und formgerechten Widerspruch des Betriebsrats.

---

[80] BAG-Urt. vom 27.2.1985 AP Nr. 14 zu § 611 BGB Beschäftigungspflicht.
[81] Vgl. *Richardi*, BetrVG, § 102 Rd.Nr. 251.

§ 5 Rechtsfolgen bei einseitig aufgestellten Auswahlrichtlinien

1. Möglichkeiten des Betriebsrats

Einseitig vom Arbeitgeber ohne Beteiligung des Betriebsrats aufgestellte Richtlinien sind keine Auswahlrichtlinien nach § 95 BetrVG. Zu Richtlinien i.S. des Betriebsverfassungsrechts werden Personalrichtlinien erst durch Vereinbarung mit dem Betriebsrat oder durch Spruch der Einigungsstelle[82].

Der Betriebsrat ist dieser Situation nicht wehrlos ausgesetzt. In Betrieben mit mehr als 500 Arbeitnehmern kann er selbst die Aufstellung von Auswahlrichtlinien erzwingen. Es steht ihm dabei frei, ob er an die vom Arbeitgeber verwendeten Auswahlrichtlinien anknüpft oder einen völlig neuen Richtlinienvorschlag macht. Kommt keine Einigung zustande, so hat der Betriebsrat die Möglichkeit, die Einigungsstelle anzurufen, durch deren Spruch verbindliche Auswahlrichtlinien nach § 95 Abs. 2 BetrVG zustande kommen. Aber auch für den Fall, dass der Betriebsrat überhaupt keine Auswahlrichtlinienvereinbarung anstrebt, bzw. in Betrieben mit bis zu 500 Arbeitnehmern keine Möglichkeit hat, gegen den Willen des Arbeitgebers Auswahlrichtlinien nach § 95 BetrVG zustande zu bringen, weil er kein Initiativrecht hat und die Einigungsstellen nicht anrufen kann, gibt das Gesetz dem Betriebsrat Möglichkeiten auf die Beendigung der Praxis des Arbeitgebers einzuwirken. Wie oben ausgeführt, erfüllt der Arbeitgeber in der ständigen Anwendung einseitig von ihm aufgestellter Auswahlrichtlinien den Straftatbestand aus § 119 Abs. 1 Nr. 2 BetrVG[83]. Durch eine entsprechende Anzeige kann der Betriebsrat ein Strafverfahren in Gang setzen. Darüber hinaus kann der Betriebsrat in einem Zwangsverfahren nach § 23 Abs. 3 BetrVG den andauernden Verstoß des Arbeitgebers gegen die Verpflichtungen aus dem Betriebsverfassungsrecht, der in der Verwendung von Auswahlrichtlinien ohne Zustimmung des Betriebsrats liegt, unterbinden lassen[84].

2. Konsequenzen für die Mitbestimmung des Betriebsrats

a) Einstellungen und Versetzungen

In der Literatur wird die Meinung vertreten, bei Einstellungen und Versetzungen müsse man im Hinblick auf die in § 99 Abs. 2 Nr. 2 BetrVG gegebene Möglichkeit des Betriebsrats, die Zustimmung wegen eines Verstoßes gegen eine Richtlinie nach § 95 BetrVG zu verweigern, den Verstoß gegen eine ohne Zustimmung des Betriebs-

---

[82] Vgl. LAG Frankfurt/Main vom 16.10.1984, DB 1985, 1534; unerörtert bleiben Auswahlrichtlinien, denen der Betriebsrat zwar zugestimmt hat, seine Zustimmung jedoch z.B. wegen formaler Fehlerhaftigkeit möglicherweise unwirksam ist.

[83] Vgl. oben IV § 2 Nr. 1.

[84] Vgl. oben IV § 2 Nr. 3.

rats aufgestellte Richtlinie gleichstellen[85]. Das bedeutet in Konsequenz, dass der Betriebsrat eine Einzelmaßnahme entsprechend § 99 Abs. 2 Nr. 2 BetrVG wegen Verstoßes gegen die einseitig aufgestellte Richtlinie widersprechen könnte[86] oder sogar, dass § 99 Abs. 2 Nr. 2 BetrVG bei einseitig vom Arbeitgeber aufgestellten Richtlinien unmittelbar anwendbar ist[87]. Nach dem klaren Wortlaut des Gesetzes scheidet eine unmittelbare Anwendung von § 99 Abs. 2 Nr. 2 BetrVG aus. Die Vorschrift findet nur bei Auswahlrichtlinien nach § 95 BetrVG Anwendung. Die einseitig vom Arbeitgeber aufgestellten Richtlinien sind dies gerade nicht. Auch eine entsprechende Anwendung von § 99 Abs. 2 Nr. 2 BetrVG scheidet aus. Eine solche Ausweitung des Mitbestimmungsrechts des Betriebsrats ist wegen des damit verbundenen Eingriffs in die Rechte des Arbeitgebers aber auch der Arbeitnehmer bedenklich. Sie ist aber auch nicht erforderlich. Abgesehen davon, dass der Betriebsrat diese Praxis des Arbeitgebers wie ausgeführt, unterbinden lassen kann, gibt § 99 Abs. 2 BetrVG ihm die Möglichkeit, die Zustimmung zu einer personellen Maßnahme zu verweigern[88]. Wendet der Arbeitgeber eine inhaltlich nicht zu beanstandende Richtlinie bei einer Einzelmaßnahme zu Lasten des betroffenen Arbeitnehmers nicht an, so erscheint ein Zustimmungsverweigerungsrecht nach § 99 Abs. 2 Nr. 4 BetrVG wahrscheinlich. In diesem Fall wird es sich in aller Regel um eine ungerechtfertigte Benachteiligung des betroffenen Arbeitnehmers handeln. Wendet der Arbeitgeber die Richtlinie nicht an, weil die Anwendung für den Betroffenen nachteilig wäre, so steht die Möglichkeit nach § 99 Abs. 2 Nr. 3 BetrVG die Zustimmung zu verweigern im Raum, soweit dadurch andere im Betrieb beschäftigte Arbeitnehmer benachteiligt werden. Dies gilt jedenfalls bei Versetzungen, kann aber auch bei Einstellungen vorliegen, wenn sich neben externen Bewerbern auch im Betrieb bereits beschäftigte Arbeitnehmer auf eine Stelle beworben haben. Soweit vom Arbeitgeber einseitig aufgestellte Richtlinien gegen gesetzliche Vorschriften verstoßen - wie etwa das Diskriminierungsverbot - und die personelle Einzelmaßnahme darauf beruht, bleibt zudem das Recht des Betriebsrats bestehen, seine Zustimmung unter Berufung auf § 99 Abs. 2 Nr. 1 BetrVG zu verweigern. Nicht zuletzt scheitert aber eine Anwendung von § 99 Abs. 2 Nr. 2 BetrVG auch daran, dass dies nicht praktikabel ist. Bei Richtlinien des Arbeitgebers, die nicht mit dem Betriebsrat vereinbart und damit den entsprechenden Vorschriften über Kündigung und Nachwirkung nach § 77 Abs. 5 und 6 BetrVG nicht un-

---

[85] Für Versetzung: *Richardi*, FS Stahlhacke, S. 447/458.

[86] *Kittner* in *Däubler/Kittner/Klebe*, BetrVG, § 99 Rd.Nr. 181 stellt zwar zutreffend fest, dass diese Richtlinien formal nicht unter § 99 Abs. 2 Nr. 2 BetrVG fallen, kann aber nur so verstanden werden, dass § 99 Abs. 2 Nr. 2 BetrVG entsprechend anzuwenden sei. Die Möglichkeit eines Vorgehens nach § 99 Abs. 2 Satz 2 BetrVG lehnen bei einseitig aufgestellten Richtlinien grundsätzlich ab: *Schlochauer* in *Hess/Schlochauer/Glaubitz*, BetrVG, § 99 Rd.Nr. 119; *Stege/Weinspach*, BetrVG, §§ 99 - 101 Rd.Nr. 67; *Gnade/Kehrmann/Schneider/Blanke/Klebe*, BetrVG, § 99 Rd.Nr. 30; im Ergebnis: *Löwisch* in *Galperin/Löwisch*, BetrVG, § 95 Rd.Nr. 33.

[87] *Matthes*, MünchArbR, § 352 Rd.Nr. 72.

[88] Vgl. zu den Möglichkeiten nach § 99 Abs. 2 Nr. 3 und 4 BetrVG: *Kittner* in: *Däubler/Kittner/Klebe*, BetrVG, § 99 Rd.Nr. 181; *Gnade/Kehrmann/Schneider/Blanke/Klebe*, BetrVG, § 99 Rd.Nr. 30.

terliegen, bleibt es dem Arbeitgeber unbenommen zu behaupten, er habe gerade vor der personellen Einzelmaßnahme die Richtlinie verändert oder aufgehoben[89].

b) Kündigungen

Soweit ersichtlich wird in der Literatur und Rechtsprechung nicht die Meinung vertreten, bei Kündigungen auf der Grundlage einer ohne Zustimmung des Betriebsrats aufgestellten Richtlinie sei § 102 Abs. 3 Nr. 2 BetrVG direkt oder entsprechend anwendbar. Das Arbeitsgericht Hannover geht jedoch in seiner Entscheidung vom 20.9.1994 davon aus, dass eine Kündigung unter Anwendung dieser Richtlinien unwirksam sei[90]. Auch Höland hält eine Kündigung unter Zugrundelegung der Richtlinien über die eine Einigung mit dem Betriebsrat nicht zustande gekommen ist, wegen Verletzung des Mitbestimmungsrechts nach § 95 Abs. 1 BetrVG für unwirksam[91]. Dafür fehlt jede Begründung. Wie der Arbeitnehmer darauf angewiesen ist, dass Arbeitgeber und Betriebsrat Auswahlrichtlinien nach § 95 BetrVG vereinbaren und es nicht verhindern kann, dass eine solche Vereinbarung nicht zustande kommt, so ist er auch in diesem Fall darauf angewiesen, dass der Betriebsrat Schritte nach § 119 Abs. 1 Nr. 2 BetrVG und/oder für die zukünftige Beachtung § 23 Abs. 3 BetrVG ergreift. § 23 Abs. 3 BetrVG dient dem Schutz der betriebsverfassungsrechtlichen Ordnung[92] nicht dem Schutz des einzelnen Arbeitnehmers. Im übrigen ist ein betroffener Arbeitnehmer nicht schlechter gestellt wenn ein Arbeitgeber die Sozialauswahl für die vorzunehmende Kündigung auf der Grundlage einer eigenen Richtlinie vornimmt, gegenüber dem Fall, dass er die einzelne Kündigung im Rahmen einer Einzelfallauswahl vornimmt. Auch bei einseitig aufgestellten Richtlinien kann er sich nicht darauf berufen, bei der Sozialauswahl einen sachgerechten Ausgleich zwischen der individuellen Abwägung und einer größeren Rechtssicherheit geschaffen zu haben[93]. Dies gilt nur bei Auswahlrichtlinienvereinbarungen nach § 95 BetrVG. Ebenso findet die Beschränkung der Überprüfung nach § 1 Abs. 4 KSchG nicht statt. Der individuelle Kündigungsschutz wird nicht beeinträchtigt.

---

[89] Vgl. LAG Frankfurt/Main vom 16.10.1984, DB 1985, 1534.
[90] Az.: 10 BV Ga 2/94; die Entscheidung wurde aufgehoben durch LAG Niedersachsen vom 18.10.1994, DB 1995, 2375.
[91] *Höland* in HK-KSchG, § 1 Rd.Nr. 1198.
[92] *Richardi*, BetrVG, § 23 Rd.Nr. 74.
[93] *Richardi*, FS Stahlhacke, S. 447/457 f.

V. Teil Auswahlrichtlinien im Personalvertretungsrecht.

§ 1 Der Rechtszustand vor Inkrafttreten des BPersVG 1974

Während das Betriebsrätegesetz auch auf Angestellte und Arbeiter im öffentlichen Dienst Anwendung fand (§ 9 Abs. 1 BRG 1920) kam es unter der Geltung der Weimarer Verfassung, die in Art 130 Abs. 3 WV bestimmte, dass nach näherer reichsgesetzlicher Bestimmung besondere Beamtenvertretungen gebildet werden sollten, zu einer solchen Regelung für Beamte nicht. In den Reichstag eingebrachte Entwürfe erledigten sich jeweils durch Auflösung des Reichstages[1]. Innerdienstliche Verwaltungsanweisungen, mit denen Beamtenvertretungen errichtet wurden[2], erledigten sich mit dem Gesetz zur Ordnung der nationalen Arbeit in den öffentlichen Verwaltungen und Betrieben vom 23.3.1934[3], wie auch die Mitbestimmung nach dem BRG durch das Gesetz zur Ordnung der nationalen Arbeit vom 20.1.1934[4] beseitigt und das sogenannte Führerprinzip eingeführt wurde.

Durch das Kontrollratsgesetz Nr. 22 vom 10.4.1946 wurde die Errichtung und Tätigkeit von Betriebsräten „zur Wahrnehmung der beruflichen, wirtschaftlichen und sozialen Interessen der Arbeiter und Angestellten in den einzelnen Betrieben“ gestattet. Zwar wurden die Beamten nicht erwähnt, doch bezogen die teilweise in den Ländern erlassenen Betriebsrätegesetze nicht nur den Bereich des öffentlichen Dienstes, sondern auch weitgehend die Beamten in die Mitbestimmung mit ein[5]. Allerdings wurde nicht nur die Einbeziehung der Beamten unter die Regelung des Kontrollratsgesetzes abgelehnt[6] sondern auch das Mitwirkungsrecht der Betriebsräte hinsichtlich Personalmaßnahmen bei Beamten für illegitim erklärt[7]. In Bezug auf die Möglichkeit Auswahlrichtlinien zu vereinbaren wird auf das zu den einzelnen Landesbetriebsrätegesetze Gesagte verwiesen[8]. Soweit es zu Landesregelungen der Mitbestimmung für den öffentlichen Dienst gekommen ist, enthielten diese keine Regelungen für den Erlass von Auswahlrichtlinien[9].

---

1 *Grabendorff/Ilbertz/Widmaier*, BPersVG, Einleitung Rd.Nr. 8.

2 *Grabendorff/Ilbertz/Widmaier*, BPersVG, Einleitung Rd.Nr. 9; *Dietz/Richardi*, BPersVG, vor § 1 Rd.Nr. 10.

3 RGBl I S. 220.

4 RGBl. I S. 45.

5 *Dietz/Richardi*, BPersVG, vor § 1 Rd.Nr. 12.

6 OVG Hamburg, Urt. v. 7.10.1950, DVBl. 1951, 28.

7 *Grabendorff/Ilbertz/Widmaier*, BPersVG, Einleitung Rd.Nr. 14; BGH vom 11.11.1954, ZBR 1955 S. 51.

8 S. oben Teil I, § 2 Nr. 2.

9 Sonderregelungen für die Mitbestimmung im öffentlichen Dienst:
Württemberg-Hohenzollern: Gesetz über die Bildung von Personalvertretungen in der öffentlichen Verwaltung vom 10.4.1951 (Reg.Bl. S. 37).
Berlin: 1. Änderungsgesetz zum Landesbeamtengesetz vom 26.3.1953 (GVBl. S. 202) i.d.F. d. 2.ÄndG vom 22.10.1953 (GVBl. S. 1313) und des 4.ÄndG vom 19.3.1954 (GVBl. S. 161).
Schleswig-Holstein: Gesetz über die Personalvertretungen in den öffentlichen Verwaltungen und Betrieben vom 9.2.1954 (GVBl. S. 21).

Das Betriebsverfassungsgesetz vom 11.10.1952 fand nach § 88 BetrVG keine Anwendung auf die Betriebe und Verwaltungen des Bundes, der Länder, der Gemeinden und sonstigen Körperschaften und Anstalten des öffentlichen Rechts. Da somit nicht nur der Bereich der Beamtenschaft sondern auch alle Arbeitnehmer im öffentlichen Dienst ohne gesetzliche Regelung der Mitbestimmung waren, entstand ein erheblicher Druck auf den Bundesgesetzgeber und die Landesgesetzgeber entsprechende Gesetze zu verabschieden. Der Gedanke der Selbstbestimmung für alle Beschäftigten gleich ob sie im öffentlichen Dienst, d.h. in Dienststellen oder in der Privatwirtschaft, d.h. in Betrieben beschäftigt sind, ist Ausfluss des Sozialstaatsprinzips. Der Gesetzgeber ist deshalb von Verfassungs wegen verpflichtet, für alle Bereiche entsprechende Mitbestimmungsregelungen zu erlassen[10]. Dennoch vergingen von der ersten Zuleitung des Entwurfs eines Gesetzes über die Personalvertretung in den öffentlichen Verwaltungen und Betrieben am 6.3.1952 bis zum Erlass des Personalvertretungsgesetzes des Bundes am 5.8.1955[11] wegen der Beteiligung des Bundesrats ein beachtlicher Zeitraum.

Regelungen über Auswahlrichtlinien in Personalangelegenheiten enthielt weder das Personalvertretungsgesetz des Bundes von 1955 noch die unter dessen Geltung verabschiedeten Landespersonalvertretungsgesetze.

§ 2 Auswahlrichtlinien nach § 76 Abs. 2 S. 1 Nr. 8 BPersVG

Erst das am 1.4.1974 in Kraft getretene Bundespersonalvertretungsgesetz vom 15.3.1974[12] und ein Großteil der in der Folgezeit verabschiedeten Landespersonalvertretungsgesetze enthielten Regelungen bezüglich der Mitbestimmung bei Erlass von Auswahlrichtlinien in Personalangelegenheiten.

1. Anwendung auf Beamte und Arbeitnehmer

Das Bundespersonalvertretungsgesetz weist nicht wie das Betriebsverfassungsgesetz eine strikte Trennung zwischen sozialen und personellen Angelegenheiten auf. Dafür sind die Regelungen in § 76 BPersVG ein Beispiel. Während in Abs. 1 ausschließlich Mitbestimmungsfragen in personellen Angelegenheiten behandelt werden, beziehen sich die Regelungen in Abs. 2 einerseits auf Angelegenheiten (Abs. 2 S. 1 Nr. 1 bis 4, Nrn. 6, 8 und 10), die man im weiteren Sinne und im Vergleich mit der Zuordnung, die im Betriebsverfassungsrecht vorgenommen wird, als personelle

---

[10] *Dietz/Richardi* vor § 1 Rd.Nr. 8 mit Hinweis auf BVerfGE 28, 314/323.
[11] BGBl. I S. 477, zuletzt geändert durch Gesetz vom 16.12.1997 (BGBl. I S. 3094,3106).
[12] BGBl. I. S. 693.

Angelegenheiten bezeichnen kann[13]. Andererseits handelt es sich bei den Sachverhalten in Abs. 2 Satz 1 Nr. 5 und 9 um soziale Angelegenheiten, während die Abs. 2 Satz 1 Nr. 7 vergleichbare Regelung in § 111 BetrVG im Abschnitt über Mitbestimmung in wirtschaftlichen Angelegenheiten steht. Eine weitere Besonderheit der Mitbestimmungsregelung für den öffentlichen Dienst, nämlich die unterschiedliche Anwendung auf Beamte und Arbeitnehmer, zeigt sich ebenfalls beispielhaft in den Vorschriften von § 76 BPersVG. Während § 76 Abs. 1 Ziff. 1 bis 10 und Abs. 2 S. 1 Ziffer 1 bis 4 BPersVG sich nur auf Beamte beziehen, erfassen Abs. 2 S. 1 Ziff. 5 bis 9 Angelegenheiten aller Beschäftigten. Auch der Mitbestimmungstatbestand in § 76 Abs. 2 S. 1 Ziffer 8 BPersVG bezieht sich sowohl auf Angestellte und Arbeiter als auch auf Beamte[14].

Nach § 76 Abs. 2 S. 1 Nr. 8 BPersVG hat der Personalrat, soweit eine gesetzliche oder tarifliche Regelung nicht besteht, mitzubestimmen über den Erlass von Richtlinien über die personelle Auswahl bei Einstellungen, Versetzungen, Umgruppierungen und Kündigungen.

Der Mitbestimmungstatbestand im Personalvertretungsgesetz knüpft in seiner Wortwahl an den § 95 BetrVG an. Insbesondere hinsichtlich der Begriffe Einstellung, Versetzung, Umgruppierung und Kündigung kann deshalb auf eine Behandlung dieser Begriffe im Rahmen der Ausführungen zu § 95 BetrVG Bezug genommen werden[15].

Dies bedeutet zugleich aber auch eine Einschränkung der Anwendung des § 76 Abs. 2 S. 1 Nr. 8 BPersVG, da es im Beamtenrecht weder Umgruppierungen noch Kündigungen gibt[16]. Das Gehalt von Beamten richtet sich nicht nach der Eingruppierung in eine bestimmte Stufe des Tarifvertrages sondern nach der Besoldungsgruppe des ihnen verliehenen Amtes[17]. Auswahlrichtlinien bezüglich Umgruppierungen können sich deshalb - soweit für diese überhaupt im öffentlichen Dienst ein Regelungsgehalt vorstellbar ist[18] - nur auf Arbeitnehmer beziehen. Dasselbe gilt für Richtlinien über die personelle Auswahl bei Kündigungen. Während der Begriff der Entlassung sowohl im Arbeitsrecht als auch im Beamtenrecht eine Rolle spielt, bezieht sich der Begriff der Kündigung nur auf Arbeitsverhältnisse. Kündigung ist die einseitige empfangsbedürftige Willenserklärung, mit der auf das Arbeitsverhältnis bezogen dieses für die Zu-

---

13 *Dietz/Richardi*, BPersVG, § 76 Rd.Nr. 2; *Grabendorff/Ilbertz/Widmaier*, BPersVG, rechnen Abs. 1 Nr. 1 bis 4 zu den sozialen Angelegenheiten ohne dies näher zu begründen.

14 *Dietz/Richardi*, BPersVG, § 76 Rd.Nr. 128, *Lorenzen/Schmitt/Etzel/Gerhold/Albers/Schlatmann*, BPersVG, § 76 Rd.Nr. 1 c und 108; *Grabendorff/Ilbertz/Widmaier*, BPersVG, § 76 Rd.Nr. 1; *Fischer/Goeres*, BPersVG, Rd.Nr. 50; *Altvater/Bacher/Hörter/Peiseler/Sabottig/Schneider/Vohs*, BPersVG, § 76 Rd.Nr. 22.

15 S. oben Teil II § 4 Nr. 2.

16 Vgl. *Dietz/Richardi*, BPersVG, § 76 Rd.Nr. 142.

17 Vgl. § 19 BBesG.

18 Vgl. die Ausführungen zum Inhalt von Umgruppierungsrichtlinien nach dem Betriebsverfassungsgesetz oben Teil III, § 4.

kunft aufgelöst wird[19]. Entlassung ist für den Bereich des Arbeitsrechts die Folge einer Kündigung, nämlich die durch die Kündigung des Arbeitgebers herbeigeführte Auflösung des Arbeitsverhältnisses[20]. Für die vorzeitige Beendigung des Beamtenverhältnisses durch den Dienstherrn bedarf es keiner Kündigung sondern diese geschieht durch einen zustellungsbedürftigen Verwaltungsakt, der für die Ernennung zuständigen Behörde, die Entlassung[21].

Es kann keine Rede davon sein, dass die Begriffe Einstellung, Versetzung, Umgruppierung und Kündigung in § 76 Abs. 2 Satz 1 Nr. 8 BPersVG nicht im arbeitsrechtlichen Sinne verwendet würden und deshalb die Vorschrift unspezifisch auch auf Beamte anzuwenden sei[22]. Dagegen spricht zum einen, dass diese Begriffe mit Bedacht aus dem Betriebsverfassungsrecht übernommen wurden. Zum anderen kann aus der Stellung in § 76 BPersVG nicht darauf geschlossen werden, alle in § 76 Abs. 2 BPersVG geregelten Tatbestände müssten auch auf Beamte anwendbar sein. Während Abs. 1 nur Angelegenheiten von Beamten regelt, sind die Tatbestände in Abs. 2 gerade nicht nur auf eine Gruppe bezogen. Das Gesetz regelt hier Sachverhalte nicht unter dem Aspekt, welche Gruppen von Beschäftigten betroffen sind, sondern dass es sich im weiteren Sinne um Maßnahmen im Rahmen des Dienstbetriebes handelt. Die Regelungen in § 76 Abs. 2 Satz 1 Nr. 1 bis 4 BPersVG gelten nur für Beamte. § 76 Abs. 2 Satz 1 Nr. 6 BPersVG trifft auf alle Beschäftigte zu, während in § 76 Abs. 2 Satz 1 Nr. 8 BPersVG der Kreis der Beschäftigten offen bleibt, so dass sich der Kreis der Betroffenen aus dem Inhalt der Regelung ergibt. Dabei ist zu beachten, dass das Gesetz die arbeits- und beamtenrechtlichen Begriffe durchaus in spezifischer Weise verwendet. So unterscheidet es sehr wohl zwischen der Kündigung von Arbeitnehmern und der Entlassung von Beamten. In § 79 Abs. 1 BPersVG ist eine Beteiligung des Personalrats bei einer ordentlichen vorzeitigen Beendigung des Arbeitsverhältnisses nur bei Kündigungen vorgesehen, während das als Anhörungsrecht ausgestaltete Beteiligungsrecht in § 79 BPersVG sich ausdrücklich auf fristlose E n t l a s s u n g e n und außerordentliche K ü n d i g u n g e n bezieht. Das Gesetz unterscheidet auch zwischen der Höher- und Rückgruppierung, also der Umgruppierung von Arbeitnehmern (§ 75 Abs. 1 Nr. 2 BPersVG) und der Beförderung und sonstigen Maßnahmen die eine Veränderung in der besoldungsrechtlichen Einordnung von Beamten nach sich ziehen können (§ 76 Abs. 1 Nr. 2 und 3 BPersVG).

§ 76 Abs. 2 Satz 1 Nr. 8 BPersVG hat somit folgenden Inhalt: Der Personalrat hat mitzubestimmen über den Erlass von Richtlinien über die personelle Auswahl bei Einstellungen und Versetzungen von Beschäftigten sowie über Umgruppierungen und Kündigungen von Arbeitnehmern.

---

19 S. oben Teil II, § 4 Nr. 2 d.
20 Vgl. BAG AP Nr. 9 zu § 15 KSchG; vgl. *Dietz/Richardi*, BPersVG, § 79 Rd.Nr. 7.
21 Vgl. §§ 28 bis 34 BBG, §§ 22 f BRRG.
22 So *Altvater/Bacher/Hörter/Peiseler/Sabottig/Schneider/Vohs*, BPersVG, § 76 Rd.Nr. 22.

2. Qualität des Mitbestimmungsrechts

Zwar bezeichnet der Gesetzgeber das Beteiligungsrecht des Personalrats in § 76 BPersVG als Mitbestimmung. Richardi führt jedoch aus, dieses Recht sei nur ein formelles Mitbestimmungsrecht, materiell handele es sich jedoch nur um ein Mitwirkungsrecht[23]. Dabei ist zu beachten, dass auch für den Erlass von Auswahlrichtlinien § 69 Abs. 1 BPersVG gilt, d.h. Auswahlrichtlinien können nur mit Zustimmung des Personalrats erlassen werden. Auch das weitere Verfahren bestimmt sich nach § 69 Abs. 2 BPersVG. Der Leiter der Dienststelle hat den Personalrat von der beabsichtigten Maßnahme zu unterrichten und seine Zustimmung zu beantragen (Satz 1). Der Personalrat kann eine schriftliche Begründung verlangen (Satz 2), da es sich beim Erlass von Auswahlrichtlinien zwar um eine personelle Angelegenheit, nicht aber um eine Personalangelegenheit, d.h. eine Maßnahme die einen konkreten Mitarbeiter betrifft, handelt. Die Maßnahme gilt als gebilligt, wenn nicht der Personalrat innerhalb von 10 Arbeitstagen die Zustimmung unter Angabe der Gründe schriftlich verweigert (Satz 5). Kommt eine Einigung nicht zustande, so können der Leiter der Dienststelle oder der Personalrat die Angelegenheit binnen 6 Arbeitstagen der obersten Dienstbehörde bzw. der im Gesetz vorgesehenen Stelle vorlegen. Erst wenn sich hier keine Einigung ergibt, findet eine Einschränkung statt. Es kommt nicht zu einer Entscheidung der Einigungsstelle (§ 69 Abs. 4 Satz 1 BPersVG) sondern die Einigungsstelle beschließt, wenn sie sich nicht der Auffassung der obersten Dienstbehörde anschließt, lediglich eine Empfehlung an diese (§ 69 Abs. 4 Satz 3 BPersVG), die sodann endgültig entscheidet (§ 69 Abs. 4 Satz 4 BPersVG). Die oberste Dienstbehörde ist dabei an die Empfehlung der Einigungsstelle nicht gebunden, sondern entscheidet vielmehr nach freiem Ermessen[24].

Soweit sich Auswahlrichtlinien auch auf Beamte beziehen, ist diese Regelung zwingend. Das Bundesverfassungsgericht zählt Entscheidungen über die personellen Angelegenheiten der Beamten zu den Entscheidungen, die wegen ihrer Auswirkungen auf das Gemeinwesen wesentlicher Bestandteil der Regierungsgewalt sind und deshalb nicht der Regierungsverantwortung entzogen und auf Stellen übertragen werden dürfen, die vom Parlament und Regierung unabhängig sind[25]. Eine Einschränkung der Entscheidungskompetenz auch für Auswahlrichtlinien für Arbeitnehmer ist wohl nicht von Verfassungs wegen geboten[26]. Soweit in den Landespersonalvertretungsgesetzen eine Letztentscheidung der Einigungsstelle bei Auswahlrichtlinien, die diesen Personenkreis betreffen, vorgesehen ist[27], sind durchgreifende Be-

---

23 *Dietz/Richardi*, BPersVG, § 76 Rd.Nr. 4.
24 *Grabendorff/Ilbertz/Widmaier*, BPersVG, § 69 Rd.Nr. 34.
25 BVerfGE, 9, 268.
26 Zweifelnd *Dietz/Richardi*, BPersVG, § 76 Rd.Nr.128.
27 Vgl. Art. 70 Abs. 4, Art. 71 Abs. 5 BayPersVG, § 81 Abs. 5 HmbPersVG, § 75 Abs. 4 Satz 1 PersVG Rheinland-Pfalz.

denken nicht dargetan worden. Die Rahmenregelung in § 104 BPersVG führt ausdrücklich nur eine Beschränkung der Kompetenz der Einigungsstelle in personellen Angelegenheiten der Beamten auf (§ 104 Satz 3 BPersVG). Dabei ist aber zu beachten, dass die dort vorgenommene Aufzählung nicht enumerativ ist. § 104 BPersVG führt in Übereinstimmung mit der Entscheidung des Bundesverfassungsgerichts aus, dass alle Entscheidungen die wegen ihrer Auswirkungen auf das Gemeinwesen wesentlicher Bestandteil der Regierungsgewalt sind, nicht den Stellen entzogen werden dürfen, die der Volksvertretung verantwortlich sind. Die Aufzählung der personellen Angelegenheiten der Beamten, der Gestaltung des Vorbereitungsdienstes und organisatorische Angelegenheiten ist nur beispielhaft[28], wenn es sich dabei auch um die Hauptanwendungsfälle handelt.

Keinen verfassungsrechtlichen Bedenken begegnet die Tatsache, dass sowohl nach dem BPersVG als auch nach fast allen Landespersonalvertretungsgesetzen soweit sie ein Beteiligungsrecht des Personalrats beim Erlass von Auswahlrichtlinien vorsehen, die Einigungsstelle angerufen werden und sich mit der Sache befassen kann[29]. Es kommt ausschließlich darauf an, dass das Letztentscheidungsrecht beim Dienstherrn bleibt. Dies allein kann jedoch nicht dazu führen, das Mitbestimmungsverfahren bei der Aufstellung von Richtlinien materiell nur als Mitwirkungsverfahren zu bezeichnen[30]. Auch wenn das Mitbestimmungsrecht im Hinblick auf die Letztentscheidung eingeschränkt ist, unterscheidet sich das Beteiligungsrecht erheblich von einem reinen Mitwirkungsrecht[31].

Dem Personalrat steht auch ein Initiativrecht zur Aufstellung von Auswahlrichtlinien zu. In § 70 BPersVG ist bestimmt, dass der Personalrat alle Maßnahmen, die seiner Mitbestimmung unterliegen, beantragen kann. Allerdings bestimmt sich das weitere Verfahren nur bei ausdrücklich im Gesetz aufgezählten Tatbeständen nach § 69 Abs. 3 und 4 BPersVG. Da der Erlass von Auswahlrichtlinien in § 70 Abs. 1 BPersVG nicht erwähnt ist, bestimmt sich das Verfahren bei der Beantragung von Auswahlrichtlinien durch den Personalrat nach § 69 Abs. 3 BPersVG. Eine Anrufung der Einigungsstelle scheidet somit aus. Die oberste Dienstbehörde entscheidet endgültig (§ 70 Abs. 2 Satz 2 2.Halbsatz BPersVG).

§ 3 Auswahlrichtlinien in den Landespersonalvertretungsgesetzen

Im Hinblick auf die Rahmenregelung in § 104 BPersVG könnte man erwarten, dass alle Landespersonalvertretungsgesetze eine umfassende Beteiligung des Personal-

---

[28] *Dietz/Richardi*, BPersVG, § 104 Rd.Nr. 10; *Grabendorff/Ilbertz/Widmaier*, BPersVG, § 104 Rd. Nr. 2.
[29] *Dietz/Richardi*, BPersVG, § 104 Rd.Nr. 11.
[30] *Dietz/Richardi*, BPersVG, § 76 Rd.Nr. 4.
[31] *Fischer/Goeres*, BPersVG, § 76 Rd.Nr.1.

rats in allen in §§ 75 ff BPersVG aufgeführten Fällen, also auch beim in § 76 Abs. 2 Satz 1 Nr. 8 BPersVG bezeichneten Erlass von Auswahlrichtlinien vorschreiben. Dabei wird aber verkannt, dass die Regelung in § 104 BPersVG lediglich eine Sollvorschrift mit dem Charakter eines Programmsatzes darstellt[32]. Insgesamt kann man feststellen, dass die Regelung in § 104 BPersVG ebenso wie die Regelung in § 90 BPersVG 1955 die Aufgabe, eine gewisse Rechtseinheit zu schaffen nicht erfüllt hat und die erhebliche Zersplitterung in den Landesgesetzen fortbesteht[33]. Zwingend vorgeschrieben wird den Ländern lediglich überhaupt eine Beteiligung der Personalvertretungen in innerdienstlichen, sozialen und personellen Angelegenheiten der Beschäftigten vorzusehen[34]. Dem Landesgesetzgeber bleibt es aber freigestellt, in welchen Angelegenheiten er ein Beteiligungsrecht des Personalrats vorsieht[35]. Mitbestimmung beim Erlass von Auswahlrichtlinien ist in den Personalvertretungsgesetzen von Brandenburg, Bremen, Niedersachsen, Sachsen-Anhalt und Schleswig-Holstein nicht explizit vorgesehen. Ebenso enthält die Rahmenregelung keine Vorgabe, welche Qualität das Beteiligungsrecht haben muss, insbesondere ob es sich um ein Mitbestimmungs-, Mitwirkungs- oder lediglich ein Anhörungsrecht handelt. So ist die Beteiligung beim Erlass von Auswahlrichtlinien in den Landespersonalvertretungsgesetzen einerseits als Mitbestimmung andererseits als Mitwirkung geregelt.

1. Auswahlrichtlinien nach § 79 Abs. 3 Nr. 7 PersVG Bad.-Württ.

Das Personalvertretungsgesetz für das Land Baden-Württemberg[36] ordnet das Mitwirkungsrecht des Personalrats beim Erlass von Auswahlrichtlinien unter die Mitbestimmung in sonstigen Angelegenheiten in § 79 PersVG Bad.-Württ. ein. § 79 Abs. 3 Nr. 7 PersVG Bad.-Württ. bestimmt, dass der Personalrat, soweit eine gesetzliche oder tarifliche Regelung nicht besteht, über den Erlass von Richtlinien über die personelle Auswahl bei Einstellungen, Versetzungen, Umgruppierungen und Kündigungen mitzubestimmen hat.

Nach dem in § 69 PersVG Bad.-Württ. geregelten Verfahren der Mitbestimmung kann die Maßnahme nur mit seiner Zustimmung getroffen werden (§ 69 Abs. 1 PersVG Bad.-Württ.). Für die Unterrichtung des Personalrats durch die Dienststelle ist Schriftform nicht vorgeschrieben, auf Wunsch des Personalrats muss die Dienststelle die beabsichtigte Maßnahme aber begründen (§ 69 Abs. 2 Satz 1 und 2

---

32 *Dietz/Richardi*, BPersVG, §104 Rd.Nr. 5; *Grabendorff/Ilbertz/Widmaier*, BPersVG, § 104, Rd.Nr. 3; *Altvater/Bacher/Hörter/Peiseler/Sabottig/Schneider/Vohs*, BPersVG, § 104, Rd.Nr.7a; BVerfG vom 27.3.1979 - 2 BvL 7/77 -, PersV 79,328.

33 *Dietz/Richardi*, BPersVG, § 104 Rd.Nr. 5; *Grabendorff/Ilbertz/Widmaier*, BPersVG, § 104, Rd. Nr. 3.

34 *Dietz/Richardi*, BPersVG, § 104 Rd.Nr. 4; *Altvater/Bacher/Hörter/Peiseler/Sabottig/Schneider/Vohs*, BPersVG, § 104 Rd.Nr. 7a.

35 *Dietz/Richardi*, BPersVG, § 104 Rd.Nr. 5; *Grabendorff/Ilbertz/Widmaier*, BPersVG § 104 Rd.Nr. 3.

36 I.d.F. vom 1.10.1975 (GBl. S. 693) i.d.F. vom 1.2.1996 (GBl. S. 205), zul. geändert durch Art. 4 des Gesetzes vom 15.12.1997 (GBl. S. 522).

PersVG Bad.-Württ.). Der Personalrat hat 18 Arbeitstage Zeit, die Zustimmung zu erteilen oder zu verweigern (§ 69 Abs. 2 Satz 3 PersVG Bad.-Württ.); andernfalls gilt sie als erteilt (§ 69 Abs. 3 Satz 5 PersVG Bad.-Württ.). Wenn es zu einer Einigung nicht gekommen ist, kann die Dienststelle oder der Personalrat die Angelegenheit binnen 12 Arbeitstagen der übergeordneten Dienststelle, bei der eine Stufenvertretung besteht, vorlegen. Dieser hat die Angelegenheit binnen 24 Arbeitstagen der bei ihr gebildeten Stufenvertretung vorzulegen (§ 69 Abs. 3 Satz 1 und 2 PersVG Bad.-Württ.). Bei Nichteinigung ist eine weitere Vorlage an die oberste Dienstbehörde vorgesehen (§ 69 Abs. 3 Satz 3 PersVG Bad.-Württ.). Kommt eine Einigung endgültig nicht zustande, so entscheidet die Einigungsstelle (§ 69 Abs. 4 Satz 1 PersVG Bad.-Württ.). Ebenso wie bei den in § 75 PersVG Bad.-Württ. geregelten Angelegenheiten der Beamten trifft auch in den in § 79 Abs. 3 PersVG Bad.-Württ. geregelten Angelegenheiten, d.h. auch über Auswahlrichtlinien, gleich ob sie sich auf Beamte oder Arbeitnehmer beziehen, die Einigungsstelle keine endgültige Entscheidung. Sie beschließt vielmehr nur eine Empfehlung (§ 69 Abs. 4 Satz 3 PersVG Bad.-Württ.) an die oberste Dienstbehörde bzw. entsprechende Stelle, wenn sie sich deren Meinung nicht anschließt. Diese entscheidet dann endgültig (§ 69 Abs. 4 Satz 4 PersVG Bad.-Württ.).

Ein Initiativrecht für den Personalrat zur Aufstellung von Auswahlrichtlinien sieht das Baden-Württembergische Landespersonalvertretungsgesetz nicht vor. Die in § 79 Abs. 3 Nr. 7 PersVG Bad.-Württ. geregelte Angelegenheit wird von der enumerativen Aufzählung der Antragsrechte des Personalrat in § 70 PersVG Bad.-Württ. nicht erfasst. Dies gilt nicht nur im Hinblick auf ein Mitbestimmungsverfahren, das mit der Letztentscheidung der Einigungsstelle endet (§ 70 Abs. 1 PersVG Bad.-Württ.), sondern auch soweit eine Anrufung der Einigungsstelle nicht vorgesehen ist und die oberste Dienstbehörde oder die entsprechende Stelle endgültig entscheidet.

2. Auswahlrichtlinien nach Art. 75 Abs. 4 Satz 1 Nr. 13 BayPersVG

Auch das Bayerische Personalvertretungsgesetz vom 29.4.1974[37] kennt eine Beteiligung des Personalrats bei der Aufstellung von Personalrichtlinien. Nach Art. 75 Abs. 4 Satz 1 Nr. 13 BayPersVG hat der Personalrat, soweit eine gesetzliche oder tarifliche Regelung nicht besteht, mitzubestimmen über den Erlass von Richtlinien über die personelle Auswahl bei Einstellungen, Versetzungen, Umgruppierungen und Kündigungen. Der 1974 ins Gesetz aufgenommene Mitwirkungstatbestand (Art. 76 Abs. 2 Nr. 4 BayPersVG a.F.) wurde bei der Novellierung 1986 in den Mitbestimmungskatalog des Art. 75 Abs. 4 BayPersVG eingefügt[38]. Nach Art. 70 Abs. 1 Satz 1 BayPersVG kann deshalb der Erlass der Richtlinien durch die Dienststelle nur mit

---

[37] (GVBl. S. 157, ber. S. 272) i.d.F. vom 11.11.1986 (GVBl. S. 349), zul. geändert durch Gesetz vom 24.7.1998 (GVBl. S. 443).

[38] *Schelter*, BayPersVG, Art. 75 Anm. 66; *Ballerstedt/Schleicher/Faber/Eckinger*, BayPersVG, Art. 75 Rd.Nr. 739 f.

Zustimmung des Personalrats getroffen werden. Der Leiter der Dienststelle unterrichtet den Personalrat schriftlich von der Absicht Auswahlrichtlinien zu erlassen und beantragt seine Zustimmung (Art. 70 Abs. 2 Satz 1 BayPersVG). Auf Antrag des Personalrats ist nach Art. 70 Abs. 1 Satz 3 BayPersVG eine eingehende Erörterung mit dem Ziel einer Verständigung durchzuführen. Der Personalrat kann innerhalb von zwei Wochen die Zustimmung unter Angabe der Gründe schriftlich verweigern; sonst gilt der Erlass der Richtlinien als gebilligt (Art. 70 Abs. 2 Satz 5 BayPersVG). Kommt eine Einigung nicht zustande, können Dienststellenleiter oder Personalrat die Angelegenheit innerhalb von zwei Wochen auf dem Dienstweg den übergeordneten Dienststellen bzw. den in Art. 70 Abs. 4 Satz 2 BayPersVG aufgeführten Stellen vorlegen (Art. 70 Abs. 4 Satz 1 BayPersVG). Kommt es zwischen der obersten Dienstbehörde und der bei ihr bestehenden Personalvertretung nicht zu einer Einigung, entscheidet die Einigungsstelle über Erlass und Inhalt der Auswahlrichtlinien (Art. 70 Abs. 5 Satz 1 1. Halbsatz BayPersVG). Der Beschluss der Einigungsstelle ist verbindlich (Art. 71 Abs. 5 Satz 2 BayPersVG).

Eine Ausnahme gilt für den Erlass von Auswahlrichtlinien für Beamte. Dabei ist zunächst zu beachten, dass sich Auswahlrichtlinien für Beamte wie im Zusammenhang mit Art. 76 Abs. 2 Satz 1 Nr. 8 BayPersVG ausgeführt, nur auf die Sachverhalte der Einstellung und Versetzung beziehen. Umgruppierungen setzen entsprechende Tarifverträge voraus, deren Abschluss für Beamte nicht möglich ist, da sich deren Einstufung aus dem Gesetz ergibt[39]. Auch Kündigungen betreffen Beamte nicht, da das Beamtenverhältnis nicht durch Kündigung sondern durch Entlassung vorzeitig beendet wird. Aber auch bei Einstellungen und Versetzungen von Beamten kann bei einem Mitbestimmungskonflikt das Letztentscheidungsrecht nicht auf eine von Parlament und Regierung unabhängige Stelle übertragen werden. Art. 70 Abs. 6 BayPersVG sieht deshalb vor, dass auch bei Auswahlrichtlinien nach Art. 75 Abs. 4 Satz 1 Nr. 13 BayPersVG, soweit sie sich auf Beamte beziehen, die Einigungsstelle nicht abschließend entscheidet, sondern nur eine Empfehlung an die oberste Dienstbehörde abgibt, wenn sie sich deren Auffassung nicht anschließt. Die oberste Dienstbehörde entscheidet dann endgültig (Art. 70 Abs. 6 Satz 2 BayPersVG).

Ein Initiativrecht zur Aufstellung von Auswahlrichtlinien steht dem Personalrat nicht zu[40]. Die Neuregelung des Initiativrechts in Art. 70a BayPersVG, die durch das Änderungsgesetz vom 2.7.1986[41] eingeführt wurde, erweitert zwar das Initiativrecht um einige Tatbestände (Art. 76 Abs. 2 Nr. 1 bis 3: Einführung grundlegend neuer Arbeitsmethoden, Maßnahmen zur Erhebung der Arbeitsleistung und zur Erleichterung des Arbeitsablaufes, Gestaltung der Arbeitsplätze und Art. 75a Abs. 1 BayPersVG Einführung und Anwendung technischer Einrichtungen zur Überwachung des Verhal-

---

39 *Dietz/Richardi*, BPersVG, § 76 Rd.Nr. 132, 142.
40 *Ballerstedt/Schleicher/Faber/Eckinger*, BayPersVG, Art. 75 Rd.Nr. 762.
41 GVBl. S. 128.

tens oder der Leistungen der Beschäftigten sowie Einführung und Anwendung von automatisierten Verfahren zur Personalverwaltung). Der Erlass von Auswahlrichtlinien nach Art. 75 Abs. 4 Satz 1 Nr. 13 BayPersVG ist jedoch nach wie vor nicht erwähnt, so dass es insoweit kein Initiativrecht gibt. Wohl nicht zuletzt deshalb spielen Auswahlrichtlinien in Bayern keine große Rolle[42]. Es verbleibt dem Personalrat ebenso wie nach der Regelung im BPersVG nach Art. 69 Abs. 1 Buchst. a BayPersVG das allgemeine Antragsrecht, das zwar über die Maßnahmen, die der Mitwirkung unterliegen hinausgeht, aber diese Maßnahmen soweit nicht das förmliche Antragsrecht nach Art. 70a BayPersVG gegeben ist, einschließt.

3. Auswahlrichtlinien nach § 90 Nr. 1 PersVG Berlin

Das Berliner Personalvertretungsgesetz vom 26.7.1974[43] gibt in § 90 Nr. 1 der Personalvertretung ein Mitwirkungsrecht bei Verwaltungsvorschriften über die personelle Auswahl bei Einstellungen, Versetzung, Umgruppierungen und Kündigungen.

Der Begriff Verwaltungsvorschriften im Zusammenhang mit Auswahlrichtlinien findet sich nur im Berliner Personalvertretungsgesetz. Unter Verwaltungsvorschriften versteht man im Verwaltungsrecht solche Regelungen, die innerhalb der Verwaltungsorganisation von übergeordneten Verwaltungsinstanzen oder Vorgesetzten an ihren nachgeordneten Behörden oder Bedienstete ergehen und die dazu dienen, Organisation und Handeln der Verwaltung (z.B. Gesetzesvollzug, Ermessensausübung, Verwaltungsverfahren) näher zu bestimmen[44]. Da Verwaltungsvorschriften über die personelle Auswahl bei Einstellungen, Versetzungen, Umgruppierungen und Kündigungen sich auf grundlegende Fragen der Personalstruktur beziehen, diese aber Teil der Behördenorganisation sind, lassen sich Verwaltungsvorschriften nach § 90 Nr. 1 PersVG Berlin unter den allgemeinen verwaltungsrechtlichen Begriff der Verwaltungsvorschriften subsumieren. Auch Auswahlrichtlinien gehören zum intrapersonalen Rechtsbereich, da sie verbindliche Regelungen für die Ausübung der Personalkompetenz innerhalb der Behörde darstellen. Nur soweit man Verwaltungsvorschriften auf hoheitliche Gewaltverhältnisse beschränkt, geht der Begriff der Verwaltungsvorschriften in § 90 Nr. 1 PersVG Berlin darüber hinaus. Grundlage für Weisungen an Arbeitnehmer können nicht im hoheitlichen Weisungsrecht gesehen werden. Diese beruhen vielmehr auf dem allgemeinen Direktionsrecht des Arbeitgebers[45]. Die

---

[42] Bei einer Umfrage im Dezember 2000 gab es in keinem Geschäftsbereich der bayerischen Staatsverwaltung Auswahlrichtlinien nach Art. 75 Abs. 4 Satz 1 Nr. 13 BayPersVG.

[43] GVBl. *S.* 1669 i.d.F. vom 14.7.1994 (GVBl. *S.* 337, ber. GVBl. 1995 S. 24), zuletzt geändert durch Art. X des Gesetzes vom 22.7.1999 (GVBl. S. 422).

[44] *Ossenbühl* in *Erichsen*, Allgemeines Verwaltungsrecht 10.A. § 6 Rd.Nr. 31; *Wolff/ Bachof/Stober*, Verwaltungsrecht I § 24 Rd.Nr. 22; *Stelkens/Bonk/Sachs*, VwVfG 5.a. § 35 Rd.Nr. 110; vgl. auch *Dietz/Richardi*, BPersVG, § 78 Rd.Nr. 4; *Fischer/Goeres*, BPersVG, § 78 Rd.Nr. 8; *Germelmann/Binkert*, PersVG Berlin, § 90 Rd.Nr. 8.

[45] *Dietz/Richardi*, BPersVG, § 78 Rd.Nr. 4; *Germelmann/Binkert*, PersVG Berlin, § 90 Rd.Nr. 9; *Fischer/Goeres*, BPersVG, § 78 Rd.Nr. 8; *Lorenzen/Schmitt/Etzel/Gerhold/Albers/Schlatmann*, BPersVG, § 78 Rd.Nr.6.

Mitwirkungstatbestände entsprechen den Tatbeständen in § 76 Abs. 2 Satz 1 Nr. 8 BPersVG, so dass auf das dort Gesagte verwiesen werden kann.

Das Beteiligungsrecht bei der Aufstellung von Auswahlrichtlinien nach dem Berliner Personalvertretungsgesetz ist nur als Mitwirkung gestaltet. Soweit im Gesetzgebungsverfahren und in der Literatur diese Beschränkung der Mitbestimmung für notwendig erachtet wurde, weil in § 90 PersVG Berlin nur solche Tatbestände enthalten seien, die wegen ihrer Auswirkungen auf die Verwaltungsorganisation mittelbar auch die Aufgabenstellung und Aufgabenerfüllung des Staates beeinflussen, so dass sie wesentlicher Bestandteil der Regierungsgewalt seien, die nicht auf unabhängige Stellen übertragen werden könnten[46], ist dies nicht schlüssig. Unabhängig davon, ob auch Auswahlrichtlinien für Umgruppierungen und Kündigungen, die nicht Beamte sondern nur Arbeitnehmer betreffen können, zu den Tatbeständen gehören, bei denen wegen des Parlaments- bzw. Regierungsvorbehalts ein volles Mitbestimmungsrecht ausscheidet, hätte auch die Möglichkeit bestanden, das Mitbestimmungsrecht wie nach dem Bundespersonalvertretungsgesetz in dem Sinne einzuschränken, dass die Letztentscheidung nicht bei der Einigungsstelle liegt.

Das Mitwirkungsverfahren bei den Verwaltungsvorschriften über die personelle Auswahl ist in § 84 PersVG Berlin geregelt. Danach ist die geplante Maßnahme vor der Durchführung mit dem Personalrat zu erörtern (§ 84 Abs. 1 PersVG Berlin). Auch wenn der Personalrat Einwendungen erhebt, müssen diese nicht berücksichtigt werden. Der Personalrat hat lediglich ein Recht darauf, dass ihm die Entscheidung unter Angabe der Gründe schriftlich mitgeteilt wird (§ 84 Abs. 3 PersVG Berlin).

Nach § 84 Abs. 5 i.V.m. § 79 Abs. 4 PersVG Berlin steht dem Personalrat auch in Mitwirkungsangelegenheiten und damit bei Auswahlrichtlinien ein Initiativrecht zu. Dies besteht allerdings nach § 79 Abs. 4 PersVG Berlin lediglich darin, die Maßnahme vorzuschlagen und dem Recht, dass die Dienststelle eine schriftliche Begründung abgibt, wenn sie dem Antrag nicht entspricht.

4. Auswahlrichtlinien nach § 87 Abs. 1 Nr. 21 Hamburgisches Personalvertretungsgesetz (HmbPersVG)[47].

Sowohl in der Formulierung als auch in Umfang unterscheiden sich die Regelungen über Auswahlrichtlinien in § 87 Abs. 1 Nr. 21 HmbPersVG von den Regelungen im Bundespersonalvertretungsgesetz und in den anderen Landespersonalvertretungsgesetzen. Zum einen werden die Sachverhalte, auf die sich die Aufstellung von „Grundsätzen für die personelle Auswahl“ bezieht, nicht direkt benannt, sondern

---

46 Vgl. Drucksache 6/1354, S. 20; aber *Germelmann/Binkert*, PersVG Berlin § 90 Rd.Nr. 2.

47 I.d.F. vom 16.1.1979 (GVBl. S. 17), zul. geändert durch Art. 2 des Gesetzes vom 27.4.2000 (GVBl. S. 85).

durch Verweis auf die in § 87 Abs. 1 Nr. 1 bis 3, 5, 6, 8, 12 und 13 HmbPersVG enthaltenen Mitbestimmungstatbestände festgelegt. Zum anderen handelt es sich um eine Fülle von Tatbeständen wie in keinem anderen Gesetz. Die Tatbestände bezüglich der Mitbestimmung bei Personalmaßnahmen, die Arbeitnehmer betreffen, entsprechen den in § 76 Abs. 2 Nr. 8 BPersVG aufgeführten Tatbeständen: Einstellung (§ 87 Abs. 1 Nr. 2 HmbPersVG) Höhergruppierung und Rückgruppierung, die in § 76 Abs. 2 Nr. 8 BPersVG unter dem Begriff der Umgruppierung enthalten sind (§ 87 Abs. 1 Nr. 5 und 6 HmbPersVG), sowie Kündigung, wobei im Hamburgischen Personalvertretungsgesetz durch den Verweis ausdrücklich bestimmt ist, dass es sich nur um ordentliche Kündigungen handeln kann (§ 87 Abs. 1 Nr. 13 HmbPersVG). Weiter gefasst sind jedoch die Angelegenheiten, in denen Beamte betroffen sind.

Im Hinblick auf den Verweis auf § 87 Abs. 1 Nr. 1 HmbPersVG ist die Aufstellung von Grundsätzen für die personelle Auswahl bei Beamten nicht nur bei der Einstellung, d.h. bei der Ernennung und der Begründung eines Beamtenverhältnisses (vgl. § 5 Abs. 1 Nr. 1 BRRG) mitbestimmungspflichtig. Der Verweis auf die Mitbestimmungstatbestände in § 87 Abs. 1 Nr. 1 HmbPersVG führt vielmehr dazu, dass im Hinblick auf die Mitbestimmung bei der Ernennung von Beamten nicht auf den in § 87 Abs. 1 Nr. 2 HmbPersVG enthaltenen Begriff der Einstellung, sondern auf die in Nr. 1 aufgeführten Tatbestände abzustellen ist. Die Mitbestimmung in Angelegenheiten der Beamten wird darin ausgeweitet über die Begründung des Beamtenverhältnisses hinaus auf die erste Verleihung eines Amtes, die das Gesetz in Übereinstimmung mit der Rechtslage auf bundes- und landesrechtlicher Regelungen als Anstellung bezeichnet. Weiterhin wird durch die Verweisung in § 87 Abs. 1 Nr. 21 HmbPersVG auf Nr. 1 auch die Umwandlung des Beamtenverhältnisses in ein solches anderer Art zum Gegenstand für die Aufstellung von Grundsätzen für die personelle Auswahl bestimmt. Darüber hinaus gibt § 87 Abs. 1 Nr. 5 und 6 HmbPersVG dem Personalrat ein Mitbestimmungsrecht bei den der Umgruppierung von Arbeitnehmern vergleichbaren Übertragungen einer höher oder niedriger zu bewertenden Tätigkeit. Durch die Verweisung in § 87 Abs. 1 Nr. 21 HmbPersVG auf diese Ziffern ist auch insoweit ein Mitbestimmungsrecht bei der Aufstellung von Grundsätzen für die personelle Auswahl gegeben. Sowohl auf Beamte als auch auf Arbeitnehmer bezieht sich die Mitbestimmung bei Versetzungen (§ 87 Abs. 1 Nr. 21 i.V.m. Nr. 8 HmbPersVG). Die Regelung entspricht insoweit den Regelungen im Bundespersonalvertretungsgesetz und den meisten Landspersonalvertretungsgesetzen. Nur im Hamburgischen Personalvertretungsgesetz ist die Aufstellung von Grundsätzen für die personelle Auswahl bei der Beendigung von Beamtenverhältnissen vorgesehen (§ 87 Abs. 1 Nr. 21 i.V.m. Nr. 18 HmbPersVG). Beschränkt ist dies ebenso wie die Mitbestimmung allerdings auf die fristgemäße Entlassung eines Beamten auf Probe oder auf Widerruf, natürlich nur, wenn er die Entlassung nicht selbst beantragt hat.

Da die Aufstellung von Grundsätzen für die personelle Auswahl in § 87 Abs. 1 Nr. 21 HmbPersVG zu den Mitbestimmungstatbeständen gehört, kann sie nach § 79 Abs. 1

HmbPersVG nur mit seiner Zustimmung erfolgen. Kommt es zu keiner Einigung zwischen Personalrat und Dienststelle sieht das Hamburgische Personalvertretungsgesetz ein Schlichtungsverfahren vor. Innerhalb einer Frist von zwei Wochen nach Nichteinigung oder dem Ablauf der Äußerungsfrist von ebenfalls zwei Wochen kann die Schlichtungsstelle, die aus dem zuständigen Senator, zwei Angehörigen des öffentlichen Dienstes aus dem Geschäftsbereich des Senators und drei vom Personalrat benannten Mitgliedern besteht (§ 80 HmbPersVG) einen Schlichtungsversuch unternehmen. Erst wenn der Schlichtungsversuch scheitert, eine Schlichtungsstelle nicht gebildet wird oder die Schlichtungsstelle nicht innerhalb einer Frist von zwei Wochen tätig wird, kann die Einigungsstelle angerufen werden (§ 81 Abs. 1 HmbPersVG). Diese entscheidet endgültig (§ 81 Abs. 5 HmbPersVG). Soweit sich Auswahlrichtlinien auf Beamte beziehen, trägt § 81 Abs. 6 HmbPersVG der verfassungsrechtlich gebotenen Berücksichtigung der Regierungsverantwortung Rechnung. Die Einigungsstelle kann insoweit nur eine Empfehlung aussprechen, während das entsprechende Oberste Organ endgültig entscheidet.

Nach § 79 Abs. 3 HmbPersVG hat der Personalrat in allen Angelegenheiten, die der Mitbestimmung unterliegen, ein umfassendes Initiativrecht. Für den Fall einer Nichteinigung über eine vom Personalrat vorgeschlagene Auswahlrichtlinie bestimmt sich das weitere Verfahren nach den §§ 80, 81 HmbPersVG, d.h. soweit es sich um Auswahlrichtlinien für Arbeitnehmer handelt, entscheidet die Einigungsstelle endgültig (§ 81 Abs. 5 HmbPersVG). Bei Auswahlrichtlinien für Beamte gilt ihr Beschluss nur als Empfehlung (§ 81 Abs. 6 HmbPersVG).

5. Auswahlrichtlinien nach § 77 Abs. 2 Nr. 4 Hessisches Personalvertretungsgesetz (HPVG)[48]

§ 77 Abs. 2 Nr. 4 HPVG ist in seiner Formulierung nahezu identisch mit § 76 Abs. 2 Satz 1 Nr. 8 BPersVG. Es findet lediglich eine Erweiterung um einen Tatbestand statt. Nach § 77 Abs. 2 Nr. 4 HPVG können auch Richtlinien über die personale Auswahl bei Beförderungen vereinbart werden. Diese findet nur bei Beamten statt. Beförderung ist die Verleihung eines anderen Amtes mit höheren Endgrundgehalt und anderer Amtsbezeichnung. Soweit in § 77 Abs. 1 Nr. 1b HPVG die Mitbestimmung des Personalrats in Personalangelegenheiten der Beamten über die Beförderung hinaus auf die Übertragung eines anderen Amtes mit höherem Endgrundgehalt ohne Änderung der Amtsbezeichnung, auf die Verleihung eines anderen Amtes mit anderer Amtsbezeichnung sowie auf einen Laufbahnwechsel erstreckt ist, findet diese Erweiterung keine Anwendung auf den Erlass von Auswahlrichtlinien für Beförderungen.

---

[48] I.d.F. vom 2.1.1979 (GVBl. I S. 2), i.d.F. der Bekanntmachung vom 24.3.1988 (GVBl I S. 103), zul. geändert durch Gesetz vom 26.6.2000 (GVBl. I S. 344).

Das Hessische Personalvertretungsgesetz gestaltet das Beteiligungsrecht bei Erlass von Auswahlrichtlinien als Mitbestimmungsrecht. Nach § 69 Abs. 1 HPVG bedarf es deshalb vor Erlass der vorherigen Zustimmung des Personalrates. Kommt eine Einigung nicht zustande, so kann der Leiter der Dienststelle oder der Personalrat die Angelegenheit der übergeordneten Stelle vorlegen (§ 70 Abs. 1 HPVG). Kommt auch eine Einigung zwischen dem Leiter der obersten Dienstbehörde und dem dort bestehenden Personalrat nicht zustande, so kann von jeder Seite innerhalb von zwei Wochen die Einigungsstelle angerufen werden (§ 70 Abs. 2 bis 5 HPVG). Der Beschluss der Einigungsstelle hat im Hinblick auf Auswahlrichtlinien unabhängig davon, ob sie sich auf Auswahlrichtlinien für Beamte, Angestellte oder Arbeiter beziehen, den Charakter einer Empfehlung an die oberste Dienstbehörde (§ 71 Abs. 3 Satz 2 HPVG).

Da der Personalrat beim Erlass von Auswahlrichtlinien ein Mitbestimmungsrecht hat, kommt ihm nach § 69 Abs. 3 Satz 1 HPVG auch ein Initiativrecht zu. Der Personalrat hat seine Anträge dem Leiter der Dienststelle schriftlich zu unterbreiten (§ 69 Abs. 3 Satz 2 HPVG). Eine Besonderheit liegt darin, dass soweit der Dienststellenleiter die alleinige Entscheidungsbefugnis besitzt, die vom Personalrat beantragte Maßnahme nach § 69 Abs. 3 Satz 5 HPVG als gebilligt gilt, wenn der Dienststellenleiter nicht innerhalb der in § 69 Abs. 3 Satz 3 und 4 HPVG gesetzten Frist die Zustimmung schriftlich verweigert. Verfassungsrechtliche Bedenken bestehen insoweit nicht, da es im Verantwortungsbereich des Dienststellenleiters bleibt, ob durch förmliche Zustimmung oder durch sein Schweigen die Maßnahme gebilligt wird oder ob nach förmlicher Verweigerung das Verfahren nach §§ 70 f HPVG eröffnet wird. Dieses Verfahren endet auch im Falle der Ausübung des Initiativrechts des Personalrats nach § 71 Abs. 3 Satz 2 HPVG mit einer Empfehlung an die oberste Dienstbehörde.

6. Auswahlrichtlinien nach § 68 Abs. 1 Nr. 19 Personalvertretungsgesetz für das Land Mecklenburg-Vorpommern (PersVG M.-V.)[49]

Die Mitbestimmungsregelung für die Aufstellung von Auswahlrichtlinien in Mecklenburg-Vorpommern unterscheidet sich sowohl von der Formulierung als auch vom Inhalt her von der Regelung im Bundespersonalvertretungsgesetz. Ebenso wie im Berliner Personalvertretungsgesetz stellt § 68 Abs. 1 Nr. 19 PersVG M.-V. auf den Erlass von Verwaltungsvorschriften über die personelle Auswahl ab. Insoweit kann auf die Ausführungen über die Verwendung des Begriffs der Verwaltungsvorschriften im Personalvertretungsrecht im Rahmen der Erörterung von § 90 Nr. 1 PersVG Berlin Bezug genommen werden. Ein Gegensatz oder eine Differenzierung zur Regelung im Bundespersonalvertretungsrecht kann daraus nicht entnommen werden. Die Regelung in § 68 Abs. 1 Nr. 19 PersVG M.-V. geht aber über die Personalmaßnahmen, für die nach dem Bundespersonalvertretungsgesetz ein Mitbestimmungsrecht beim Erlass von Auswahlrichtlinien vorgesehen ist, hinaus. Ebenso wie nach dem

---

[49] Vom 24.2.1993 (GVOBl. S. 125, ber. in GVOBl. S. 176, GVOBl. S. 300 und GVOBl. 1994, S. 858).

Hessischen Personalvertretungsgesetz gibt es ein Mitbestimmungsrecht bei der Aufstellung von Richtlinien über die personelle Auswahl bei Beförderungen. Die Aufnahme des Begriffs der Höhergruppierung neben der Umgruppierung stellt keine Erweiterung der Mitbestimmungstatbestände dar, denn die Höhergruppierung stellt einen Unterbegriff des Begriffs der Umgruppierung dar[50]. Nach § 68 Abs. 4 PersVG M.-V. gilt das Mitbestimmungsrecht nicht für Beamtenstellen der Besoldungsgruppe A 16 aufwärts und vergleichbare Angestellte. Es steht somit in der freien Entscheidung des Dienststellenleiters, ob er die mit dem Personalrat vereinbarten Auswahlrichtlinien auf diese Gruppe ganz oder teilweise anwendet oder insoweit mitbestimmungsfreie Auswahlrichtlinien erlässt.

Da der Erlass von Verwaltungsvorschriften über die personelle Auswahl zu den Mitbestimmungstatbeständen gehört, können sie nach § 62 Abs. 1 PersVG M.-V. nur mit seiner Zustimmung erlassen werden. Die Zustimmung des Personalrates gilt als erteilt, wenn dieser nicht innerhalb von 10 Arbeitstagen nachdem seine Zustimmung beantragt wurde, diese unter Angabe der Gründe schriftlich verweigert (§ 62 Abs. 2 Satz 5 PersVG M.-V.). Der Leiter der Dienststelle und der Personalrat können dann die Angelegenheit innerhalb von 10 Arbeitstagen der übergeordneten Dienststelle, der obersten Dienstbehörde oder dem obersten Organ vorlegen (§ 62 Abs. 3 bis 7 PersVG M.-V.). Kommt auch auf dieser Ebene eine Einigung nicht zustande, so kann die oberste Dienstbehörde, das oberste Organ oder der Gesamtpersonalrat innerhalb von 10 Arbeitstagen die Einigungsstelle anrufen (§ 62 Abs. 7 Satz 5 und 7 PersVG M.-V.). Zu beachten ist, dass die Fristen nicht nur im Einzelfall verkürzt oder verlängert werden können, sondern dass durch Dienstvereinbarung grundsätzlich andere Fristen vorgesehen werden können (§ 62 Abs. 8 PersVG M.-V.). Die Einigungsstelle entscheidet mit bindender Wirkung (§ 64 Abs. 3 Satz 3 PersVG M.-V.). Nach § 64 Abs. 3 Satz 4 PersVG M.-V. ist die bindende Wirkung jedoch ausgeschlossen bei Beschlüssen der Einigungsstelle, die Maßnahmen betreffen, die wegen ihrer Auswirkungen auf das Gemeinwesen, die Regierungsverantwortung oder die Verantwortung der Verwaltung gegenüber ihrer Gebietskörperschaft wesentlich berühren. Das Gesetz benennt ausdrücklich die personellen Angelegenheiten der Beamten und der Angestellten, soweit diese Funktionen wahrnehmen, die üblicherweise Beamten übertragen werden sollen und die personellen Angelegenheiten der Beschäftigen, die überwiegend wissenschaftlich oder künstlerisch tätig sind (§ 64 Abs. 3 Satz 4 Nrn. 1 und 2 PersVG M.-V.). Dies bedeutet, dass Auswahlrichtlinien für Einstellungen und Beförderungen und Versetzungen von Beamten nicht durch verbindlichen Spruch der Einigungsstelle zustande kommen können. Die Einigungsstelle spricht in diesen Fällen gegenüber der beteiligten obersten Dienstsbehörde oder dem obersten Organ lediglich eine Empfehlung aus (§ 64 Abs. 3 Satz 4 2.Halbsatz PersVG M.-V.), während diese endgültig entscheiden; diese Entscheidung ist gegenüber der Einigungs-

---

[50] Vgl. *Dietz/Richardi*, BPersVG, § 76 Rd.Nr. 142 *Fischer/Goeres*, BPersVG, § 76 Rd.Nr. 52; *Ballerstedt/Schleicher/Faber/Eckinger*, BayPersVG, Art. 75 Anm. 747.

stelle zu begründen, soweit sie von deren Empfehlung abweicht (§ 64 Abs. 3 Satz 5 PersVG M.-V.).

Der Personalrat hat nach § 65 PersVG M.-V. in den seiner Mitbestimmung nach § 68 Abs. 1 PersVG M.-V. unterliegenden Angelegenheiten ein Initiativrecht. Das Verfahren bei fehlender Einigung über die Initiative des Personalrats richtet sich nach § 65 Abs. 5 PersVG M.-V., der auf §§ 62 Abs. 3 bis 8 und 64 PersVG M.-V. verweist. Auch insoweit kommt es zu einer verbindlichen Entscheidung der Einigungsstelle bzw. bei Auswahlrichtlinien die sich auf Personalmaßnahmen bei Beamten beziehen zu einer Empfehlung.

7. Auswahlrichtlinien nach § 72 Abs. 4 Satz 1 Nr. 15 Personalvertretungsgesetz für das Land Nordrhein-Westfalen (PersVG NRW)[51]

Das zwei Jahre nach Inkrafttreten des Betriebsverfassungsgesetzes verabschiedete Personalvertretungsgesetz für das Land Nordrhein-Westfalen enthält in § 72 Abs. 4 Satz 1 Nr. 15 PersVG NRW Auswahlrichtlinien für die in § 95 BetrVG enthaltenen Tatbestände. Allerdings ist der Begriff Umgruppierung durch den Begriff Höhergruppierung ersetzt. Abgesehen davon, dass Richtlinien für Umgruppierungen keine selbständige Bedeutung haben, da es im öffentlichen Dienst stets um die Einstufung in eine tarifliche Lohn- oder Vergütungsgruppe geht[52] sind Umgruppierungsrichtlinien - soweit überhaupt - als Höhergruppierungsrichtlinien vorstellbar. Rückgruppierungen kommen in der Praxis nur äußerst selten vor. Es handelt sich dabei um Einzelfallentscheidungen, die in der Regel mit einer Änderungskündigung verbunden sind[53].

Das Mitbestimmungsverfahren beim Erlass von Auswahlrichtlinien richtet sich nach §§ 66 bis 68 PersVG NRW, da nach § 72 Abs. 4 Satz 1 Nr. 15 PersVG NRW der Erlass von Auswahlrichtlinien der Mitbestimmung unterliegt. Auswahlrichtlinien können deshalb nach § 66 Abs. 1 PersVG NRW nur mit Zustimmung des Personalrats aufgestellt werden. Hat der Personalrat seine Zustimmung unter Angabe der Gründe schriftlich verweigert und hat er auch das im Gesetz vorgesehene Erörterungsverfahren (§ 66 Abs. 2 Satz 3 PersVG NRW) keinen Erfolg, so kann der Dienststellenleiter die Angelegenheit innerhalb einer Frist von zwei Wochen nach Ablauf der dem Personalrat gesetzten Frist für die Verweigerung der Zustimmung der im Gesetz im Einzelnen bestimmten übergeordneten Stelle vorlegen (§ 66 Abs. 5 PersVG NRW). Ein Vorlagerecht des Personalrats ist im Gesetz nicht vorgesehen. Allerdings kann der Dienststellenleiter die Richtlinie nicht erlassen, wenn er nach Verweigerung der Zustimmung durch den Personalrat auf eine Vorlage verzichtet. Kommt zwischen dem Leiter der obersten Landesbehörde oder bei den in § 66 Abs. 7 Satz 1 Buchst. b)

---

[51] Vom 3.12.1974 (GV.NRW. S. 1514), zuletzt geändert durch Gesetz vom 14.12.1999 (GV.NRW. S. 670/672).

[52] *Dietz/Richardi*, BPersVG, § 76 Rd.Nr. 142.

[53] *Fischer/Goeres*, BPersVG, § 76 Rd.Nr. 52.

genannten Stellen zwischen dem Dienststellenleiter und dem jeweiligen Personalrat eine Einigung nicht zustande, so können nun sowohl der jeweilige Dienststellenleiter als auch der entsprechende Personalrat innerhalb einer Frist von zwei Wochen nach Zugang der ablehnenden Stellungnahme die Einigungsstelle anrufen (§ 66 Abs. 7 Satz 1 und 2 PersVG NRW). Im Falle der Auswahlrichtlinien nach § 72 Abs. 4 Satz 1 Nr. 15 PersVG NRW ist in § 66 Abs. 7 Satz 4 PersVG NRW vorgesehen, dass eine Einigungsstelle nur eine Empfehlung an die nach § 68 PersVG NRW entscheidende Stelle beschließt. Dies gilt unabhängig davon, ob sich die Auswahlrichtlinien auf Personalmaßnahmen bei Beamten oder Arbeitnehmer beziehen.

In allen mitbestimmungspflichtigen Angelegenheiten, also auch bei der Aufstellung von Auswahlrichtlinien, hat der Personalrat nach § 66 Abs. 4 PersVG NRW ein Initiativrecht. Kommt eine Einigung nach dem im Gesetz entsprechend dem Mitbestimmungsverfahren ausgestalteten Verfahren zwischen Dienststellenleiter und Personalrat nicht zustande oder trifft der Leiter der Dienststelle innerhalb der in § 66 Abs. 4 Satz 3 PersVG NRW vorgesehenen Frist - 1 Monat nach Zugang des Vorschlags bzw. nach der Erörterung - keine Entscheidung, so kann der Personalrat innerhalb von zwei Wochen nach Fristablauf die Angelegenheit der Stufenvertretung, die bei der im Verwaltungsaufbau übergeordneten Stelle besteht, vorlegen (§ 66 Abs. 5 Satz 3 PersVG NRW). Führt auch das entsprechend § 66 Abs. 4 PersVG NRW gestaltete weitere Verfahren zu keiner Einigung, so kann sowohl der Leiter der Dienststelle als auch der jeweilige Personalrat innerhalb von zwei Wochen die Einigungsstelle anrufen (§ 66 Abs. 7 Satz 1 PersVG NRW). Diese spricht für vom Personalrat beantragte Maßnahmen lediglich eine Empfehlung aus (§ 66 Abs. 7 Satz 4 PersVG NRW).

8. Auswahlrichtlinien nach §§ 78 Abs. 3 Nr. 4, 79 Abs. 3 Nr. 4 Personalvertretungsgesetz für das Land Rheinland-Pfalz

Der Erlass von Auswahlrichtlinien unterliegt auch nach dem Personalvertretungsgesetz für das Land Rheinland-Pfalz[54] der Mitbestimmung. Allerdings ist die Mitbestimmung unterschiedlich geregelt, je nachdem ob es sich um die Aufstellung von Auswahlrichtlinien für Beamte oder Arbeitnehmer handelt. Dies liegt an der Gesetzeskonstruktion, da § 78 Abs. 1 PersVG Rheinland-Pfalz ein allgemeines Mitbestimmungsrecht des Personalrats in allgemeinen personellen Angelegenheiten der Angestellten sowie Arbeiterinnen und Arbeiter und § 79 Abs. 1 PersVG Rheinland-Pfalz ein solches in allgemeinen personellen Angelegenheiten der Beamtinnen und Beamten vorsieht. Die Aufzählung in § 78 Abs. 3 und § 79 Abs. 3 PersVG Rheinland-Pfalz benennt nach dem Wortlaut „insbesondere" und damit nicht enumerativ solche allgemeinen Angelegenheiten. Der Gesetzessystematik entsprechend sind Auswahlrichtlinien für Arbeitnehmer in § 78 Abs. 3 Nr. 4 PersVG Rheinland-Pfalz, für Beamte

[54] Vom 5.7.1977 (GVBl. S. 213), i.d.F. vom 8.12.1992 (GVBl. S. 333), zul. geändert durch Gesetz vom 26.9.2000 (GVBl. S. 402).

in § 79 Abs. 3 Nr. 4 PersVG Rheinland-Pfalz geregelt. Die Landesregelungen unterscheiden sich auch im Hinblick auf die Mitbestimmungstatbestände von den Regelungen des Bundes und der anderen Länder.

Nach § 78 Abs. 3 Nr. 4 PersVG Rheinland-Pfalz bestimmt der Personalrat mit beim Erlass von Auswahlrichtlinien für Einstellungen, Versetzungen, Übertragung von anderen Tätigkeiten (Buchst a)) und Kündigungen (Buchst. c)) von Arbeitnehmern. Darüber hinaus hat der Personalrat in Rheinland-Pfalz mitzubestimmen beim Erlass von Auswahlrichtlinien bei Übertragung von anderen Tätigkeiten und bei Übertragung von Funktionen, die einen Anspruch auf Zahlung einer Zulage auslösen (§ 78 Abs. 3 Nr. 4 Buchst. b PersVG Rheinland-Pfalz). Die Tatbestände unterscheiden sich von dem im Bundespersonalvertretungsgesetz enthaltenen Tatbestand der Umgruppierung. Sie sind aber zugleich umfassender. Sie umschreiben nämlich alle Tatbestände, die bei gleichbleibenden tariflichen Vorschriften Voraussetzung für eine Umgruppierung sind. Aus der Übertragung anderer - höher- oder minderwertiger - Tätigkeiten folgt nämlich in Folge Tarifautomatik die Umgruppierung, d.h. die Höher- oder Rückgruppierung[55]. Darüber hinaus werden die Fälle erfasst, bei denen ohne Änderung der Eingruppierung durch die neu übertragene Funktion ein Anspruch auf Zulagen entsteht. Bei personellen Angelegenheiten der Beamten unterliegen außer den Auswahlrichtlinien bei Einstellungen und Versetzungen nach § 79 Abs. 3 Nr. 4 Buchst. a PersVG Rheinland-Pfalz auch Richtlinien über die personelle Auswahl bei Übertragungen von höher oder niedriger bewerteten Tätigkeiten sowie nach Buchst. b bei Beförderungen und vergleichbaren Maßnahmen nach § 79 Abs. 2 Nr. 3 PersVG Rheinland-Pfalz, d.h. der Übertragung eines Amtes, das mit einer Zulage ausgestattet ist, Übertragung eines anderen Amtes mit höherem Endgrundgehalt ohne Änderung der Amtsbezeichnung, Verleihung eines anderen Amtes mit anderer Amtsbezeichnung bei Wechsel der Laufbahngruppe, Laufbahnwechsel, der Mitbestimmung des Personalrates.

Das Mitbestimmungsverfahren war in weiten Teilen durch die Entscheidung des Verfassungsgerichtshofs Rheinland-Pfalz vom 18.4.1994[56] wegen Verstoßes gegen die Verfassung des Landes Rheinland-Pfalz für verfassungswidrig erklärt worden. In der durch Gesetz vom 26.9.2000[57] erhaltenen Fassung enthält das Gesetz neue Verfahrensbestimmungen.

Da der Erlass von Auswahlrichtlinien nach § 78 Abs. 3 Nr. 4 und § 79 Abs. 3 Nr. 4 PersVG Rheinland-Pfalz der Mitbestimmung unterliegt, bedarf deren Erlass der Zustimmung des Personalrates (§ 74 Abs. 1 Satz 1 PersVG Rheinland-Pfalz). Nach § 74 Abs. 2 Satz 1 PersVG Rheinland-Pfalz hat die Dienststellenleitung den Perso-

55 Vgl. *Fischer/Goeres*, BPersVG, § 75 Rd.Nr. 21; *Lorenzen/Schmitt/Etzel/Gerhold/Albers/Schlatmann*, BPersVG, § 76 Rd.Nr. 107 c).
56 VGH N 1 und 2 /93.
57 GVBl. S. 402.

nalrat von der beabsichtigten Maßnahme zu unterrichten und, mit einer Begründung versehen, seine Zustimmung zu beantragen. Der Beschluss des Personalrats über die beantragte Zustimmung ist der Dienststellenleitung innerhalb von 18 Werktagen nach Zugang des Antrags mitzuteilen (§ 74 Abs. 2 Satz 5 PersVG Rheinland-Pfalz). Wenn der Personalrat nicht innerhalb der genannten Frist die Zustimmung unter Angabe der Gründe schriftlich verweigert, gilt die Maßnahme als gebilligt (§ 74 Abs. 2 Satz 8 PersVG Rheinland-Pfalz). Kommt eine Einigung nicht zustande, so kann die Dienststellenleitung oder der Personalrat nach § 74 Abs. 4 Satz 1 PersVG Rheinland-Pfalz die Angelegenheit binnen 12 Werktagen auf dem Dienstweg der übergeordneten Dienststelle, bei der eine Stufenvertretung besteht, vorlegen. Die übergeordnete Stelle hat die Angelegenheit der bei ihr gebildeten Stufenvertretung innerhalb von 24 Werktagen vorzulegen (§ 74 Abs. 4 Satz 3 PersVG Rheinland-Pfalz). Kommt auch hier eine Einigung nicht zustande, so können Dienststelle und Personalvertretung die Angelegenheit binnen 12 Werktagen der obersten Dienstbehörde vorlegen, die ihrerseits die Angelegenheit der bei ihr gebildeten Stufenvertretung in der Regel innerhalb von 24 Werktagen vorzulegen hat (§ 74 Abs. 4 Sätze 4 und 5 PersVG Rheinland-Pfalz). Kommt hier keine Einigung zustande, so haben beide Seiten die Möglichkeit eine Entscheidung der Einigungsstelle herbeizuführen (§ 74 Abs. 5 PersVG Rheinland-Pfalz). In Bezug auf den Erlass von Richtlinien nach § 78 Abs. 3 Nr. 4 PersVG Rheinland-Pfalz ist die Entscheidung der Einigungsstelle verbindlich (§ 75 Abs. 4 PersVG Rheinland-Pfalz). Wegen der Einschränkung in § 75 Abs. 5 PersVG Rheinland-Pfalz beschließt die Einigungsstelle in personellen Angelegenheiten der Beamtinnen und Beamten, dazu gehört der Erlass von Auswahlrichtlinien nach § 79 Abs. 3 Nr. 4 des Gesetzes eine Empfehlung an die oberste Dienstbehörde.

Nach § 74 Abs. 3 Satz 1 PersVG Rheinland-Pfalz hat der Personalrat im Hinblick auf den Erlass von Auswahlrichtlinien sowohl nach § 78 Abs. 3 Nr. 4 als auch nach § 79 Abs. 3 Nr. 4 des Gesetzes ein Initiativrecht. Kommt eine Einigung über die vom Personalrat vorgeschlagene Maßnahme nicht zustande, so bestimmt sich das weitere Verfahren entsprechend den Regelungen, die für den Erlass einer von der Dienststelle beabsichtigten Maßnahme gelten.

9. Auswahlrichtlinien nach § 83 Abs. 1 Nr. 2 Saarländisches Personalvertretungsgesetz (SPersVG)

Das Saarländisches Personalvertretungsgesetz[58] sieht in § 83 Abs. 1 Nr. 2 ein Beteiligungsrecht des Personalrats bei Auswahlrichtlinien vor. Als Tatbestände sind die personelle Auswahl bei Einstellungen, Versetzungen, Höhergruppierungen und Kündigungen aufgeführt. Ebenso wie in Nordrhein-Westfalen werden die Tatbestände

---

[58] Vom 9.3.1973 (Amtsbl. S. 289) i.d.F. vom 2.3.1989 (Amtsbl. S. 413), zuletzt geändert durch Art. 8 des Gesetzes vom 7.6.2000 (Amtsbl. S. 1018, 1020).

des Bundespersonalvertretungsgesetzes aufgenommen, wobei auch hier der Begriff der Umgruppierung durch Höhergruppierung ersetzt wird. Insoweit kann auf die dortigen Ausführungen Bezug genommen werden[59]. Nicht zulässig ist es, den Begriff der Höhergruppierung umzudeuten in die der Höhergruppierung häufig zugrunde liegende Übertragung einer höher zu bewertenden Tätigkeit oder die Beförderung[60]. Höhergruppierung bedeutet eindeutig ebenso wie Umgruppierung gerade nicht die Veränderung der Stellung des Arbeitnehmers in der Dienstsstelle, sondern die neue Einstufung in eine tarifliche Lohn- oder Vergütungsgruppe[61]. Soweit andere Sachverhalte von Auswahlrichtlinien erfasst werden sollen, ist es Aufgabe des Gesetzgebers diese, wie z.B. in §§ 78 Abs. 3 Nr. 4 und 79 Abs. 3 Nr. 4 PersVG Rheinland-Pfalz in den Gesetzestext aufzunehmen.

Keine besondere Bedeutung kommt der Tatsache zu, dass neben dem Erlass von Auswahlrichtlinien auch die Änderung von Auswahlrichtlinien in § 83 Abs. 1 Nr. 2 SPersVG aufgeführt ist. Auch die Änderung der Richtlinien ist der (teilweise) Erlass neuer Richtlinien unter (teilweiser) Aufhebung der bestehenden, so dass schon von daher ein Beteiligungsrecht gegeben ist und es sich insoweit nur um eine Klarstellung handelt.

Ähnlich wie in Berlin ist das Beteiligungsrecht im Saarland nur als Mitwirkungsrecht ausgestaltet. Der beabsichtigte Erlass von Auswahlrichtlinien ist deshalb mit dem Personalrat mit dem Ziel einer Verständigung rechtzeitig und eingehend zu erörtern (§ 74 Abs. 1 Satz 1 SPersVG). Kommt eine Einigung nicht zustande, so kann der Dienststellenleiter und der Personalrat auf dem Dienstweg binnen einer Woche die oberste Dienstbehörde anrufen, die nach Beratung mit der bei ihr bestehenden Stufenvertretung endgültig entscheidet (§ 74 Abs. 3 Sätze 1 und 2 SPersVG). Der Weg zur Einigungsstelle ist somit bei Auswahlrichtlinien nach dem Saarländisches Personalvertretungsgesetz nicht vorgesehen.

Die Regelung in § 74 Abs. 2 SPersVG setzt voraus, dass in Mitwirkungsangelegenheiten, somit auch beim Erlass von Auswahlrichtlinien ein Initiativrecht des Personalrats gegeben ist. Auf den schriftlichen Antrag muss der Dienststellenleiter sich innerhalb von 2 Wochen schriftlich äußern. Kommt eine Einigung nicht zustande, weil der Dienststellenleiter die beantragte Maßnahme ablehnt oder sich in der gesetzten Frist nicht äußert, so kann in diesem Fall sowohl der Dienststellenleiter als auch der Personalrat die Angelegenheit binnen einer Woche der obersten Dienstbehörde vorlegen, die endgültig entscheidet (§ 74 Abs. 3 SPersVG).

---

59 S. oben Nr. 7.
60 So *Aufhauser/Brunhöber/Warga*, SPersVG, § 83 Rd.Nr. 19.
61 Vgl. *Dietz/Richardi*, BPersVG, § 76 Rd.Nr. 142.

10. Auswahlrichtlinien nach § 81 Abs. 3 Satz 1 Nr. 8 Sächsisches Personalvertretungsgesetz (SächsPersVG)

Als erstes der neuen Bundesländer hat Sachsen die Mitbestimmung im öffentlichen Dienst geregelt[62]. § 81 Abs.3 Satz 1 Nr. 8 SächsPersVG gibt dem Personalrat ein Mitbestimmungsrecht beim Erlass von Auswahlrichtlinien. Wie auch danach in Thüringen wird die Regelung in § 76 Abs. 2 Satz 1 Nr. 8 BPersVG im vollen Wortlaut übernommen. Im Hinblick auf Art und Umfang der Mitbestimmungstatbestände kann insoweit auf das dort Gesagte Bezug genommen werden.

Auch das in § 79 SächsPersVG geregelte Mitbestimmungsverfahren entspricht in Bezug auf den Erlass von Auswahlrichtlinien einschließlich der dort genannten Fristen den in § 69 BPersVG geregelten Mitbestimmungsverfahren (§ 79 Abs. 1 und 2, Abs. 3 Satz 7 ff., Abs. 4 Sätze 1 und 2 SächsPersVG). Auch nach dem Sächsischen Personalvertretungsgesetz schließt das Verfahren bei Nichteinigung mit einer Empfehlung der Einigungsstelle und der endgültigen Entscheidung der obersten Dienstbehörde (§ 79 Abs. 4 Satz 3 und 4 SächsPersVG).

Dem Personalrat steht ein Initiativrecht für den Erlass von Auswahlrichtlinien zu (§ 83 Abs. 2 SächsPersVG). Für das weitere Verfahren verweist die Vorschrift nur auf § 79 Abs. 3 SächsPersVG. Eine Anrufung der Einigungsstelle nach § 79 Abs. 4 SächsPersVG ist damit ausgeschlossen. Es bleibt bei der Vorlage an die jeweils höhere Dienstbehörde bis zur abschließenden Entscheidung der obersten Dienstbehörde (§ 83 Abs. 2 Satz 2 2. Halbsatz SächsPersVG).

11. Auswahlrichtlinien nach § 75 Abs. 2 Satz 1 Nr. 7 Thüringer Personalvertretungsgesetz (ThürPersVG)

Auch im Thüringer Personalvertretungsgesetz[63] wird der Wortlaut von § 76 Abs. 2 Satz 1 Nr. 8 BPersVG in vollem Umfang übernommen, so dass auf die Ausführungen zur bundesrechtlichen Vorschrift Bezug genommen werden kann, soweit es sich um Art und Umfang der Mitbestimmungstatbestände handelt.

Der Erlass von Auswahlrichtlinien unterliegt der Mitbestimmung des Personalrats, so dass sie nur mit seiner Zustimmung getroffen werden kann (§ 69 Abs. 1 ThürPersVG). Nach § 69 Abs. 2 Satz 2 ThürPersVG hat der Dienststellenleiter den Personalrat grundsätzlich schriftlich zu unterrichten und auch eine schriftliche Begründung abzugeben. § 69 Abs. 2 Satz 5 ThürPersVG sieht ausdrücklich eine Erörterung vor, soweit nicht einvernehmlich darauf verzichtet wird (S. 6). Die Maßnahme, also

---

62 Sächsisches Personalvertretungsgesetz vom 21.1.1993 (GVBl. S. 29), in der Bekanntmachung der Neufassung des Sächsischen Personalvertretungsgesetzes vom 25.6.1999 (GVBl. S. 430).

63 Vom 29.7.1993 (GVBl. S. 399), zuletzt geändert durch Art. 4 des Gesetzes vom 1.7.1998 (GVBl. S. 233).

auch der Erlass von Auswahlrichtlinien gilt als gebilligt, wenn nicht der Personalrat innerhalb von 10 Tagen die Zustimmung unter Angabe der Gründe schriftlich verweigert (§ 69 Abs. 2 Satz 9 ThürPersVG). Kommt eine Einigung nicht zustande, so kann der Leiter einer nachgeordneten Dienststelle oder der Personalrat die Angelegenheit innerhalb von 10 Arbeitstagen auf dem Dienstweg der übergeordneten Dienststelle, bei der eine Stufenvertretung besteht, vorlegen (§ 69 Abs. 3 Satz 1 ThürPersVG). In diesem Stadium ist der Dienststellenleiter grundsätzlich nicht mehr berechtigt, das Verfahren abzubrechen (§ 69 Abs. 3 Satz 2 ThürPersVG). Falls es Behörden einer Mittelstufe gibt, wiederholt sich das Verfahren auf dieser Stufe. Eine Anrufung der Einigungsstelle ist nicht möglich. Die Mitbestimmungstatbestände des § 75 Abs. 2 ThürPersVG sind in § 69 Abs. 4 Satz 3 ThürPersVG nicht erwähnt. Zuletzt wird die Angelegenheit von der obersten Dienstbehörde endgültig entschieden (§ 69 Abs. 4 Satz 4 ThürPersVG).

Dasselbe Verfahren gilt für den Erlass von Auswahlrichtlinien wenn die Initiative vom Personalrat ausgeht. Nach § 70 Abs. 2 ThürPersVG hat der Personalrat insoweit ein Antragsrecht. Der Ausschluss in § 70 Abs.3 Satz 4 ThürPersVG gilt nur für Personalmaßnahmen, also Einzelmaßnahmen, nicht aber für personelle Angelegenheiten. Allerdings enthält § 70 Abs. 3 Satz 3 ThürPersVG einen Ausschluss des Initiativrechts, soweit in gleicher Angelegenheit ein Beteiligungsverfahren vom Dienststellenleiter eingeleitet ist. § 70 Abs. 3 Satz 1 ThürPersVG bestimmt, dass ein Initiativrecht im eigentlichen Sinn erst dann besteht, wenn der Dienststellenleiter innerhalb eines Monats nach Aufforderung durch den Personalrat zu einem regelungsbedürftigen Sachverhalt keinen Regelungsvorschlag unterbreitet hat. Man kann insoweit von einem gestuften Initiativrecht des Personalrats sprechen. In einer ersten Stufe besteht es in einem Aufforderungsrecht an den Dienststellenleiter. Erst in der zweiten Stufe wird es zu einem echten Initiativrecht, mit einem schriftlich begründeten Antrag des Personalrats (§ 70 Abs. 3 Satz 1 und 2 ThürPersVG). Das weitere Verfahren richtet sich dann nach den Vorschriften, die auch für eine vom Dienststellenleiter beantragte Maßnahme gelten (§ 70 Abs. 2 Satz 2 ThürPersVG). Im Falle der Nichteinigung bleibt es bei der endgültigen Entscheidung der obersten Dienstbehörde (§ 70 Abs. 2 Satz 2 2. Halbsatz ThürPersVG).

Zusammenfassung

1. Die Einigung der Betriebsparteien über personelle Auswahlrichtlinien nach § 95 BetrVG ist eine Betriebsvereinbarung.

2. Damit gelten die Regelungen in § 77 Abs. 2 - 6 BetrVG unmittelbar, ohne dass dies in § 95 BetrVG ausdrücklich festgelegt werden muss.

3. Auswahlrichtlinienvereinbarungen sind deshalb nur wirksam, wenn sie schriftlich vereinbart sind.

4. Die Bestimmungen in § 77 Abs. 5 und 6 BetrVG über Kündigung und Nachwirkung von Betriebsvereinbarungen bereiten bei ihrer Anwendung auf Auswahlrichtlinien keine Probleme.

5. Auswahlrichtlinien nach § 95 BetrVG sind Betriebsnormen. Soweit sie Voraussetzungen für Kündigungen festlegen, handelt es sich um Beendigungsnormen.

6. Die Grundlage für die Kompetenz der Betriebsparteien, generelle Regelungen für die personellen Maßnahmen der Einstellung, Versetzung, Umgruppierung und Kündigung zu vereinbaren, bildet § 95 Abs. 1 und 2 BetrVG.

7. Weder § 77 Abs. 3 BetrVG noch § 88 BetrVG begründen eine funktionelle Zuständigkeit des Betriebsrates in personellen Angelegenheiten.

8. Die Verwendung des Begriffs der Auswahl in § 95 BetrVG beschränkt die Möglichkeit Richtlinien zu vereinbaren nicht auf reine Präferenzregeln.

9. Auch aus dem Begriff der Richtlinie lässt sich keine Inhaltsbeschränkung für Auswahlrichtlinienvereinbarungen nach § 95 BetrVG gewinnen.

10. Das Initiativrecht des Betriebsrats nach § 95 Abs. 2 BetrVG ist auf die bei Einstellungen, Versetzungen, Umgruppierungen und Kündigungen zu beachtenden fachlichen und persönlichen Voraussetzungen und sozialen Gesichtspunkte beschränkt.

11. § 95 Abs. 1 BetrVG bildet darüber hinaus die Grundlage auch Verfahrensregeln für die Durchführung dieser Maßnahmen aufzustellen, sowie generelle Regelungen bezüglich der genannten Maßnahmen zu vereinbaren.

12. Auswahlrichtlinien nach § 95 BetrVG haben durch die Einfügung des § 1 Abs. 4 KSchG und eine damit verbundene Erweiterung des Beurteilungsspielraums bei der Festlegung der Kriterien für die zu treffende Sozialauswahl an Bedeutung gewonnen.

13. Auch bei den im Zusammenhang mit einem Interessenausgleich nach § 112 BetrVG vereinbarten personellen Auswahlrichtlinien handelt es sich um Richtlinien nach § 95 BetrVG. Damit verbunden ist die unmittelbare Anwendbarkeit des § 1 Abs. 4 KSchG.

14. Das Betriebsverfassungsgesetz stellt dem Betriebsrat ein ausreichendes Instrumentarium zur Verfügung um zu verhindern, dass sein Mitbestimmungsrecht unterlaufen wird.

15. Dies gilt sowohl für den Fall der Nichtanwendung von vereinbarten Auswahlrichtlinien nach § 95 BetrVG als auch für den Fall der Verwendung vom Arbeitgeber einseitig unter Missachtung des Mitbestimmungsrechts des Betriebsrats aufgestellter Richtlinien.

16. Auch im öffentlichen Dienst ermöglichen § 76 Abs. 2 S. 1 Nr. 8 BPersVG sowie die Regelungen in den Bundesländern Baden-Württemberg, Bayern, Berlin, Hamburg, Hessen, Mecklenburg-Vorpommern, Nordrhein-Westfalen, Rheinland-Pfalz, Saarland, Sachsen und Thüringen ausdrücklich die Aufstellung von personellen Auswahlrichtlinien.

FSC
www.fsc.org
MIX
Papier | Fördert
gute Waldnutzung
FSC® C083411

Kolibri 360 GmbH
Ferdinand-Jühlke-Straße 7
99095 Erfurt, Deutschland
produktsicherheit@kolibri360.de

Druck:
CPI Druckdienstleistungen GmbH
im Auftrag der
Kolibri 360 GmbH
Ferdinand-Jühlke-Str. 7
99095 Erfurt